国家社科基金项目“低碳制造下陶瓷供应链碳排放测度与控制研究”资助，项目编号：2017BJY008；广东省高水平理工科大学建设项目资助，项目编号：GG040982

物流设施布局与优化

邹安全　曾　峥　编著

中国财富出版社

图书在版编目（CIP）数据

物流设施布局与优化／邹安全，曾峥编著．—北京：中国财富出版社，2018.8
ISBN 978－7－5047－6752－3

Ⅰ.①物…　Ⅱ.①邹…　②曾…　Ⅲ.①物流—设备管理—研究　Ⅳ.①F253.9

中国版本图书馆 CIP 数据核字（2018）第 188617 号

策划编辑　郑欣怡　　**责任编辑**　邢有涛　赵雅馨
责任印制　梁　凡　　**责任校对**　孙丽丽　　**责任发行**　敬　东

出版发行　中国财富出版社
社　　址　北京市丰台区南四环西路 188 号 5 区 20 楼　　**邮政编码**　100070
电　　话　010－52227588 转 2048/2028（发行部）　010－52227588 转 321（总编室）
　　　　　010－68589540（读者服务部）　010－52227588 转 305（质检部）
网　　址　http://www.cfpress.com.cn
经　　销　新华书店
印　　刷　中国农业出版社印刷厂
书　　号　ISBN 978－7－5047－6752－3/F·2925
开　　本　787mm×1092mm　1/16　　**版　　次**　2018 年 9 月第 1 版
印　　张　19.75　　**印　　次**　2018 年 9 月第 1 次印刷
字　　数　433 千字　　**定　　价**　66.00 元

内容简介

物流设施布局与优化是以物流系统为研究对象，研究物流系统的规划设计与资源优化配置、物流运作过程的计划与控制以及经营管理的工程领域。现代物流作为一门新兴的综合性边缘学科，发达国家较早已有较全面的研究，并形成了一系列的理论和方法，在指导其物流产业的发展中发挥了重要作用。我国现代物流业尚处在起步发展阶段，与发达国家相比有较大差距。物流工程是管理与技术的交叉学科，它与交通运输工程、管理科学与工程、工业工程、计算机技术、机械工程、环境工程、建筑与土木工程等领域密切相关。

本书由作者结合物流工程教学实践经验编写而成，以物流为主线，在总体介绍物流工程的基本理论和分析方法的基础上，重点阐述了企业物流合理化、企业物流系统设计、设施规划与设计、计算机辅助设施设计、物料搬运系统设计、库存控制、物流信息系统、物流系统建模与仿真、企业物流预测、企业物流设施与设备、现代物流的发展趋势与特点等。本书融入了物流前沿理论和国内外最新实践内容，并从工程技术角度入手兼顾物流、管理软件科学的内容，给出了一些具体实例。

本书具有新颖的体系结构、求实的教学内容和真实的案例资源，既可以作为高等院校工业工程专业、物流工程专业、项目管理专业、管理信息系统专业和物流管理专业的教材，也可作为从事相关研究的教师、研究生、物流管理人员以及企业工程技术和管理人员的参考用书。

序　一

党的十八大以来，党中央国务院提出的实行供给侧结构性改革，产业转型升级，是十三五时期发展的主线，是落实五大发展理念的内在要求和推动科学发展的重大举措，是顺应全球需求结构的重大变化、适应我国社会经济发展的新阶段性特征的必然要求。加快转变经济发展方式，最根本的是要靠科技的力量，最关键的是要大幅度提高自主创新能力，把增强自主创新能力作为战略基点，着力提升原始创新能力，大力增强集成创新和引进消化吸收再创新能力，积极构建完整的创新体系和现代产业体系。

邹安全、曾峥教授著的《物流设施布局与优化》一书，系统地阐述了企业物流流程再造的基础理论与方法，探讨了集成化物流布局的运行机理，构建了集成化物流系统模型；以企业的供应、生产、分销三大流程为研究对象，较为深入地揭示并分析了企业物流流程优化需求特性，提出了集成化物流的企业物流流程优化模式。

本书研究所揭示的规律，对于加速我国流程型企业的现代物流管理，指导我国流程型企业的发展，转变经济发展方式，提升企业的竞争力具有重要的理论意义和实践指导意义。

齐二石

2018 年 5 月

序　二

为应对国际金融危机的影响，落实党中央、国务院保增长、扩内需、调结构的总体要求，促进物流业平稳较快发展，培育新的经济增长点，2009 年 3 月，国务院颁发了《物流业调整和振兴规划》。该规划的颁布表明，物流业在我国国民经济发展中占有重要的地位，不仅是促进物流业自身平稳较快发展和产业调整升级的需要，也是服务和支撑其他产业的调整与发展、扩大消费和吸收就业的需要，对于促进产业结构调整、加快转变经济发展方式和增强国民经济竞争力具有重要意义。

现代物流作为一门新兴的综合性边缘学科，发达国家较早已有较全面的研究，并形成了一系列的理论和方法，在指导其物流产业的发展中发挥了重要作用。我国现代物流业尚处在起步发展阶段，与发达国家相比还有较大的差距。除了市场环境、体制与机制等方面的原因之外，包括物流工程硕士在内的中高级物流人才紧缺是制约物流业发展的主要瓶颈之一，因此培养企业与社会各个方面所需的物流工程专业中高级人才迫在眉睫。

邹安全、曾峥教授的著作以企业物流系统的规划设计为主线，吸收了企业物流工程领域近年来的新成果，全面论述了企业物流工程中的设施规划与设计技术、物料搬运技术、仓储与库存控制技术、物流信息技术、物流预测技术、计算机辅助设计与仿真技术，融入了物流前沿理论和国内外最新实践的内容，体现了如下特点。

（1）依据企业物流系统设计、运营、管理等方面的需要，将物流技术与物流设施、设备、系统规划紧密结合，关注物流工程前沿发展，注重物流战略规划理论的发展与应用，使集成物流管理和供应链管理的思想、目标、价值能够通过工程方法得以实现。

（2）从广义和狭义的角度对物流工程进行阐述，确定物流工程研究的内容范畴，突出教学与工程实践相结合，有些理论、案例直接来源于撰写者的工程实践，可用于指导国内企业物流系统规划与设计。

本书的出版对于推动现代物流业的发展，特别是流程型企业的集成化物流模式的应用，具有重要的理论意义和现实意义。

刘志学

2018 年 5 月

前言

为应对国际经济发展的影响，落实党的十九大精神、国务院“保增长、扩内需、调结构”的总体要求，促进物流业平稳较快发展，培育新的经济增长点，2009 年 3 月，国务院印发了《物流业调整和振兴规划》（以下简称《规划》）。该《规划》的颁布表明，物流业在我国国民经济发展中占有重要的地位。《规划》的颁布不仅是促进物流业自身平稳较快发展和产业调整升级的需要，而且是服务和支撑其他产业的调整与发展、扩大消费和吸收就业的需要，对于促进产业结构调整、转变经济发展方式和增强国民经济竞争力具有重要意义。

本书由作者结合物流工程教学实践经验编写而成，以物流为主线，在总体介绍物流工程的基本理论和分析方法的基础上，重点阐述了企业物流合理化、物流系统设计、设施规划设计、计算机辅助设施设计、物料搬运系统设计、库存控制、物流信息系统、企业物流仿真工程、企业物流预测、企业物流设施与设备、现代物流的发展趋势与特点等内容。融入了物流前沿理论和国内外最新实践的内容，并从工程技术角度入手兼顾物流、管理软件科学的内容，给出了一些具体实例。综合上述内容，本书有如下特点。

（1）编写方法新颖，适用面广。本书依据企业物流系统设计、运营、管理等方面的需要，将物流技术与物流设施、设备、系统规划紧密结合，关注物流工程前沿发展，注重物流战略规划理论的发展与应用，使集成物流管理和供应链管理的思想、目标、价值能够通过工程方法得以实现。

（2）从广义和狭义的角度分别对物流工程进行阐述，确定物流工程研究的内容范畴，突出教学与工程实践相结合；有些理论、案例直接来源于撰写者的工程实践，可用于指导国内企业物流系统规划与设计。

（3）精简内容，与多媒体教学手段相结合，以深入浅出的方式进行表述，增加了教材的易读性。

本书具有新颖的体系结构、求实的教学内容和真实的案例资源，既可以作为高等院校管理科学与工程一级学科各专业（工业工程专业、物流工程专业、项目管理专业、管理信息系统专业等）和物流管理专业的通用专业基础课或专业课教材，也可作为从事相关研究的教师、研究生、工程技术人员、各级物流管理人员以及企业工程技术和管理人员的参考书。

本书在编写过程中，不仅借鉴了作者所参与的企业物流系统规划设计项目的实践经验，而且参考、吸收了国内外众多学者的研究成果和实际工作者的经验。在此，对本书撰写和完成过程中提供帮助的单位、个人、参考文献的作者等致以衷心的谢意。

由于时间仓促、水平有限，本书不能涵盖物流的全部相关知识，有关物流设备以及物流系统优化方案的内容有所欠缺，错误在所难免，敬请各位专家、读者提出意见，以便逐步完善。

作 者

2018 年 5 月

目　录

1　绪　论

1.1　物流工程的产生及其发展

1.1.1　物流的概念

“物质是绝对运动的，又是相对静止的，静止是运动的特殊状态”，运动反映在现实中就是变化和流动，如信息流、资金流、人才流、物流。孙中山把中国的富强之经、治国之本阐述为“人尽其才，地尽其力，物尽其用，货畅其流”。而“货畅其流”正是今天的物流。

物流是从第二次世界大战期间提出的军事后勤（Logistics）的概念演变而来的。“后勤”是指将物资生产、采购、运输、配给等活动作为一个整体进行统一布置，以求物资补给的费用更低、速度更快、服务更好。最初“物流”的含义是将产品从制造商送到用户过程的保管、输送（Physical Distribution，PD）。现代物流是指“Total Distribution”或者“Logistic”，其含义更为广阔，它包括“物”流和信息流，即物流包括从到达企业的原材料开始一直到把成品送到用户全过程“物”流的监测与控制。因而物流存在于生产、营销、流通、顾客服务的全过程。

物流涉及国民经济的各行各业。流通的物质涉及国防、民生、工农业生产、教育所用的物质、处理与回收废弃物等。流通的工具涉及铁路、公路、水运、航空、邮政等各个运输行业和部门。

在中国，对物流的认识受到日本和美国的巨大影响。20 世纪 80 年代，随着中国的改革开放，引进了大量国外的先进技术和理念，物流的概念也从日本引入到中国。

随着物流概念的国际化，物流的定义有了新发展，绝大多数国家采用了 Logistics 的概念。下面是几种物流的定义。

1980 年，美国后勤管理协会关于物流的定义是：“物流是有计划地对原料、半成品及成品由其生产地到消费地的高效流通活动。这种流通活动的内容包括为用户服务、需求预测、情报信息联络、物料搬运、订单处理、选址、采购、包装、运输、装卸、废物处理及仓储管理。”

日本流通综合研究所关于物流的定义是：“物流是物资从供应地向需求者的物理性

移动，是创造时间性、场所性价值的经济活动。”

日本早稻田大学西泽修教授关于物流的定义是：“在物资流通中加进信息流通便称之为物流。”

2001 年 4 月，中国正式颁布了《物流术语》（GB/T 18354—2001）。《物流术语》（GB/T 18354—2001）中把物流概念表达为“物品从供应地向接收地实体流动的过程。根据实际需要，将运输、储存、装卸、搬运、包装、流通加工、配送、信息处理等基本功能实施有机的结合”。

从以上的几种物流的定义可以看出，物流的概念应包括下列内容。

（1）物流的概念是随着社会经济、科学技术的发展而不断扩展的，其内涵也是不断延伸的。

（2）物流涉及伴随“物”的移运过程中的运输、储存、装卸、搬运、包装、流通加工、配送、信息处理等基本功能。

（3）物流是各种相关的管理科学、工程技术和信息技术的集成，单独重视某一方面而忽视其他方面不能充分发挥物流的作用。

（4）物流是经济活动，因而它是从重视功能到重视成本（效率），进而变为重视服务（效果）。

广义的现代物流系统如图 1－1 所示，其作业内容包括包装、装卸、搬运、储存、流通加工和信息管理等，涉及了从原材料→生产加工→最终顾客的所有过程。它由以下三个过程构成。

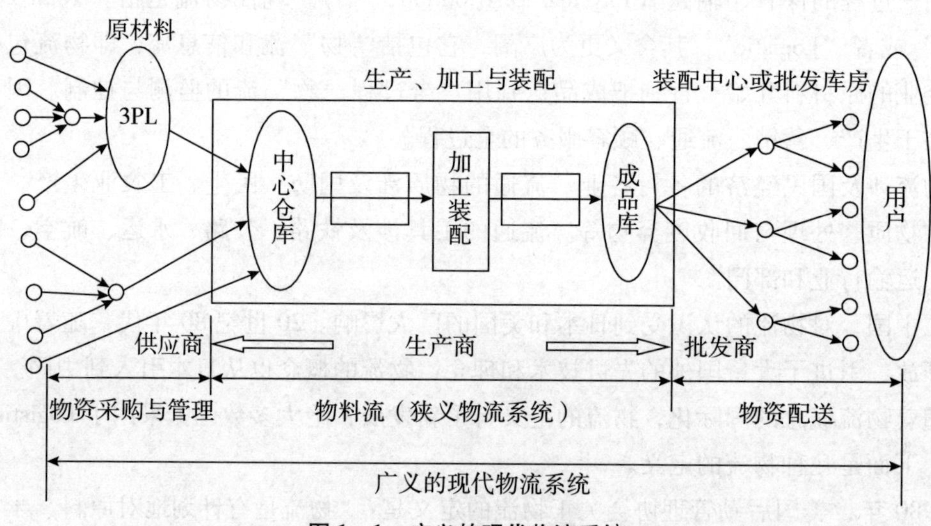

图 1－1　广义的现代物流系统

（1）物资采购与管理（Purchase and Management），即完成从供应商采购的原材料经过初级处理送达制造中心（生产商），其中 3PL 为第三方物流。

（2）物料流（Material Flow），即企业内部物流，其功能包括储存、搬运、等待或延时、加工或装配。

(3) 物资配送（Physical Distribution），即将产品送达用户，其功能包括配送、储存、拣选、销售等。

当然图1-1中物料流也可以重复出现，即前面生产的产品作为后续的生产商的原材料。

1.1.2 物流工程的产生

物流工程起源于早期制造业的工厂设计。早在1776年，经济学者亚当·斯密（Adam Smith）就在其著作《国富论》中指出“专业分工”能提高生产率，通过设计一个生产过程，使劳动力得以有效地利用。

18世纪末，美国发明家惠特雷（Whitley）将生产过程划分成几个工序，使每个工序形成简单操作的成批生产，并提出“零件的互换性”的概念，用了10年时间发明、设计、制造他提议的机器，并布置他的工厂。

工业工程和科学管理的创始人之一吉尔布雷斯（Frank Bunker Gilbreth）1916年在《疲劳研究》中提出的动作分析以及后来的流程分析，已初步具有物流分析的雏形。所以可以说，自从有了工业生产，就产生了工厂设计和企业物流的问题。

物流工程是指在物流管理中，从物流系统整体出发，把物流和信息流融为一体看作一个系统，把生产、流通和消费全过程看作一个整体，运用系统工程的理论和方法进行物流系统的规划、管理和控制，选择最优方案，以最低的物流费用、高的物流效率、好的顾客服务，达到提高社会经济效益和企业经济效益目的的综合性组织管理活动过程。

本书主要介绍了企业物流工程理论，它运用系统工程的理论和方法，从整体上研究企业物流系统的规划、设计、优化及控制的理论与技术。

物流工程新学科的形成过程如图1-2所示。

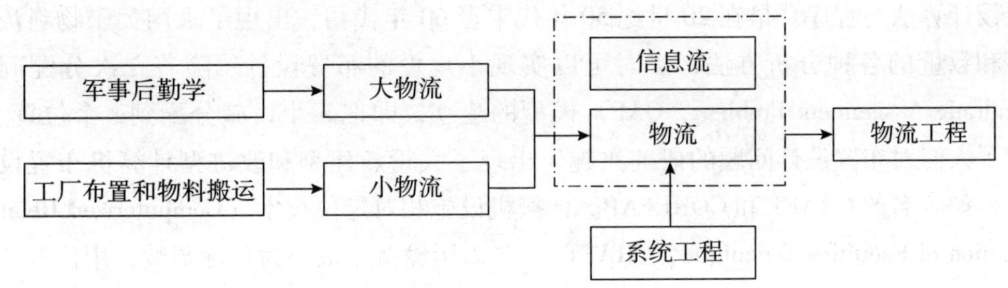

图1-2 物流工程新学科的形成过程

1.1.3 物流工程的发展

自从18世纪产业革命以来，工厂规模越来越大，结构越来越复杂，仅靠个人工作经验、直观判断和手工绘制进行工厂布置，越来越难以满足生产的需要。从19世纪末到20世纪30年代，以泰勒（Taylor）为代表的工程师在总结前人经验和大量调查分析研究的基础上，提出了提高工作效率和生产设施效率的一些科学方法和原理。他指出，生产管理的重点是"人"，包括工作测定、动作研究等工人活动分析，这类分析被称为操作法工程。同时，泰勒也开始注意把"机"和"物"的管理提到一定的地位上来，例如，对工厂内部的物料搬运的管理，也就是对从原材料到制成产品的物流进行控制。另外，工厂布置就是将机器设备、运输通道场地进行合理的配置，缩短加工路线和运输路线，以缩短生产周期，这正是现代工厂设计所追求的最基本目标之一。操作法工程、物料搬运、工厂布置这三项活动被统称为"工厂设计"。其中，物料搬运和工厂布置被认为是工厂设计中最传统的任务。

在20世纪50年代以前，工厂设计常用的方法有流程图分析、样片排列等，至今还有人将这些方法用于较小规模的工厂布置或现有厂房的改扩建中。20世纪50年代以来，随着工厂规模和复杂程度的明显增大以及其他学科的产生与运用，工业工程学科发生了巨大的变化，运筹学、系统工程、计算机科学、人机工程学的发展，对工业工程的发展产生了重要的影响，工业工程从只限于作业研究发展成了包括设施规划、物料搬运在内数十个分支的学科体系。从分析方法上看，工业工程也从简单的定性分析、流程分析转变为系统分析与定量分析。特别是工厂设计发展过程中，定性分析逐步被定量分析代替，系统工程的概念和系统分析方法的运用，使工厂设计发生了质的飞跃。缪瑟（R. Muther）的"系统布置设计"即SLP法就是最具代表性的系统设计方法。SLP法中把量的概念引入设计分析全过程，通过引入数量化的关系密级概念，建立工厂中各作业单位之间物流相互关系与非物流的作业相互关系图表，形成了布置设计工作的数学模型，使整个布置设计工作更加科学化，也极大地促进了计算机辅助布置设计技术的发展。

随着数学规划理论的发展与计算机技术的应用，产生和发展了许多种计算机辅助布置设计算法与程序。早在20世纪50年代末至60年代初，出现了采用关于物料流动顺序和数量的各种分析方法，当时可以实现小规模的布置设计。随着二次分配问题（Quadratic Assignment Problem，QAP）模型的建立，即把n个设施分配到s个位置上，引起了人们对布置设计问题的研究兴趣，出现了大量新建型和改进型计算机布置设计程序，如著名的CRAFT和CORELAP。计算机设施相对定位技术（Computerized Relative Allocation of Facilities Technique，CRAFT），是以运输费用最小为目标函数，用位置变换方式探索最小费用时各单元位置。此方法从一现有初始平面布置方案出发，通过交换两两单元之间的相互位置，搜寻最小运输费用布置方案，因此称为"改进布置型算法"。计算机关系平面布置法（Computerized Relationship Layout Planning，CORELAP），是按单元之间的关系密切程度，计算各单元的总接近度的方法构成平面布置图。20世纪70年代中后期，研究发现，布置问题属于NP问题（Non - Polynomiel），当问题规模较大时，即使是当今最快的计算机也需要人类无法接受的时间才能找到最优布置方案，据有关资料介绍，当单元数目为20个时，计算机将需要数万年才能求得。因此人们称这类问题为难解问题。正因为如此，研究人员在继续探索数学直接解法的同时，开始从多个角度寻找最优或近优的布置方案启发式解法。随着人工智能理论的应用，人们又开发出许多设施布置方案系统，如“设施布置专家系统（FADES）”“人工智能设施布置分析规划系统（IFLAPS）”“计算机辅助设施布置选择程序（CAFAS）”及将最优化与知识基相结合的“机床布置专家系统（KBML）”。

进入20世纪90年代，人们又结合现代制造技术、柔性制造系统（Flexible Manufacturing System，FMS）、计算机集成制造系统（Computer Integrated Manufacturing System，CIMS）和现代管理技术准时制（Just In Time，JIT）等进行物料搬运和平面布置研究，物流系统的研究也扩大到从产品订货直至销售的全过程，充满生机和活力的物流业在全球范围内蓬勃发展。

可以说，从1980年到现在，物流系统研究取得空前发展，规章制度的标志性变化、低成本计算机的可得性、信息技术革命、质量创新理念的推广，以及普遍接受的联盟等，所有这一切相结合，几乎每个物流领域都产生了崭新思想。

1.1.4 物流工程在中国的发展情况

中国自20世纪50年代开始进行工厂设计，一直沿用苏联的设计方法，即注重设备选择的定量运算，对设备的布置以及整个车间和厂区的布置则以定性布置为主。该方法在新中国成立初期起到了积极的作用。但是，随着科技的发展，新建或改建一个工厂若仍完全粗放型布局则越来越难适应经济发展的需要。

20世纪80年代初，“物流”概念开始引入中国。1982年，美国物流专家理查·缪瑟来华讲授系统布置设计（System Layout Planning，SLP）、搬运系统分析（System Handling Analysis，SHA）、系统化工业设施规划（Systematic Planning of Industrial Facilities，SPIF）；1987年，日本物流专家河野力等在北京、西安等地举办国际物流技术培训班，系统地介绍了物流合理化技术和企业物流诊断技术。此后，物流工程研究在我国迅速发展，国际交流日益频繁，日本、美国、加拿大及中国香港、中国台湾等国家和地区的专家相继来访。

20世纪90年代初，工业工程作为正式学科在我国出现，设施设计与物流技术更为人们所重视。

目前，物流工程的重要性已逐步为社会所认同，被认为是国民经济中的一个重要组成部分。提高物流效率，降低物流成本，向用户提供优质服务，实现物流合理化、社会化、现代化，已成为广大企业的共识。

例如，昆船与红河卷烟厂联合开发了辅料、配方、成品、备件4个自动化物流系统，于1999年11月1日正式验收，它是当时世界烟草行业最先投入运行且型式（推挽式、驶入式、侧辊式、牵引式）最多的激光导引系统、输运模式（高架式、驶入式、空中轨道式）最多样的系统、视觉识别移动式机器人辅料自动搭配系统；激光引导无人搬运车（LGV）轻巧灵活效率居国际领先；工业现场总线、数字视频、磁盘阵列等技术对物流现场实施多媒体监控，由数十万条程序集成的软件实现了对1135台物流单机和物流信息化的无缝集成。经过三年的可靠运行，红河自动化物流系统获2002年国家科技进步二等奖，这是企业物流项目首次获得此级别的奖励，标志着我国企业物流技术在部分领域实现了跨越式发展。

1.2 物流工程在企业管理中的意义

物流涉及信息、运输、存储、物料搬运和包装等的集成。经过物流，原材料流入企业制造设施中，再通过营销把产品送到顾客手中。美国为了支持物流，1994年在制造、批发、零售和存货等方面投资额超过8930亿美元。统计资料表明，对单个企业，根据业务类型、企业地理区域以及产品、材料和重量/价值比率，物流成本一般占销售额的35%~50%。由此可见，开展物流工程研究对优化企业管理、提高经济效益具有重要作用，以致国外许多企业称物流工程为创造效益的“第三源泉”。

物流工程对企业管理的重要意义主要表现在以下几个方面。

（1）可大幅度减少工作量，减少劳动力占用，减轻工人劳动强度。在机械制造企业中，一般从事搬运、储存的工作人员占全部工人的15%~20%，加工1t产品的平均搬运量为60t次以上。所以，合理规划、设计物流系统，对企业降低制造成本关系重大。

（2）可大幅度缩短周期。过去，设计人员在设计生产系统时，往往只注意先进制造工艺对提高生产率、降低成本所起的良好作用，而对物流合理规划所起的作用重视不够，缺乏对整个物流系统的分析。经统计和分析，在工厂生产活动中，从原材料进厂到成品出厂，物料真正处于加工等纯工艺的时间只占生产周期的5%~10%，而90%~95%的时间都处于仓储和搬运状态。所以，减少物流时间，可缩短生产周期和交货期，加快资金周转，增强企业竞争能力。

（3）可以加速企业资金周转。在我国企业中，流动资金所占比例很大，而一般工业企业在制品和库存物料占流动资金的75%左右，所以合理设计平面布置，优化物流系统，可以最大限度地减少物流量，降低流动资金占用，降低成本，缩短生产周期，提高企业效益。

（4）可降低搬运/运输费用。国外统计资料表明，在制造业中，总经营费用的20%~50%是物料搬运/运输费用，而优良的物流系统设计，可以使费用减少10%~30%。在工业发达的国家，除了营销、减少原材料的能源消耗外，已把改善物料搬运看作是节省开支，以获取利润的“第三源泉”。

（5）提高产品质量。产品在搬运、储存过程中，因搬运方法不当，造成磕、碰、伤，从而影响产品质量的现象非常严重，而企业的管理者往往忽视此问题。例如，湖北某汽车制造厂传动轴厂的统计资料表明，机床加工能力可保证质量合格率为98%，而运到装配线上后的合格零件仅剩60%，搬运中损坏35%以上。加强工位器具研制和运输过程管理后，零件到达装配线的合格率达95%以上，质量得到大幅度提高。

(6) 可有效提高企业整体素质。物流贯穿于企业生产的全过程，各个部门都有不可分割的联系。所以，采用新工艺、新设备，往往能缩短物流过程，从而改善物流系统。

(7) 保证文明生产、安全生产。上海某拖拉机制造厂的统计资料表明，直接与搬运有关的工伤事故达30%以上。所以，物流系统合理化有利于改善环境和生产组织管理，提高安全生产水平。

(8) 提高物流管理水平，实现生产管理现代化。当今人类已进入电子信息时代，计算机的广泛应用以及自动化、柔性化的管理是提高企业竞争能力的关键。运用信息、网络技术将企业内部物流与ERP（企业资源计划）、CRM（客户关系管理）、SCM（软件配置管理）、EC（电子商务）等有机、实时、无缝集成，调动全球全国资源，减少库存占用，实现销售信息、生产计划、物流管理、采购供应的企业内外物流过程、供应链管理的信息化集成管理，尽可能实现物流过程的全方位、多角度、全过程的跟踪、管理和优化，使企业物流能更准确、快速、有效地为企业精益管理、提质降耗、降低库存、节约资金、快速反应、提高效益服务。

只有提高物流管理系统的现代化管理水平，才能实现生产管理现代化。世界上各个发达国家的高水平生产系统往往都配有高水平的设施设计以及物流系统的自动化、柔性化、信息化条件作保障。

1.3 企业物流工程的研究内容及任务

1.3.1 企业物流工程的研究内容

企业物流工程的研究内容是企业物流系统，它所要研究的主要内容是企业物流系统中的两类问题：一是设施规划与设计；二是物料搬运系统设计。

1. 设施规划与设计

设施规划与设计根据系统（工厂、学校、医院、办公楼、商店等）完成其所具备的功能（提供产品或服务），对系统各项设施（如设备、土地、建筑物、公用工程）、人员、投资等进行系统的规划和设计。近年来，设施规划与设计发展得很快，已成为一个重要的独立科研方向和技术体系，被认为是物流科学管理的开端。系统管理的蓝图，如资源利用、设施布置、设备选用等各种设想都体现在设施规划与设计中，设施规划与设计对系统能否取得预想的经济效益和社会效益起着决定性的作用。

对于社会物流系统，设施规划与设计是指在一定区域范围内（国际或国内物流）物资流通设施的布点网络问题，如石油输送的中间油库、炼油厂、管线布点等的最优方案，远距离大规模生产协作网的各场址选择等；而对于企业物流系统，设施规划与设计的核心内容是工厂、车间内部的设计与平面布置、设备的布局，以求物流路线系统的合理化，通过改变和调整平面布置调整物流，来达到提高整个生产系统经济效益的目的。

当设施规划与设计应用于工厂等工业部门时，也可称为工业设施规划与设计，它主要包括布置设计、建筑设施、公用工程设计和信息系统设计等。

2. 物料搬运系统设计

物料搬运系统设计是对物料搬运的设备、路线、运量、搬运方法以及储存场地等做出合理安排，具体包括以下内容。

（1）搬运（运输）与储存的控制与管理。在给定的物流布点设备布置条件下，根据物流搬运（运输）和储存的要求（往往是工艺要求），用管理手段控制物流，使生产系统以最低的成本、最快捷的速度及完好无缺的流动过程，达到规划设计中提出的效益目标。

研究内容涉及：①生产批量最佳化研究；②工位储备与仓库储存研究；③在制品管理；④搬运车辆的计划与组织方法；⑤信息流的组织方法，信息流对物流的作用问题等。

（2）搬运（运输）设备、容器、包装的设计与管理。通过改进搬运设备、改进流动器具而提高物流效益、产品质量等，如社会物流中的集装箱、罐、散料包装，工厂企业中的工位器具、料箱、料架以及搬运设备的选择与管理等。其内容包括：①仓库及仓库搬运设备的研究；②各种搬运车辆和设备的研究；③流动和搬运器具的研究等。

1.3.2 企业物流工程的任务

企业物流工程主要运用工程技术方法，包括管理科学、工业工程、系统工程和信息技术等方法，从不同物流系统的范畴中（包括系统功能、结构和技术等方面），进行从整个大系统到具体子系统的规划设计，具体任务包括以下两个方面。

（1）规划管理。主要内容包括：①系统分析，找出问题，提出改进方案；②系统规划及优化设计，取得最佳方案及效益目标；③系统控制与管理，得到达成效益目标的方法、技术和手段。

（2）运行管理。①容器、器具的设计与管理，如工位器具、料架、料箱、滑道、滚道、集装容器、简易小车等；②搬运与运输工具的设计与管理，如手推车、小拉车、电瓶车、吊车、天车、汽车、火车、轮船、飞机等。

本章小结

物流工程（Logistics Engineering）是以物流系统为研究对象，研究物流系统的规划设计与资源优化配置、物流运作过程的计划与控制以及经营管理的工程领域。现代物流作为一门新兴的综合性边缘科学，在发达国家已有较早、较全面的研究，并形成了一系列的理论和方法，在指导其物流产业的发展中发挥了重要作用。我国现代物流业尚处在起步发展阶段，与发达国家相比有较大的差距。

本章主要从物流的基本理论入手，通过介绍物流与物流工程的概念、范畴、功能要素以及物流发展的过程，引申出物流工程产生的背景及发展趋势，揭示了物流工程学习的意义和研究内容。通过本章的学习，读者可对物流工程的基本内容与不同物流系统的工程应用及相关的物流管理的具体方面有一个初步的认识，明确物流工程在现阶段全球经济与全球物流多元化的发展过程中的地位和作用。

2 企业物流系统

2.1 企业物流系统概述

2.1.1 企业物流系统的构成

一个生产企业，从原材料的采购到其进厂开始，经过一道道工序加工成半成品，然后装配成产品，运至成品库或运至客户，自始至终都离不开物料的流动。这种流动在企业内部的物料（包括半成品或在制品）按照一定的工艺流程要求，借助一定的搬运手段和工具，从一个单位（如供货单位或车间、工位）流入另一个单位，从而形成了企业生产物流。在流动过程中，原材料等本身被加工的同时产生的一些废料、余料，直到生产加工终结再流向生产成品仓库。企业中存在的物流网络整体称为企业物流系统。

企业的物流过程由三个阶段构成，即原材料从社会“流”入企业，企业生产过程中物料在时间和空间上流转，产品从企业“流”给客户，如图 2－1 所示。

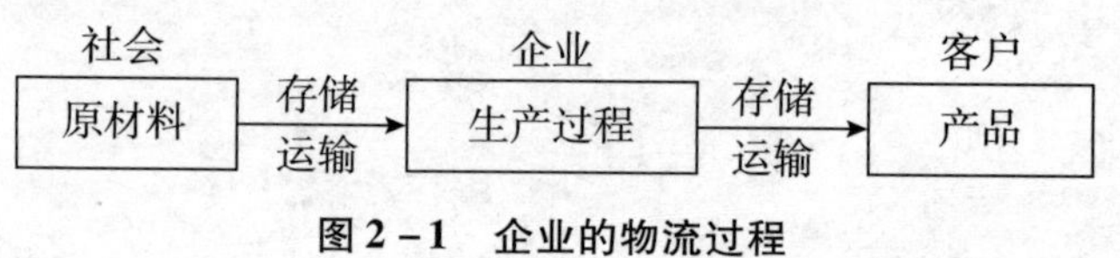

图 2－1 企业的物流过程

根据时间与顺序，可将企业物流划分为以下四部分，其水平结构如图 2－2 所示。

第一部分，供应物流：包括原材料等一切生产资料的采购、进货、运输、存储、库存管理和用料管理。

第二部分，生产物流：包括生产计划与控制、厂内运输（搬运）、在制品存储与管理等活动。

第三部分，销售物流：包括产成品的库存管理、存储、发货、运输、订货处理与顾客服务等活动。

第四部分，回收、废弃物物流：包括废旧物资、边角余料等的回收利用以及各种废弃物（废料、废气、废水等）的处理。

图 2－3 为企业物流系统的垂直结构。物流系统通过管理层、控制层和作业层三个层次的协调配合，实现其总体功能。

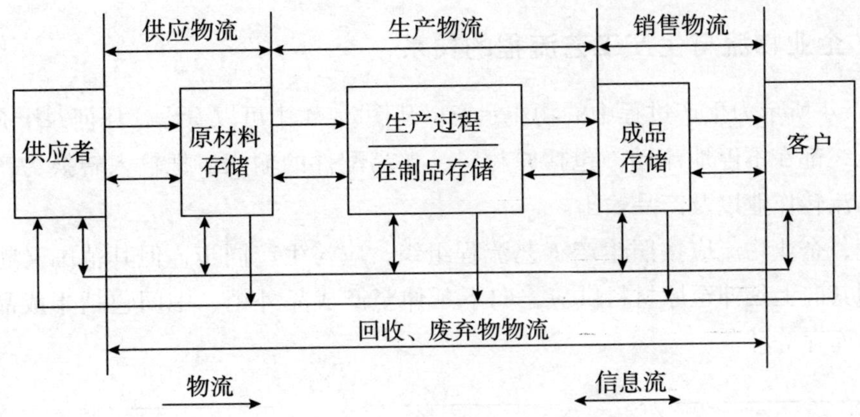

图2－2　企业物流系统的水平结构

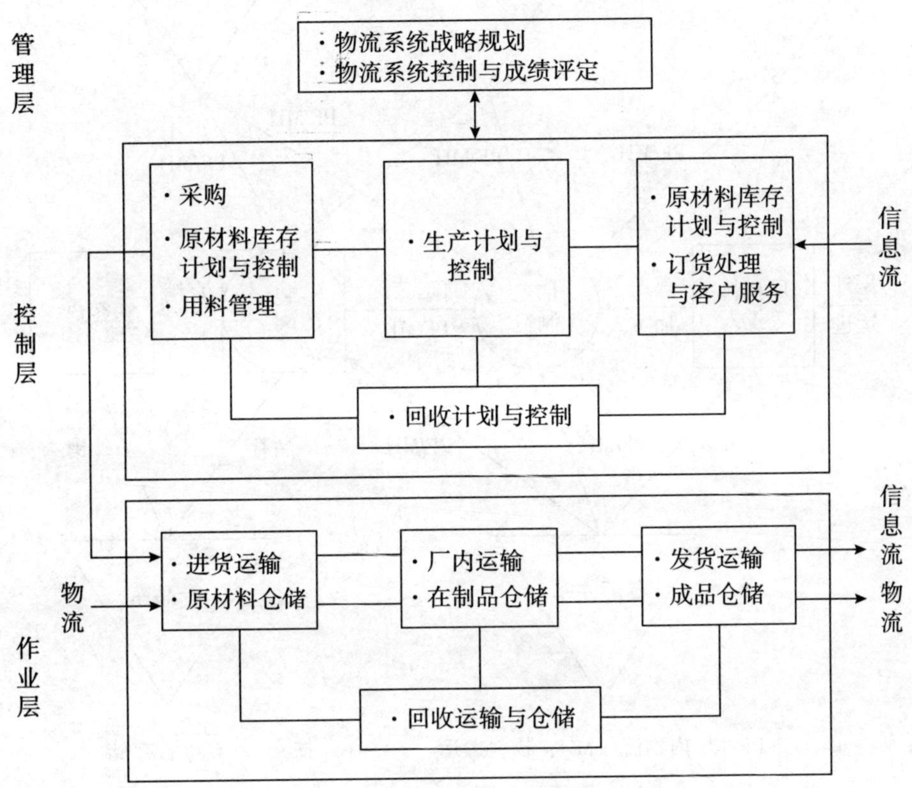

图2－3　企业物流系统的垂直结构

管理层：对整个物流系统进行计划、实施和控制，主要内容有物流系统战略规划、系统控制和成绩评定，目的是形成有效的反馈约束和激励机制。

控制层：其任务是控制物料流动过程，主要包括订货处理与客户服务、原材料库存计划与控制、生产计划与控制、用料管理和采购等。

作业层：完成物料的时间转移和空间转移，主要包括发货与进货运输、厂内运输、包装、保管、流通加工等。

2.1.2 企业物流与生产工艺流程的关系

图2-4所示为生产过程中的物流示意。从图2-4中可以看出，任何一个企业，物料自始至终都在不停地流动，包括原材料、备品配件的输入、把输入转换为产出的中间在制品流转作业以及产品输出。

因此，企业物流应按照生产工艺流程组织，应与生产同步，但其范围又超出生产过程。即其向上延伸至原材料供应，向下延伸至产成品外销，中间包括半成品、在制品和成品库存等环节。

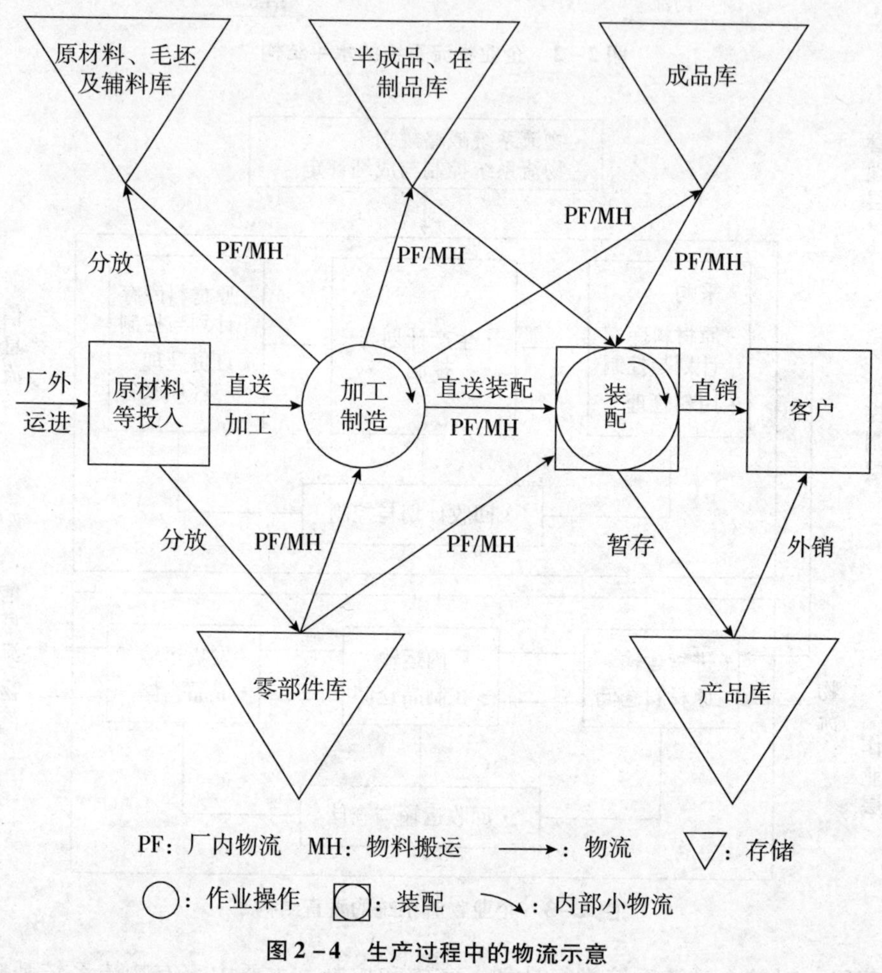

图2-4 生产过程中的物流示意

2.1.3 企业物流系统与企业生产系统

企业物流系统与企业生产系统密切相关，主要表现在：①从整个企业作为一个系统的角度看，物流是现代化生产的重要组成部分；②从企业各个组成部分的角度看，企业中的各车间、工序等都是企业物流系统网络中的节点；③从企业生产系统的具体

活动看，生产过程包含物流活动，生产活动自始至终都伴随着物流活动。下面分别介绍企业生产系统的类型与组成以及企业物流系统的类型。

1. 企业生产系统的类型与组成

企业生产系统有三种基本类型：大量生产、成批生产和单件生产。这三种生产系统的基本组成形式有以下两种。

一种是按工艺路线组成车间，即以产品的工艺过程图为依据，根据零部件加工生产线的区段划分组成车间。通过该生产系统可以清楚地看出产品各种零部件的加工顺序及装配关系。

另一种是按工艺职能组成车间，它以不同零件所具有的相同加工工艺特性为依据，将具有相同工艺职能的设备、工具或设施集中在一起组成车间，如机加工车间、制造车间、装配车间等，再由职能车间组成工厂。每个车间的通用性都很强，可以适应产品的类型和品种的不断更新。

此外，某些生产系统按以上两种基本形式的混合而组成车间。

2. 企业物流系统的类型

企业物流与企业生产类型、方式密切相关，因此，企业物流系统的类型也与企业生产系统的类型密切相关。

企业物流系统类型划分的主要依据是其生产物流的形态。如果简单地从空间结构形式上分类，企业物流系统可分为以下四种类型。

（1）直列型多阶段系统，又称单一型。即指物料按直线型安排的流程依次前进，在最终阶段制成产品而构成的形式。

（2）合流型多阶段系统，又称收敛型。即指物料分别在平行安排的单一或多道连续的生产阶段流动，并在适当阶段一个接一个地进行合成，从而制成最终产品。合流型多阶段系统适用于以组装流水线为主体的装配工厂。

（3）分支型多阶段系统，又称发散型。系统中的加工阶段呈发散状态，物料在某一阶段加工后，制成多种中间制品或产品。中间制品在后续阶段中又分别成为多种中间制品或产品，最后制成多种产品。

（4）复合型阶段系统，又称综合型。从原料到成品要经过许多阶段，系统中生产阶段有的呈发散状态，有的呈收敛状态，是上述两种形式的综合。

2.2 企业物流合理化概述

企业物流合理化，即根据物流系统中各职能因素之间的相互联系、相互制约、相互影响的关系，把物料的运输、包装、存储、装卸、加工、配送等流通活动和与之相关联的物流信息作为一个系统构造、组织和管理，以使整个物流过程最优化，从而以较低的物流成本实现既定的客户服务水平（包括质量、数量、时间、地点、价格等）。

实现上述企业物流的合理化，必须以物流组织结构合理化为基础，制定科学有效的物流组织体系。由此可见，企业物流合理化，即为实现物流组织结构合理化以及建立在此基础上的物流管理合理化和物流技术合理化的统一。

2.2.1 企业物流合理化的意义

1. 企业物流是生产过程得以连续进行的必要条件

如前所述，企业在为社会生产某种产品时，必然有若干加工程序，这些加工厂设备（如机床）或加工点（如车间）在各自的生产空间内成孤岛状分布，如各台机床被安装在车间的一定位置上，各个车间被建在工厂范围内某个区域等。原材料在各加工厂点之间按照工艺流程不停地流转，逐渐被加工成半成品、成品，这种物料的流转形成了生产物流。从社会得到原材料和输出产成品，以及供应物流和销售物流，这些都是企业物流的组成部分。所以，企业物流的稳定和连续是生产过程得以继续进行的必要条件。没有物流就没有生产活动，工厂的加工设备和设施也变得毫无价值，如同废墟，可以说物流是企业的生命线。

2. 企业物流的改善可以带来巨大的经济效益

物流，近年来被誉为“企业的第三利润源泉”，是“企业脚下的金矿”。确实有许多企业从这一领域得到了可观的效益。

减少流动资金和加快资金周转是企业最关心的经济指标之一。根据我国一些机械工厂的统计，工厂的流动资金有74.9%被原材料、在制品等占用，即物料占工厂流动资金的3/4，如果减少工厂物资库存的1/3，则可减少流动资金25%。又根据某资料统计，在机械加工工厂中，原材料从进厂开始，经过加工成半成品、成品，直至出厂为止，整个生产周期中用于加工的时间只占5%，而处于仓库储存、搬运或在生产线上等待的时间占95%，即有95%的时间处于物流系统中。

因此，加快原材料周转、改善物流系统，对提高物流资金周转速度起着决定作用，比提高加工效率更为重要。

3. 改善物流系统可以有效地提高企业整体素质

由于物流系统贯穿于企业“产、供、销”全过程，遍布企业的各个角落，与各部门都有不可分割的联系，因而对物流系统进行改善，较之任何局部改进和革新都更有全局性意义。

2.2.2 企业物流合理化的原则

企业物流合理化原则是指物流系统分析、设计、控制与管理所应遵循的原则，是评价一个物流系统方案或物流系统过程优劣的基准。企业物流合理化原则是建立在使物流系统低成本、高效率运行的基础上的，现将主要原则分述如下。

1. 近距离原则

在条件允许的情况下，使物料流动距离最短，以减少运输与搬运量。运输与搬运只会增加系统成本，而不会增加产品价值。日本、美国的企业的工厂常设计成几万平方米或几十万平方米的联合厂房，就是遵循了这个原则。

2. 优先原则

在进行物流系统规划设计时，尽量使彼此之间物流量大的设施布置得近一些，而物流量小的设施与设备可布置得稍远些。

3. 避免迂回和倒流原则

迂回和倒流的现象严重影响了生产系统的效率和效益，必须使其减少到最低限度，尤其是系统中的关键物流。

4. 在制品库存最少原则

在制品既是生产过程的必需物，同时又是一种“浪费”。以拉动式“看板管理”为基础的准时化（JIT）生产管理，可以将库存降低到最低限度，实现零库存生产。

5. 集装单元和标准化搬运原则

物流搬运过程中使用的各种托盘、料箱、料架等工位器具，要符合集装单元和标准化原则，以提高搬运效率、物料活性系数、搬运质量、系统机械化和自动化水平。因此，一个企业中工位器具、物料装载容器和物流设备的状况反映了物流系统的效益水平，也反映了该企业的基础管理水平。

6. 简化搬运作业、减少搬运环节原则

物料的搬运不仅应有科学的设备、容器，还有科学的操作方法，使搬运作业尽量简化，环节尽量减少，以此提高系统物流的可靠性。

7. 重力利用原则

在物流系统中，使用重力方式进行物料搬运是最经济的手段，且方便有效，利用高度差，采用滑板、滑道等方法可节约能源。但对于重力搬运必须有很好的控制措施，以防造成产品、零件、物料的磕碰和对人员造成伤害以及损坏设备。

8. 合理提高物料的活性系数

物料的活性系数是度量物料流动难易程度的指标，在条件允许的情况下，应尽量提高，但不可强求，否则会增加资金耗费。

9. 合理提高搬运机械化水平

搬运机械化水平的提高，可提高搬运质量和效率，但要根据物流量、搬运距离和资金条件等因素，合理选择机械搬运设备。一般来说，在物流量小且搬运距离短的情况下，选择简单搬运设备；在物流量小、搬运距离长的情况下，选择简单运输设备；在物流量大、搬运距离短的情况下，选择复杂搬运设备；在物流量大、搬运距离长的情况下，选择复杂运输设备。

10. 人机工程原则

物料搬运的目的应事先确定好，使物料搬运一步到位，避免二次搬运和装卸。同时，搬运设备、装卸设备及工位器具的安全设计和布置应满足人机工程要求，在各个操作环节上使操作者最省力、安全、高效，以减轻疲劳。

11. 自动化原则

计算机管理是物流信息控制的重要手段，也是物流系统现代化的基本标志。在条件可能的情况下，应尽早、尽量采用计算机辅助管理，实现自动化，并注意与其他信息系统的集成开发。

12. 系统化原则

物流系统是生产与管理系统的子系统，因而其结构、功能、目标应与管理目标一致。所以，既要重视单一物流环节的合理化，也要重视物流系统的合理化；既要解决个别物流环节的机械化、省力化、标准化，又要解决物流的整体化和系统化；在降低物流成本的同时使用户满意。物流系统的改善，需要加强自接受订货开始，直至产品送达客户的整个生产消费全过程的物流管理。

13. 柔性化原则

产品结构、生产规模、工艺条件的变化或管理结构的变更，都会引起物流系统结构包括平面布置的变化。因此，发达国家工业企业的厂房多是遵循柔性化原则采用组合式设备，从而使设备安装有利于变动和调整。

14. 环境要求原则

物流系统的设计应符合可持续发展战略的思想和绿色制造的要求，不应只为追求物流系统的功能而损失或破坏环境，应使其能与自然、社会等环境很好地协调，并且不对居住环境造成危害。

2.2.3 实现企业物流合理化的途径

通过企业选址、设施设计、生产管理和销售等各个环节的改善，实现企业物流合理化。

1. 选址阶段

选址包括厂房定位、仓库布点、企业内部布局等，选址的决策结果对物流合理化有至关重要的作用。

对于厂房定位，德国经济学家阿尔弗雷德·韦伯（Alfred Weber）指出，当工业在制造过程中“增重”时，应在消费点建立设施；而当制造过程“失重”时，必须在接近原材料产地建立设施；如果制造过程中既不“增重”也不“失重”，则可以在中间的地方选择工厂位置。

仓库的数量和地理位置由客户、制造点和产品等因素确定。

2. 设施设计阶段

（1）合理配置各种生产设施。工厂的整体布局，各种生产设施的合理配置，是企业物流合理化的前提，其目的是减少物流迂回、交叉以及无效往复，避免往复运输、物料运输中的混乱、线路过长等。

（2）合理配置和使用物流设施。物流机械的自动化水平直接反映了物流系统的能力水平。物流机械化的配置应主要考虑以下条件：①根据物料形态、特性、搬运工艺要求和环境条件等，选择适当类别与规格的物流机械，且应注意系统配套；②机械化与自动化水平应根据企业综合效益的需要而确定；③物料的单元化、集装化与机械配置有密切关系；④谨慎吊起重物，注意采用水平运输方式；⑤采用集装单元和适当运输设备，使运输手段合理化。

（3）系统设施应具有柔性。物流系统的各项设施，在产品的品种、数量发生变化后，应能在最小投入费用下，适应新的生产要求。

3. 生产管理阶段

首先，争取企业各个部门的理解和支持，在管理上达到协调一致；其次，按物流结构实现供应物流、生产物流、销售物流的合理化，从而使整个物流系统达到最优。具体措施如下。

（1）均衡生产。企业生产合理化的关键在于生产的均衡化和物流的准时化。生产企业各工序应努力在规定的时间，将规定数量的零件送到规定的地点，保证准时化生产和物流合理化。

（2）适当库存。尽可能降低库存，适时供应加工装配所需的零件，尽可能减少零件库存量，以加快企业资金周转，降低物流成本，缩短物流周期。

（3）合理运输。设计合理的搬运次数和运输量，尽量缩小搬运距离，避免无效运输，使运输合理化。使用集装箱和托盘，使装卸机械化。

（4）计算机化。广泛应用计算机进行物流系统的设计、规划、模拟和管理，以及物流过程的全电脑控制，建立完善的物流信息系统。

（5）职工主人化。组织职工小组活动，建立企业与职工之间的信任关系。无论工厂的平面布置多么出色，设备多么现代化，但最终使其运转的都是人，只有加强职工的责任心，并落实在日常操作上，物流合理化才能真正实现。

（6）连续改善。连续改善的范围涉及企业的方方面面，其核心思想是不求一次大跨度的提高，而是通过小步骤、持续不断的改造和革新，取得连续的效益积累。

4. 销售阶段

（1）“商物分离”。建立物流基地（如物流中心、批发中心、配送中心等），从而改善企业功能，优化物流系统，提高物流效率。

（2）增加从工厂直接发货的数量。

（3）减少输送次数。

(4) 提高车辆满载率。

(5) 实现计划输送。

(6) 开展联合运输。

(7) 选择适当的输送手段。

物流合理化是企业生产实现高质量、低成本、优质服务的重要前提，同时也是缩短产品交货周期的基础。日本企业因为成功地使用物流合理化技术优化生产系统，使企业的管理水平和竞争力得到了很大提高。中国制造企业应很好地借鉴和采用这一技术，努力改进和提高物流系统水平，力争在激烈的国际市场竞争中取得主动。

2.3 企业物流系统设计

2.3.1 企业物流系统分析

所谓系统分析是指从系统的整体利益出发，根据系统的目标要求使用科学的分析工具和计算方法，对系统目标、功能、环境、费用和效益进行充分调研、收集、比较、分析和数据处理，并建立若干拟订方案（被选方案）和必要的模型，进行系统仿真实验，比较分析和评价实验结果等，将取得的综合资料供决策者使用。系统分析方法要求的不是从局部出发去研究复杂的、多层次、运动着的事物，而是把构成这类事物的各项因素，如实地看成一个整体，看成在一定的时间和空间范围内不断运动着的系统，把它的各组成部分（或环节）有机地联系起来进行分析，不仅是定性的，而且主要是定量地确定它们之间的相互关系，从而明确目标，选择最优的对策。系统分析的目的是为了设计（或改进）最合理的、最优化的系统。通过系统分析拟订方案的费用、效益、功能和可靠性等技术经济指标，为决策者提供依据。

企业物流系统分析的一般原则如下。

(1) 整个系统的实现是至关重要的，要素存在的价值仅由它们提高整个系统工作绩效的程度而定。

(2) 要素并不要求个体上达到最佳或最优化的，设计重点在于组成系统的各要素之间的综合关系。

(3) 各要素作为一个结合系统而联系在一起，可望产生的最终效果大于通过个体部件表现的效果。

企业物流系统分析的步骤如下。

1. 资料收集

这是企业物流系统分析的重要一步。很明显，分析的正确性离不开数据的精确性。必须完全掌握产品、现有设施、顾客和竞争对手四个方面的审查。

（1）产品的审查。产品的审查是指对现有生产线和新产品趋向进行透彻的分析，对每种产品必须掌握以下几方面的信息。

①年销售量。

②季节性。

③包装状况。

④运输和仓库信息。

⑤现有制造或装配设施状况。

⑥投入的原材料状况。

⑦产品制造的畅通性。

⑧仓储地点。

⑨可利用的运输方。

⑩区域销售量。

（2）现有设施的审查。现有设施的审查包括以下几个方面。

①生产地点和生产能力。

②储存仓库和配送中心的地点和能力。

③订货处理职能部门的地点。

④运输方式的利用等。

（3）顾客的审查。以现有顾客的特征为焦点的潜在顾客也是分析的对象。下面几个信息必须掌握。

①现有顾客和潜在顾客的位置。

②各顾客所需的产品。

③订货时间。

④顾客服务的重要性。

⑤顾客要求的特殊服务等。

顾客审查为系统分析提供关键素材，必须重视。

（4）竞争对手的审查。这是对企业销售所处的竞争环境的描述，包括竞争对手订货传递方式、订货处理的速度和精度、运输工具的速度和可靠性等。

2. 企业物流系统分析的工具

企业物流系统分析的工具有以下几种。

（1）因果分析法。

（2）排列图法。

（3）相关分析法。

（4）投入产出分析法。

3. 企业物流系统分析应用的范围

企业物流系统分析贯穿于从系统构思、技术开发到制造安装、运输的全过程，其重点应放在系统发展规划和系统设计上。企业物流系统分析应用范围如下。

（1）制定企业物流系统规划方案。

（2）生产力布局：厂址选择、库址选择、物资供应网点的设置、交通运输网络设置等。

（3）工厂内的合理布置，如工艺流程规划，即企业内部物流合理化问题。

（4）库存管理，应用生产批量等进行生产作业控制。

（5）成本（费用）控制等。

2.3.2 企业物流系统分析的内容

企业物流系统主要由厂内运输、装卸搬运、厂内储存、产品包装和物流信息传递等环节组成。厂内运输和装卸搬运的作用是实现企业物流的空间效益；储存是完成企业物流的时间效益，而包装是为了更好地促进物料的运输和储存而进行的功能活动；物流信息传递作为一种特殊功能贯穿于企业物流活动的全过程。企业物流系统分析就是将上述各环节视为一个整体加以分析研究。

1. 厂内运输

厂内运输（Transportation）的任务是将物资进行空间移动，通过运输能解决物资生产地点和需要地点之间的空间距离问题。厂内运输有两方面的作用：一是承担企业物流和社会物流的衔接任务，把工厂所需的原材料、燃料、备件、生产设备等其他物资运进厂内，同时把工厂的产品及时向社会输出；二是承担工厂内部距离较远的各单位、部门之间的物料输送业务。

厂内运输的科学规划是平面布置的重要内容。厂内运输通道往往既是工厂区域划分的界限，同时也是厂内的主要道路。因此运输通道的布置必须与整个工厂的工艺流程、车间或设施的区域划分紧密结合，同时考虑与外界运输路线的衔接条件。

2. 装卸搬运

装卸搬运（Materials Handling）是指在同一场所范围内进行，以改变物资的存放状态和空间位置为主要内容和目的的活动，通常包括装上、卸下、移送、拣选、分类、垛堆、入库、出库等作业。

装卸搬运与运输、储存活动有密切关系。装卸搬运的作业形式复杂，作业对象多种多样。通常的装卸搬运机械有各类起重机械、带式及辊式输送机、叉车、电瓶车等。托盘集装化和叉车的配合使用，是提高搬运作业效率的有效手段之一。

3. 厂内储存

厂内储存（Storage）是为保证生产的连续性和解决生产环节间的不平衡性、不同步性而设置的一定数量的物资储备，它从物流时间上调整缓冲这种不平衡，以确保企业生产均衡有序地进行。若储存过多，则物资积压，占用较多的流动资金；若

储存过少，则供不应求，出现生产间断。只有合理储存，才能有效地提高企业物流的时间效益。

一般企业里物料储存形式主要有三种：原材料储存、在制品储存和成品储存。

4. 产品包装

产品包装（Packing）是企业生产不可缺少的环节，是生产过程的最后一道工序。产品只有经过包装，才能保证在流通和消费过程中的数量和质量。

进行产品包装设计时，必须考虑产品包装对运输、装卸、搬运和储存业务的便捷和有效展开，才能降低成本，减少物流时间和费用，不断提高企业物流的整体效益。

5. 物流信息

信息是指能够反映事物内涵的知识、资料、消息、情报、图像、数据、文件、语言、声音等，是事物的内容、形式及其发展变化的反映。物流活动中必要的信息称为物流信息（Logistical Information）。

企业物流信息分为两类：一类是伴随物流过程，反映生产及物流状态的信息；另一类是市场的反馈信息。物流为单向，而信息流为双向。

2.3.3 物流系统分析的方法

1. 基本概念

1）当量物流量

物流量是指一定时间内通过两物流点间的物料数量。在一个给定的物流系统中，物料从几何形状到物化状态都有很大的差别，其可运行性或搬运的难易程度相差很大，简单地用重量作为物流量计算单位不合理。因此，在系统分析、规划、设计过程中，必须找到一个标准，把系统中所有的物料通过修正、折算为一个统一量，即当量物流量，才能进行比较、分析和运算。

当量物流量是指物流运动过程中一定时间内按规定标准修正、折算的搬运和运输量。这种修正与折算充分考虑了物料在搬运或运输过程中实际消耗的搬运和运输能量等因素。例如，一台载重量为10t的汽车，当其运输10t锻件时，10t锻件的当量重量为10t；而其运输2t组合件时，则2t组合件的当量重量也为10t。实际系统中，所提及的物流量均指当量物流量。

当量物流量的计算公式为：

$$f = nq$$

式中：f——当量物流量，如当量t/年、当量t/月、当量kg/小时等；

q——一个搬运单元的当量重量，如当量t、当量kg等；

n——单位时间内流经某一区域路径的单元数，如单元数/年（月等）。

目前，当量物流量的计算尚无统一标准，一般根据现场情况和实践经验确定。例如，一个火车车皮的载重量为60t，装载12个汽车驾驶室，则每个驾驶室的当量物流量为5当量t。再如，企业中一个标准料箱载重量是2t，装载了100个中间轴，则每个中间轴的当量物流量为20当量kg。

当量物流量是物流技术中未能很好解决的问题，有待于今后进一步研究。

2）玛格数

玛格数（Magnitude）起源于美国，是一种不十分成熟的当量物流量的计算方法，是为度量各种不同物料可运性而设定的一种度量单位，可以衡量物料搬运难易的特征。

玛格数的概念有其局限性。因为，每一种物料的运输能力都与搬运方法（装载容器及搬运设备）有关，而实际上，玛格数对各种不同的物理、化学状态的物料和搬运方法却不能十分准确地描述和度量，因而是一种近似描述物流量的标准值。在一些特性相差不大的物料搬运中，玛格数比较适用。但若将现实中的所有物料都用玛格数来度量，其误差较大。即物流系统越大、越复杂，玛格数的使用精度越低。

玛格数的理论意义十分重要，是值得借鉴并需要进一步研究和开发的技术方法。

（1）玛格数的定义。一个玛格的物料具有如下特征：可以方便地拿在手中；结构紧凑，具有可堆垛性；相当密实；不易受损坏；相当清洁、坚固和稳定。

通俗地说，一个玛格是一块经过粗加工的10ft^3（或稍大于2ft×2ft×2ft）大小的木块，约有两包香烟大小。应用玛格数时，需将系统中的所有物料换算成为相应的玛格数。

（2）玛格数的计算方法。首先，按照物料几何尺寸的大小计算出基本值；其次，用基本值乘以各种修正参数；最后，确定玛格数。其计算步骤如图2－5所示。

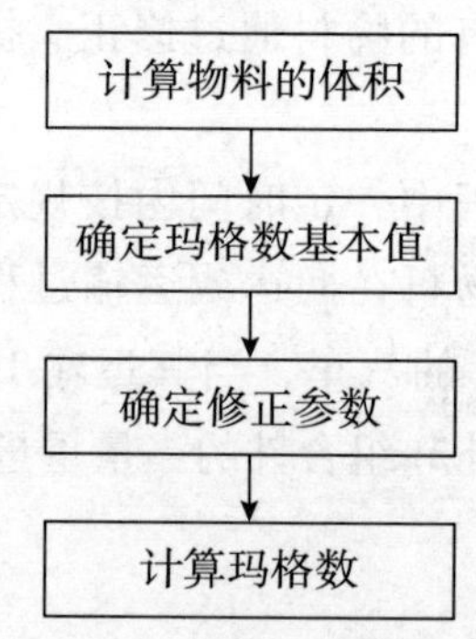

图2－5　玛格数的计算步骤

①计算物料的体积。度量体积时，采用外部轮廓尺寸，不要减去内部空穴或不规则的轮廓。

②查阅图2－6所示的玛格曲线，得到玛格数基本值A。表2－1反映了部分体积与玛格数基本值的对应关系。

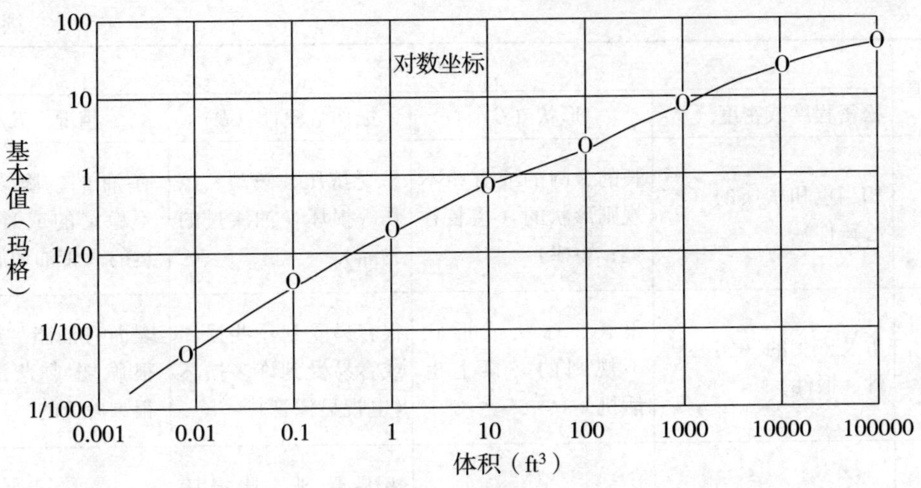

图 2－6 玛格曲线

表 2－1 **部分体积与玛格数基本值的对应关系**

体积（ft^3）	0.005	0.1	1.0	10	100	1000	10000	100000
玛格数基本值（玛格）	1/200	1/20	1/4	1	3.5	10	25	50

曲线反映了体积与基本值的关系。物料体积越大，运输单位体积越容易，玛格曲线变化越缓。

③根据表 2－2 所示，确定修正参数。

表 2－2 **修正因素及参数值**

参数值	修正因素			
	松密程度或密度（*B*）	形状（*C*）	损伤危险性（*D*）	情况（*E*）
3	……	十分扁平并且可以叠置或可以套叠（平纸张或金属板材）	……	……
2	非常轻或空的（体积庞大的钣金属箱）	易于叠置或套叠（纸簿、汤碗）	不易受任何损坏（废铁屑）	……
1	轻和庞大的（拆散的瓦楞纸板箱）	较易叠置或略可套叠（书、茶杯）	实际上不易受损坏或受损极小（坚实的铸件）	……
0	比较密实的（干燥的木块）	基本上是方形，并具有一些可叠置性质（木块）	略易受损坏（加工成一定尺寸的木材料）	清洁、牢固、稳定的（木块）

续 表

参数值	修正因素			
	松密程度或密度（*B*）	形状（*C*）	损伤危险性（*D*）	情况（*E*）
1	相当重和密实的（空心铸件）	长的、圆的或有些不规则形状的（袋装谷类、短棒）	易受挤压、破裂、擦伤等损坏（油漆过的物品）	有油的、脆弱的、不稳定的或难于搬运的（带油切屑）
2	重及密实的（实心铸件、锻件）	很长、球状或形状不规则的（桌上电话机）	很容易受到一些损坏或容易受到许多损坏（电视显像管）	表面有油脂、热的、很脆弱或光滑的、很难搬运的
3	非常重和密实的（模块、实心铅）	特别长的、弯曲的或形状为高度不规则的（长钢梁）	极易受到一些损坏或易受到非常多的损坏（水晶玻璃、高脚器皿）	（发黏的胶面）
4	……	特别长及弯曲的或形状格外不规则的（弯管、木块手椅）	极易受到非常多的损坏（瓶装酸类、炸药）	（熔化的钢）

注：a. 每一物品的价格等级此处未予列出，因为在一个工厂内它通常不会导致运输能力的变动，而且搬运的小心程度已体现在“损伤危险性”因素中。但是，如果情况仍须考虑一个“价值”修正值，请自行设立其零点和尺度，用 F 表示。

b. 形状“扁平”或“可套叠”的物品通常以叠置形式搬运，应以一叠或一套衡量上述因素，而不是以每一单件作为单位。

c. 修正因素是一种定性转化为定量的方法，参数可以考虑使用半级修正，以提高修正精度。

d. 表中……是修正因素未涉及的因素。

④玛格数。根据下列公式计算，可得到玛格数。

$$M = A + \left[\frac{1}{4} \times A \ (B + C + D + E + F) \right]$$

2. 企业物流系统分析方法

企业物流系统分析是针对企业物流系统的环境、输入输出情况、物料性质、流动线路、系统状态、搬运设备与器具、库存等进行全面、系统的调查与分析，找出问题，求得最佳系统设计方案。其分析过程如图 2－7 所示。

1）外部衔接分析

外部衔接是指对已确定系统边界的物流系统，研究物料输入与输出系统的情况，包括物料输入输出工厂系统的方式（运输车辆、装载容器、路线入口等）、频率以及输入输出系统的条件（如时间、道路以及工厂周围环境）等的统计资料，必要时应以统计图表表达。

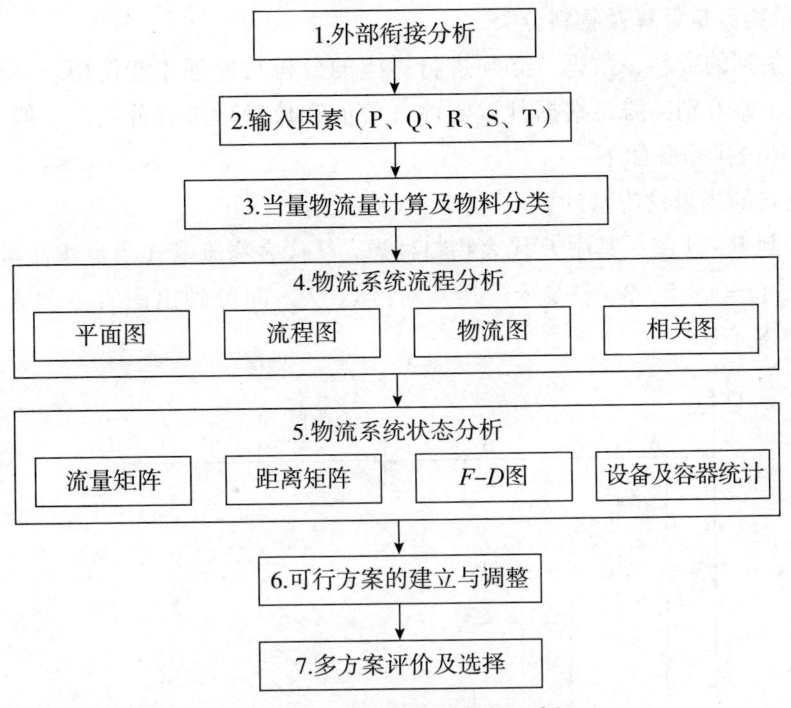

图 2－7 企业物流系统分析过程

2）输入因素（P、Q、R、S、T）

此步骤是系统调研、资料与数据收集工作。P——Products，指系统物料的种类；Q——Quantity，指数量；R——Routing，指路线，包括工艺路线、生产流程、各工件的加工路线以及形成的物流路线；S——Service，指辅助生产与服务过程的部门；T——Timing，指物料的流动时间等。上述数据和资料的收集通常需要列表整理，比如对于产品的零件（物料）、路线、数量可列产品零件一览表，表 2－3 所示为一个示例。

表 2－3 产品零件一览表

序号	零件名称	几何形状	单位重量（kg）	年产量（t）	工艺路线
1	曲轴	长杆件	50.4	5800	下料—锻造—正火—校正
2	齿轮 1	圆盘件	10.2	1400	下料—锻造—调质—清理
3	转向臂	复杂件	14.5	1500	下料—锻造—调质—冷校
⋮	⋮	⋮	⋮	⋮	⋮

表 2－3 中还可以有装载容器（如料箱、每箱装载多少零件）、搬运设备种类（叉车搬运、天车搬运）等内容。通过详细调查，可将系统中 P、Q、R、S、T 的情况统计清楚，以备分析。当零件种类繁多时，可忽略一些影响小、流量很小的物料或零件。

3）当量物流量计算及物料分类

对于收集到的资料、数据，必须进行适当的分析与处理才能使用。系统中的物料很多，并且千差万别，需要根据其重要性（价值和数量）进行分类，一般采用A、B、C分类。具体分类步骤如下。

（1）物料的当量物流量计算。

（2）绘制 $P-Q$ 图。其中 P 代表物料种类，Q 代表物流量（当量物流量）。根据每一种物料 P_i（$i=1$，2，3，…，n）及其对应点 Q_i，即可画出由直方图表示的 $P-Q$ 图，如图2－8所示。

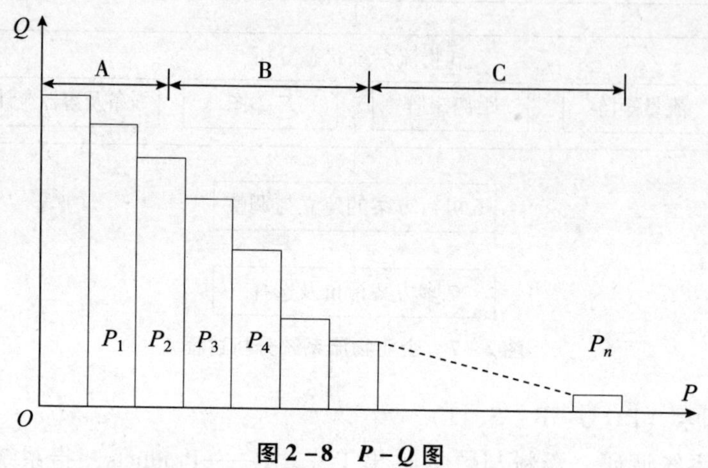

图2－8 $P-Q$ 图

（3）对图2－8进行A、B、C分类。一般，A类物料占总品种数的5%～10%，物流量占70%以上；B类物料占总品种数的20%左右，物流量占20%左右；C类物料占总品种数的70%以上，其物流量仅占5%～10%。当然，上述百分比不是绝对的。

物流系统分析与设计以及管理的重点也按A、B、C分类进行。如此可以抓住重点，有利于分析与设计的进行。必要时，可忽略C类物料。

4）物流系统流程分析

物流系统流程分析步骤如下。

（1）平面图。平面图上各设施、设备、储存地、固定运输设备等要用工业工程标准符号（国际通用标准）标明，并且进行阿拉伯数字编码。常用的工程标准符号主要有以下几种。

○：表示操作，既可以表示操作过程，也可以表示加工设备、生产部门等。

▽：表示储存，指储存地、仓库、工位储存地等。

⇨：表示搬运或运输。

□：表示检验，包括加工过程检验和最终检验等。

系统内每一个与物流作业有关的活动都用上述符号表达，经过标定并编码的平面图如图2－9所示。

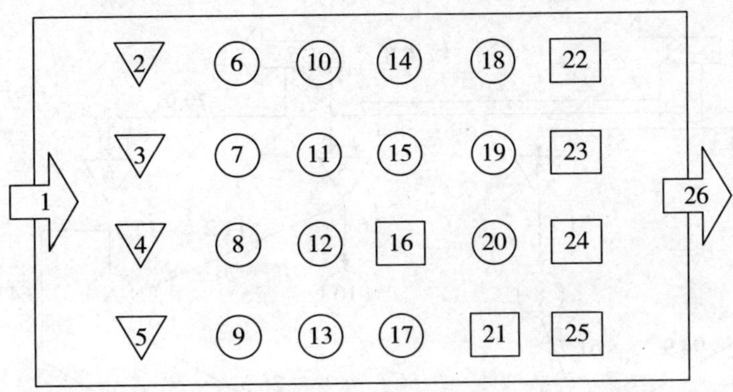

图 2－9 某车间编码平面图

（2）物流流程图。得到经过工业符号表达并编码的平面图后，根据物料分类和当量物流量，任意一条物流路径均可用编码表示其物流流程路线。如果将系统中所有物流流程用表的形式表达，则称该表为物流流程表，如表 2－4 所示。如果将表中的各条物流流程绘制在一张图上，则称该图为所研究系统的物流流程图，如图 2－10 所示。该图的画法不受平面限制，任意物流的起点和终点间的物流量大小取决于两点间的权数，即通过两点间所有物流量（当量物流量）之和。

表 2－4 某车间物流流程表

序号	零件名称	物流流程	当量物流量（t）
1	轴 1	1—4—8—15—16—17—18	51.7
2	轴 2	1—3—7—16—18	60.3
3	轴 3	2—3—7—16—18	38.6
4	轴 4	2—6—9—16—14—18	15.3
5	齿轮 1	2—5—10—16—17—18	47.6
6	齿轮 2	1—5—10—16—17—18	8.4
7	齿轮 3	2—6—11—12—13—19	3
8	齿轮 4	2—6—11—17—19	39.6
9	齿轮 5	2—6—11—17—18	22
10	连杆	2—5—9—16—17—19	11.2

对于系统中 A 类物料往往需要进行单一流程分析，根据 5W1H 法（Why、What、When、Where、Who、How）进行研究，考虑物流合理化的原则，采取取消、合并、改进等手段，使大流量物流尽量避免迂回和倒流，保持流动距离最短。

（3）物流图。将各条物流的物流量大小（用物流图线宽度表示）与经过的物流点绘制在编码平面图上，称为物流图。绘制物流图时，不同种的物流用不同的线段来表

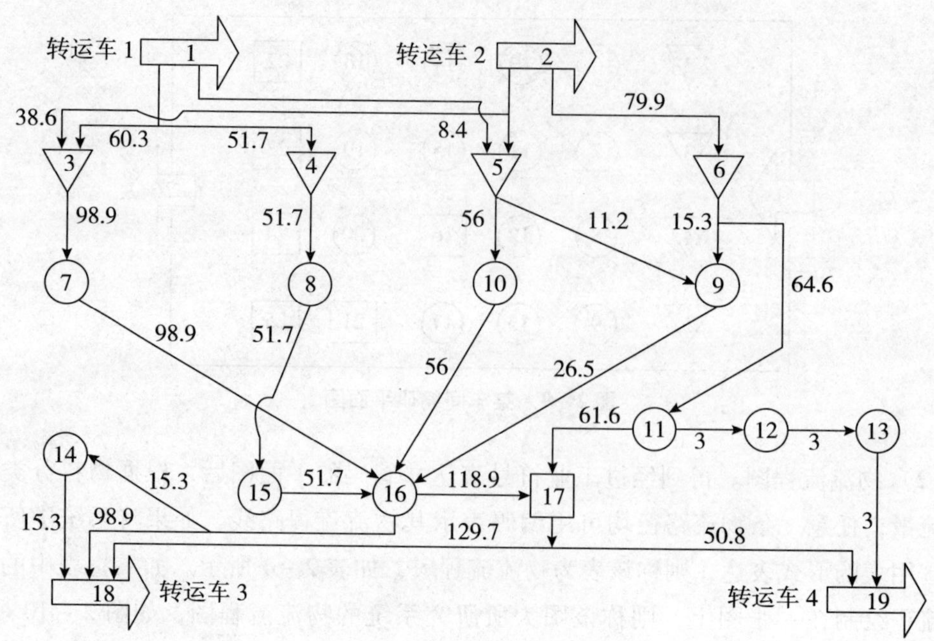

图 2－10　某车间物流流程图

示，线段的宽度是按一定比例来表示物流量及物流强度。从物流图上，可直接看出系统内的倒流、迂回、平面布置不合理的地方，有利于分析与设计。

5）物流系统状态分析

（1）流量矩阵 $\boldsymbol{F}$（或称从—至表）。根据系统流程图 G，对应得到一关联矩阵 $\boldsymbol{F}$，$\boldsymbol{F}=[f_{ij}]_{n\times n}$，$f_{ij}$表示从 i 点到 j 点的物流量（i，$j=1$，2，…，n），n 为系统平面图编码的数量。当 i 点到 j 点无物流量关系时，则 $f_{ij}=0$。

（2）距离矩阵 $\boldsymbol{D}$。根据编码平面图得到距离矩阵 $\boldsymbol{D}=[d_{ij}]_{n\times n}$，距离单位可以用 m、km 等表示。

由 $\boldsymbol{F}$、$\boldsymbol{D}$ 可以计算出系统的量矩积和 S（也称搬运工作量），公式为：

$$S=\sum_{i=1}^{n}\sum_{j=1}^{n}f_{ij}d_{ij}$$

S 的单位为当量 t/m 或当量 t/km。为了方便，有时“当量”两字可以省略。

（3）$F-D$ 图（即流量距离图）。将每两点间的物流按其流量大小绘制在一直角坐标图上，如图 2－11 所示。根据分析的需要，按照确定的物流量和距离，将该图划分为若干部分，如划分为Ⅰ、Ⅱ、Ⅲ、Ⅳ四个部分。划分的目的，是为了发现不合理的物流。从图 2－11 中可以看出，Ⅱ部分的物流不合理，因为物流量大且距离远。

$F-D$ 图可作为平面布置调整的根据。经过调整，当第Ⅱ部分无物流量时，该方案才为可行方案。无法调整的情况例外。

（4）搬运设备、容器统计。以表格形式记录下任意方案中，在设施、设备之间从事物料搬运的设备、装载容器等的状况，分析其合理与否，并提出改进意见。

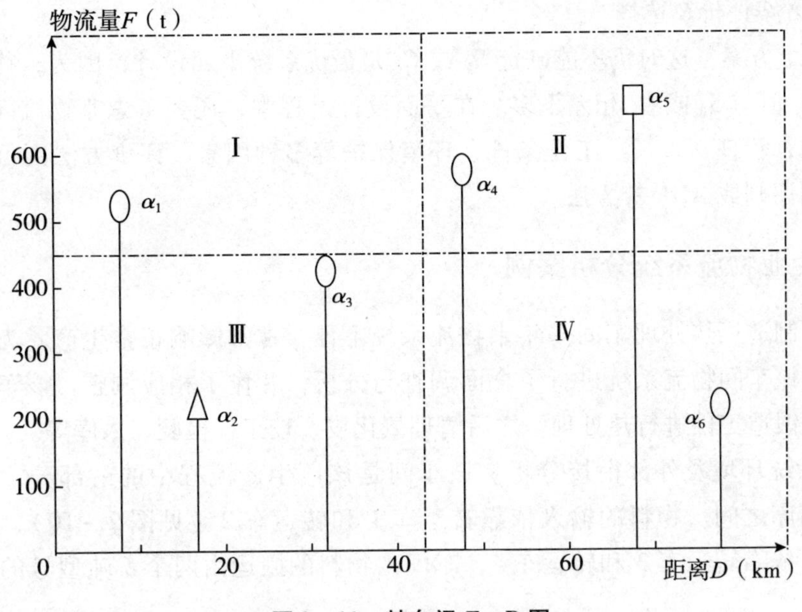

图 2－11　某车间 $F-D$ 图

6）可行方案的建立与调整

根据上述分析，对于每个方案均可计算出 $S=\sum_{i=1}^{n}\sum_{j=1}^{n}f_{ij}d_{ij}$。根据 $F-D$ 图调整系统中设施或设备的所在位置，得到新的距离矩阵 $\boldsymbol{D}'=[d'_{ij}]_{n\times n}$。假设工艺路线未发生变化，$\boldsymbol{F}$ 阵亦无变化。有时需要改变工艺方法，则 $\boldsymbol{F}$ 阵也会变化。总之，只要 $\boldsymbol{D}$ 阵变为 $\boldsymbol{D}'$，必有

$$S'=\sum_{i=1}^{n}\sum_{j=1}^{n}f_{ij}d'_{ij}\quad \text{或}\quad S'=\sum_{i=1}^{n}\sum_{j=1}^{n}f'_{ij}d'_{ij}$$

此时工艺方案已发生变化。如果 $S'<S$，新方案的物流设计优于原方案的 S。

当然，调整时应根据生产系统的环境与条件而定，而不是任意调整。如果在条件与环境允许时，进行了 l 次调整（一般 l 值不会太大，实际设计中不会有几十个方案，一般有几个或十几个方案就已不少），可得到 l 个系统搬运工作量值。显然，搬运工作量最小的方案，为最优物流系统方案，则有

$$S_k=\min\{S_1,S_2,\cdots,S_l\}$$

如果任意两物流点间的单位搬运费用可以得到，即 C_{ij}^{0}［元/（t/m），元/（t/km）］可以测得或有可靠数据，则系统搬运费用也可按下式计算：

$$C_s=\sum_{i=1}^{n}\sum_{j=1}^{n}C_{ij}^{0}f_{ij}d_{ij}=\sum_{i=1}^{n}\sum_{j=1}^{n}C_{ij}^{0}\omega_{ij}$$

对于 l 个方案，可得到最小搬运费用方案，即

$$C_{hs}=\min\{C_{S_1},C_{S_2},\cdots,C_{S_l}\}$$

一般情况下，若 C_{ij}^{0}的值不易得到，可用 S 代替 C_s。

7）多方案评价及选择

对于 l 个方案，这时仍不能确定 S_k 或 C_{hs} 是最优系统平面设计，因为，往往有好几个 S 值或 C_s 值与 S_k 或 C_h 相差不多。在平面设计过程中，还要考虑非物流部门，工艺水平的要求，管理、人员、工作条件、环境保护等多种因素。评价方法则可采用关联矩阵、模糊评判或 AHP 等方法。

2.3.4 企业物流系统分析案例

某汽车制造厂热处理车间多年来物流系统不佳，常常影响正常生产。为了提高效益，最近对该车间物流系统进行了全面调查与分析，并作了相应调整。该车间的主要工作是对已锻造工件进行热处理，之后清理氧化皮、校正、检验、入库等。

（1）系统环境及外部衔接分析。该车间是该厂生产流程中的一部分，夹在锻造车间与成品库之间。物料的输入依靠转运车 1 和转运车 2（见图 2－10），输入频率较高。输出依靠转运车 3 和转运车 4，车间内物料的搬运由两个 5 吨型号的行车起吊完成。

（2）输入因素分析。该车间长年稳定生产 139 种锻件的热处理件。经过 A、B、C 分类法，确定轴件、齿轮件和连杆共 10 种物料为 A 类和 B 类物料，其物流状态将决定全车间系统状态。由于锻件表面状态要求不高，属于毛坯件，故取当量系数为 1，即以 t 为当量 t。搬运工位器具基本标准化，料箱、料架、托盘均为 2 当量 t 承载容积。

（3）流程分析。首先，绘制反映该车间布置情况的平面图，对主要工作设备（热处理炉、油压校正机、检验站、清理设备、酸洗池）、储存地、转运车等进行编码，共编定 19 个物流设施（见图 2－10）。根据 A、B 类物料工艺路线和物流设施编码绘制系统物流流程表（见表 2－4）。然后根据该表绘制物流流程图如图 2－10 所示，物流图和相关分析图省略。

（4）物流系统状态分析。①该车间物流交叉，迂回严重，设施 7、8、9、10 为连续式热处理炉，每天处理锻件几百吨，主要工作量在 7、8、9 三个炉上。处理后锻件的清理氧化皮工作绝大部分在设施 16 酸洗部完成。由于风向等环境因素的约束，设施 16 只能设在车间最西部。而轴 1、轴 2、轴 3 都需要从最东边的转运车 3 入成品库，造成物流迂回和混乱状态。②车间内大流量物料搬运距离较长，两台天车工作繁忙，且互相干涉，影响效率。③由于到料频繁，工件损失严重，且工作地不整，易产生工伤事故。④工位器具虽采用标准化料箱料架，但因无责任部门，维修管理不善，损失严重。

（5）可行方案建立及最佳方案选择。由于该车间酸洗部 16 位置不佳，造成全系统物流状态不合理，并且该工艺也应改换。因此，可将酸洗工艺改为喷丸处理，同时调整部分设施位置。调整后的物流系统比较顺畅、合理，虽然存在少量物流交叉，但无大规模迂回、倒流，有利于提高管理水平。新、旧方案部分基本参数如表 2－5

所示。经过计算，新系统方案的搬运工作量为 17496.7t·m/年，总工作量下降了 39121.9t·m/年，仅为原方案的 30.9%。

表 2-5　　新、旧方案部分基本参数一览

序号	从—至	f_{ij}/t	$d_{ij(m)}$（旧）	$W_{ij(t.m)}$（旧）	$d_{ij(m)}$（新）	$W_{ij(t.m)}$（新）
1	1~3	60.3	4	241.2	4	241.2
2	1~4	51.7	8	413.6	8	413.6
3	1~5	8.4	12	100.8	12	100.8
4	2~5	58.8	4	235.2	4	235.2
5	2~6	79.9	8	639.2	8	639.2
6	3~7	98.9	4	395.6	4	395.6
7	4~8	51.7	4	206.8	4	206.8
8	5~9	11.2	15	168	15	168
9	5~10	56	4	224	4	224
10	6~9	15.3	4	61.2	4	61.2
11	6~11	64.5	25	1612.5	25	1612.5
12	7~16	98.9	110	10879	12	1186.8
13	8~15	51.7	45	2326.5	10	517
14	9~16	26.5	20	530	20	530
15	10~16	56	45	2520	15	840
16	11~12	3	105	315	40	120
17	11~17	61.6	120	7392	55	3388
18	12~13	3	4	12	25	75
19	13~19	3	30	90	20	60
20	14~18	15.3	40	612	55	841.5
21	15~16	51.7	20	1034	12	620.4
22	16~14	15.3	30	459	30	459
23	16~18	98.9	110	10879	12	1186.8
24	16~17	118.9	110	13079	14	1664.6
25	17~18	129.7	10	1297	8	1037.5
26	17~19	11.2	80	896	60	672
合计	—	—	—	56618.6	—	17496.7

在上述介绍中，略去了许多工作步骤与细节，仅概要介绍其主要内容。实际分析与应用时，不同系统的工作内容虽有所差异，但主体思想和基本步骤应该一致。

2.4 平面布置设计

目前平面布置设计最常用的方法，是用一个优化模型实现物流系统的最佳设计，结合非物流因素进行统一的模糊综合评价，以进行最后决策。

2.4.1 物流系统的单目标平面布置设计模型

对于给定的制造企业物流系统，假设：①物流系统中物料的流动过程为均匀、连续、不确定；②系统中有 k 种物料（k 是有限正整数），且每一种物料都可用同一种当量物流量表示，则平面布置设计模型如下。

（1）设系统中 k 种物料的当量物流量分别为 Q_1，Q_2，…，Q_k，则系统总当量物流量为：

$$\sum_{h=1}^{k} G_h (h \in k) \tag{2-1}$$

（2）将系统平面按物料加工过程停滞地（加工、储存、检验等工作单元）分块，并用1，2，…，n（n 为一有限正整数）进行编码，则任一种物料，如第 h 种物料，在系统平面上的流动过程可用所经编码地的编码描述为一流程图，记为 G，G 为一有向图。系统总位移为：

$$G = G_1 + G_2 + \cdots + G_k = \sum_{h=1}^{k} G_h \tag{2-2}$$

（3）由于系统中任一物料都可用当量物流量表示，所以，经任意两点间各种物料的物流量为：

$$f_{ij} = \sum_{h=1}^{k} Q_{h(i,j)} \ (i,\ j \in n) \tag{2-3}$$

式中：f_{ij}——从 i 点到 j 点的当量物流量；

$Q_{h(i,j)}$——从 i 点到 j 点的第 h 种物料的当量物流量。

（4）根据已分块编码的平面系统，可测得一个距离矩阵 $\boldsymbol{D} = [d_{ij}]_{n \times n}$，其中 d_{ij} 表示从 i 点到 j 点的距离。如记 $w_{ij} = f_{ij} d_{ij}$ 为从 i 点到 j 点的物流矩，则系统的物流矩阵为 $\boldsymbol{w} = [w_{ij}]_{n \times n} = [f_{ij},\ d_{ij}]_{n \times n}$，所以，系统的流量矩和为：

$$M = \sum_{i=1}^{n} \sum_{j=1}^{n} w_{ij} = \sum_{i=1}^{n} \sum_{j=1}^{n} f_{ij} d_{ij} \tag{2-4}$$

（5）若 C_{ij}^0 为从 i 点到 j 点的单位物流流动费用，则物流系统的流动费用为：

$$C_m = \sum_{i=1}^{n} \sum_{j=1}^{n} C_{ij}^0 w_{ij} = \sum_{i=1}^{n} \sum_{j=1}^{n} C_{ij}^0 f_{ij} d_{ij} \tag{2-5}$$

(6) 改变平面系统布置中各分块的几何位置，可得到：

$$M^1 = \sum_{i=1}^{n}\sum_{j=1}^{n} w_{ij}^1 = \sum_{i=1}^{n}\sum_{j=1}^{n} f_{ij}d_{ij}^1 \text{ 或 } C_m^1 = \sum_{i=1}^{n}\sum_{j=1}^{n} C_{ij}^0 w_{ij}^1 = \sum_{i=1}^{n}\sum_{j=1}^{n} C_{ij}^0 f_{ij} d_{ij}^1$$

(7) 如果 $M^1 < M$ 或 $C_m^1 < C_m$，则新布置方案优于原方案。如果将系统平面在工艺、环境等允许条件下改变 $l-1$ 次（l 为有限正整数），则可得 l 个结果，即 M，$M^{(1)}$，$M^{(2)}$，…，$M^{(l-1)}$，C_m，$C_m^{(1)}$，$C_m^{(2)}$，…，$C_m^{(l-1)}$。

物流系统单项目最优平面布置为：

$$g = \min\{M^{(1)}, M^{(2)}, \cdots, M^{(l)}\} \text{ 或 } g_c = \min\{C_m^{(1)}, C_m^{(2)}, \cdots, C_m^{(l)}\} \quad (2-6)$$

式（2-6）以系统物流的最小流量矩（最小流动费用）为目标。

2.4.2 物流系统的多目标平面布置设计模型

模糊评价法是物流系统设计时处理多目标问题的常用方法。其要点是：选出 l 个评价方案，定出 n 个评价因素及权重值，并请专家对 l 个方案进行打分评定，得分最高者为最优方案。实际应用时，常用表 2-6 来完成。

表 2-6　方案评价

因素	权值（a_i）	$M^{(1)}$	$M^{(2)}$	…	$M^{(L)}$
u_1	a_1	y_{11}	y_{12}	…	y_{1l}
u_2	a_2	y_{21}	y_{22}	…	y_{2l}
⋮	⋮	⋮	⋮		⋮
u_n	a_n	y_{n1}	y_{n2}	…	y_{nl}
		Σ	Σ		Σ

注：①物流强度 x_{ij} 可按 A、E、I、O、U 给出分数。
②作业关系等级 $y_{ij} = a_i x_{ij}$。

2.4.3 渐推法

以上介绍的物流系统平面布置优化模型，适用于解决新建车间、新建工厂平面布置优化的小规模求解。当设施数目增多时，计算量急剧增加，此时，应在平面布置中采用渐推法，目的是找到一个与最优解接近的次最优解。

目前，渐推法分为两类：一类是新建法，即从零开始，按一定顺序逐步增加设施，直到所有设施都布置好，即得到最终方案，如 PLA&ET（Plant Layout Analysis and Evaluation Technique）；另一类是改进法，它从一个可行方案开始，通过改变设施位置，并计算目标函数，获得更佳方案，直到不能再改进为止，从而得到最终布置方案，如 CRAFT（Computerized Relative Allocation of Facilities Technique）。改进法比新建法慢，但优化程度较高。

以下通过例子来说明新建法与改进法的应用。

例2－1 某加工车间需安排4台机床（编号记为A、B、C、D，场址记为1、2、3、4），应使运输量（物流量×距离）最小。现已知机床间的物流量V及距离d如表2－7所示，试用新建法求机床最佳平面布置。

表2－7 物流量及距离

V	V_{AB}	V_{AC}	V_{AD}	V_{BC}	V_{BD}	V_{CD}
	2	8	3	4	9	5
d	d_{12}	d_{13}	d_{14}	d_{23}	d_{24}	d_{34}
	8	10	2	4	7	9

解 将V、d中的数据分别由大到小和由小到大排序如下。

$V_{(}$大→小）＝（V_{BD} V_{AC} V_{CD} V_{BC} V_{AD} V_{AB}）＝（9 8 5 4 3 2)

d（小→大）＝（d_{14} d_{23} d_{24} d_{12} d_{34} d_{13}）＝（2 4 7 8 9 10)

根据大物流—短距离布置原则，可直接根据表2－7排序。

位置 14 23 24 21 34 13

机床布置 BD AC←CD CB AD BA

在理想环境下（无其他约束），调整C、A的位置，则得到新的布置方案，具体如下。

场址 1 2 3 4

机床 B C A D

运输量 $Z = V_{AD} \times d_{23} + V_{AC} \times d_{23} + V_{CD} \times d_{24} + V_{BC} \times d_{12} + V_{AD} \times d_{34} + V_{AB} \times d_{13}$

$= 9 \times 2 + 8 \times 4 + 5 \times 7 + 4 \times 8 + 3 \times 9 + 2 \times 10 = 164$

与理论最小运输量164相比，此方案达到最优。

例2－2 在例2－1中随意将A、B、C、D布置到场址1、2、3、4中去，可用改进法求出最优布置方案。

解 初始布置方案为

场址 1 2 3 4

机床 A B C D

运输量 $Z = V_{AB} \times d_{12} + V_{AC} \times d_{13} + V_{AD} \times d_{23} + V_{BC} \times d_{23} + V_{BD} \times d_{24} + V_{CD} \times d_{34}$

$= 2 \times 8 + 8 \times 10 + 3 \times 2 + 4 \times 4 + 9 \times 7 + 5 \times 9 = 226$

在此方案基础上，机床位置两两互换，并计算其运输量，得到表2－8。

表 2-8 不同位置运输量数值（第一次）

初始方案1（1 2 3 4）（A B C D）	改进方案（两两互换）					
	AB	AC	AD	BC	BD	DC
运输量 $Z=226$	172	220	230	222	227	186

由于 $Z_{AB}=172$ 较小，故以该改进方案（1 2 3 4）（B A C D）为初始方案2，再进行第二次改进（两两交换），结果列于表2-9中。

表 2-9 不同位置运输量数值（第二次）

初始方案2（1 2 3 4）（B A C D）	二次改进方案					
	AB	AC	AD	BC	BD	DC
运输量 $Z'=172$	226	164	229	224	174	227

最小值 $Z'_{AC}=164$。经比较可知，其对应的布置方案为最优，即

场址 1 2 3 4

机床 B C A D

2.4.4 动态分析设计

上述物流系统的平面布置设计是在一定目标下的最优或较优方案，它根据给定的生产大纲和物流量来确定。因此，不能把一次的静态布置看成是最终结果，而应使布置设计适应企业中长期发展规划的需要，具有良好的动态柔性。

所以，在进行布置优化时，应考虑以下几方面。

（1）确定发展规划，做到远近结合。一般，可通过对市场的预测研究，提出1~3个量化方案，作为动态柔性布置的依据。

（2）确定合理算法，做到动静结合。以常规算法求静态布置方案为基础，考虑规划，采用合理算法（如分析、仿真、计算程序等），求出“动态理想方案”。

（3）单体设施的可扩展性与总体布置的可调整性相结合。在理想方案的基础上，经过单体设施扩展协调后提出动态柔性的推荐方案。

（4）动态分析设计应以产品预测为先导。在优化和决策问题解决之后，如有可能，还应进行动态仿真研究分析，以此估计和推断系统设计是否合理，然后修改系统参数，重复设计，规划步骤，直到满意为止。

本章小结

物流系统是指在一定的时间和空间里，由所需位移的物资、包装设备、装卸搬运

机械、运输工具、仓储设施、人员和通信联系等若干相互制约的动态要素所构成的具有特定功能的有机整体。物流系统的目的是实现物资的空间效益和时间效益，在保证社会再生产顺利进行的前提条件下实现各种物流环节的合理衔接，并取得最佳的经济效益。

企业物流系统是社会经济大系统的一个子系统或组成部分，也是生产与管理系统的子系统。企业物流系统是指企业内部产品制造从供应、生产、销售直至回收、废弃等整个过程的物料流动，涉及原材料进入、储存、搬运、停放、加工、装配、包装、成品储存、在制品控制等。

本章主要从物流系统的基本理论入手，通过介绍企业物流系统的概念、构成、工艺流程关系以及其类型的过程，引申出物流系统的合理化途径及系统设计方法。通过本章的学习，读者可对企业物流系统的基本内容有一个初步的认识，并掌握企业物流系统平面布局设计。

3　设施规划与设计

3.1　设施规划与设计概述

3.1.1　设施规划与设计的研究范围

设施规划与设计的研究范围非常广泛，例如在工业设施的规划设计过程中，涉及土木建筑、机械、电气、化工等多种工程专业。从工业工程的角度考察，设施规划由设施选址与设施设计两部分组成，设施设计又分为布置设计、建筑设计、公用工程设计、信息通信设计四个相互关联的部分，如图 3－1 所示。本章主要讨论设施选址和布置设计两个部分。

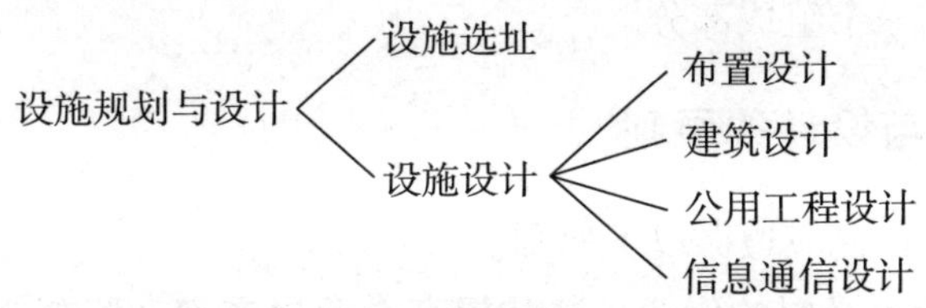

图 3－1　设施规划与设计的内容结构

1. 设施选址

任何一个生产或服务系统都不能脱离环境而单独存在。外界环境会对生产或服务系统输入原材料、劳动力、能源、科技和社会因素；同时，生产或服务系统又会对外界环境输出其产品、服务、废弃物等。因此生产或服务系统不断受外界环境影响而改变其活动；同时，生产或服务系统的活动结果又不断改变其周围环境。为此，生产或服务系统所在的地区和具体位置对系统的运营是非常重要的。

设施选址（场址选择）就是对可供选择的地区和具体位置的有关影响因素进行分析和评价，以达到场址最优化。场址选择是一个通用的概念，适用于各种类型的设施规划与设计，对于工矿企业又常用厂址选择代替，有时对“场址”与“厂址”的细微差异不加区分。

2. 布置设计

生产系统是由建筑物、机器设备、运输通道等组成。服务系统是由多个部门组成的，例如饭店往往由餐厅、厨房、仓库等多个部门组成。各种系统内各组成部分相互之间的位置关系又直接决定了系统的运营效率，对系统的各组成部分进行位置布置是设施规划与设计的中心内容。布置设计就是通过对系统物流、人流、信息流进行分析，对建筑物、机器、设备、运输通道和场地作出有机的组合与合理配置，以达到系统内部布置的最优化。

3. 建筑设计

设施规划与设计过程中，需根据建筑物和构筑物的功能和空间的需要，满足安全、经济、适用、美观的要求，进行建筑和结构设计。建筑设计需要土木建筑各项专业知识。

4. 公用工程设计

生产或服务系统中的附属系统包括热力、煤气、电力、照明、给排水、采暖通风及空调等系统。通过对这类公用设施进行系统、协调的设计，可为整个系统的高效运营提供可靠的保障。

5. 信息通信设计

信息通信设计是对信息通信的传输系统进行全面设计。对于工矿企业来说，各生产环节生产状况的信息反馈直接影响了生产调度和管理，反映出企业管理的现代化水平。随着计算机技术的应用，信息网络系统的复杂程度也大幅提高，信息通信设计也就成了设施设计中的一个组成部分。

3.1.2 设施规划与设计的原则

现代设施规划与设计应遵循以下原则。

（1）减少或消除不必要的作业。这是提高企业生产率和降低消耗的最有效的方法之一。只有在生产时间上缩短周期，生产空间上减少占地，生产物料上减少停留、搬运和库存，才能保证生产所投入的资金最少，生产成本最低。

（2）以流动的观点作为设施规划的出发点，并贯穿于规划设计的始终。因为生产系统的有效运行依赖于人流、物流、信息流的合理化。

（3）运用系统的概念、系统分析的方法求得系统的整体优化。

（4）重视人的因素，运用人机工程理论进行综合设计，并要考虑环境的条件（包括空间的大小、通道配置、色彩、照明、温度、湿度、噪声等因素）对人的工作效率和身心健康的影响。

（5）设施规划与设计是从宏观到微观，又从微观到宏观的反复迭代、并行设计的过程。要先进行总体方案布置设计，再进行详细布置。而详细布置设计方案又要反馈到总体布置的方案中，从而再对总体方案进行调整。

总之，设施规划与设计就是要综合考虑各种相关因素，对生产系统或服务系统进行分析、规划、设计，使系统资源得到合理的配置。

3.2　设施选址的内容及考虑的因素

3.2.1　设施选址的内容和意义

1. 设施选址的内容

新建设施，必须选择适当的场址。设施选址，可能出于国家或企业发展新的生产（或服务）而建设新设施的需要，也可能出于原有企业由于某种原因迁建的需要。不管哪种情况，设施选址总是设施规划的重要部分之一。

设施选址包括地区选择和地点选择两项内容。所谓地区是指一个比较大的社会行政区域，如某个城市、乡镇等；而具体的地点是指工厂在该地区的实际坐落点。在解决选址问题时，首先要根据设施的要求合理选择建设的地区，然后在确定的地区内进一步选择适宜的具体地点，有时这两项内容要结合起来综合考虑。

设施选址分为两种：①单一设施的场址选择。根据确定的生产（或服务）、规模等目标为一个独立的设施选择最佳位置。②复合设施的场址选择。为一个企业的若干个下属工厂、仓库、销售点、服务中心等选择各自的位置，并使设施的数目、规模和位置达到最佳化。

设施选址常常需要其他有关人员（如环保部门）的参与，而不能由设计人员单独完成。

2. 设施选址的意义

场址选择为生产系统确定了所接触的外界环境，影响着生产系统的各种输入和输出。合理的场址选择有利于充分利用人力、物力和自然资源，有利于促进建厂地区的经济发展，有利于保护环境和生态平衡。因此，场址选择的合理与否，直接影响工厂的基建投资、产品成本、发展前景、企业经济效益和国民经济效益。总之，设施选址对生产力布局、城镇建设、企业投资、建设速度及建成后的生产经营都有极其重要的影响。如果厂址选择不当，仓促动工，竣工后再纠正，就会造成很大的损失，将会给企业带来致命的缺陷，也会给社会留下沉重的负担。

3.2.2　设施选址考虑的因素

设施选址对企业的成功有着至关重要的作用，但是影响设施选址的因素众多且复杂，涉及面广。出于这种情况可以把影响设施选址的因素，依据其与成本的关系进行分类。与成本有直接关系的因素，称为成本因素。与成本无直接关系，但能间接影响产品成本和未来企业发展的因素称为非成本因素。

1. 主要的成本因素

（1）运输成本。对企业，运输成本占有较大比重，所以选址时应注意缩短运输距离，减少运输环节中的装卸次数，并尽量靠近码头、公路、铁路等交通设施，且考虑铁路、公路、水路三者均衡问题。

（2）原料供应。某些行业对原料的量和质都有严格要求，这类企业长期以来主要分布在原料产地附近，以降低运费，减少运输时间，从而得到较低的采购价格。但目前工业对原料地的依赖性呈缩小趋势，产生这种情况的主要原因包括：技术进步导致单位产品原料消耗的下降，原料精选导致单位产品原料用量、运费的减少，工业专业化的发展导致加工工业向成品消费地转移，运输条件的改善导致单位产品运费的降低等。尽管如此，采掘业、原料用量大或原料可运性小的加工工业仍以接近原料产地为佳。

（3）动力能源的供应量和成本。对于火力发电厂、有色金属冶炼、石油化工等行业，动力能源的消耗在生产成本中的比重达到35%～60%。对重型机器制造、水泥、玻璃、造纸等行业，动力能源的供应量和成本的影响也举足轻重。

（4）水供应。酿酒工业、钢铁工业、水力发电厂等必须靠近江河水库。

（5）劳动力素质。劳动力素质的高低将对技术密集型和劳动密集型企业产生不同的影响，因而构成不同的劳动力成本。

2. 主要的非成本因素

（1）社区情况，如服务行业、商店、加油站和娱乐设施的状况及社区对新公司的态度等。

（2）气候和地理环境，包括风力、风沙、温度、湿度、降雨量等。气温对产品和作业人员均会产生影响，气温过低或过高都将增加气温调节费用。例如，潮湿多雨地区不适合棉纺、木器、纸张的加工。制造厂要求土地表面平坦，易于平整施工，如选择稍有坡度的地方，则可利用斜面，便于搬运和建造排水系统；在地震断裂层地带、下沉性地带、地下有稀泥或流沙以及在可开采的矿床或已开采过的矿坑上和有地下施工的区域应慎重选址。

（3）环境保护。为了防止生产系统的污染（包括空气污染、水污染、噪声污染、恶臭污染、放射污染以及固体废料污染等），各国和各地区都制定了保护当地居民及生态环境的各种环保法规。

（4）当地政府的政策。有些地区采取鼓励在当地投资建厂的政策，在当地划出工业区及各种经济开发区，低价出租或出售土地、厂房、仓库，并在税收、资本等方面提供优惠政策，同时这些地区的基础设施情况往往也很好，交通、通信、能源、用水也很便利。

3.3 设施选址的步骤及方法

3.3.1 设施选址的步骤

设施选址一般分为以下四个步骤。

1. 准备

其主要内容为明确前期工作中对选址目标突出的要求，具体如下。

（1）企业生产的产品品种及数量（生产纲领或设施规模）。

（2）需进行的生产、储存、维修、管理等方面的作业。

（3）设施的组成，主要作业单位的概略面积及总平面草图。

（4）计划供应的市场及流通渠道。

（5）需要资源（包括原料、材料、动力、燃料、水等）的估算数量、质量要求与供应渠道。

（6）产生的废物及其估算数量。

（7）概略运输量及运输方式的要求。

（8）所需职工的概略人数及等级要求。

（9）外部协作条件。

对某些选址需要的技术经济指标应列出具体数值要求。

2. 地区选择

地区选择阶段的具体内容如下。

（1）走访行业主管部门，收集并了解有关行业规划、地区规划对设施布点的要求和政策。

（2）选择若干地区，进行有关社会经济环境、资源条件、运输条件、气象条件等情况的调查，收集资料。

（3）进行不同方案的比较，选出最优方案。

3. 地点选择

组成场址选择小组到初步确定地区内的若干地点进行调查研究和勘测。其主要工作内容如下。

（1）从当地城市建设部门取得备选地点的地形图和城市规划图，征询关于地点选择的意见。

（2）从当地气象、地质、地震等部门取得有关气温、气压、湿度、降雨量及降雪量、日照、风向、风力、地质、地形、洪水、地震等的历史统计资料。

（3）进行地质水文的初步勘察和测量，取得有关勘测资料。

（4）收集当地有关交通运输、供水、供电、通信、供热、排水设施的资料，并交涉有关交通运输线路、公用管线等的连接问题。

（5）收集当地有关运输费用、施工费用、建筑造价、税费等有关经济类的资料。

（6）对各种资料和实际情况进行核对、分析以及各种数据的测算，经过比较，选定一个合适的场址方案。

4. 编制报告

编制报告阶段的主要工作内容如下。

（1）对调查研究和收集的资料进行整理。

（2）根据技术经济指标比较和统计分析的结果编写综合材料，绘制所选地点的设施位置图和设施初步总平面布置图。

（3）编写设施选址报告，对所选场址进行评价，供决策部门审批。

设施选址报告具体包括以下内容。

（1）场址选择的依据，如批准文件等。

（2）建设地区的概况及自然条件。

（3）设施规模及概略技术经济指标，包括占地估算面积、职工人数、概略运输量、原材料及建筑材料需求量等。

（4）各场址方案的比较，包括自然条件比较、建设费用及经营费用比较、环境影响比较和经济效益比较等。

（5）各场址方案的综合分析和结论。

（6）当地有关部门的意见。

（7）附件，包括：各项协议文件的抄件；区域位置、备用地、交通线路、各类管线走向；设施初步总平面布置图等。

3.3.2 设施选址的方法

影响选址的因素很多，有的因素可以用定量的方法分析，有的因素只能用定性的方法分析。在实际分析时，我们可以根据具体情况采用定性、定量或定性与定量相结合的方法。本节主要介绍优缺点比较法、重心法、线性规划—运输法、层次分析法、德尔菲分析模型等。

1. 优缺点比较法

优缺点比较法是一种最简单的设施选址方法，尤其适用于非经济因素的比较。它是罗列出各个方案的优缺点进行分析比较，并按最优、次优、一般、较差、极坏五个等级对各个方案的各个特点进行评分，然后对每个方案的各项得分进行加总，得分最多的方案为最优方案。当几个选址方案在费用和效益方面近似时，非经济因素即可能成为考虑的关键因素。此时，可采用优缺点比较法对若干方案进行分析比较。常见的选址方案非经济因素如下。

（1）区域位置。

（2）面积及地形。

（3）地势与坡度。

（4）风向、日照。

（5）地质条件：土壤、地下水、耐压力。

（6）土石方工程量。

（7）场址现在所有者、拆迁、赔偿情况。

（8）铁路、公路交通情况。

（9）与城市的距离。

（10）供电、供水、排水。

（11）地震。

（12）防洪措施。

（13）经营条件。

（14）协作条件。

（15）建设速度等。

2. 重心法

设施选址时，如果生产费用中运费是相当重要的因素，而且多种原材料由多个现有设施供应，则可根据重心法确定场址位置。重心法的思想是：在确定的坐标中，各个原材料供应点坐标位置与其相应供应量、运输费率之积的总和等于场所位置坐标与各供应点供应量、运输费率之积的总和。

假设 P_0（x_0，y_0）表示所求设施的位置，P_i（x_i，y_i）表示现有设施（或各供应点）的位置（$i=1，2，\cdots，n$），则重心法中的坐标如图 3－2 所示。

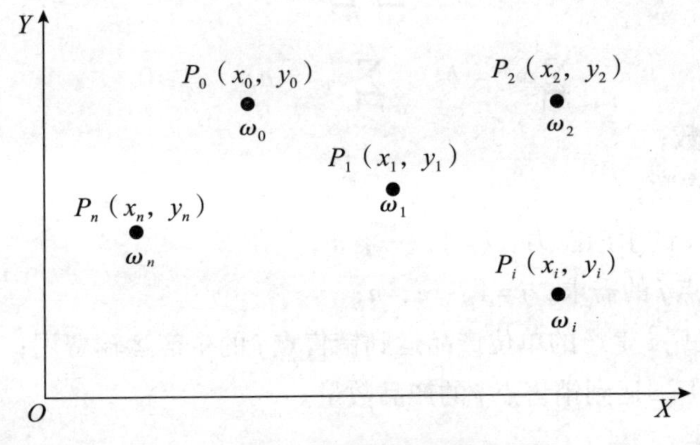

图 3－2　重心法坐标

图 3－2 中 ω_i 表示第 i 个供应点的运量。若用 C_i 表示各供应点的运输费率，C_0 表示场址的运输费率，根据重心法则有

$$\sum_{i=1}^{n} x_i\omega_i C_i = x_0\sum_{i=1}^{n}\omega_i C_0 \quad \sum_{i=1}^{n} y_i\omega_i C_i = y_0\sum_{i=1}^{n}\omega_i C_0 \tag{3－1}$$

重心坐标为

$$x_0 = \frac{\sum_{i=1}^{n} x_i\omega_i C_i}{\sum_{i=1}^{n}\omega_i C_0} \quad y_0 = \frac{\sum_{i=1}^{n} y_i\omega_i C_i}{\sum_{i=1}^{n}\omega_i C_0} \tag{3－2}$$

若各供应点和厂址的运输费率相等，即 $C_i=C_0$，则有

$$x_0 = \frac{\sum_{i=1}^{n} x_i \omega_i}{\sum_{i=1}^{n} \omega_i} \quad y_0 = \frac{\sum_{i=1}^{n} y_i \omega_i}{\sum_{i=1}^{n} \omega_i} \tag{3-3}$$

式（3-3）即为运输费率相等时，设施位置的重心法计算公式。

3. 线性规划—运输法

线性规划—运输法被归类为最优化技巧，是一种广泛使用的战略、战术物流计划工具。线性规划—运输法在考虑特定约束条件下，从许多可用的选择中挑选出最佳行动方案。

对于物流问题最为广泛使用的线性规划形式是网络最优化。线性规划—运输法作为网络最优化方法，其目标是在给定的供给、需求和能力的约束条件下，使生产、输入、输出运输的可变成本最小化。对于复合设施的选址问题，如对于一个公司设有多个工厂、多个分销中心（或仓库）的选址问题可以用线性规划—运输法求解，以使得所有设施的总运费最小。

运输法的数学模型如下。

目标函数：

$$\min \sum_{i=1}^{m} \sum_{j=1}^{n} C_{ij} x_{ij} \tag{3-4}$$

约束条件：

$$\sum_{i=1}^{m} x_{ij} = b_j \quad \sum_{j=1}^{n} x_{ij} = a_i \quad x_{ij} \geqslant 0 \tag{3-5}$$

式中：m——工厂数；

n——销售点数；

a_i——工厂 i 的生产能力，$i=1$，…，m；

b_j——销售点 j 的需求，$j=1$，…，n；

C_{ij}——在工厂 i 生产的单位产品运到销售点 j 的生产运输费用；

x_{ij}——从工厂 i 运到销售点 j 的产品数量。

4. 层次分析法

层次分析法（AHP）是一种定性与定量相结合的评价与决策方法。应用 AHP 解决问题的思路是：首先，把要解决的问题分层系列化，即根据问题的性质和要达到的目标，将问题分解为不同的组成因素，按照因素之间的相互影响和隶属关系将其分层聚类组合，形成一个递阶的、有序的层次结构模型。其次，对模型中每一层次因素的相对重要性，依据人们对客观现实的判断给予定量表示，再利用数学方法确定每一层次全部因素相对重要性次序的权值。最后，通过综合计算各层因素相对重要性的权值，得到最低层（方案层）相对于最高层（总目标）的相对重要性次序的组合权值，以此作为评价和选择方案的依据。

5. 德尔菲分析模型

典型布置分析考虑的是单一设施的选址，其目标是供需之间的时间最小化、距离

最小化、成本最小化、平均反应时间最小化等。但是，有些选址分析涉及多个设施和多个目标，决策目标相对模糊，甚至带有感情色彩。解决这类选址问题的一个方法是使用德尔菲分析模型，该模型在决策过程中考虑了各种影响因素。德尔菲分析模型涉及三个小组，即协调小组、预测小组和战略小组，每个小组在决策过程中发挥着不同的作用。

使用该模型的步骤如下：①成立三个小组。其中协调小组充当协调者，负责设计问卷和指导德尔菲调查；预测小组负责预测社会的发展趋势和影响企业的外部环境；战略小组确定企业的战略目标及优先次序。②识别存在的威胁和机遇。③确定企业的战略方向和战略目标。④提出备选方案。⑤优化备选方案。

考虑了企业的优势和劣势后，该模型可识别出企业的发展趋势和机遇。此外，该模型还考虑了企业的战略目标，所以在设施选址中作为一种典型的综合性群体决策方法被广泛使用。

6. 其他方法

除以上方法外，还有以下几种方法也在设施选址中使用。

（1）费用效果分析法。这是对技术方案的经济效果进行分析评价的一种方法。其实质是要求系统给社会提供财富或服务的价值效益，必须超出支出费用。该方法以经济评价为主，是所有评价方法的基础。

（2）基于遗传算法的选址模型。该模型利用遗传算法，采用全局寻优和优胜劣汰的随机搜索策略，使模型具有较好的动力学特性，可有效、快速地求得选址问题的全局（或近似）最优解。

（3）仿真技术。静态仿真试图设计一种特定计划的结果或未来行动的路径。静态仿真是一种非常灵活的工具，它可对广大的复杂渠道结构范围进行评估。一个综合性静态仿真器的能力及运作范围，较最优化技术更能对市场、产品、分销设施及运输量大小进行更为详细、重要的合成。

近年来选址方法发展很快，除文中介绍的方法以外，还有网络布点模型、整数或混合整数规划法、蒙特卡洛法、启发式规划法等。

3.4 设施布置设计概述

3.4.1 设施布置的必要性

新建企业需要进行工厂布置。随着产品的更新换代、品种产量的变化、新技术和新工艺的应用，传统企业需要对原有生产系统进行调整，改进原有的设施平面布置。一般出现下列情况时需要进行生产系统的设计和平面布置。

（1）新建与扩建企业。一旦选定了厂址，就需要进行全面的工厂布置。

（2）产品需求的变化。当产品的需求量远远超过现有生产系统能力时，就需要新建或扩建厂房。而产品的需求量发生较小变化时，会使现有生产系统出现不平衡现象，因此需要对生产系统进行调整。

（3）产品的更新与新产品开发。新产品投入生产后，原有生产系统的平衡会被打破，而且新产品往往要求新的设备或新的生产线，因此需要对原有生产系统重新做出调整。

（4）新技术新工艺的引入：新技术新工艺的引入往往会改变原有的生产工艺过程，进而影响物流系统的工作状态，使得需要对生产系统进行改进乃至重新布置。

（5）生产系统发现薄弱环节，或物流系统不合理的地方，也要进行局部的平面布置。

此外，还有许多诸如安全、环境等因素或其他降低成本、改进管理的需要都可能要求对生产系统进行重新布置。

3.4.2　设施布置设计的含义和内容

设施布置设计是指根据企业的经营目标和生产纲领，在已确认的空间场所内，按照从原材料的接收、零件和产品的制造、成品的包装，到产品发运的全过程，力争将人员、设备和物料所需要的空间作最适当的分配和最有效的组合，以实现量低的生产成本从而获得最大的经济效益。

设施布置包括工厂总体布置和车间布置。工厂总体布置设计应解决工厂各个组成部分，包括生产车间、辅助生产车间、仓库、动力站、办公室、露天作业场地等各种作业单位和运输线路、管线、绿化及美化设施的相互位置，同时应解决物料的流向和流程、厂内外运输的连接及运输方式。

车间布置设计应解决各生产工段、辅助服务部门、储存设施等作业单位及工作地、设备、通道、管线之间的相互位置，同时，也应解决物料搬运的流程及运输方式。

3.4.3　设施布置的主要目标

设施布置的主要目标如下。

（1）符合工艺过程的要求。尽量使生产对象流动顺畅，避免工序间的往返交错，使设备投资最小，生产周期最短。

（2）最有效地利用空间。使场地利用达到适当的建筑占地系数（建筑物、构筑物占地面积与场地总面积的比率），使建筑物内部设备的占有空间和单位制品的占有空间较小。

（3）降低物料搬运费用。要便于物料的输入，产品、废料等物料运输路线短捷，尽量避免运输的往返和交叉。

（4）保持生产系统的柔性，使生产系统适应产品需求的变化、工艺和设备的更新

及扩大生产能力的需要。

（5）使组织结构更加合理化和管理更加方便。使有密切关系或性质相近的作业单位布置在一个区域并就近布置，甚至合并在同一个建筑物内。

（6）为职工提供方便、安全、舒适的作业环境。采用人机工程的原理，使布置设计合乎人的生理、心理要求，为提高生产效率和保证职工身心健康创造条件。

有时，这些目标相互矛盾。例如，将性质相近的作业单位布置在一个区域可能满足了第5条目标，但却可能导致物流量的增大从而引发了其他问题的产生；同样，虽满足了尽量减少往返这一目标，但作出的布置却有可能违反柔性目标。因此，设定上述任何一项目标，都不能无视其他目标的存在而片面应用。虽然布置的方法越来越科学化，但如同不存在包治百病的灵丹妙药一样，尚不存在能解决一切问题的方法。所以，与家庭布置一样，工厂布置在一定程度上仍然是一种艺术，或者说具有科学加艺术的性质。

3.4.4 设施布置的基本形式和流动模式

1. 设施布置的基本形式

设施布置形式受工作流的限制，有以下几种形式。

（1）工艺原则布置（又称机群式布置）。这是一种将相似设备或功能放在一起的方式，比如按车床组、磨床组等分区。被加工的零件，根据预先设定好的流程顺序，从一个地方转移到另一个地方，每项操作都由适宜的机器完成。

（2）产品原则布置（又称装配线布置）。这是一种根据产品制造的步骤安排设备或工作过程的方式。这种布置最大限度地缩短了物料搬运的距离，生产容易按计划控制。当然这种生产方式中，某一部分出了问题就会影响全局。该方式适用于少品种、大批量生产方式。

（3）定位布置。产品（由于体积或重量庞大）停留在一个位置上，设备、人员、材料都围绕产品而转。如飞机制造厂、造船厂等的布置。

（4）成组技术布置。将不同的机器分成单元，来生产具有相似形状和工艺要求的产品。成组技术布置现在被广泛应用于金属加工、计算机芯片制造和装配作业。成组原则应用的目的是要在生产车间中获得产品原则布置的好处。

（5）U形布置。这是近年来颇受工厂欢迎的一种布置形式。U形布置适合于多品种中小批量的生产，符合当代生产模式的需要。进行U形布置时，工人容易掌握从毛坯到成品的全工艺过程，合理安排作业程序后可以减少工人各种多余的动作，便于工人多工序（多机床）操作，便于生产线的全面管理。

2. 流动模式

不论是一个设施的总体布置（如工厂总平面布置）、一个部门内部的布置（如车间布置），还是一个工作单元的布置；也不论是采用产品原则布置、工艺原则布置还是成组技术布置，都要考虑物料、人员的流动模式。

选择流动模式的一个重要因素是入口和出口的位置。常常由于外部运输条件或者原有布置的限制，需要按照给定的出入口位置来规划流动模式。除了出入口位置外，还有场址或建筑物的轮廓尺寸、生产流程的特点和生产线的长度、通道的设计等，也是规划流动时应考虑的因素。

基本的流动模式（见图3-3）有以下5种。

（1）直线形：是最简单的流动模式，适用于入口和出口在相对位置，生产过程短而且比较简单，或只有少量零部件和少数生产设备的情况。

（2）L形：适用于现有设施或建筑物不允许直线流动的情况。

（3）U形：适用于入口和出口在建筑物同一侧面的情况，或生产线比实际可安排的距离长的情况。

（4）环形：适用于要求物料返回到起点的情况。

（5）S形：适用于生产线比实际可安排的距离长的情况。

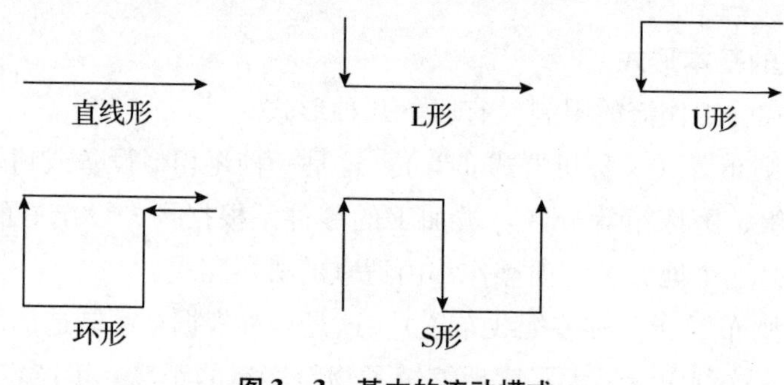

图3-3　基本的流动模式

实际的流动常常是上述5种基本流动模式的组合。一个好的设施布置需要认真地进行从工厂到车间再到工作单元的分级流动规划，物流路径尽量避免交叉，它是实现物流合理化的一个前提。

3.5　系统布置设计模式

工厂布置的方法与技术一直在不断发展。第一次工业革命以来，出现了许多手工设计、数学分析和图解技术。20世纪60年代以来，又发展了计算机辅助设施布置。在众多的方法中，以1961年美国的缪瑟在《系统布置设计》中提出的系统布置设计（System Layout Planning，SLP）理论最为著名，应用也十分普遍。它不仅适合于各种规模、种类工厂的新建、扩建或改建中对设施或设备的布置或调整，也适合制造业中对办公室、实验室、仓库等的布置设计，同时也可用于医院、商店等服务业的布置设计。本节主要介绍这种布置技术。

3.5.1 系统布置设计的阶段结构

系统布置设计是一种逻辑性强、条理清楚的布置设计方法，分为确定位置、总体区划、详细布置及安装实施四个阶段（见图3-4），在总体区划和详细布置两个阶段采用相同的SLP设计程序。

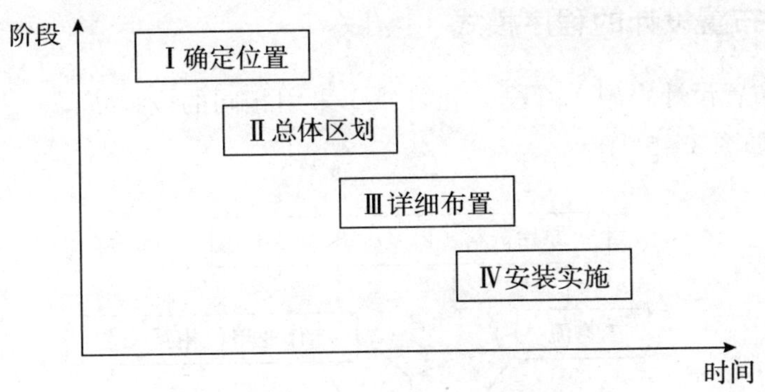

图3-4 系统布置设计的阶段结构

1. 确定位置

在新建、扩建或改建工厂或车间时，首先应确定出新厂房坐落的地区位置。在这个阶段中，要首先明确拟建工厂的产品及其计划生产能力，参考同类工厂确定拟建工厂的规模，从待选的新地区或旧有厂房中确定出可供利用的厂址。

2. 总体区划

总体区划又叫区域划分，就是在已确定的厂址上规划出一个总体布局。在这个阶段，应首先明确各生产车间、职能管理部门、辅助服务部门及仓储部门等作业单位的工作任务与功能，确定其总体占地面积及外形尺寸，在确定了各作业单位之间的相互关系后，把基本物流模式和区域划分结合起来进行布置。

3. 详细布置

详细布置一般是指一个作业单位内部机器及设备的布置。在详细布置阶段，要根据每台设备、生产单元及公用、服务单元的相互关系确定出其各自的位置。

4. 安装实施

在完成详细布置设计以后，经上级批准后可以进行施工设计，此时需绘制大量的详细施工安装图，编制搬迁、施工安装计划。必须按计划进行土建施工、机器、设备及辅助装置的搬迁、安装施工工作。

在系统布置设计过程中，上述四个阶段如图3-4所示的顺序交叉进行。在确定位置阶段就必须大体确定各主要部门的外形尺寸，以便确定工厂总体形状和占地面积；在总体区划阶段就有必要对某些影响重大的作业单位进行较详细的布置。整个设计过程中，随着阶段的进展，数据资料逐步齐全，从而能发现前期设计中存在的问题，通过调整修正，逐步细化、完善设计。

在系统布置设计四个阶段中，阶段 1 与阶段 4 应由其他专业技术人员负责，系统布置设计人员应积极参与。阶段 2 和阶段 3 由系统布置设计人员来完成，因此，我们常说工厂布置包括工厂总平面布置（总体区划）及车间布置或车间平面布置（详细布置）两项内容。

3.5.2 系统布置设计的程序模式

依照系统布置设计思想，阶段 2 和阶段 3 采用相同的设计步骤——系统布置设计（SLP）程序，如图 3－5 所示。

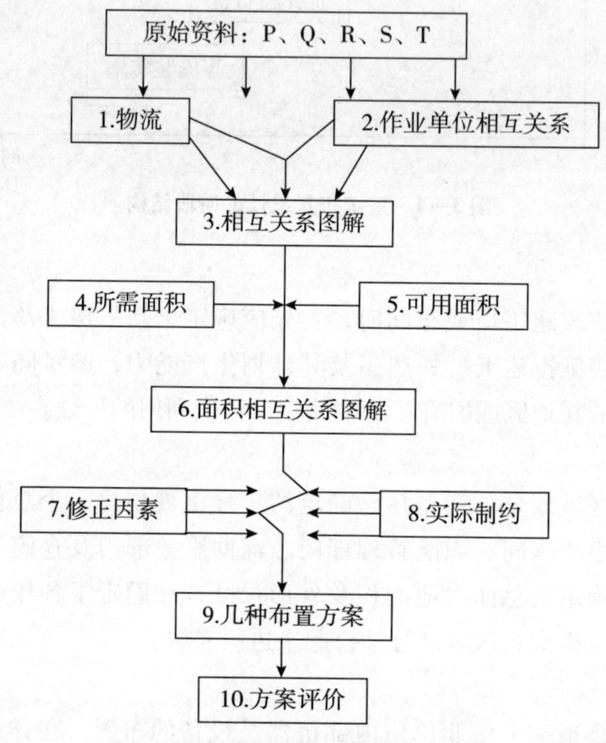

图 3－5 系统布置设计的程序模式

在 SLP 程序中，一般要经过下列步骤。

（1）准备原始资料。在系统布置设计开始时，首先必须明确给出基本要素——产品（P）、产量（Q）、生产工艺过程（R）、辅助服务部门（S）及时间安排（T）等原始资料，同时也需要对作业单位的划分情况进行分析，通过分解与合并，得到最佳的作业单位划分状况。所有这些均作为系统布置设计的原始资料。

（2）物流分析与作业单位相互关系分析。针对某些以生产流程为主的工厂，物料移动是工艺过程的主要部分时，如一般的机械制造厂，物流分析是布置设计中最重要的方面；对某些辅助服务部门或某些物流量小的工厂来说，各作业单位之间的相互关

系（非物流联系）对布置设计就显得更重要了；介于上述两者之间的情况，则需要综合考虑作业单位之间物流与非物流的相互关系。

物流分析的结果可以用物流强度等级及物流相关图来表示。非物流的作业单位间的相互关系可以用量化的关系密级及相互关系图来表示。在需要综合考虑作业单位间物流与非物流的相互关系时，可以采用简单加权的方法将物流相关图及作业单位间相互关系图综合成综合相互关系图。

（3）绘制作业单位位置相关图。根据物流相关图与作业单位相互关系图，考虑每对作业单位之间相互关系等级的高低，决定两个作业单位相对位置的远近，得出各作业单位之间的相对位置关系，有些资料上也称之为拓扑关系。这时并未考虑各作业单位具体的占地面积，从而得到的仅是作业单位的相对位置，称为位置相关图。

（4）作业单位占地面积计算。各作业单位所需占地面积与设备、人员、通道及辅助装置等有关，计算出的面积应与可用面积相适应。

（5）绘制作业单位面积相关图。把各作业单位占地面积附加到作业单位位置相关图上，就形成了作业单位面积相关图。

（6）修正。作业单位面积相关图只是一个原始布置图，还需要根据其他因素进行调整与修正。此时需要考虑的修正因素包括物料搬运方式、操作方式、储存周期等，同时还需要考虑实际限制条件（如成本、安全和职工倾向等方面）是否允许。

考虑了各种修正因素与实际限制条件以后，对面积图进行调整，得出数个有价值的可行工厂布置方案。

（7）方案评价与择优。针对得到的多个方案，需要进行技术、费用及其他因素的评价，通过对各个方案进行比较评价，选出或修正设计方案，得到布置方案图。

从上述说明可以看出，系统布置设计是一种采用严密的系统分析手段及规范的系统设计步骤的布置设计方法，具有很强的实践性。后面将详细介绍上述步骤。

3.6 输入基本要素分析

3.6.1 $P-Q$ 分析

企业生产的产品品种的多少以及每种产品产量的高低，决定了工厂的生产类型，直接影响着工厂的总体布局及生产设备的布置形式。

$P-Q$ 分析图是 $P-Q$ 分析的一种一目了然的手段。图中的横轴表示产品 P（品种或种类），纵轴表示数量 Q（与第 2 章中的 Q 不同）。将各类产品按数量递减的顺序排列，绘制出 $P-Q$ 曲线。曲线的左端表示数量很多而种类较少的产品，右端表示数量少而种类很多的产品。

$P-Q$ 分析图的举例如图 3－6 所示。从图 3－6 中可以看出，M 区的产品数量大，品种少，适宜采用大量生产方式，加工机床按产品原则布置。*J* 区的产品数量少，品种多，属于单件小批量生产方式，必须按工艺原则布置。在 *M* 区和 *J* 区之间的部分，则适于采用上述两种方式相结合的成组原则布置。

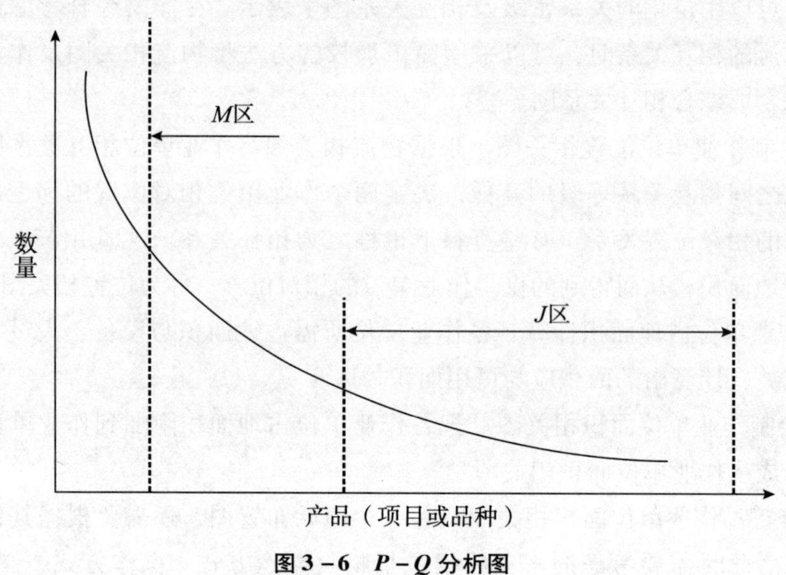

图 3-6 *P*-*Q* 分析图

P-*Q* 分析图所示显示的结果不仅是确定生产方式和布置形式的基础，也是划分作业单位的基础。即把不同生产方式和布置形式的机器设备，分开配置在不同的面积内。例如，可以把产品原则布置和工艺原则布置的机器设备分别设置在不同的车间内，或者分别设置在一个车间的不同工部内。

在生产作业单位确定的基础上，要相应确定辅助服务部门的作业单位，以便为下一步分析创造条件。

3.6.2 作业单位划分

任何一个企业都是由多个生产部门、职能管理部门、仓储部门及其他辅助服务部门组成的，我们把企业的各级组成部门统称为作业单位。每一个作业单位又可以细分成更小一级的作业单位（或称为作业单元），如生产车间可以细分成几个工段，每个工段又是由几个加工中心或生产单元构成的，那么生产单元就是更小一级的作业单位。在进行工厂总平面布置时，作业单位是指车间、科室一级的部门。

一个好的企业应该有一个良好的组织结构，每个作业单位承担着明确的任务，作业单位之间既相互独立又相互联系，共同为企业的整体利益服务。

1. 生产车间

生产车间也称为生产部门，直接承担着企业的加工、装配生产任务，是将原材料转化为产品的部门。生产部门是企业的基本组成部分。

一般是根据产品的制造工艺过程的各个阶段划分生产车间。例如，机械制造厂往往设置备料车间、机加工（机械加工）车间和总装车间。一般还把机加工车间按工件种类及加工工艺流程的相似性分解成某些零件加工车间，如箱体车间、轴加工车间、齿轮加工车间等，这些车间分别承担某一类零件的加工任务，一般这些零件可以采用相似的工艺及相同的设备进行加工。装配车间可以分为部件装配和总装两部分，负责把零、部件组装成产品的工作。此外，根据生产性质的不同，将热处理、铸造、锻造、焊接等热加工部门独立地划分为热处理车间、铸造车间、锻造车间和焊接车间。

2. 仓储部门

仓储部门包括原材料仓库、标准件与外购件库、半成品中间仓库及成品库等。仓库是企业生产连续进行的保证。由于库存不但占用企业的空间，而且更重要的是占用企业大量的流动资金，因此现代企业生产都把减少库存作为经营管理方面追求的目标。

3. 辅助服务部门

辅助服务部门一般可分为辅助生产部门（如工具机修车间）、生活服务部门（如食堂）及其他服务部门（如车库、传达室）等。

4. 职能管理部门

职能管理部门包括生产、技术、质检、人事、供销等各个部门，负责生产协调与控制等工作。对于大中型企业来说，职能管理机构常常是非常庞大的。一般工厂的办公室都集中安排在同一个多层办公楼内，这样有利于减小占地面积且方便人员联系。

在工厂布置设计过程中，生产车间的地位容易受到人们的重视，其他部门的重要性往往被忽视，而这些部门恰恰是生产系统的保障系统，这些部门布置得是否得当直接影响着全厂的人流、信息流的顺畅程度。因此在系统布置设计中，所有部门都应予以考虑。

企业各个部门的占地面积大小与其建筑物外形尺寸对布置设计影响很大，需要根据生产工艺流程、设备占地面积大小、物流模式及其通道、人员活动区域、建筑结构等各种因素加以确定。

下面以电瓶叉车厂为例，来看看其作业单位的划分，如表 3－1 所示。

表 3－1　　电瓶叉车总装厂作业单位建筑物汇总

序号	作业单位名称	用途	建筑面积（m^2）	备注
1	原材料库	存储原材料	72×36	
2	油料库	存储油漆油料	36×36	
3	标准件、外购件库	存储标准件半成品	48×36	
4	机加工车间	零件切削加工	72×36	
5	热处理车间	零件热处理	90×30	

续 表

序号	作业单位名称	用途	建筑面积（m^2）	备注
6	焊接车间	焊接车身	90×30	
7	变速器车间	组装变速器	72×36	
8	总装车间	总装	180×96	
9	工具车间	制造随车工具箱	60×24	
10	油漆车间	车身喷漆	48×30	
11	试车车间	试车	48×48	
12	成品库	存储叉车成品	100×50	露天
13	办公服务楼	办公室、生活服务	300×60	
14	车库	车库、停车场	80×60	露天

3.6.3 物流分析

据某资料统计，产品制造费用的20%～50%是用作物料搬运的。而物料搬运工作量直接与工厂布置情况有关，有效的布置大约能减少搬运费用的30%。工厂布置的优劣不仅直接影响着整个生产系统的运转，而且通过对物料搬运成本的影响，成为决定产品生产成本高低的关键因素之一。这就是说，在满足生产工艺流程的前提下，减少物料搬运工作量是工厂布置设计中最为重要的目标之一。因此在实现工厂布置之前必须就生产系统各作业单位之间的物流状态作深入的分析。

1. 物流分析内容与方法

物流分析（R分析）包括确定物料在生产过程中每个必要的工序之间移动的最有效顺序及其移动的强度和数量。一个有效的工艺流程是指物料在工艺过程内按顺序一直不断地向前移动直至完成，中间没有过多的迂回或倒流。当物料移动是工艺过程的主要部分时，物流分析就是工厂布置设计的核心工作。针对不同的生产类型，应采用不同的物流分析方法。

1）工艺过程图

在大批量生产中，产品品种很少，用标准符号绘制的工艺过程图直观地反映出工厂生产的详细情况，此时，进行物流分析只需在工艺过程图上注明各道工序之间的物流量，就可以清楚地表现出工厂生产过程中的物料搬运情况。另外，对于某些规模较小的工厂，不论产量如何，只要产品比较单一，我们都可以用工艺过程图进行物流分析。前面提及的电瓶叉车厂叉车工艺过程如图3－7所示，该图清楚地体现了叉车生产的全过程及各作业单位之间的物流情况，为进一步作深入的物流分析奠定了基础。

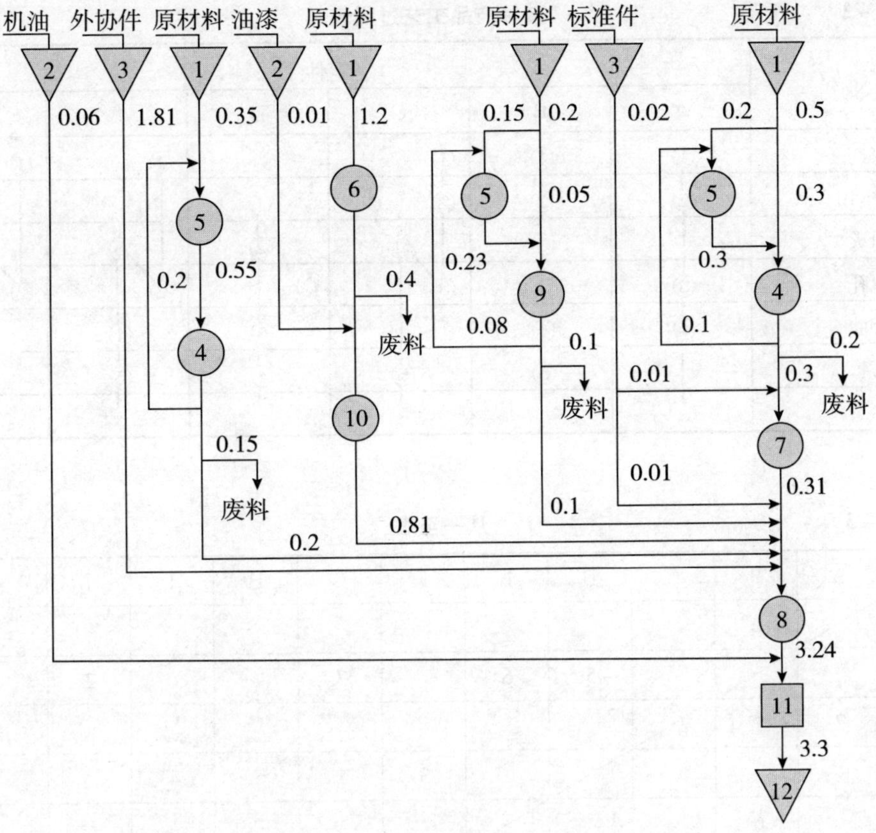

图 3 - 7　电瓶叉车厂叉车工艺过程

2）多种产品工艺过程表

在多品种且批量较大的情况下，如产品品种为 10 种左右，将各产品的生产工艺流程汇总在一张表上（见表 3 - 2），就形成了多种产品工艺过程表。在这张表上各产品工艺路线并列绘出，可以反映出各个产品的物流途径。

3）成组方法

当产品品种达到数十种时，若生产类型为中、小批量生产，进行物流分析时，就有必要采用成组方法，按产品结构与工艺过程的相似性进行归类分组，然后对每一类产品采用工艺过程图进行物流分析；或者采用多种产品工艺过程表表示各组产品的生产工艺过程，然后再作进一步的物流分析。

4）从—至表

当产品品种很多，产量很小且零件、物料数量又很大时，可以用一张方阵图表来表示各作业单位之间的物料移动方向和物流量，表中方阵的行表示物料移动的源，称为从；列表示物料移动的目的地，称为至，行列交叉点标明由源到目的地的物流量。这样一张表就是从—至表（见表 3 - 3），从中可以看出各作业单位之间的物流状况。

表 3－2　　　　　　　　　　　　多种产品工艺过程表

作业	零件					
	A	B	C	D	E	F
剪切	①	①	①		①	①
开槽口	②	②	②	①		
回火		③	④	②	③	③
冲孔	③		③		②	②
弯曲	④	④		③	④	④
修整		⑤	⑤	④	⑤	

表 3－3　　　　　　　　　　　　从—至表

	A	B	C	D	E	F	G	H	I	J	合计
A		2									2
B				5	6		3			2	16
C	2										2
D						3	1		4		8
E		6									6
F			4					4	5		13
G					2						2
H		8		1			1				10
I					2						2
J			4								4
合计	2	16	8	6	10	3	5	4	9	2	

如上所述，不同的分析方法应用于不同的生产类型，其目的是为了工作方便。在进行物流分析时，应根据具体情况选择恰当的分析方法。

2. 物流强度等级的划分

根据前面的定义，物流分析包括确定物料移动的顺序和移动量两个方面。如果通过工艺流程分析能够正确地安排各工序或作业单位之间的相互关系（前后顺序），那么各条路线上的物料移动量就是反映工序或作业单位之间相互关系密切程度的基本衡量标准。我们把一定时间周期内的物料移动量称为物流强度。对于相似的物料，可以用重量、体积、托盘或货箱作为计量单位。当比较不同性质的物料搬运状况时，各种物料的物流强度大小应酌情考虑物料搬运的困难程度。

SLP 中将物流强度分成五个等级，分别用符号 A、E、I、O、U 来表示，其物流强度逐渐减小，对应着超高物流强度、特高物流强度、较大物流强度、一般物流强度和可忽略搬运五种物流强度。作业单位对应的物流强度等级应按物流路线比例或承担的物流量比例来确定，具体可参考表 3－4 来划分。

表 3－4　物流强度等级比例划分　单位:%

物流强度等级	符号	物流路线比例	承担的物流量比例
超高物流强度	A	10	40
特高物流强度	E	20	30
较大物流强度	I	30	20
一般物流强度	O	40	10
可忽略搬运	U	—	—

针对前述电瓶叉车厂的实例，我们来讨论物流强度等级划分的具体步骤。首先根据图 3－7 利用表 3－5 来统计存在物料搬运的各作业单位之间的物流总量（正向和反向物流量之和），应注意用统一的计量单位来统计物流强度。然后将表 3－5 中各作业单位对按物流强度大小排序绘制成表 3－6 所示的物流强度分析表进行物流分析，参照表 3－4 划分物流强度等级。表 3－5、表 3－6 中未出现的作业单位对不存在固定的物流，因此物流强度为等级 A、E、I、O。

表 3－5　叉车厂物流强度汇总

序号	作业单位对	物流强度
1	1—4	0. 3
2	1—5	0. 7
3	1—6	1. 2
4	1—9	0. 05
5	2—10	0. 01
6	2—11	0. 06
7	3—7	0. 01
8	3—8	1. 82
9	4—5	1. 15
10	4—7	0. 3
11	4—8	0. 2
12	5—9	0. 31
13	6—10	0. 8
14	7—8	0. 31

续表

序号	作业单位对	物流强度
15	8—9	0.1
16	8—10	0.81
17	8—11	3.24
18	11—12	3.3

表 3-6 物流强度分析

序号	作业单位对	物流强度（1 2 3 4 5）	物流强度等级
1	11—12		A
2	8—11		A
3	3—8		E
4	1—6		E
5	4—5		E
6	8—10		E
7	6—10		E
8	1—5		E
9	5—9		I
10	7—8		I
11	1—4		I
12	4—7		I
13	4—8		O
14	8—9		O
15	2—11		O
16	1—9		O
17	2—10		O
18	3—7		O

3.7 作业单位相互关系分析

3.7.1 物流相互关系图

为了能够清楚地表明各作业单位之间的物流关系，我们将物流强度用如下的物流相互关系图（见图3-8）来表示，在这个图中不区分物料移动的起始与终止作业单位，在行与列的相交方格中填入行作业单位与列作业单位的物流强度等级。

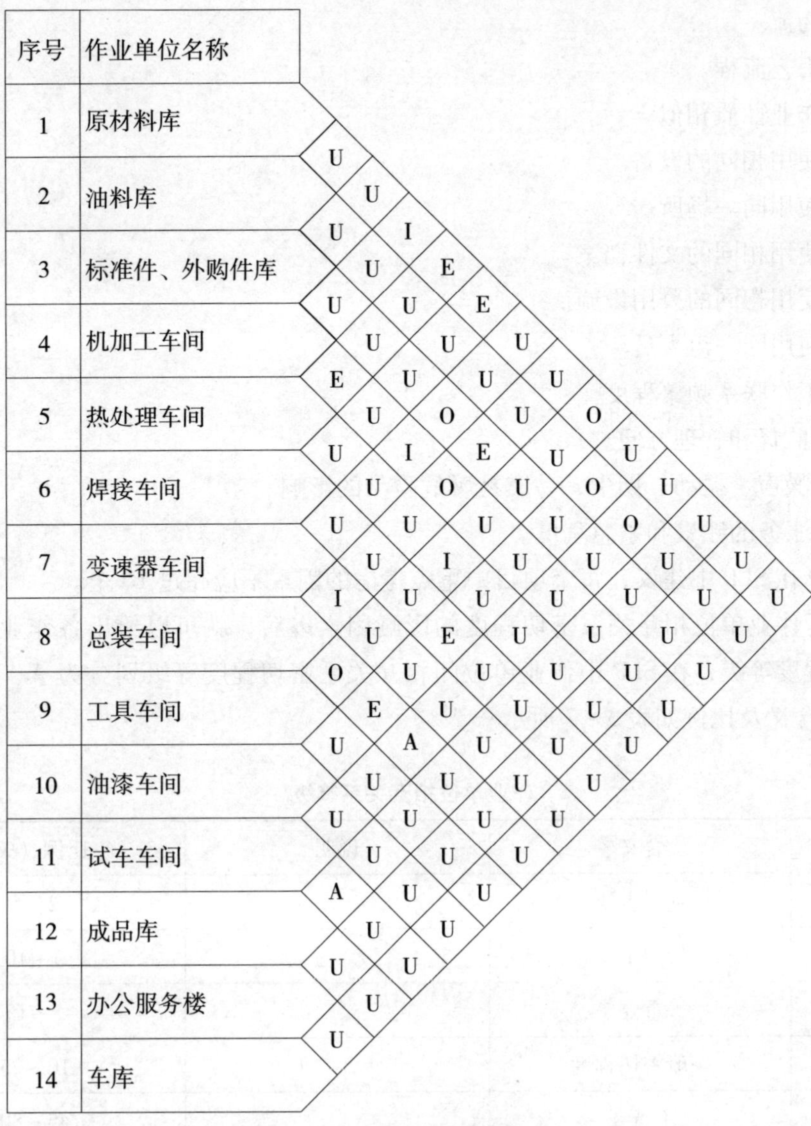

图 3-8 物流相互关系图

3.7.2 非物流相互关系图

在制造业的企业或工厂中，当物流状况对生产有重大影响时，物流分析就是工厂布置的重要依据，但是也不能忽视非物流因素的影响。当物流对生产影响不大或没有固定的物流时，工厂布置就不能仅依赖于物流分析，而应考虑非物流因素对设施布置的影响。

不同的企业，作业单位的设置是不一样的，作业单位间的相互关系的影响因素也是不一样的。作业单位间相互关系密切程度的典型影响因素一般可以考虑以下几个方面。

（1）物流。
（2）工艺流程。
（3）作业性质相似。
（4）使用相同的设备。
（5）使用同一场所。
（6）使用相同的文件档案。
（7）使用相同的公用设施。
（8）使用同一组人员。
（9）工作联系频繁程度。
（10）监督和管理方便。
（11）噪声、振动、烟尘、易燃易爆危险品的影响。
（12）服务的频繁和紧急程度。

据缪瑟在 SLP 中建议，每个项目中重点考虑的因素不应超过 10 个。

确定了作业单位相互关系密切程度的影响因素以后，就可以给出各作业单位间的关系密切程度等级，在 SLP 中作业单位间相互关系密切程度等级划分为 A、E、I、O、U、X，其含义及比例如表 3－7 所示。

表 3－7　　作业单位相互关系等级

符号	含义	说明	比例（%）
A	绝对重要		2～5
E	特别重要		3～10
I	重要		5～15
O	一般密切程度		10～25
U	不重要		45～80
X	负的密切程度	不希望接近	

针对前述叉车厂，选择如表 3－8 所示的作业单位相互关系影响因素。在此基础上建立如下文中提到的图 3－9 所示的非物流作业单位相互关系图。

表 3－8　　作业单位相互关系影响因素

编码	关系等级的理由
1	工作流程的连续性
2	生产服务
3	物料搬运

续 表

编码	关系等级的理由
4	管理方便
5	安全与污染
6	共用设备及辅助动力源
7	振动
8	人员联系

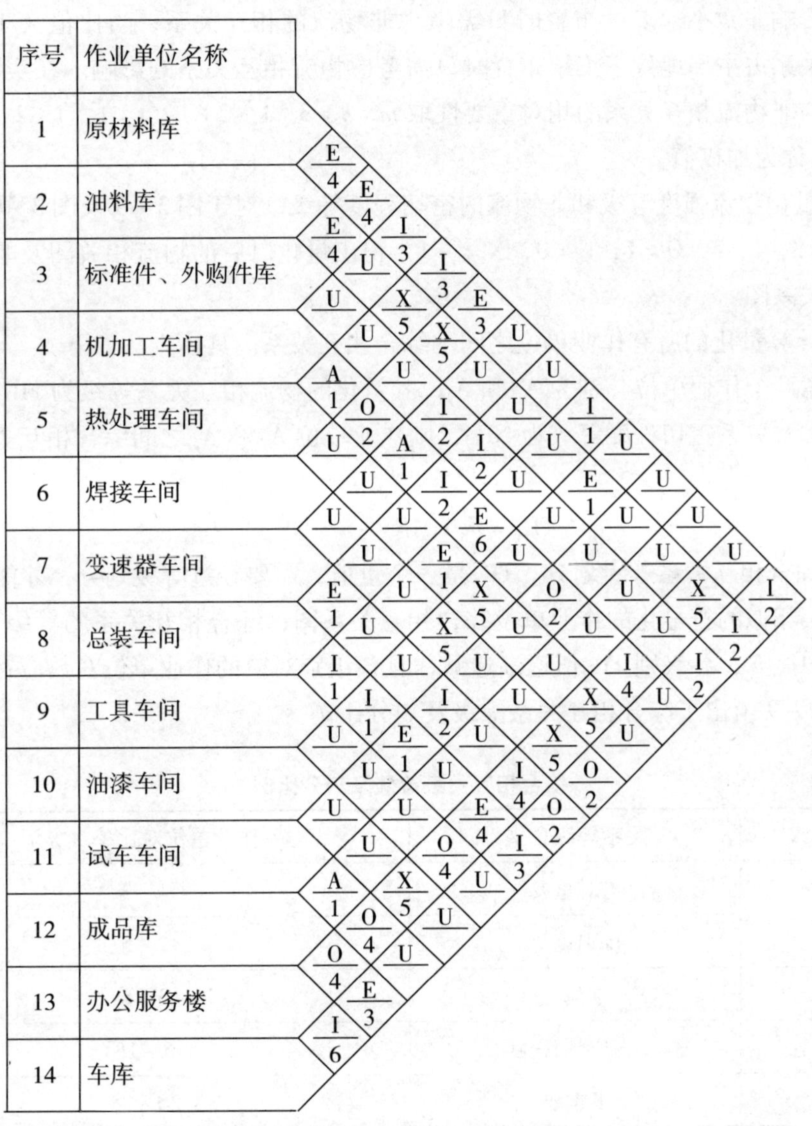

图 3－9　非物流作业单位相互关系图

3.7.3 作业单位综合相互关系图

在大多数工厂中，各作业单位之间既有物流联系也有非物流的联系，两作业单位之间的相互关系应包括物流关系与非物流关系，因此在 SLP 中要将作业单位间物流的相互关系与非物流的相互关系进行合并，求出合成的相互关系——综合相互关系，然后由各作业单位间综合相互关系出发实现各作业单位的合理布置。下面说明作业单位综合相互关系图的建立步骤。

（1）确定物流与非物流相互关系的相对重要性。一般来说，物流与非物流的相互关系的相对重要性的比值 $m:n$ 应为 1∶3 ~ 3∶1 之间。当比值小于 1∶3 时，说明物流对生产的影响非常小，工厂布置时只需考虑非物流的相互关系；当比值大于 3∶1 时，说明物流关系占主导地位，工厂布置时只需考虑物流相互关系的影响。在实际工作中，根据物流与非物流相互关系的相对重要性取 $m:n=3:1$，2∶1，1∶1，1∶2，1∶3，我们把 $m:n$ 称为加权值。

（2）量化物流强度等级和非物流的密切程度等级。对于图 3 - 8 及图 3 - 9，一般取 A = 4，E = 3，I = 2，O = 1，U = 0，X = -1，得出量化以后的物流相关图及非物流作业单位相互关系图。

（3）计算量化的所有作业单位之间的综合相互关系。具体方法如下。

设任意两个作业单位分别为 A_i 和 A_j，其量化的物流相互关系等级为 MR_{ij}，量化的非物流的相互关系密切程度等级为 NR_{ij}，则作业单位 A_i 和 A_j 之间综合相互关系密切程度数量值为

$$TR_{ij}=m\cdot MR_{ij}+n\cdot NR_{ij}$$

（4）综合相互关系等级划分。TR_{ij}是一个量值，需要经过等级划分，才能建立出与物流相关表相似的符号化的作业单位综合相互关系图，综合相互关系的等级划分为 A、E、I、O、U、X，各级别 TR_{ij}值逐渐递减，且各级别对应的作业单位对数应符合一定的比例。表 3 - 9 给出了综合相互关系等级及划分比例。

表 3 - 9　综合相互关系等级及划分比例

符号/等级	关系等级含义	作业单位对比率（%）
A	绝对重要	1 ~ 3
E	特别重要	2 ~ 5
I	重要	3 ~ 8
O	一般密切程度	5 ~ 15
U	不重要	20 ~ 85
X	负的密切程度	

需要说明的是，将物流作业单位与非物流作业单位相互关系进行合并时，应该注意 X 级关系密级的处理，任何一级物流相互关系等级与 X 级非物流相互关系等级合并时都不应超过 O 级。对于某些极不希望靠近的作业单位之间的相互关系可以定为 XX 级，即绝对不能相互接近。

（5）经过调整，建立综合相互关系图。

（6）建立作业单位综合相互关系图。

下面还以叉车厂为例，来看一下如何建立作业单位综合相互关系图。

作业单位之间物流相互关系与非物流作业单位相互关系往往并不一致，为了确定各作业单位之间综合相互关系密切程度，须将两个表进行合并。求出合成的相互关系——综合作业相互关系，然后从各作业单位之间的综合关系出发，实现各作业单位的合理布局。

①加权值选取。加权值的大小反映工厂布置时考虑方面的侧重点，对于叉车总装厂来说，一般取加权值 $m:n$ 不应超过 1∶3 或 3∶1，当比值大于 3∶1 时，说明物流关系占主导地位，工厂布置时只需考虑物流相互关系的影响。

②综合相互关系计算。根据各作业单位对之间物流与非物流关系等级高低进行量化及加权求和，求出综合相互关系，详见表 3－10。

表 3－10　　叉车厂作业单位综合相互关系计算表

序号	作业单位对	关系密切程度				综合相互关系	
		物流关系加权值 1		非物流关系加权值 1			
		等级	分数	等级	分数	分数	等级
1	1—2	U	0	E	3	3	I
2	1—3	U	0	E	3	3	I
3	1—4	I	2	I	2	4	E
4	1—5	E	3	I	2	5	E
5	1—6	E	3	E	3	6	E
6	1—7	U	0	U	0	0	U
7	1—8	U	0	U	0	0	U
8	1—9	O	1	I	2	3	I
9	1—10	U	0	U	0	0	U
10	1—11	U	0	U	0	0	U
11	1—12	U	0	U	0	0	U
12	1—13	U	0	U	0	0	U
13	1—14	U	0	I	2	2	I

续 表

序号	作业单位对	关系密切程度				综合相互关系	
		物流关系加权值 1		非物流关系加权值 1			
		等级	分数	等级	分数	分数	等级
14	2—3	U	0	E	3	3	I
15	2—4	U	0	U	0	0	U
16	2—5	U	0	X	-1	-1	X
17	2—6	U	0	X	-1	-1	X
18	2—7	U	0	U	0	0	U
19	2—8	U	0	U	0	0	U
20	2—9	U	0	U	0	0	U
21	2—10	O	1	E	3	4	E
22	2—11	O	1	U	0	1	O
23	2—12	U	0	U	0	0	U
24	2—13	U	0	X	-1	-1	X
25	2—14	U	0	I	2	2	I
26	3—4	U	0	U	0	0	U
27	3—5	U	0	U	0	0	U
28	3—6	U	0	U	0	0	U
⋮	⋮	⋮	⋮	⋮	⋮	⋮	⋮

注：表中只填部分，后面的以此类推。

③划分关系密级。在表 3-10 中，综合关系分值的取值范围为 -1~8，按表 3-10 统计出各分值段作业单位对的比例，参考表 3-9 划分综合关系密级。当分值为 7~8 时，综合相互关系定为 A 级；分值为 4~6 时，综合相互关系定为 E 级；分值为 2~3 时，综合相互关系定为 I 级；分值为 1 时，综合相互关系定为 O 级；分值为 0 时，综合相互关系定为 U 级；分值为 -1 时，综合相互关系定为 X 级。

应该注意，综合相互关系应该是合理的，应该是作业单位之间物流的相互关系与非物流的相互关系的综合体现，不应该与前两种相互关系相矛盾。如作业单位 6 与 10 之间物流关系为 E 级，而非物流关系为 X 级，计算结果为 I 级，也就是说出现了重要的关系密级，与 X 级的非物流相互关系相矛盾，这显然是不合理的。表 3-10 中（未显示出来）应最后调整为 U 级。

进一步统计各级作业单位对综合相互关系的比例如表 3-11 所示。

表 3－11　　综合相互关系等级的划分

总分	关系等级	作业单位对数	百分比（%）
7～8	A	3	3.3
4～6	E	9	9.9
2～3	I	18	19.8
1	O	8	8.8
0	U	46	50.5
－1	X	7	7.7
合计		91	100

④建立作业单位综合相互关系图。将表 3－10 中的综合相互关系总分转化为关系密切等级后，绘制成作业单位综合相互关系图，如图 3－10 所示。

3.8 作业单位位置相关图

3.8.1 作业单位综合接近程度计算

在 SLP 中，工厂总平面布置并不直接去考虑各作业单位的建筑物占地面积及其外形的几何形状，而是从各作业单位间相互关系密切程度出发安排各作业单位之间的相对位置，关系密级高的作业单位之间距离近，关系密级低的作业单位之间距离远，由此形成作业单位位置相关图。

当作业单位数量较多时，作业单位之间相互关系数目就非常多，为作业单位数量的平方量级，因此即使只考虑 A 级关系也有可能同时出现很多个，这就给如何着手绘制作业单位位置相关图带来了困难。为了解决这个问题，我们引入了综合接近程度的概念。所谓某一作业单位综合接近程度等于该作业单位与其他所有作业单位之间量化后的关系密级分值的总和。这个值的高低，反映了该作业单位在布置图上是应该处于中心位置还是边缘位置。也就是说，综合接近程度高的作业单位与其他作业单位相互关系总体上是比较密切的，即与大多数作业单位都比较接近，所以，这个作业单位就应该处于布置图的中央位置；反之，这个作业单位就应该处于布置图的边缘。为了计算各作业单位的综合接近程度，我们把作业单位综合相互关系图，变换成右上三角矩阵与左下三角矩阵表格对称的方阵表格。然后量化关系密级，并按行或列累加关系密级分值，其结果就是某一作业单位的综合接近程度。表 3－12 就是电瓶叉车厂作业单位综合接近程度的排序。

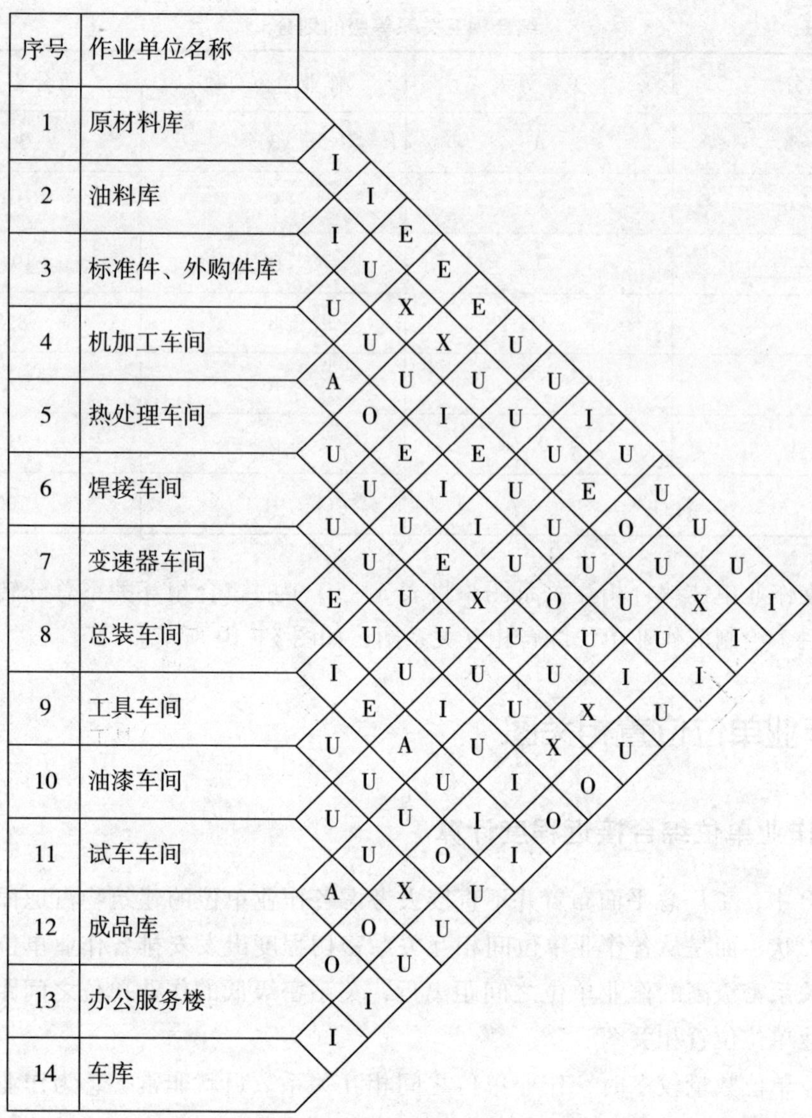

图 3－10 作业单位综合相互关系图

3.8.2 作业单位位置相关图

在作业单位位置相关图中，采用号码来表示作业单位，用表 3－13 所示的符号来表示作业单位的工作性质与功能。可以利用表中推荐的颜色来绘制作业单位，以使图形更直观。作业单位之间的相互关系用相互之间的连线类型来表示，如表 3－14 所示。表中实线连线多表示作业单位相对位置应该彼此接近，而波浪线可以形象化地理解为弹簧，将连线两端的作业单位彼此推开。同样可以利用表中推荐的颜色来绘制连线。有时，为了绘图简便，往往采用○内标注号码来表示作业单位，而不严格区分作业单位的性质，当然，也可以用虚线来代替波浪线表示 X 级关系密级。

表 3－12　　电瓶叉车厂作业单位综合接近程度的排序

作业单位代号	1	2	3	4	5	6	7	8	9	10	11	12	13	14
1		I	I	E	E	E	U	U	I	U	U	U	U	I
2	I		I	U	X	X	U	U	U	E	O	U	X	I
3	I	I		U	U	U	I	E	U	U	U	U	U	I
4	E	U	U		A	O	E	I	I	U	O	U	I	U
5	E	X	U	A		U	U	U	E	X	U	U	X	U
6	E	X	U	O	U		U	U	U	U	U	U	X	O
7	U	U	I	E	U	E		E	U	U	I	U	I	O
8	U	U	E	I	U	U	I		I	E	A	U	I	I
9	I	U	U	I	E	U	E	I		U	U	U	O	U
10	U	E	U	U	X	I	U	E	U		U	U	X	U
11	U	O	U	O	U	U	I	A	U	U		A	O	U
12	U	U	U	U	U	U	U	U	U	U	A		O	I
13	U	X	U	I	X	X	I	I	O	X	O	O		I
14	I	I	I	U	U	O	O	I	U	U	U	I	I	
综合接近程度	17	7	11	18	7	3	13	21	10	4	13	7	7	14
排序	3	12	7	2	11	14	5	1	8	13	6	10	9	4

表 3－13　　作业单位工作性质符号

作业单位区域	符号	颜色
成型或处理加工区		绿
装配区		红
与运输有关的作业区域		橘黄
储存作业区域		橘黄
停放或暂存区域		橘黄

续表

作业单位区域	符号	颜色
检验、测试区域	□	蓝
服务及辅助作业区域	⌓	蓝
办公室或规划面积	⇧	棕（灰）

表 3－14　作业单位关系等级表示方式

关系等级	密切程度	线条数	颜色
A	绝对重要	≡≡（四条线）	红
E	特别重要	≡（三条线）	橘黄
I	重要	＝（两条线）	绿
O	一般	—（一条线）	蓝
U	不重要		不着色
X	不希望	～（一条波浪线）	棕
XX	极不希望	≈（两条波浪线）	黑

绘制作业单位位置相关图的过程是一个逐步求精的过程，一般应按下列步骤进行。

（1）从作业单位综合相互关系表出发，求出各作业单位的综合接近程度，并按其高低将作业单位排序。

（2）按图幅大小，选择单位距离长度，并规定：关系密级为 A 级的作业单位对之间距离为一个单位距离长度，E 级为两个单位距离长度，以此类推。

（3）根据综合相互关系级别高低按 A、E、I、O、U 级别顺序先后确定不同级别作业单位位置，而同一级别的作业单位按综合接近程度分值高低顺序来进行布置。应随时检查待布置作业单位与图中已布置的作业单位之间的关系密级，选择适当位置进行布置，出现矛盾时，应修改原有布置。

在绘制作业单位位置相关图时，设计者一般要绘制多次，每次不断增加作业单位和修改其布置，最后才能达到满意的布置。

具体针对电瓶叉车厂来说，绘制作业单位位置相关图步骤如下。

1. 处理综合相互关系密级为 A 的作业单位

(1) 从作业单位综合相互关系表中取出 A 级作业单位对，有 8—11、4—5、11—12，共涉及 5 个作业单位，按综合接近程度分值排序为 8、4、11、12、5，其中作业单位 5 与 12 的综合接近程度是一样的，其顺序可以任意确定。

(2) 将综合接近程度分值最高的作业单位 8 布置在位置相关图的中心位置。

(3) 处理作业单位对 8—11。将作业单位 11 布置到图中，且与作业单位 8 之间的距离为一单位距离，如图 3-11 (a) 所示。

(4) 布置综合接近程度分值次高的作业单位 4 的位置。由于作业单位 4 与图上已有的作业单位 8 和 11 均非 A 级关系，则应从综合相互关系表中取出 4—8、4—11 的关系密级，结果分别为 I 级和 O 级，即作业单位 4 与 8 的距离应为 3 个单位距离长度。而作业单位 4 与 11 的距离应为 4 个单位距离长度，可选择图 3-11 (b) 所示的位置布置作业单位 4。

(5) 处理与作业单位 4 有关的 A 级关系 4—5。从综合相互关系表中取出图中已存在的作业单位 8 和 11 与作业单位 5 的关系，均为 U 级。关系密级 U 为不重要的关系，则只重点考虑作业单位 4 和 5 的关系，将作业单位 5 布置到图 3-11 (c) 所示的位置。

(6) 下一个要处理的作业单位 11 已布置在图上，只需要直接处理与作业单位 11 关系为 A 级的作业单位 12 的位置。从综合相互关系表中取出作业单位 12 与 8、4、5 的关系密级，均为 U 级，综合考虑的结果是将作业单位 12 布置在图 3-11 (d) 所示的位置上。

至此，作业单位综合相互关系表中，具有 A 级关系的作业单位对之间的相对位置均已确定。

2. 处理相互关系为 E 的作业单位对

(1) 从综合相互关系表中取出具有 E 级关系的作业单位对，有 1—4、1—5、1—6、2—10、3—8、4—7、5—9、7—8、8—10，涉及的作业单位按综合接近程度分值排序为 8、4、1、7、3、9、5、10、2、6。

(2) 首先处理与作业单位 8 有关的作业单位 3、7 和 10，布置顺序为 7、3 和 10。对于作业单位 7 与图中已存在的作业单位 8、4、11、12 和 5 的关系密级分别为 E、E、I、U 和 X，重点考虑较高级的关系，将作业单位 7 布置到图中，而后依次布置作业单位 3 和 10。布置中要特别注意作业单位 10 与 5 之间的 X 级关系密级，应使作业单位 10 与 5 尽量远离。布置结果如图 3-11 (e) 所示。

在上述处理过程中已经看到，随着布置出的作业单位数目的增加，需要考虑的作业单位之间的关系也随之增加。为了使进一步的布置工作更简捷，应该对综合相互关系表中已处理的相互关系加注标记，以后不作重复处理。

(3) 与下一个要处理作业单位 4 相关的作业单位对有 1—4、4—7，作业单位 1 与图中已存在的作业单位 4 和 3 关系密级均为 E 级。由图 3－11（e）可以看出，作业单位 1 难以按其要求布置到与作业单位 4 和 3 距离大致相同的位置上，为此必须修改原有布置方案，新的布置方案如图 3－11（f）所示。

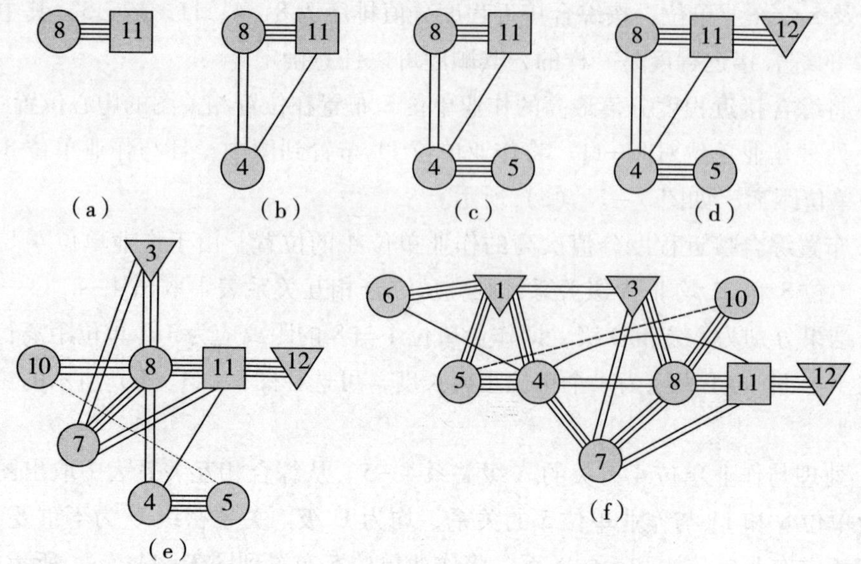

图 3－11　作业单位位置相关图绘制步骤

（4）处理剩余作业单位。

3. 分别处理位置相关图中仍未出现的 I、O、U 级作业单位对

最后重点调整 X 级作业单位对之间的相对位置，得出最终作业单位位置相关图，如图 3－12 所示。

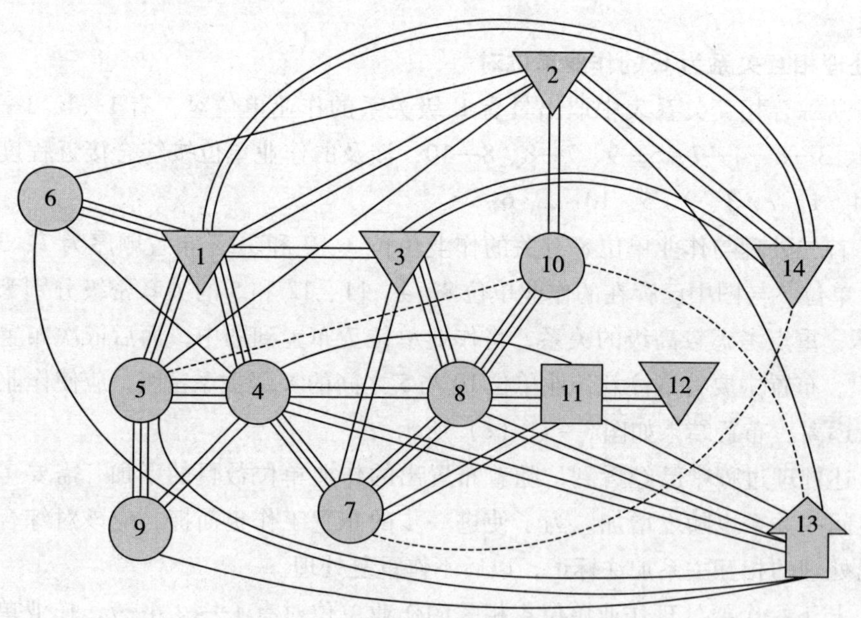

图 3－12　最终作业单位位置相关图

3.9 作业单位面积相关图及最终方案形成

3.9.1 作业单位面积相关图的绘制

将各作业单位的占地面积与其建筑物空间几何形状结合到作业单位位置相关图上，就得到了作业单位面积相关图。在这个过程中，首先需要确定各作业单位建筑物的实际占地面积与外形（空间几何形状）。作业单位的基本占地面积由设备占地面积、物流模式及其通道、人员活动场地等因素决定。作业单位面积相关图的绘制步骤如下。

（1）选择适当的绘图比例。

（2）将作业单位位置相关图放大到坐标纸上，各作业单位符号之间应留出尽可能大的空间，以便安排作业单位建筑物。为了图面简洁，只需绘出重要的关系，如 A、E 及 X 级连线。

（3）按综合密切程度分值大小顺序，从大到小依次把各作业单位布置到图上。绘图时，以作业单位符号为中心，绘制作业单位建筑物外形。作业单位建筑物一般都是矩形的，可以通过外形旋转角度，获得不同的布置方案。当预留空间不足时，需要调整作业单位位置，但必须保证调整后的位置符合作业单位位置相关图的要求。

（4）经过数次调整与重绘，得到作业单位面积相关图。图 3 – 13 所示为叉车厂作业单位面积相关图。

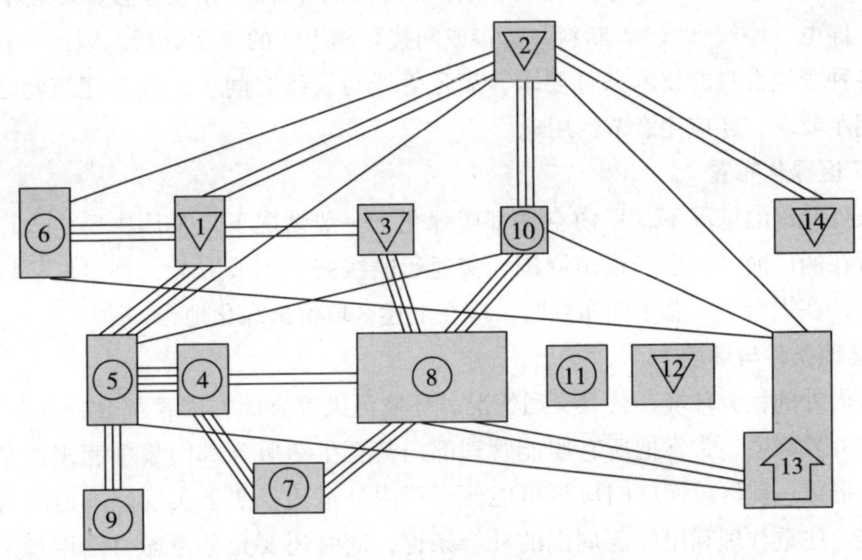

图 3 – 13 叉车厂作业单位面积相关图

3.9.2 作业单位面积相关图的调整

作业单位面积相关图是直接从位置相关图转化而来的只能代表一个理论的、理想的布置方案，必须通过调整修正才能得到可行的布置方案。在这里我们必须从前述工厂总平面布置设计原则出发，考虑除产品（P）、产量（Q）、工艺过程（R）、作业单位（S）和时间（T）五个基本要素以外的其他因素对布置方案的影响。进行调整需要考虑的内容，通常有以下几个方面。

1. 物料搬运方法

物料搬运方法对布置方案的影响主要包括搬运设备种类和特点、搬运系统基本模式以及运输单元（箱、盘等）。

2. 建筑特征

作业单位的建筑物应保证道路的直线性与整齐性、建筑物的整齐规范以及公用管线的条理性。

3. 道路

厂内道路按其功能分为主干道、次干道、辅助道路、车间引道及人行道。厂内道路除承担运输任务以外，还起到划分厂区、绿化美化厂区、排除雨水、架设工程管道等作用，也具备消防、卫生、安全等环境保护功能。因此厂内道路布置设计应该符合有关要求，具体可参考《厂矿道路设计规范》进行设计。

4. 公用管线布置

工业企业内的管线较多，有水、气（汽）、燃油管道、输电线路以及运输物料及废渣的管渠等，同一种管线又有很多条。各种管线的性质、用途、技术要求各不相同，又往往交织在一起，互相联系又互相影响。它们当中任何一条发生故障，都有可能造成停水、停电、停气（汽）、断料，直接或间接影响生产的正常进行。因此，在布置上要遵循各种管线自身的技术条件要求，满足管线与管线之间、管线与建筑物之间的各种防护间距要求，还应注意节约用地。

5. 厂区绿化布置

在条件允许的情况下，厂内空地都应绿化。一般情况下，工厂主要出入口及厂级办公楼所在的厂前区、生产设施周围、交通运输线路一侧或双侧，都是厂区绿化的重点。因此，在进行工厂总平面布置时，应在上述区域留出绿化地带。

6. 场地条件与环境

厂区内外的社会环境、公共交通情况、环境污染等方面的因素都会影响布置方案。为便于与外界联系，常常把所有职能管理部门甚至生活服务部门集中起来，布置在厂门周围，形成厂前区。而厂门应尽可能便于厂内外运输，便于实现厂内道路与厂外公路的衔接。注重合理利用厂区周围的社会条件，同时还要充分考虑自然地理条件，如地形、地质、气象等对工厂布局的影响。

前述修正因素是布置设计中应考虑的事项。此外，还存在一些对我们的布置设计方案有约束作用的其他因素，包括给定厂区的面积、建设成本费用、厂区内现有条件（建筑物）的利用、政策法规等方面的限制因素，这些因素统称为实际条件限制因素。确定布置设计方案时，同样需要考虑这些因素的影响，根据这些限制因素，进一步调整方案。

3.9.3 工厂总平面布置图的绘制

通过考虑多种方面因素的影响与限制，形成了众多的布置方案，抛弃所有不切实际的想法后，保留 2 ~5 个可行布置方案供选择。采用规范的图例符号，将布置方案绘制成工厂总平面布置图。图 3 – 14（a）~（c）所示分别为三种叉车厂布置方案图。

对于上述三种方案，需要进行全面的评价与选择。

3.9.4 方案的评价与选择

通过对作业单位面积相关图的调整，已经取得了数个可行方案，应该对每个方案进行评价，选出最佳方案，作为最终的工厂总平面布置方案。

方案评价与选择是系统布置设计程序中的最后环节，也是非常重要的环节，只有做好方案评价，才能确保规划设计的成功，因此，必须重视评价阶段的工作。常用的布置方案的评价方法有技术指标评价法，如物流—距离图分析，以及综合评价法，如加权因素法和费用对比法等。有关方案评价请参考有关系统评价资料。

本章小结

设施规划与设计（Facility Planning and Design，FPD）起源于早期制造业的工厂设计，是工业工程学科的一个重要分支。随着工业工程应用领域的进一步扩大，工厂设计的原则和方法逐步扩大到了非工业设施，如机场、医院、超级市场等各类社会服务设施。因此，工厂设计一词逐渐被“设施设计”“设施规划”或“设施规划与设计”所代替。企业设施规划与设计，是以企业生产系统的空间静态结构（布局）为研究对象，从企业动态结构—物流状况分析出发，探讨企业平面布置设计目标、设计原则，着重研究设计方法与设计程序，使企业人力、财力、物力、物流、人流和信息流得到最合理、最经济、最有效的配置和安排，从根本上提高企业的生产效率，达到以最少的投入获得最大效益的目的。

本章主要以制造业设施的选址、流程与操作分析、设施布局设计、物流要素分析、作业相互关系分析等为主要内容，讲述与设施规划有关的数据收集、设施规划要素分析、物流过程分析技术、作业活动分析技术、选址和布置方案的评价方法等内容。

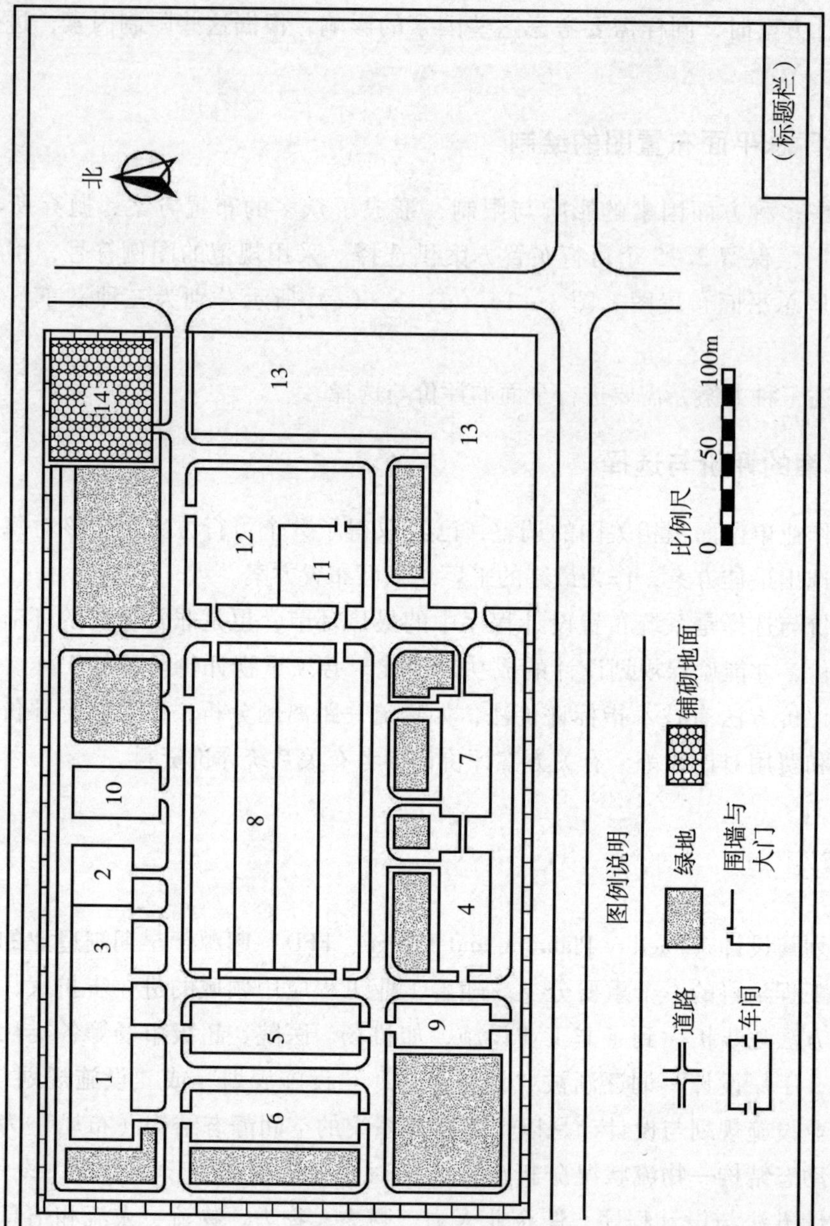

（a）

图3-14 叉车厂布置方案图

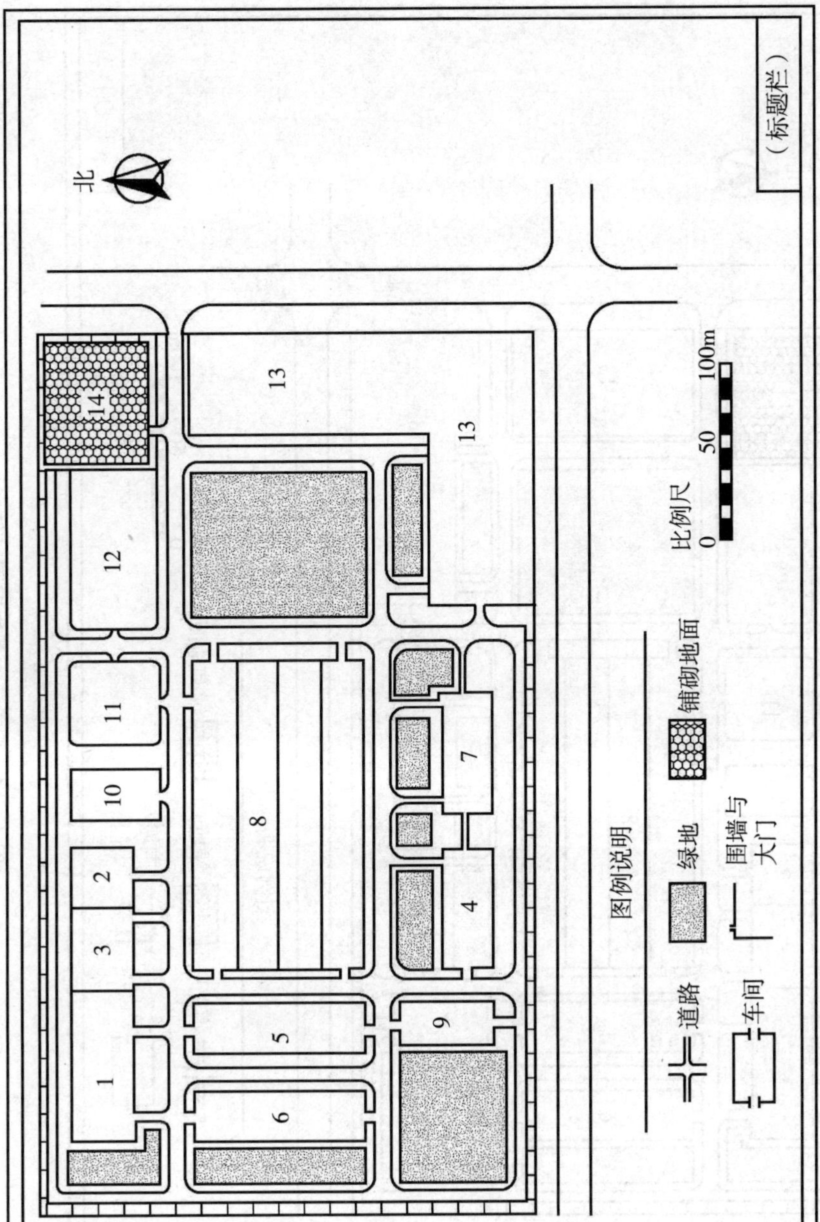

（b）

图 3-14　叉车厂布置方案图（续一）

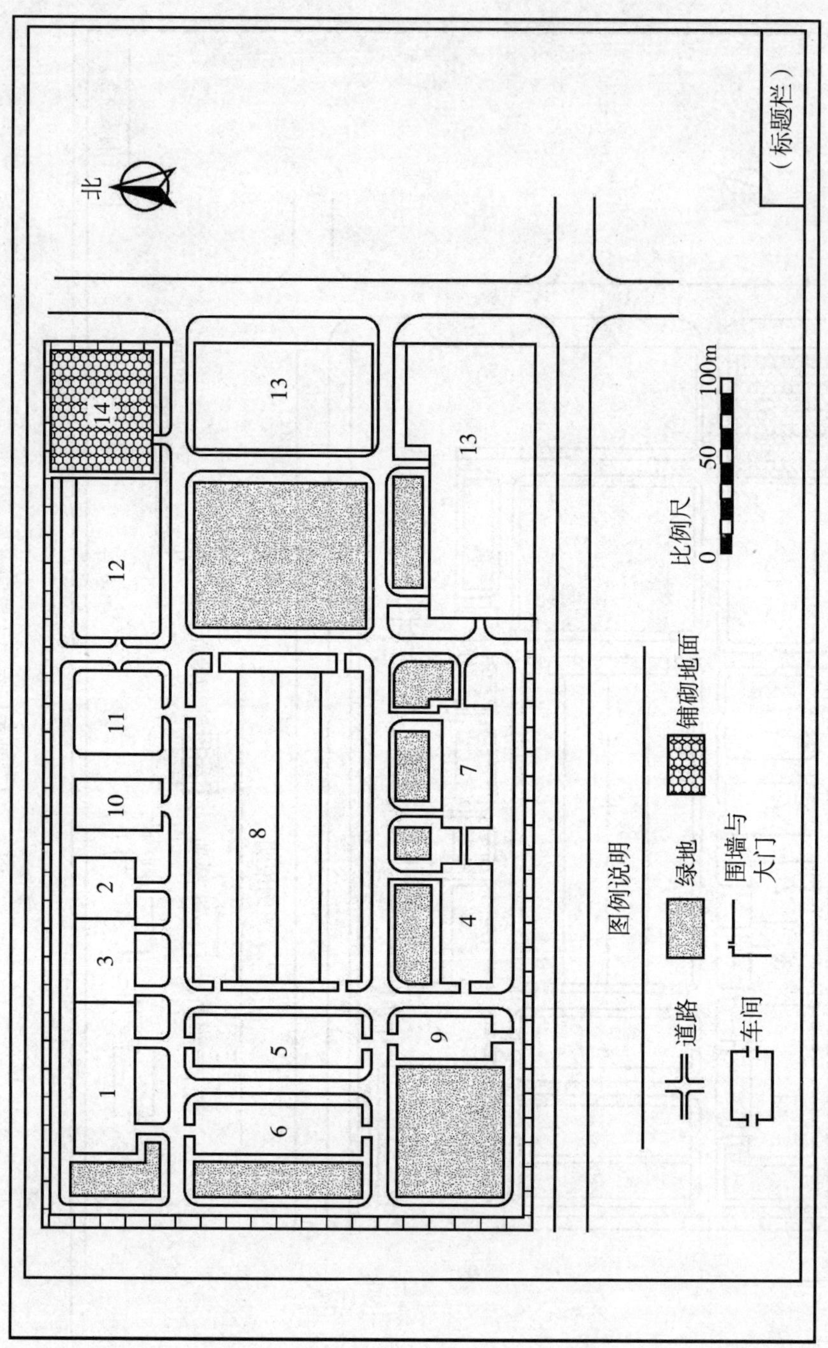

（e）

图 3-14　叉车厂布置方案图（续二）

通过本章的学习，读者能够掌握现代企业设施规划与设计的基本概念、基本原理、基本模式和基本方法，学会运用所学原理和方法分析、改进企业的内部物流和操作状况，达到持续改进的目的。初步具有从事工业工程工作所必需的工作方法和技术，为管理实践和进一步研究打下基础。

4 计算机辅助设施设计

4.1 计算机辅助设施规划的发展

20 世纪 60 年代以来，随着计算机技术的发展，设施规划与设计进入了一个崭新的时代，这一学科的存在与发展已经与计算机技术的应用完全融为一体。50 多年来，计算机技术的应用已经渗透到设施设计的各个领域和各个阶段，从学科的学术研究部门到从事设施设计的工程咨询部门，无不以计算机技术发展作为推动设施规划与设计的主导技术。我们可以这样认为，如果不掌握计算机的应用，就不可能了解设施规划与设计。

4.1.1 计算机辅助设施设计的发展概况

计算机辅助设施设计（Computer Aided Facilities Design，CAFD）是指在设施规划的过程中充分利用计算机辅助设计相关技术及软件来完成布置建模、运行分析、动画展示及其系统优化。选址分析及计算、设施布置及参数选择、系统修改等过程都是利用计算机来完成。

计算机在设施设计中的应用大体可以分为以下三个阶段。

1. 第一阶段：20 世纪 70 年代前后

这一阶段由于计算机技术的发展，某些技术在一般科学计算上得到广泛应用，在商业事务处理中的应用已经取得效益，一些先进企业的管理信息系统（Mis - management Information System，MIS）开始逐步形成。在这样的技术背景下，以 J. M. 摩尔为代表的一批计算机辅助设施规划与设计学者，较为系统地研究了应用计算机技术进行平面布置及优化问题，并产生了许多高级语言写成的平面布置程序。据不完全统计，这一阶段共发展了 140 多种布置程序，形成了计算机在设施设计中应用的第一个高潮。

2. 第二阶段：20 世纪 70 年代后期至 80 年代

以人机对话、图像处理技术为核心的计算机辅助设计技术的发展、计算机仿真技术的发展以及微机及其相应的数据库管理系统与电子表格等应用工具软件的发展，使计算机在设施规划设计中的应用开辟了新的广阔天地，使设施规划中许多繁杂的数据整理、系统仿真工作都可由设计人员直接在 PC 端（个人电脑端）上运行，一些涉及图

形设计的问题，也可应用通用的CAD（画图工具）技术进行处理。

3. 第三节段：20世纪80年代后期至今

这一时期开始出现了以系统集成为主要趋势的发展方向，目前，计算机应用技术正在方兴未艾地推进。这一时期出现了为数不多的几个设施布置专家系统，一般用于车间设施布置，知识库中的推理规则为四五百条，多属于小型实验系统。

4.1.2 计算机辅助设施规划的作用与地位

设施规划与设计，有许多科学的、规律性的东西可以遵循，这就是目前形成的设施规划与设计的学科体系。这些科学的规律性的东西，由于计算机技术的发展，都可以应用计算机减轻人的脑力劳动强度，提高人的脑力劳动质量。机械作为人的四肢的延伸，计算机作为人的大脑的延伸，在设施规划设计中起着十分重要的作用。从前面简述的各时间阶段计算机在设施规划设计中的应用可以看出，无论是物料搬运还是平面布置，无论是设计中的数据处理还是图形处理，近50年来，设施规划设计技术的发展与计算机技术的应用的发展密不可分。据对20世纪80年代的研究项目统计，工业工程大型研究项目中的46%、小型研究项目中的33%均以计算机与信息技术作为主导。

然而设施规划与设计还有另一面性质，很多权威评说："设施规划与设计，不仅是一门科学，更是一门艺术。"因此计算机无论怎样发展和应用得多么广泛，只能是辅助进行规划设计的工具，不可能代替人脑的创造性劳动。因此积累经验，发展"艺术"灵感，使设施规划与设计更合理、更完善、更符合人的要求，仍然是设施设计中的重要一环。

计算机辅助设施设计，必须学习相应的计算机技术，结合上机操作才能掌握，如果进行更深入研究，则需要进一步学习相关的计算机应用技术及相关的软件。

4.1.3 计算机辅助设施布置的主要研究对象

设施规划与设计涉及两大类问题：一类是位置问题——厂址选择；另一类是布置问题——厂区规划，即工厂总平面布置与车间设备布置。针对上述两类问题，计算机辅助设施布置重点研究厂址选择——最佳位置问题以及设施平面布局最优化问题。

1. 最佳位置问题

新建一家工厂时，常常需要在有限的可选地址之中选择一个最佳厂址，其目标往往是原材料运入费用、产品运出费用及建设、生产费用最小，这类问题就是典型的最佳位置问题，一般求解方法有整数线形规划解法、重心法及最优化解法。最佳位置问题解法不但可以用来求解最佳厂址，还可以用来求解其他的位置问题，比如在工厂改建中，在已有的一组建筑中布置一个新的建筑。又如，在车间内部确定一个公共服务作业单元的位置。

2. 设施平面布局最优化问题

根据现代生产管理理论，生产系统物流状况顺畅程度的好坏很大程度上决定了生产效益的高低。因此，计算机辅助设施平面布置方法一般以物料搬运费用为基本目标函数，求解使目标函数值为最小的生产系统设施平面布置最佳方案。

计算机辅助设施平面布置设计涉及工厂总平面布置、车间设备布置（车间内部作业单位平面布置及生产线设备布置等）。工厂总平面布置和车间内部作业单位平面布置一般以作业单位之间的物料搬运费用及非物流相互关系密切程度为目标函数，求解使目标函数值为最小、在给定区域上的作业单位平面布置方案。生产线设备布置常常以物料搬运费用为目标函数，求解使目标函数值最小的设备排列顺序和平面布置方案。其中计算机辅助设施平面布置设计是计算机辅助设施规划中的主要内容。

4.2 前期工作中计算机的应用

前期工作是整个设施规划设计中十分重要的阶段，包含了多种规划与设计环节：战略设施规划、可行性研究、厂址选择、产品设计、纲领设计、工艺过程设计等。因此计算机在这一阶段中的应用呈现出多种形式。其中产品设计、工艺过程设计中计算机的应用，由专门的学科（如CAD/CAM等）来研究。本节只简述前期工作中的其他环节。

4.2.1 数据的收集和初步处理

设施规划与设计本质上是将一系列对生产系统的要求，通过规划设计人员和其他的有关人员的经验知识，“翻译”为生产系统各个方面、各个环节的具体技术要求，从而使系统得以实施。近代设施规划设计在不同的阶段需要输入大量数据，作为这种“翻译”的依据，这件工作是设计人员最头痛、最耗费劳动的问题之一。在前期工作阶段，要确定P、Q、R、S、T（什么产品、多大产量、什么样的工艺路线、什么样的服务支持、什么时候和多长时间），场址选择的各项要求，以及对面积、公用工程建设等各种需求。在总体设计和详细设计阶段，采用SLP系统布置法和SHA系统搬运分析时，涉及几十种数据表格（包括物料信息分类、物流从—至表、对流量表等），对一个中、大型规模项目，数据量十分庞大，20世纪70年代以前，处理还要采用高级语言、文件系统，到了20世纪80年代，由于个人计算机上的电子数据表格（Spread Sheet）通用软件Lotus1-2-3、Supercale等，特别是大众数据库管理系统（Dbase）的出现，使这项工作变得十分简单，易于推广。目前在国内外，有的设施规划设计人员自己可以直接使用上述软件处理数据，也有的设施规划设计人员使用商业软件。

4.2.2 建立设计对象生产（服务）系统的历史数据库和预测数据库

在前期工作阶段，往往要对所设计系统的各种参数有一个粗略的估算，以便概略

地判断出项目的可行性。要将规划和设计深入地进行下去，就主要要求对以下参数进行粗略估算，包括产品（服务）市场需求的历史资料与生产趋向的预测、企业经营的发展战略与策略、产品产量、生产规模、面积、人员、投资需求、投资回报率等。要获得这些参数的粗略估算，最简略的方法是逐年累积建立各类生产（服务）系统的历史数据库。新建项目的各项需求，可以应用类似项目的历史数据，采用一些数学方法（如各类回归、曲线）等来类比，估测新建系统的各项要求，同时也可用于生产（服务）系统将来发展需要的预测等。

建立生产系统的历史数据库和预测数据库是一个十分普遍且实用的方法，把历史上做过的设计项目的主要参数，如生产规模、面积、人员、投资、产品产量、主要流量、主要工艺等参数用计算机进行整理归档。目前一些设计规划单位开发的工程项目设计资料档案管理系统，就具有生产系统的历史数据库的性质。根据经验，开发这样一个系统十分费时、费工，需要处理庞大的数据；如有的设计院要整理5万份档案，但这项工作却十分有价值。不能认为开发此系统是档案保管的范畴，实质上它是辅助设施设计的重要环节，因为在此基础上对某些新建项目采用类比、外延等方法可以很快地得到在前期工作中要求的粗略数据。

建立历史数据库和预测数据库的计算机工具是成熟的，用一般的商用统计软件包、预测软件包、一般的数据管理系统即可建成。如果要使用更好的用户界面，可以采用窗口技术。现在的计算机操作系统及软件可以满足这方面的需求。

4.2.3 场址选择问题

将各种定性与定量的因素相结合，经模糊数学处理，使场址选择这个复杂问题，能最后得到定量评价，是近代设施规划设计的一个重要内容。对定量和定性的因素，不同国家、不同行业、不同地区有所不同，但其基本思路大致相同。这类计算机软件，一般用高级语言编写，不设计特殊算法，并不十分困难，因此各单位都可自己开发。国内也开发了一些实用程序可以借鉴。

4.2.4 计算机报价系统

在设计前期，一个十分重要的工作是向业主或主管单位、评审单位报出所建项目的投资和造价。一般完整的计算机报价系统包含两部分。第一部分为软件，为脑力劳动成果所需费用，指设计、咨询、工艺专利、管理技术等。第二部分为硬件，即实物量所需的费用。硬件主要由以下三部分组成。

（1）工程报价，即项目的土建、水、暖、电、热、道路、广场等的工程造价。

（2）主要生产设备和设施价格。

（3）一些完整的技术与产品输出的项目，还包括产品及零配件的价格。

一些大型项目，往往涉及几亿元投资，数千种零配件，几十个甚至上百个子项目，其报价十分复杂。在设计过程中，业主的需求、上级主管部门和评审部门的需要，都有可能随时发生变化，各部门之间的实际协商和妥协都会使设计参数随之发生变化。在这种情况下，用手工计算完成报价的系统明显效率极低，满足不了业主的需求，因此计算机报价系统十分必要。

计算机报价系统所用的工具，主要是数据库管理系统、窗口软件，有的还需要某些图像技术，目前在计算机技术方面已没有任何困难。

4.2.5 设计方案销售系统

使设计方案被业主和上级主管部门、评审部门所接受、所采纳，是前期工作中一项十分重要的任务，即如何销售设计方案。这个问题在市场经济体制的条件下显得尤为重要，而在改革开放前的计划经济体制的条件下，常被我国设计界所忽视，他们不舍得下投资、花人力来“包装”自己的设计方案，再拿到市场上去销售。这种“包装”需要成本，应用计算机“包装”设计方案应该是主要手段之一。“包装”设施方案的主要要求如下。

（1）使销售的设计方案要点突出，内容简练，对比鲜明（与其他方案比较）。

（2）设计方案形象化、可视化、动画化，便于业主、上级主管部门和评审部门形象直观地了解设计方案内容。

（3）设计方案中各种文档必须按照精美印刷的标准“美化”，以使业主、上级主管部门和评审部门满意并乐于接受。

应用计算机与相关技术“包装”自己的设计方案，应注意以下几点。

（1）充分利用计算机的轻印刷系统。充分利用目前计算机强大的中西文编辑能力，所有文件必须由计算机输入编排。目前一些好的编辑软件已经具有十分完善的数学符号、上下脚标等。例如微软的 Office 系列软件，还有中国国产金山软件系列，都可以满足这些功能。另外，现在的激光打印机可以实现非常好的效果，在计算机完成排版后，可以结合不同的印刷系统，例如胶印机、快印机等进行印刷。

（2）充分利用计算机图形能力。凡是图形文件，无论是两维还是三维实体（Solid）或者线框（Frame）都应由计算机实现，在绘图机上出图。在这方面，可应用的计算机辅助设计软件 CAD 已经非常成熟，可以任意选择。

同时要充分利用计算机 CAD 的动画功能来演示所做的方案，以便用户可以很好地了解产品的性能。

4.3 计算机辅助设施布置

4.3.1 计算机辅助设施规划方法

伴随着计算机软硬件技术的发展，计算机辅助设施规划软件技术也在飞速发展。

目前这些软件大体上可以分为两类：一类是最优算法；另一类是次优算法。最优算法是针对一些具体的数学模型，应用最优算法理论开发出来的算法，可以求得最佳的布置方案。当规模较大时，最优算法要求计算机具有巨大的存储容量以及极高的运算速度，同时需要近乎天文数字的运算，因此并不实用。为此研究人员开发出了一些次优算法，次优算法又可以分为构造算法及改进算法。

1. 穷举法

穷举法又称为枚举法，适合在给定设施布置地点组的情况下进行设施布置的场合。穷举法的道理非常简单，就是列出所有布置方案，通过比较布置方案目标函数值的大小，找出其中的一个或者几个最优布置方案。下面我们用实例来说明穷举法的基本思路。

例 4－1 等面积设备布置问题，图 4－1 中有 A、B、C、D 四个地点，分别用 P_1、P_2、P_3、P_4 表示，在这四个地点上，可以布置四台机床，分别用 t_1、t_2、t_3、t_4 表示。假设四台机床的占地面积相等，可以布置在任一地点上。

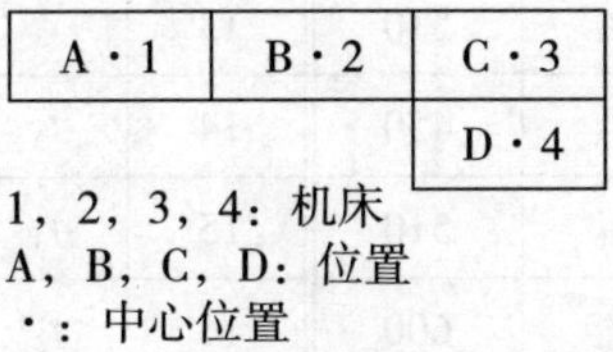

A·1	B·2	C·3
		D·4

1，2，3，4：机床
A，B，C，D：位置
·：中心位置

图 4－1 等面积设备布置实例

设地点 P_1 的位置坐标为 $x_1=0$，$y_1=0$；各地点占地面积边长为 1 个长度单位，则 P_2 的位置坐标为 $x_2=1$，$y_2=0$；P_3 的位置坐标为 $x_3=2$，$y_3=0$；P_4 的位置坐标为 $x_4=2$，$y_4=1$。假设物料只是沿横向或纵向通道搬运，则由一个地点 P_i 至另一个地点 P_j 的物料搬运距离 d_{ij} 为

$$d_{ij}=|x_i-x_j|+|y_i-y_j|$$

用矩阵 $\boldsymbol{D}$ 来表示所有地点对之间的物料搬运距离，则

$$\boldsymbol{D}=[d_{ij}]=\begin{pmatrix}0&1&2&3\\1&0&1&2\\2&1&0&1\\3&2&1&0\end{pmatrix}$$

又设机床 t_k 与 t_1 之间的物料搬运量用 f_{k1} 来表示，所有的物料搬运量用矩阵 $\boldsymbol{F}$ 来表示，称 $\boldsymbol{F}$ 为物流矩阵，假设本实例物流矩阵由下式给定。

$$\boldsymbol{F}=[f_{k1}]=\begin{pmatrix}0&50&20&100\\50&0&30&10\\20&30&30&70\\100&10&70&0\end{pmatrix}$$

其中f_{k1}表示t_k至t_1的正向搬运（即$t_k \to t_1$）及反向搬运（即$t_1 \to t_k$）的物料量之和，则有$f_{k1}=f_{1k}$，即$\boldsymbol{F}$是上、下三角对称矩阵。

用（P_i，t_k）表示把t_k布置在P_i上，简记为k_i，同时假设物料搬运成本等于物料搬运距离与物料搬运量的乘积，即$f_{ki1j} \cdot d_{ij}$表示机床t_k布置在p_i上、机床t_l布置在p_j上的情况下，两机床之间的物料搬运成本，从而总的物料搬运成本C为

$$C = \sum_{i=1}^{4-1} \sum_{j=i+1}^{4} f_{kj1j} \cdot d_{ij}$$

若某一布置方案的C最小，则该方案为最佳布置方案。

为求解上述问题，我们需要列出所有的布置方案，如表4－1所示，共有4！=24个方案。比较各方案搬运成本，找出最佳方案12和13。

表4－1　　穷举法求解布置问题

序号	布置方案				搬运成本	序号	布置方案				搬运成本
	P_1	P_2	P_3	P_4			P_1	P_2	P_3	P_4	
1	t_1	t_2	t_3	t_4	510	13	t_3	t_4	t_1	t_2	370
2	t_1	t_2	t_4	t_3	450	14	t_3	t_4	t_2	t_1	450
3	t_1	t_3	t_4	t_2	510	15	t_3	t_1	t_2	t_4	550
4	t_1	t_3	t_2	t_4	600	16	t_3	t_1	t_4	t_2	460
5	t_1	t_4	t_2	t_3	440	17	t_3	t_2	t_1	t_4	440
6	t_1	t_4	t_3	t_2	410	18	t_3	t_2	t_4	t_1	450
7	t_2	t_3	t_4	t_1	410	19	t_4	t_1	t_2	t_3	450
8	t_2	t_3	t_1	t_4	420	20	t_4	t_1	t_3	t_2	420
9	t_2	t_4	t_1	t_3	460	21	t_4	t_2	t_3	t_1	600
10	t_2	t_4	t_3	t_1	510	22	t_4	t_2	t_1	t_3	550
11	t_2	t_1	t_3	t_4	430	23	t_4	t_3	t_1	t_2	430
12	t_2	t_1	t_4	t_3	370	24	t_4	t_3	t_2	t_1	510

通过上面的实例我们可以看出，穷举法可以求出最优解。

2. 构造算法

所谓构造算法（Construction Models）就是根据某种规则，逐一对所有设施的位置作出安排，最终得出较好的（可能是最优的）布置方案的算法。构造算法求得的解的好坏取决于规划及其复杂程度。构造算法的种类较多，在这里我们介绍改进生成树法。

改进生成树法适用于求解单行机床布局问题。这类问题的数学模型如下。

设一生产线机床为单行布局，共有 n 台机床，设机床分别为 t_i，$i=1$，2，…，n。机床 t_i 布局位置的坐标为 x_i，沿布局方向上的长度尺寸为 l_i。在一个生产周期内，工件在机床 t_i 和 t_j 之间的往返搬运次数为 f_{ij}，单位距离搬运费用为 C_{ij}，且机床 t_i 和 t_j 之间的最小间距为 d_{ij}，如图 4－2 所示。

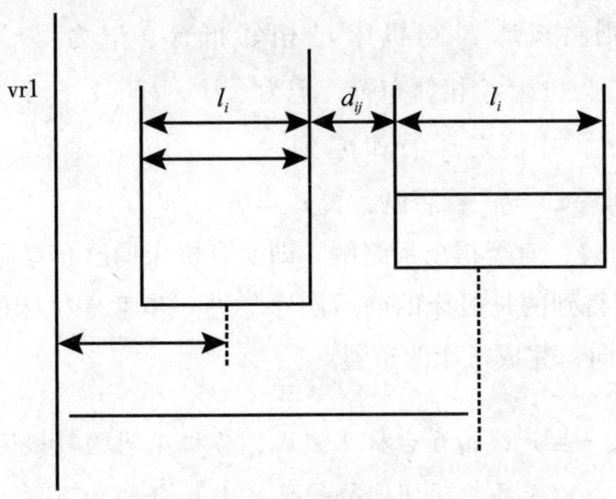

图 4－2　单行机床布局参数

单行机床布局模型中的目标函数是使工件总搬运费用最少，即

$$\min = \sum_{i=1}^{n-1}\sum_{j=i+1}^{n} C_{ij}f_{ij}\,|x_i - x_j|$$

其约束条件为机床互不干涉，即

$$|x_i - x_j| \geqslant \frac{l_i + l_j}{2} + d_{ij} \quad i=1,\ 2,\ \cdots,\ n-1;\ j=i+1,\ \cdots,\ n \text{ 且}$$

$$x_i \geqslant 0 \quad i=1,\ 2,\ \cdots,\ n$$

上面给出了这类问题的数学模型，定义单位距离物料搬运费用矩阵 $\boldsymbol{F}$ 为

$$\boldsymbol{F} = [\overline{f_{ij}}] = [f_{ij} \cdot C_{ij}] = \begin{pmatrix} f_{11}C_{11} & f_{12}C_{12} & \cdots & f_{1n}C_{1n} \\ f_{21}C_{21} & f_{22}C_{22} & \cdots & f_{2n}C_{2n} \\ \vdots & \vdots & & \vdots \\ f_{n1}C_{n1} & f_{n2}C_{n2} & \cdots & f_{nn}C_{nn} \end{pmatrix}$$

其中 f_{ij} 表示机床 t_i 与 t_j 之间的物料搬运次数，C_{ij} 表示 t_i 与 t_j 之间单位距离物料的搬运成本，因而，$\overline{f_{ij}}$ 表示 t_i 与 t_j 之间单位距离上物料搬运费用。$\overline{f_{ij}}$ 大时，为了减少总的物料搬运费用，就应该减小搬运距离，即 t_i 与 t_j 靠近布置。这就是改进生成树算法的基本思想。

改进生成树算法的步骤如下。

（1）求得单位距离物料搬运费用为矩阵 $\boldsymbol{F}$。

（2）从 $\boldsymbol{F}$ 矩阵中查找 $\overline{f_{ij}}$ 的最大值，即计算

$$\bar{f}_{i^*j^*} = \max\{f_{ij}: i = 1,2,\cdots,n;\ j = 1,2,\cdots,n\}$$

将机床 t_i^* 与 t_j^* 相邻布置，记为 $\{t_i^*,\ t_j^*\}$，同时置 $\bar{f}_{i^*j^*} = \bar{f}_{j^*i^*} = -\infty$

（3）进行如下计算。

$$\bar{f}_{p^*q^*} = \max\{\bar{f}_{i^*k}, \bar{f}_{j^*l}: k = 1,2,\cdots,n; l = 1,2,\cdots,n\}$$

①若 $p^* = i^*$，则将机床 t_q^* 与机床 t_i^* 相邻布置，记为 $\{t_q^*,\ t_i^*,\ t_j^*\}$；否则，$p^* = j^*$，则将机床 t_q^* 与机床 t_j^* 相邻布置，记为 $\{t_i^*,\ t_j^*,\ t_q^*\}$。

②从矩阵 $\boldsymbol{F} = \{\bar{f}_{ij}\}$ 中消去 p^* 行和 p^* 列。

③若 $p^* = i^*$，则置 $i^* = p^*$；否则，置 $j^* = q^*$。

（4）重复步骤（3），直至得出最终解，即所有机床均已布置完毕。

（5）由上述步骤得到的是机床的前后次序，进一步考虑机床的占地面积、相互间的间隙以及机床的朝向，完成机床的布置。

例4-2 已知某一生产线由6台机床组成，各机床间物料搬运次数矩阵 $[\boldsymbol{f}_{ij}]$、单位距离搬运成本 $[\boldsymbol{C}_{ij}]$ 以及各机床间间隔矩阵 $[\boldsymbol{d}_{ij}]$ 分别如下。

$$[\boldsymbol{f}_{ij}] = \begin{pmatrix} 0 & 40 & 80 & 21 & 62 & 90 \\ 40 & 0 & 72 & 12 & 24 & 28 \\ 80 & 72 & 0 & 14 & 41 & 9 \\ 21 & 12 & 14 & 0 & 21 & 12 \\ 62 & 24 & 41 & 21 & 0 & 31 \\ 90 & 28 & 9 & 12 & 31 & 0 \end{pmatrix}$$

$$[\boldsymbol{C}_{ij}] = \begin{pmatrix} 0 & 4 & 4 & 6 & 4 & 5 \\ 4 & 0 & 2 & 5 & 2 & 3 \\ 4 & 2 & 0 & 5 & 3 & 3 \\ 6 & 5 & 5 & 0 & 5 & 8 \\ 4 & 2 & 3 & 5 & 0 & 4 \\ 5 & 3 & 3 & 8 & 4 & 0 \end{pmatrix} \qquad [\boldsymbol{d}_{ij}] = 11\begin{pmatrix} 0 & 1 & 1 & 1 & 2 & 1 \\ 1 & 0 & 1 & 1 & 1 & 1 \\ 1 & 1 & 0 & 1 & 1 & 1 \\ 1 & 1 & 1 & 0 & 3 & 1 \\ 2 & 1 & 1 & 3 & 0 & 2 \\ 1 & 1 & 1 & 1 & 2 & 0 \end{pmatrix}$$

机床占地面积如表4-2所示，且要求所有机床沿长边方向布置，机床操作位置均朝向通道，通道上设置搬运小车（AGV），求单行机床布局。

表4-2 机床占地面积

机床	占地面积 l×b（m×m）	机床	占地面积 l×b（m×m）
1	5.0×3.0	4	6.0×3.5
2	2.0×2.0	5	3.0×1.5
3	2.5×2.0	6	4.0×4.5

首先由 $[f_{ij}]$ 及 $[C_{ij}]$ 求出单位距离物料搬运矩阵 $\boldsymbol{F}=[\overline{f_{ij}}]=[f_{ij}\cdot C_{ij}]$

$$\boldsymbol{F}=[\overline{f_{ij}}]=\begin{pmatrix}0&160&320&126&248&450\\160&0&144&60&48&84\\320&144&0&70&123&27\\126&60&70&0&105&96\\248&48&123&105&0&124\\450&84&27&96&124&0\end{pmatrix}$$

然后，利用表4－3进行布置。经过数次布置，得出机床的排列次序如下。

$$\{t_2, t_3, t_1, t_6, t_5, t_4\}$$

表4－3　　改进生成树算法的计算步骤

步骤	i^*	j^*	p^*	q^*	$\overline{f}_{i^*j^*}/\overline{f}_{p^*q^*}$	布局	消去行/列
1	1	6			450	t_1t_6	
2	1	6	1	3	320	$t_3t_1t_6$	1
3	3	6	3	2	144	$t_2t_3t_1t_6$	3
4	2	6	6	5	124	$t_2t_3t_1t_6t_5$	6
5	5	5	5	4	105	$t_2t_3t_1t_6t_5t_4$	5

考虑机床的朝向、占地面积及间隔，得出最终的布置方案，如图4－3所示。

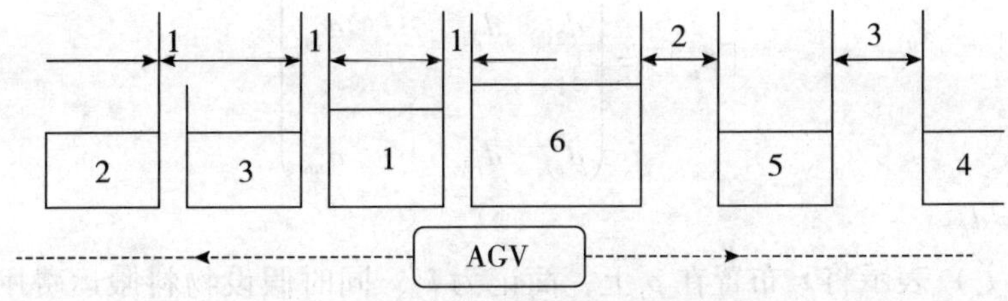

图4－3　改进生成树算法布置结果

3. 改进算法

现在生产系统常因产品的变化或工艺的改进而需要改变其布置。因此在某种意义上，改进现有系统布置的算法与程序比构造算法与程序具有更广泛的应用价值。这就是说，在改进算法（Improvement Models）中，总是从一个已知的初始布置方案出发，通过对设备进行有规律的交换，并把得到最佳结果的那种交换保留下来形成新的布置方案，重复进行这个过程，直到不能进一步改进布置方案位置。最常用的改进算法与程序是CRAFT（Computerized Relative Allocation Of Facilities Technique），即计算机设施相对定位法。

CRAFT 是一个以各作业单位之间物料搬运费用逐步减少的优化原则改进布置方案的算法与程序，它通过对现有的平面布置方案中的各作业单位两两互换位置，并计算比较交换前后的搬运费用，取搬运费用较小的布置为优化候选方案，经过多次交换、比较、择优，得出一个改进的优化方案。通过给定不同的初始平面布置方案，CRAFT 常能得到不同的优化结果（局部最优），从而给规划设计人员提供很大的选择范围，通过参考各种具体条件限制，规划设计人员可以从众多的优化方案中选出一个可行的优化方案。

下面以简单的等面积布置问题为例来说明 CRAFT 的工作过程。

设有 n 个设备分别为 t_1，t_2，…，t_n，占地面积相同，并有 n 个地点 P_1，P_2，…，P_n可供布置。已知各设备之间物料搬运流量矩阵如下。

$$[\boldsymbol{f}_{ij}] = \begin{pmatrix} f_{11} & f_{12} & \cdots & f_{1n} \\ f_{21} & f_{22} & \cdots & f_{2n} \\ \vdots & \vdots & & \vdots \\ f_{n1} & f_{n2} & \cdots & f_{nn} \end{pmatrix}$$

其中 f_{ij}表示设备 t_i与 t_j之间的物料搬运正、负两向总合，因而有 $f_{ij}=f_{ji}$。

各地点之间的物料搬运距离用地点中心之间的横、纵向通道路程表示，即地点 P_i与 P_j之间的距离 d_{ij}有

$$d_{ij} = |x_i - x_j| + |y_i - y_j|$$

则距离矩阵为

$$[\boldsymbol{d}_{ij}] = \begin{pmatrix} d_{11} & d_{12} & \cdots & d_{1n} \\ d_{21} & d_{22} & \cdots & d_{2n} \\ \vdots & \vdots & & \vdots \\ d_{n1} & d_{n2} & \cdots & d_{nn} \end{pmatrix}$$

其中 $d_{ij}=d_{ji}$。

用（P_i，t_k）表示将 t_k布置在 p_i上，简记为 k_i，同时假设物料搬运费用等于物料搬运量与搬运距离的乘积，即 $f_{ki1j}\cdot d_{ij}$表示设备 t_k布置在地点 p_i上、设备 t_l布置在地点 p_j上的情况下，两设备之间的物料搬运费用，从而总的物料搬运费用为

$$C = \sum_{i=1}^{n-1}\sum_{j=i+1}^{n} f_{ki1j}\cdot d_{ij}$$

根据下列步骤求解上述问题。

（1）给定物料搬运结果矩阵、地点距离矩阵或地点中心坐标。各点初始布置方案用 $\{k_i:=1, 2, \cdots, n\}$ 表示。计算物料搬运费用 C，则记为最小搬运费用 $C_{\min}$，并记录 $\{k_i\}$ 为最优方案。

（2）位置交换、费用比较、选择优化方案。具体过程如下。

```
┌ i=1 ──→ n-1
│ ┌ j=i+1 ──→ n
│ │ 成对交换 p_i 与 p_j 上的设备
│ │ 计算交换后的搬运费用 C
│ │ 若 C<Cmin，则保留本次交换方案为最优方案
└ └ 否则，放弃该次交换
```

(3) 重复步骤2，直到最小搬运费用不再减小。应用上述算法编制的计算程序详见程序（4-1）。

利用程序4-1来求解例4-1的问题。当给定初始布置方案为 $\{t_1, t_2, t_3, t_4\}$，即 t_1 布置在 P_1 上，t_2 布置在 P_2 上，以此类推时，求解过程如表4-4所示，最终的优化结果为 $\{t_3, t_4, t_1, t_2\}$，最小搬运费用为370。当给定初始布置方案如图4-1所示时，即 $\{t_1, t_3, t_4, t_2\}$ 时，求解过程如表4-5所示，最终的优化结果为 $\{t_2, t_1, t_4, t_3\}$，最小搬运费用为370。比较穷举法的结果发现，上述两种结果恰好是例4-1中的两个最优布置方案。当然这只是一种巧合，一般情况下，CRAFT能够找到较好的布置方案。

程序4-1 CRAFT示例程序如下。

```
#include "stdio. h"
#include "alloc. h"
#include "math. h"

vold CRAFT (int N, struct POINT * P, double * F, int * S);

#define EPS 10E-8
#define s (k) (* (S+K))
#define t (k) (* (T+K))
#define f (i, j) (* (F+i*n+j))
#define px (k) ((P+K) ->x)
#define py (k) ((P+K) ->y)
#define d (i, j) (fabs (px (j) -px (i)) +fabs (py (j) -py (i)))

struct point {double x, y;};
main ()
{
int N, I, j;
struct point * P;
```

```
double * F
int * S, ss;
float x1, y1;
file * fp;
char fn [80]

printf ("\ n 输入数据文件名:");
scanf ("% s", fn);
fp = fopen (fn, "r");

fscanf (fp, "% d", &N);
P = (struct point * ) malloc (sizeof (struct point) * N);
F = (double * ) malloc (sizeof (double) * N * N);
S = (int * ) malloc (sizeof (int) * N);
for (i = 0; i < N; i + + ) {
fscanf (fp, "% f% f", &x1, &y1);
px (i) = x1; py (i) = y1;
}
for (i = 0; i < N; i + + ) {
for (i = 0; j < N; j + + ) {
fscanf (fp, "% f", &x1);
f (i, j) = x1;
}
}
printf ("\ n 布置地点坐标:");
for (i = 0; i < N; i + + ) {
for (i = 0; j < N; j + + ) {
printf (" * 10. 3f", f (i, j);
}
printf ("\ n");
}
printf ("\ n 输入初始布置方案: \ n");
for (i = 0; i < N; i + + ) {
printf ("地点 P% -2d: 安排设备 t", i + 1);
scanf ("% d", &ss);
```

```
s (i) =ss-1;
}
CRAFT (N, P, F, S);
getch ();
free (S);
free (F);
free (P);
}
double zf (int N, struct POINT * P, double * F, int * S)
{
int I, j;
double z;
z=0
for (i=0; =<N-1; i++) {
for (j=i+1; j<N; j++) {
z+= (f (s (i), s (j)) *d (i, j));
}
}
return z;
}
void CRFT (int N, struct POINT * P, double * F, int * S)
{
int I, j, k;
double Cmin, C;
int Imin, Jmin;
int tt, f;
int * T;
T= (int * ) malloc (sizeof (int) * N);
Cmin=zf (N, P, F, S);
while (1) {
printf ( "\n搬运费用:%10.3f布置方案", Cmin);
for (k=0; k<N; k++) {
printf ( "t% -2d", s (k) +1);
}
f=0
```

```
for (i=0; i<N-1; i++) {
for (j=i+1; j<N; j++) {
for (k=0; k<N; k++) {
t (k) =s (k)
}
tt=t (i); t (i) =t (j); t (j) =tt;
C=zf (N, P, F, T);
printf ( "\n%2d,%2d 搬运费用:%10.3f 布置方案", i+1, j+1, C);
for (k=0; k<N; k++) {
print ( "t% -2d", t (k) +1)
}
}
if (Cmin>C {
Cmin=C; Imin=I; Jmin=j;
f=1;
}
}
}
if (f==1) {
tt=s (Imin); s (Imin) =s (Jmin); s (Jmin) =tt;
}
else {   printf ( "\n 最佳布置方案:");
for (i=1; i<N; i++) {
printf ( "t% -2d% , s (i) +1);
}
bread;
}
}
}
```

表 4-4　　**CRAFT 程序计算过程（1）**

迭代次数	i	j	布置方案	搬运费用	优选方案
1	1	2	t_2、t_1、t_3、t_4	430	选择
		3	t_3、t_2、t_1、t_4	450	
		4	t_4、t_2、t_3、t_1	600	

续 表

迭代次数	i	j	布置方案	搬运费用	优选方案
1	2	3	t_1、t_3、t_2、t_4	600	
		4	t_1、t_4、t_3、t_2	410	选择
	3	4	t_1、t_2、t_4、t_3	450	
2	1	2	t_4、t_1、t_3、t_2	420	
		3	t_3、t_4、t_1、t_2	370	选择
		4	t_2、t_4、t_3、t_1	510	
	2	3	t_1、t_3、t_4、t_2	510	
		4	t_1、t_2、t_3、t_4	510	
	3	4	t_1、t_4、t_2、t_3	440	
3	1	2	t_4、t_3、t_1、t_2	430	
		3	t_1、t_4、t_3、t_2	410	
		4	t_2、t_4、t_1、t_3	460	
	2	3	t_3、t_1、t_4、t_2	460	
		4	t_3、t_2、t_1、t_4	450	
	3	4	t_3、t_4、t_2、t_1	450	

CRAFT 依赖成对地交换设备地点，来改善用户给定的初始解。成对地交换不能被认为是一种“贪婪”的算法，因为在每一次叠代中并不是最优地改变设备的布置位置，而对设备的每次挪动强加了一个限制，即规定如果把设备 t_k 从地点 P_i 处移至 P_j 处在搬运费上是会增加的话，CRAFT 要在当时就把 P_j 处的设备 t_1 挪至 P_i；即使把后一台设备 t_1 移至第三个地点效果可能会更好，CRAFT 也总是按成对交换的规则去做，由于这样的原因，CRAFT 可能得不到最优解。当然也有许多途径来修改 CRAFT 的基本算法，从而求解更好的布置方案。

对于不等面积的布置问题，应用 CRAFT 时，应该对交换附加占地面积相同的限制，即只有占地面积相同的设备之间才可以进行交换，由此求出较好的布置方案。

表 4－5　　CRAFT 程序计算过程（2）

迭代次数	i	j	布置方案	搬运费用	优选方案
1	1	2	t_3、t_1、t_4、t_2	460	
		3	t_4、t_3、t_1、t_2	430	
		4	t_2、t_3、t_4、t_1	410	选择
	2	3	t_1、t_4、t_3、t_2	450	
		4	t_1、t_2、t_4、t_3	450	
	3	4	t_1、t_3、t_2、t_4	600	

续 表

迭代次数	i	j	布置方案	搬运费用	优选方案
2	1	2	t_3、t_2、t_4、t_1	440	选择
		3	t_4、t_3、t_2、t_1	510	
		4	t_1、t_3、t_4、t_2	510	
	2	3	t_2、t_4、t_3、t_1	510	
		4	t_2、t_1、t_4、t_3	370	
	3	4	t_2、t_3、t_1、t_4	420	
3	1	2	t_1、t_2、t_4、t_3	450	
		3	t_4、t_1、t_2、t_3	450	
		4	t_1、t_3、t_4、t_2	460	
	2	3	t_2、t_4、t_1、t_3	460	
		4	t_2、t_3、t_4、t_1	410	
	3	4	t_2、t_1、t_3、t_4	430	

4.3.2 基于设备之间关系的布局

1. 随机布局

随机布局（Random Layout）是指生产设备任意安置在生产车间内。当系统内的设备较少时，可以采用这种布局方式。但是，当物流系统内的设备数量超过三台时，系统内的运输路线将十分复杂，容易出现阻塞，以致增加系统物流量，降低系统内设备的利用率和整个系统的生产率。

2. 功能布局

功能布局是指生产设备按照功能分成几组，相同功能的设备安置在一起。这种布局方式是从传统的单件生产车间的布局方式继承而来的。

3. 模块布局

在模块布局的方式中生产设备被分成若干个具有相同功能的模块。这种布局方式可以较快地响应市场变化和处理系统发生的故障，但是，不利于提高设备利用率。

4. 单元布局

单元布局是指基于成组技术，将生产设备划分成若干个生产单元，每一个生产单元只加工某一类工件。这是柔性制造系统（FMS）经常采用的布局形式之一。

这种布局模式多适用于物流量不太大的制造加工车间，像柔性制造系统、独立制造单元等。这种车间的功能基本是加工制造，因此更多地从加工工艺方便的角度考虑。

4.3.3 基于物料传输路线的布局

1. 直线型布局

直线型布局如图4-4所示，这种布局的系统中的设备沿着一条直线排列，工件采用小车或传输带进行传输。这种布局适合于柔性装配线或工件品种较少但工件生产批量较大的制造装配的情况。

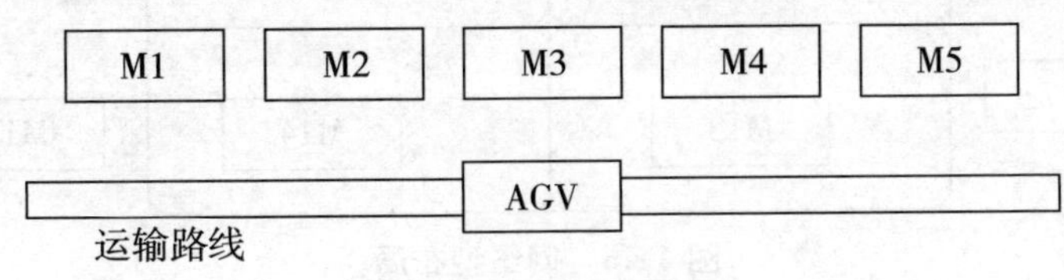

图4-4 直线型布局

2. 环型布局

环型布局如图4-5所示，生产系统中的物料传输线形成一个环，生产工位也沿这个环进行布置。这种布局形式可以提高运输设备的利用率，提高产品的产量。

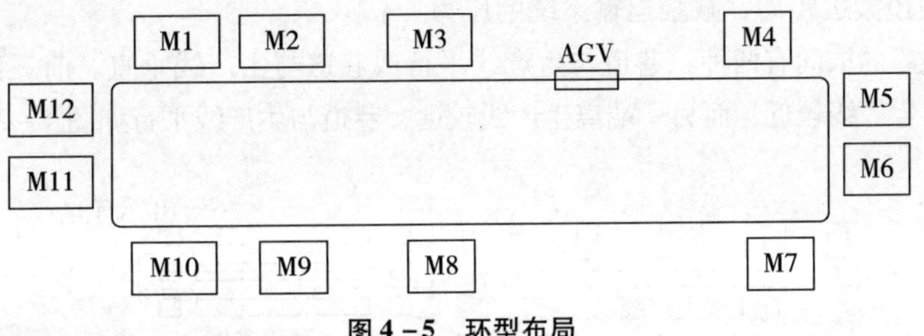

图4-5 环型布局

3. 网络型布局

网络型布局如图4-6所示。网络型的物料传输有很大的柔性，运输设备利用率和容错能力都较高，但是运输小车的控制调度较复杂。

目前企业物流系统在钣金加工FMS（柔性制造系统）、切削加工FMS等方面都有很多比较成熟的布局类型。由于装配系统的运输量大，涉及的运输车辆类型较多，因此布局的复杂性较大。计算机辅助布局与规划可以降低复杂程度，提高布局设计速度。

4.3.4 企业物流系统布局的初始设计

企业物流系统布局首先要根据生产工艺的要求，大致确定各种生产设备、物流设备的位置。例如：生产线的形式是直线型、环型还是网络型。

1. 生产线类型

根据生产工艺确定生产线的布置形式。对于装配车间，由于物流量大，一般选用

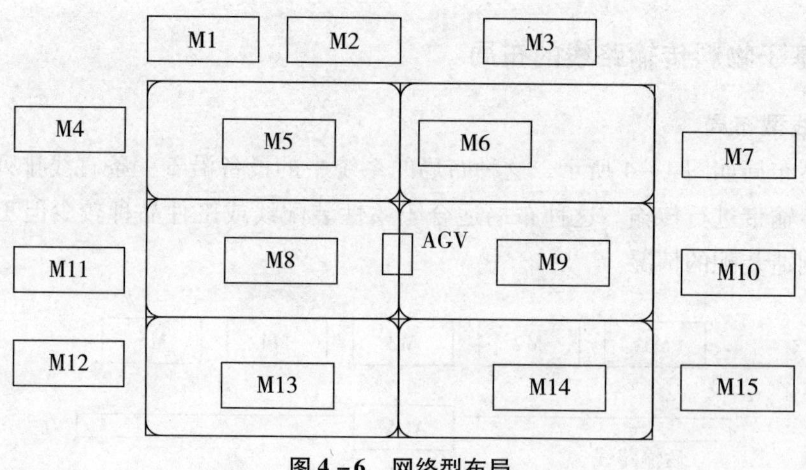

图4－6　网络型布局

直线型和环型。对于加工车间，则可以根据加工设备的功能选用单元型、模块型等。

2. 在线立体仓库的位置，取向和出/入口确定

根据平面布置的基本原则，在线立体仓库距离生产线越近越好，这主要是考虑由于在线仓库要与生产线保持同步，对运输系统的运输能力要求高，放在离生产线近的位置可以缩短搬运距离，减轻运输系统的压力。

立体仓库的取向有两种：巷道与生产线平行或巷道与生产线垂直。前一种可保证巷道的一端离生产线较近，而另一端离生产线较远，巷道与生产线平行如图4－7所示。

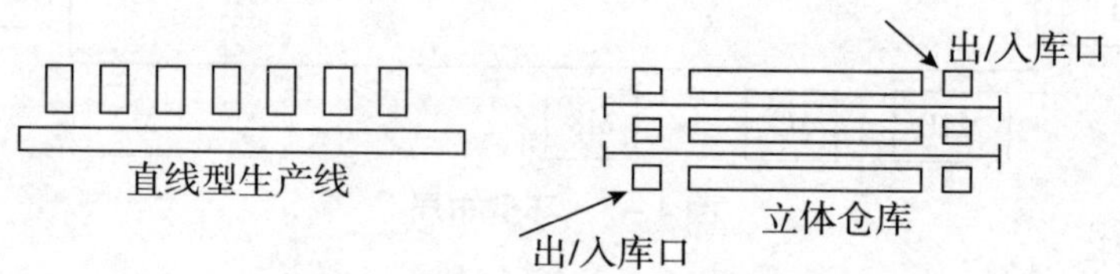

图4－7　巷道与生产线平行

如果一端的出/入库口能满足出/入库频率的要求，这种布局是合理的。但对于出/入库频率要求更高的系统，就必须采用立体仓库两端出/入库，这种情况下垂直摆放相对合理一些，如图4－8所示。

3. 缓冲站位置和取向

根据生产线的类型，缓冲站一般在其一侧顺序摆放。缓冲站之间根据生产工艺的要求保持一定的距离。缓冲站的两侧一般是运输小车的停位点和工人的工作点（WP）。

缓冲站的取向（Buf_ direction）有四个方向，东、南、西、北，且分别定义为：Buf_ E、Buf_ S、Buf_ W和Buf_ N。Buf_ E的含义是缓冲站向东摆放，如图4－9所示，即小车的停位点在工位的东边。在AutoCAD（自动计算机辅助设计软件）绘图中，定义上北下南。

缓冲站的长、宽、高分别定义为Buf_ length、Buf_ width、Buf_ heigth，AGV的

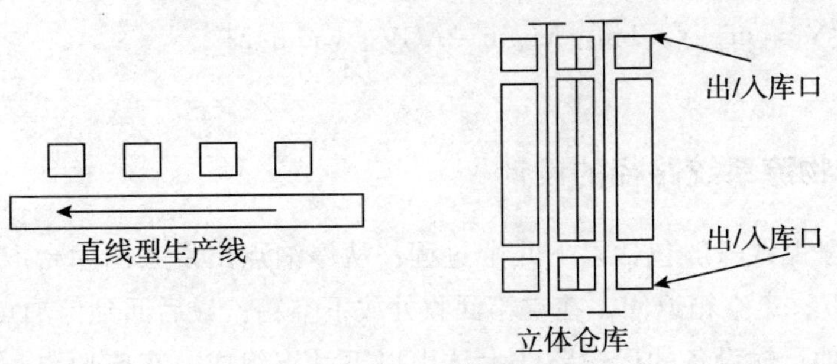

图 4-8 巷道与生产线垂直

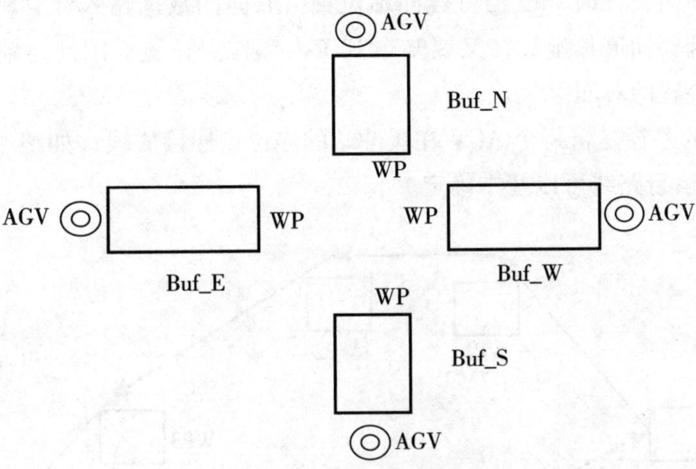

图 4-9 缓冲站的取向

长、宽、高分别定义力 AGV_ length、AGV_ width 和 AGV_ heigth，缓冲站 AGV 停位点坐标的计算如下（以右下端作为坐标原点）。

设 AGV 停位点的坐标分别为 AGVstop_ X 和 AGVstop_ Y。

```
If (buf_ direction = 'buf_ E')
{AGVstop_ X = buf_ X - buf_ length - AGV_ width/2
AGVstop_ Y = buf_ Y - buf_ width/2}
If (buf_ direction = 'buf_ S')
{AGVstop_ X = buf_ X + buf_ width/2
AGVstop_ Y = buf_ Y - buf_ length + AGV_ width/2}
If (buf_ direction = 'buf_ W')
{AGVstop_ X = buf_ X + buf_ length + AGV_ width/2
AGVstop_ Y = buf_ Y - buf_ width/2}
If (buf_ direction = 'buf_ N')
{AGVstop_ X = buf_ X + buf_ width/2
```

AGVstop_ Y = buf_ Y - buf_ length - AGV_ width/2}

4.3.5 企业物流系统路径的设计

AGV 的行驶路线一般包括以下几个过程：从停泊点出发去出库台取货；载货去缓冲站；将货放下；走空箱返回，在空箱回收处放下空箱；最后回到停泊点待命。

AGV 或其他运输设备的运输路线大体由以下站点组成：车库原点、取货点、缓冲站和空箱回收点。对于装配系统，路径设计大多采用单方向、单回路模式。

在进行缓冲站设计时，已经将缓冲站位置、取向的数据输入计算机。因此，对于每个缓冲站，既要知道其坐标，又要知道其工人操作点位置。因此运输车辆停位点一定在工人工作位置的对面。

AGV 之间的路径是将每个 AGV 在缓冲站的停位点连接成线，如图 4 - 10 所示，这样 AGV 的初步运行路线可以基本确定。

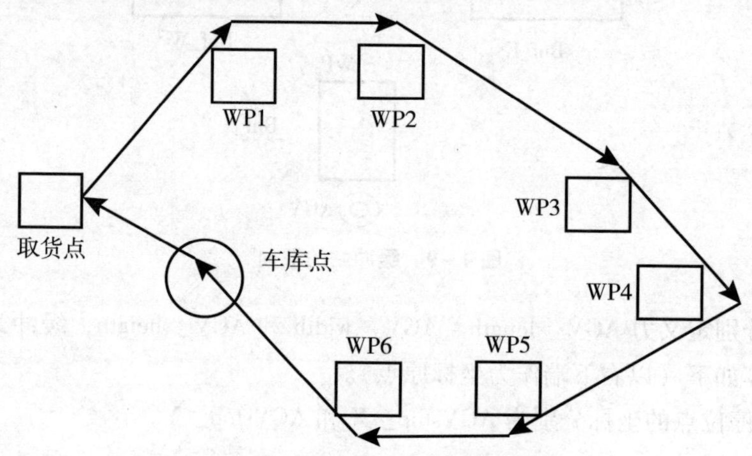

图 4 - 10　AGV 的轮廓线路示意图

从图 4 - 10 中可以看出，用直接连 AGV 停位点的方法来确定 AGV 的运行路线是非常初步的。因为生产实际中，AGV 的运行线路不可能穿过包括缓冲站在内的任何设施。同时 AGV 的转弯路线也不可能做到完全的折线，而是有一定的转弯半径。

将缓冲站停位点扩展到缓冲站两侧端点，如图 4 - 11 所示，这既符合实际情况，又可以使路径的初步规划变得更清晰。

从图 4 - 11 中可以看出，采用这种方法首先基本上避免了连线与缓冲站相交的问题，但并不能从原则上解决这个问题，当缓冲站位置变化较大时，还会出现相交点。其次，仍然存在 AGV 的转弯问题，根据 AGV 的性能指标，AGV 的转弯半径一般为车长的 75%。因此在每个折线处需进行转弯线路处理。上述各点在物流路径计算机辅助设计时应该注意。

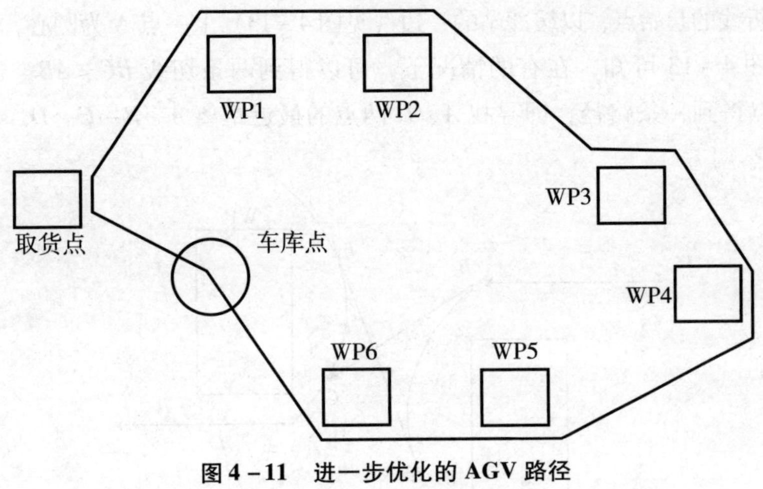

图 4－11　进一步优化的 AGV 路径

4.3.6　企业物流系统路径的优化设计

按照每个 AGV 在每个缓冲站的停位点来简单地规划小车的行驶路线，得到的仅是示意图，它不能作为现场的设计用图。AGV 路径的计算机辅助规划设计是对初始规划的进一步优化，它不仅可以在一定范围内规划出 AGV 准确的行驶路径，而且在工艺调整后，仍可迅速给出新的准确的 AGV 行驶路线。

详细、精确地规划小车的运行路线，实际上是对一种线路进行规划，即对两个缓冲站之间的 AGV 行走路线进行规划。一旦确定了 AGV 从一个缓冲站到下一个缓冲站的行走路线，就可以采取递归的算法解决整个行走路线规划。

两个缓冲站之间存在四个位置关系，如图 4－12 所示。

对上一个缓冲站的离开点 O，下一个缓冲站可能的四个位量区域分别为Ⅰ、Ⅱ、Ⅲ和Ⅳ。对于每一种情况，缓冲站又有四种不同的取向，因此路径的规划最多有 15 种不同的情况。

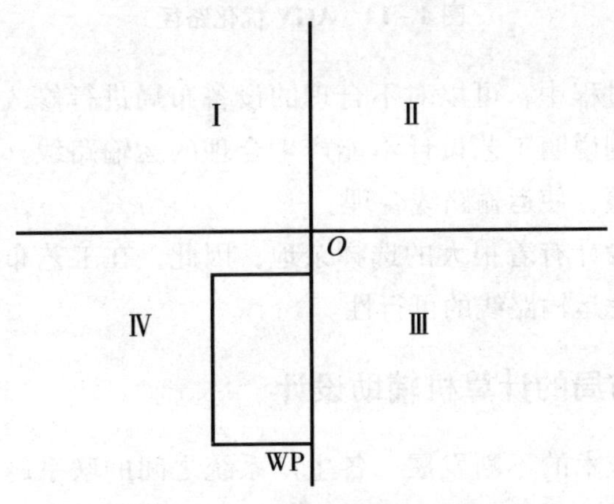

图 4－12　缓冲站间相对位置

（1）在折线的起始点，以缓冲站的一边（见图4－13）上一点A为圆心，画一个半圆。

（2）由图4－13可知，在有的情况下，可以得到两条切线 *BC*、*AB*，选取离 *A*、*D* 点最近的切点得到一条路径，即寻找 *A*、*D* 两点的最近距离 *A*→*B*→*C*→*D*。

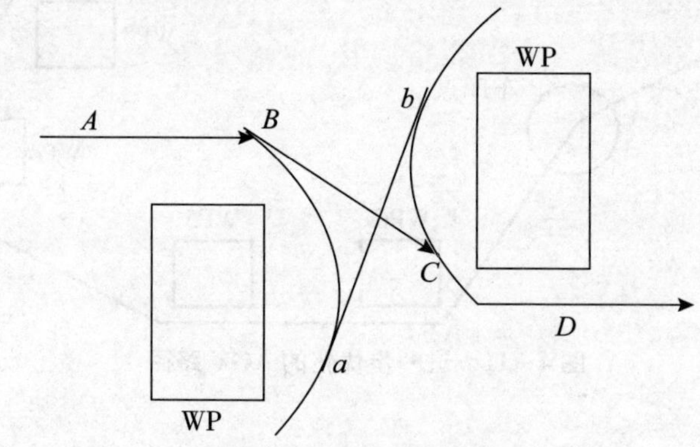

图4－13　AGV的缓冲站间转弯路线

（3）将不合理的线段剪掉，得到一条完整的路线。

（4）重复上述步骤，可以得到一个较为满意的结果，如图4－14所示。

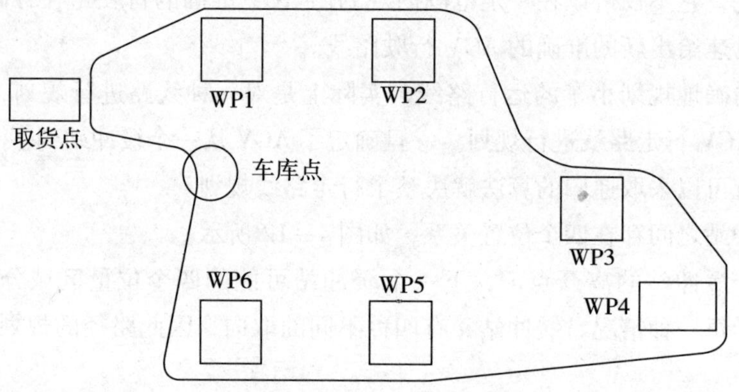

图4－14　AGV优化路径

在上述路径寻优过程中，可以对不合理的设备布局进行修改。若两点经过上述规划未能存在公切线，则说明工艺设计不能产生合理的运输路线。工艺设计人员可以及时对工艺方案进行调整，使运输路线合理。

实际的工艺布局设计有着很大的选择余地，因此，在工艺布局与运输路线出现上述矛盾时，应优先考虑运输路线的可行性。

4.3.7　系统立体布局的计算机辅助设计

随着现代化生产技术的不断发展，各生产系统之间的联系越来越密切和直接。各个独立的车间已由各种滚道、悬链、提升机等输送设备联结在一起，尽可能地减少中

间环节，让零部件在各个工序、工位之间的流动更通畅、更迅速。

滚道可以将 A 车间生产的部件送到 B 车间装配；提升机亦可将二楼生产的部件升至三楼，或降至一楼加工；立体仓库可以将一楼入库的货物，在二楼或三楼出库等。总之，目前的生产格局已经形成了立体交叉的输送方式和布局。因此，在现代化的规划设计中，不仅应该考虑平面布局与规划，还应充分考虑利用空间的立体规划布局。

立体规划设计还没有一个很好的系统化设计方法，采用 AutoCAD 可以大大加快设计速度，提高设计质量。由于它能将设计迅速地以立体图形的方式加以表达，非常直观，有利于设计人员做进一步地修改和完善。

从前面企业物流设计系统所得到的企业物流系统数据，自动生成企业物流系统立体工程图。该图在 AutoCAD 环境下可以随意更换视角，从不同的方向观察所设计系统的合理性。

应用程序、自动绘图程序采用 Visual C + + 通过 ADS 接口与 AutoCAD 相连，使程序所绘图形成为可施工用的工程图。同时采用 AME 实体建模命令，通过 API 接口与 AutoCAD 相连，使生成图形可以随着视点的改变而自动消隐。

立体仓库和出入库台所需数据项目如表 4 – 6 所示。由于立体仓库和出入库台在系统中有多个，因此用不同的序号加以区别。

表 4 – 6　　立体仓库和出入库台所需数据项目

项目	数据	项目	数据	项目	数据
货格长		货架排数		入库台号	
货格宽		货架层数		入库台位置	
货格高		货架列数		出库台号	
仓库位置		巷道宽度		出库台位置	
仓库取向		仓库号			

出库台的宽度与货箱宽度相等，长度有货格长度的 3 倍。入库台通常由一个入库口经过滚道或 AVG 分不同巷道进行入库，即每排货架至少有一个出口和入口。立体仓库的取向分两种情况：一种为水平放置，即立体仓库的排与水平方向平行；另一种为垂直放置，即立体仓库的排与垂直方向平行。仓库的取向确定后，入库台、出库台的取向亦随之确定，只要再给出入库台、出库台的位置，就可自动生成入库台、出库台的立体视图。这里入库台的位置要输入入库台的排号、原点（或反原点）以及入库台的层号。表 4 – 7 为缓冲站所需数据项目。

表 4-7 缓冲站所需数据项目

项目	数据
缓冲站号	
缓冲站长	
缓冲站宽	
缓冲站高	
车间号	
缓冲站位置	

表 4-8 是绘制滚道提升机所需的数据项目，实际上这些数据在工厂进行工艺设计时已经有工艺文件，并不需要重新输入。将文件读进来就可进行绘图工作，若发现不合适，可以修改这些表中的数据文件，使之满足设计要求。

表 4-8 绘制滚道提升机所需的数据项目

项目	数据
提升机号	
提升机位置	
提升机长	
提升机宽	
提升机高	
车间号	

本章小结

在工程和产品设计中，计算机可以帮助设计人员承担计算、信息存储和制图等项工作。在设计中，通常要用计算机对不同方案进行大量的计算、分析和比较，以决定最优方案；各种设计信息，不论是数字的、文字的或图形的，都能存放在计算机的内存或外存里，并能快速地检索；设计人员通常用草图开始设计，而将草图变为工作图的繁重工作可以交给计算机完成；利用计算机还可以进行与图形的编辑、放大、缩小、平移和旋转等有关的图形数据加工工作。在设施规划的过程中充分利用计算机辅助设计相关技术及软件来完成布置建模、运行分析、动画展示及其系统优化。选址分析及计算、设施布置及参数选择、系统修改等都是利用计算机来完成。

本章主要以计算机辅助设施规划的发展、计算机的应用、设施布局为主要内容，讲述了设施布局规划的作用和地位、场址选择问题、设施规划方法、路径优化等内容。通过本章的学习，读者应掌握计算机辅助设施设计的基本原理、基本模式和基本方法，并学会运用所学原理和方法分析及改进企业的设施规划布局状况。

5 物料搬运系统设计

5.1 物料搬运系统的基本概念

5.1.1 物料搬运的定义

物料搬运是指在同一场所范围内进行的、以改变物料的存放（支承）状态（即狭义的装卸）和空间位置（即狭义的搬运）为主要目的的活动，即对物料、产品、零部件或其他物品进行搬上、卸下和移动的活动。

物流的各个环节之间和同一环节的不同作业之间，都必须进行装卸搬运作业。它起着相互转换的桥梁作用，把物的各个运动阶段连接成为连续的“流”，使物流的概念名实相符。

5.1.2 物料搬运的发展历程

物料搬运的发展大体经历了以下几个阶段。

（1）第一代是手工物料搬运时期。虽然是原始的、简单的，但时至今日，仍然存在于几乎所有的物料搬运中，只不过主要由体力型转变为智力型。

（2）第二代是机械化物料搬运时期。主要表现在19世纪中叶至20世纪中叶，如今仍然是众多物料搬运系统中的重要组成部分。

（3）第三代是自动化物料搬运时期。如AS/RS（自动仓储系统）、AGV（自动导引运输车）、计算机以及条码等，机器人也引入物料搬运系统从事托盘上货物码垛和包装工作。它是20世纪60年代至70年代解决物料搬运问题的常用方法。

（4）第四代是集成化物料搬运时期。不仅单机自动化，而且在中央控制室内通过主计算机或熟练的人员操作，使若干自动化搬运设备诸如AS/RS、AGV、机器人等协调动作，组成一个集成系统并能与生产系统相协调，取得更好的经济效益。这种系统出现于20世纪80年代。

（5）第五代物料搬运是智能型系统。它出现于20世纪80年代末期。这种系统能将一个阶段的计划自动分解成物料和人员需求计划，并对物料搬运进行规划和实施。所需物料不足时，能自动修改计划改成相同产值的其他产品。

5. 1. 3　物料搬运的活性理论

在一次物料搬运作业中，要完成装货、移动、卸货作业，这三种作业在多数情况下以一个整体出现。由此可以看出，装和卸的次数之和与移动次数之间是2∶1的关系。通常，装货卸货的劳动强度大，所耗费的时间也多，因此在改善搬运系统的过程中，更应重视次数多、劳动强度大、耗时多的装卸环节。“重视装卸”是现代搬运管理的基本论点。如使用叉车、机器人就能减轻装卸的劳动强度。“良好的搬运状态”，首先是装卸花费时间少的状态，“良好的搬运”就是装卸次数少的搬运。下面介绍与此有关的物料搬运活性理论。

1. 物料搬运活性的定义

物料平时存放的状态各式各样，可以散放在地上，也可以装箱放在地上，或放在托盘上等，由于存放的状态不同，物料的搬运难易程度也不一样。人们把物料的存放状态对搬运作业的方便（难易）程度称为搬运活性。装卸次数少、工时少的货物堆放方法搬运活性高。从经济性上看，搬运活性高的搬运方法是一种好方法。

2. 物料搬运活性指数

物料搬运活性指数用于表示各种状态下的物品的搬运活性。搬运活性指数的组成如下。

最基本的物料搬运活性是水平最低的散放状态的活性，规定其指数为0。对此状态每增加一次必要的操作，其物品的搬运活性指数加上1，活性水平最高的状态活性指数为4，如图5－1所示。

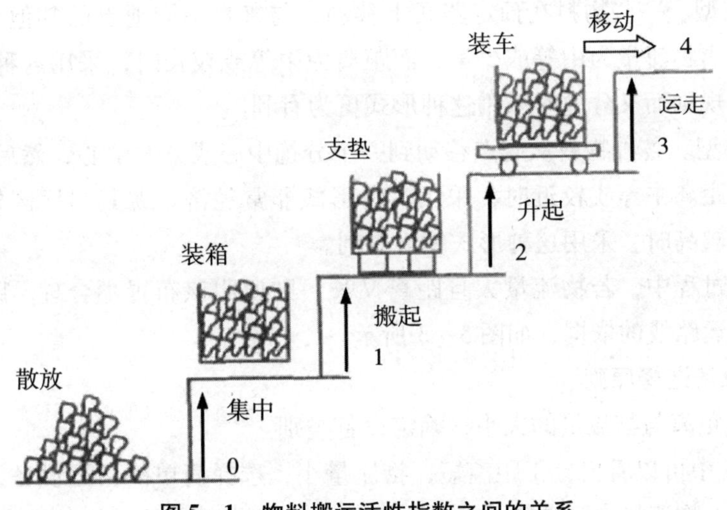

图5－1　物料搬运活性指数之间的关系

散放在地的物品要运走，需要经过集中、搬起、升起、运走四次作业，需要进行的作业次数最多最不方便即活性水平最低，其物料搬运活性指数为0；而集装在箱中的物品，只要进行后三次作业就可以运走，其物料搬运活性指数为1；放在托盘上的物品，不需要集中，不需要搬起，只需经过两个作业环节就能运走，其物料搬运活性指数为2；放在车上的物品，不需要集中、搬起和升起，只需经过一个作业环节就能运走，其物料搬运活性指数为3；装载于正在运行的车上的物品，因为它已经在运送的过程中，因此不再需要进行任何其他作业环节，所以它的物料搬运活性指数为4。

在对物品的活性有所了解的情况下，可以利用物料搬运活性理论改善搬运作业。

5.1.4 物料搬运的方法及选择

物料搬运方法是指物料搬运路线、搬运设备和搬运单元的结合。

1. 物料搬运路线分类及选择

物料搬运路线分为直达型、渠道型和中心型，如图5-2所示。

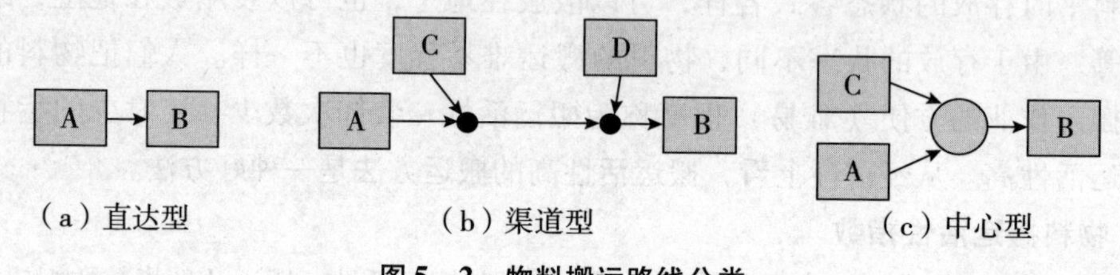

图5-2 物料搬运路线分类

（1）直达型。各种物料从起点到终点经过的路线最短。当物流量大、距离短（或距离中等）时，采用这种形式较经济。该形式尤其适合于物料有一定的特殊性而时间又较紧迫的情况。

（2）渠道型。一些物料在预定路线上移动，与来自不同地点的其他物料一起运到同一个终点。当物流量为中等或少量，而距离为中等或较长时，采用这种形式较经济。尤其当布置不规则而又分散时采用这种形式更为有利。

（3）中心型。各种物料从起点移动到一个分拣中心或分发中心，然后再运往终点。当物流量小且距离中等或较近时，采用这种形式非常经济。尤其当厂区外形基本上方整且管理水平较高时，采用这种形式更为有利。

物料搬运过程中，若物流量大且距离又长，则说明该布置不合理。距离与物流量可作为确定搬运路线的依据，如图5-3所示。

2. 搬运设备选择原则

（1）根据距离与物流量的大小，确定设备类别。

从图5-4中可以看出：①距离短，物流量小，选择简单的搬运设备，如二轮手推车；②距离短，物流量大，选择复杂的搬运设备，如狭通道带夹具的叉车；③距离长，物流量小，选择简单的运输设备，如机动货车；④距离长，物流量大，选择复杂的运输设备，如电子控制的无人驾驶车辆。

（2）根据设备的技术指标和物料特点选择设备规模及型号。

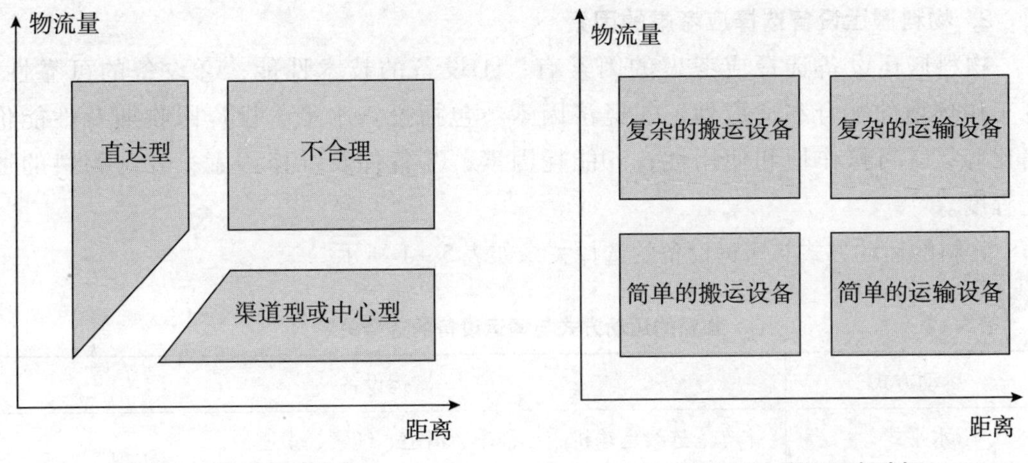

图5－3　搬运路线选择　　**图5－4　搬运设备选择**

3. 搬运单元

搬运单元是指物料搬运时的基本装载方式，如散装或用车箱、罐装等，单件采用单件包装、集装器具等。应根据物料特点和设备选择运输与搬运单元。

5.1.5　物料搬运的原则

由于装卸搬运作业仅是衔接运输、保管、包装、配送、流通加工等各物流环节的活动，本身不创造价值，所以应尽量节约时间和费用，在装卸搬运作业合理化方面，应遵循的原则请参看第2章物流合理化的原则。

5.2　物料搬运设备及器具

5.2.1　物料搬运设备选择应考虑的因素

1. 选择物料搬运设备的基本思路

选择物料搬运设备的基本思路如下。

（1）明确问题性质。弄清楚是否确实需要进行该搬运步骤。

（2）有长远考虑。制订设备选择计划时应当有长远发展的眼光。

（3）牢记系统化的概念。所选用的设备不仅仅局限于工厂的某一角落，应在整个生产系统的总目标下发挥作用。

（4）简化原则。没有充分理由，不要盲目追求不必要的高级设备。

（5）选用合适的规格型号。采用标准产品，而不采用价格比较昂贵的非标准设备。

（6）考虑多方案比较。不要局限于一种设备与搬运方法完成某项搬运工作，想到可能会有更低廉的设备与更好的搬运方法。

2. 物料搬运设备选择应考虑的因素

物料搬运设备选择应考虑的因素有：①设备的技术性能；②设备的可靠性；③工作环境的配合和适应性；④经济因素，包括投资水平、投资回收期及性能价格比等；⑤可操作性和使用性；⑥能耗因素；⑦备件及维修因素；⑧与物料的适配程度。

物料的运动方式与搬运设备的选择关系如表5－1所示。

表5－1　物料的运动方式与搬运设备的选择关系

运动方式	搬运设备
水平式	卡车、连续运输机、小推车、滑道、缆索、索道
垂直式	各种提升机、起重机、卷扬机
倾斜式	连续运输机、提升机、料斗卷扬机、滑道
垂直及水平式	叉车、起重机、升降机、提升机
多平面式	旋转起重机

5.2.2 物料搬运设备简介

物料搬运设备及器具是机械化生产的主要组成部分，其技术水平是搬运作业现代化的重要标志之一。按搬运的作业特征，搬运设备可分为四大类，即搬运车辆、输送机械、起重机械和垂直搬运机械。搬运车辆包括各式手推车、托盘搬运车、电瓶搬运车、叉车和无人搬运车等；输送机械主要包括辊子输送机、链式输送机、带式输送机和悬挂输送机等；起重机械包括一般通用起重机和立体仓库堆垛机等；垂直搬运机械包括电梯、剪式升降台以及各种垂直提升机等。本节将分别介绍前三类。

1. 搬运车辆

1）手推车

手推车是一种以人力为主，在路面上水平输送物料的搬运车。其特点是轻巧灵活、易操作、回转半径小，适于短距离搬运轻型物料。由于运输物料的种类、性质、重量、形状及行走道路条件不同，手推车的构造形式是多种多样的，应根据具体条件进行选择。

常见的手推车类型包括杠杆式手推车、手推台车和登高式手推台车，以及手动液压升降平台车，如图5－5所示。

在选择和使用手推车时，首先应考虑物料的形状及性质。当搬运多品种货物时，应考虑采用通用型的手推车；当搬运单一品种货物时，则应尽量选用专用手推车，以

（a）杠杆式手推车

（b）手推台车

（c）登高式手推台车

（d）手动液压升降平台车

图 5－5　各类手推车

提高作业效率。其次还要考虑输送量及运距，由于手推车是以人力为动力的搬运工具，当运距较远时，载重量不宜太大。最后，货物的体积、放置方式、通道条件及路面状况等，在选择手推车时也要加以考虑。

2）托盘搬运车

托盘搬运车是一种轻小型搬运设备，它有两个货叉似的插腿，可插入托盘底部。插腿的前端有两个小直径的行走轮，用来支撑托盘上货物的重量。货叉可以抬起，使托盘或货箱离开地面，然后用手拉或电动驱动使之行走。托盘搬运车广泛应用于收发站台的装卸或车间内各工序间不需堆垛的搬运作业。常见的托盘搬运车有手动托盘搬运车、电动托盘搬运车，如图 5－6 所示。

（a）手动托盘搬运车

（b）电动托盘搬运车

图 5－6　两种托盘搬运车

3）叉车

叉车是一种用来装卸、搬运和堆码单元货物的车辆。它具有适用性强、机动灵活、效率高的优点。它不仅可以将货物叉起进行水平搬运，还可以将货物提升进行垂直堆码。如果在货叉叉架上安装各种专用附属工具（如旋转夹具、侧移叉、推出器、倾翻叉、串杆、吊臂等），还可以进一步扩大其使用范围。

叉车的主要性能参数包括：额定起重量（Q），载荷中心距（C），叉车全高（H），最大起升高度（H_{max}），自由起升高度（H_0），最小转弯半径（R）等。额定起重量是当载荷中心距不大于额定值时的最大允许起重量。自由起升高度是指叉车全高不变时，货叉的最大起升高度。最小转弯半径越小，叉车在直角通道上转向和直角堆垛时所需的通道宽度也越小。

根据所用的动力，叉车可以分为内燃机式叉车和蓄电池式叉车。内燃机式叉车又可分为汽油内燃叉车和柴油内燃叉车，前者多用于 1～3t（吨）的起重载荷；后者多用于3t以上的起重载荷。蓄电池式叉车一般用于2t以下的起重载荷。

根据叉车的结构特点，叉车还可分为平衡重式、前移式、插腿式和侧面叉车，如图5－7所示。

（a）平衡重式叉车

（b）前移式叉车

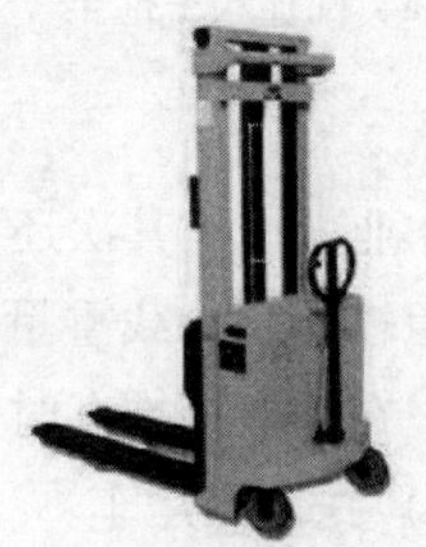
（c）插腿式叉车

（d）侧面叉车

图5－7 各式叉车

（1）平衡重式叉车。

平衡重式叉车是使用最为广泛的叉车，货叉在前轮中心线以外（见图5－7（a））。为了克服货物产生的倾覆力矩，在叉车的尾部装有平衡重。这种叉车适用于在露天货场作业，一般采用充气轮胎，运行速度比较快，而且有较好的爬坡能力。取货和卸货时，门架可以前移，便于货叉插入，取货后门架后倾以便在运行中保持货物的稳定。

平衡重式叉车主要由发动机、底盘（包括传动系、转向系、车架等）、门架、叉架、液压系统、电气系统及平衡重等部分组成。叉车门架一般为两级门架，起升高度为2～4m（米）。当堆垛高度很高而叉车总高受到限制时，可采用三级或多级门架。货叉的升降及门架的倾斜，均采用液压系统驱动。一般油缸的活塞杆顶起内门架1m，货叉可起升2m，即货叉起升速度为内门架速度的两倍。

（2）前移式叉车。

前移式叉车（见图5－7（b））是在车间或仓库内作业时使用最广泛的一种叉车。这种叉车以蓄电池为动力，不会污染周围的空气。由于在库内作业，地面条件好，故一般采用实芯轮胎，车轮直径也比较小。在取货或卸货时，货叉随着门架前移到前轮

以外。但运行时，门架缩回到车体内，使叉车整体是平衡的。这种叉车的蓄电池起一定的平衡作用，不需配备专门的平衡重。车体尺寸较小，转弯半径也小。在巷道内作业时，巷道宽度比平衡重式叉车小得多，从而可提高仓库面积的利用率。

(3) 插腿式叉车。

插腿式叉车的结构非常紧凑（见图5－7（c））。货叉在两个支腿之间，因此无论在取货或卸货时还是在运行过程中，都不会失去稳定性。由于尺寸小，转弯半径小，在库内作业比较方便。但是货架或货箱的底部必须留有一定高度的空间，使叉车的两个支腿插入。由于支腿的高度会影响仓库的空间利用率，必须使其尽量低，故前轮的直径也比较小，对地面平整度的要求就比较高。

(4) 侧面叉车。

侧面叉车主要用于长料货物的搬运（见图5－7（d））。这种叉车有一个放置货物的平台，门架与货叉在车体的中央，可以横向伸出取货，然后缩回车体内将货物放在平台上即可行走。这种叉车司机的视野好，所需通道宽度也较小。

4) 无人搬运车及工业机器人

(1) 无人搬运车又称为自动导引车，它可以自动导向、自动认址、自动程序动作，具有灵活性强、自动化程度高、可节省大量劳动力等优点。它适用于有噪声、空气受污染、有放射性元素等有害人体健康的地方及通道狭窄、光线较暗等不适合驾驶车辆的场所。

(2) 工业机器人是一种能自动定位控制、可重复编程、多功能、多自由度的操作机器，能搬运材料、零件或操持某些工具，以完成各种作业。目前它已广泛应用于产业部门，用得最多的是汽车工业和电子工业。从作业内容来看，以工作堆垛、机床上下料、点焊（弧焊）以及喷漆最为普遍。

2. 输送机械

输送机械是在一定的线路上连续输送物料的搬运机械，又称连续输送机械，它是物料搬运机械的一种主要类别。输送机械可进行水平、倾斜和垂直输送，也可组成空间输送线路，输送线路一般是固定的。输送机械输送能力大，运距长，结构简单，还可在输送过程中同时完成若干工艺操作，所以应用十分广泛。其缺点是一定类型的连续输送机械只适合输送一定种类的物品（散料或重量不大的物品），不适合搬运很热的或形状不规则的单元物料；只能布置在物料的输送线上，而且只能沿着一定的线路定向输送，因而在使用上有一定的局限性。

输送机械一般按有无牵引件来进行分类。

具有牵引件的输送机一般包括牵引件、承载构件、驱动装置、张紧装置、改向装置和支承件等。牵引件用以传递牵引力，可采用输送带、牵引链或钢丝绳；承载构件用以承放物料，有料斗、托架或吊具等；驱动装置给输送机以动力，一般由电动机、减速器和制动器（停止器）等组成；张紧装置一般有螺杆式和重锤式两种，可使牵引件保持一定的张力和垂度，以保证输送机正常运转；支承件用以承托牵引件或承载构件，可采用托辊、滚轮等。

具有牵引件的输送机的结构特点是：被运送物料装在与牵引件连接在一起的承载构件内，或直接装在牵引件（如输送带）上，牵引件绕过各滚筒或链轮首尾相连，形成包括运送物料的有载分支和不运送物料的无载分支的闭合环路，利用牵引件的连续运动输送物料。

这类输送机种类繁多，主要有移动式带式输送机（见图5－8（a））、直段板式输送机（见图5－8（b））、小车式输送机、自动扶梯、自动人行道、刮板输送机（见图5－8（c））、埋刮板输送机、斗式输送机、斗式提升机、悬挂输送机和架空索道等。

（a）移动式带式输送机

（b）直段板式输送机

（c）刮板输送机

图5－8　具有牵引件的输送机

没有牵引件的输送机的结构组成各不相同，用来输送物料的工作构件亦不相同。它们的结构特点是：利用工作构件的旋转运动或往复运动，或利用介质在管道中的流动使物料向前输送。例如，辊子输送机的工作构件为一系列辊子，辊子做旋转运动以输送物料；螺旋输送机的工作构件为螺旋，螺旋在料槽中做旋转运动，以沿料槽推送物料；振动输送机的工作构件为料槽，料槽作往复运动以输送置于其中的物料等，如图5－9所示。

（a）辊子输送机

（b）螺旋输送机

（c）振动输送机

图5－9　没有牵引件的输送机

3. 起重机械

起重机械是一种以间歇作业方式对物料进行起升、下降和水平移动的搬运机械。起重机械的作业通常带有重复循环的性质，一个完整的作业循环一般包括取物、起升、平移、下降、卸载等环节。经常启动、制动、正反向运动是起重机械的基本特点。起重机械广泛应用于工业、交通运输业、建筑业、商业和农业等。

常用的起重机有电动梁式起重机（见图5-10（a））、门式起重机（见图5-10（b））等。表5-2列出了主要起重机类型的特点与使用范围。

（a）电动梁式起重机

（b）门式起重机

图5-10 起重机械

表5-2 主要起重机类型的特点与使用范围

类型	特点	使用范围
电动梁式起重机	采用电葫芦为起升机构，具有重量轻、轮压小、范围大等特点	适用于小吨位起重量及工作不繁忙的场所
通用桥式起重机（吊钩式）	起升机构为卷扬小车，有单钩和双钩。起重量大，起升、运行速度范围广	适用于机械加工、修理、装配车间或仓库、料场进行一般装卸吊运作业
门式起重机	采用单梁或双梁结构，起升机构为通用小车，取物装置为吊钩	适用于露天、一般物料的装卸搬运作业
固定转柱式旋转起重机	有一立柱作为臂架金属结构的组成杆件之一，随同臂架一起绕自己的轴心旋转90°~270°，起重量不超过5t	可安装在室内或室外有立柱的场合使用
固定柱式旋转起重机	立柱与起重机臂架分开，能转360°，起重量一般不超过10t	可安装在室内、室外任何地方使用
汽车起重机	起重装置在标准或特制汽车底盘上，运行速度高，机动性能好，能直接与汽车编队行驶	适合于仓库、码头、货栈、工地的装卸和安装
轮胎起重机	采用专用轮胎式底盘，重心低，起重平稳。在使用短臂时，可在额定起升重量75%的条件下带负荷行驶，扩大了起重作业的机动性	适用于港口、车站、货场、工地等场所装卸和安装工作

物料搬运中，主要根据以下参数进行起重机的类型、型号选择：①所需起重物品的重量、形态、外形尺寸等；②工作场地的条件（长×宽×高，室内或室外等）；③工

作级别（工作频繁程度、负荷情况）的要求；④每小时的生产率要求。

5.2.3 物料搬运器具

物料搬运器具是人工与机械化之间的桥梁，包括垫板、托盘、标准料箱、料架、料斗、装运箱、集装箱等。

物料搬运过程中选用器具时既要根据不同物料采用多样形式，又要考虑标准化问题。集装单元化是物料搬运自动化的重要标志，它不仅使装运时间大为缩短，还能减轻搬运工人的劳动强度，提高装运效率和搬运质量，也有利于提高现场管理水平。

托盘作为搬运器具的主要种类，是一种用于机械化装卸、搬运和堆放货物的集装工具，由两层铺板中间夹一纵梁（或垫块）或单层铺板下设纵梁（或垫块、支腿）所组成。

托盘有以下分类方法：①按结构分，有平托盘、箱式托盘、柱式托盘、轮式托盘等；②按材质分，有木托盘、钢托盘、铝托盘、胶合板托盘、波纹纸托盘、塑料托盘、复合材料托盘等；③按使用寿命分，有一次用（消耗性）和多次用（循环性）两种；④按使用范围分，有企业内部用和联运用两种。图 5 - 11 所示为几种常用托盘的结构。

（a）平托盘　（b）箱式托盘

（c）柱式托盘　（d）轮式托盘

图 5 - 11　常用托盘的结构

托盘规格尺寸标准化是托盘流通的前提。我国机械系统使用（JB 3003—1981）规定的800mm×1000mm（毫米）与500mm×800mm、载重量为0.5t和1.2t的箱式和柱式托盘；JB 3004—1981 规定的825mm×1100mm 与545mm×825mm、载重量为0.5t 和1.0t的平托盘。1982 年我国颁布国家标准（GB 2934—1982），将联运托盘的平面尺寸

定为800mm×1000mm、800mm×1200mm、1000mm×1200mm三种，载重量均为1t。

工业企业中，托盘常与叉车配套使用，使物品在生产、储存、运输过程中实现机械化。它能最大限度地应用集装单元的原则，实现机械化搬运作业。托盘是实现物流过程机械化、合理化的一种重要工具。

5.3　物料搬运系统设计方法

5.3.1　搬运系统分析方法

搬运系统分析（System Handling Analysis，SHA）是理查德·缪瑟提出的一种系统分析方法，适用于一切物料搬运项目。SHA方法包括：解决问题的方法；一系列依次进行的步骤，以及一整套关于记录、评定等级和图表化的图例符号。

物料搬运系统分析过程如图5-12所示。

1. 阶段结构

阶段Ⅰ——外部衔接。本阶段应弄清所分析区域的物料进出情况。

阶段Ⅱ——总体搬运设计。本阶段拟定各主要区域之间搬运物料的方法，对于物料的搬运路线、搬运设备及容器类型作出初步决策。

阶段Ⅲ——详细搬运设计。本阶段应考虑每个主要区域内部各工作地之间的物料搬运，确定详细的物料搬运方法。

阶段Ⅳ——方案实施。本阶段应进行必要的准备工作，订购设备，完成人员培训，安排进度并安装具体搬运设施。对所规划的搬运方法完成实验工作，验证操作程序，以确保在全部安装之后能正常工作。

上述四个阶段依次交叉进行，其中Ⅱ、Ⅲ阶段是工业工程师的主要任务。

2. 程序模式

物料搬运的程序模式以物料、移动和方法三项为基础。因此，物料搬运分析是分析所要搬运的物料，分析需要进行的移动和确定经济实用的物料搬运方法。“SHA的程序模式”是一个分步骤进行的程序，问题越复杂，该模式越有用。

5.3.2　搬运系统的分析与设计

1. 物料分类

1）物料分类的主要依据

①物料的可运性。影响物料的可运性的主要因素是物料本身的物理化学特性，外界的因素（如工位器具、托盘、货架和搬运设备等）也有重要影响。

②物流条件。其中包括：生产工艺方面的要求、质量保证体系方面的要求（如精密件的搬运）、生产管理方面的要求（如生产中的间隙性、周期性、配套性、不均匀性

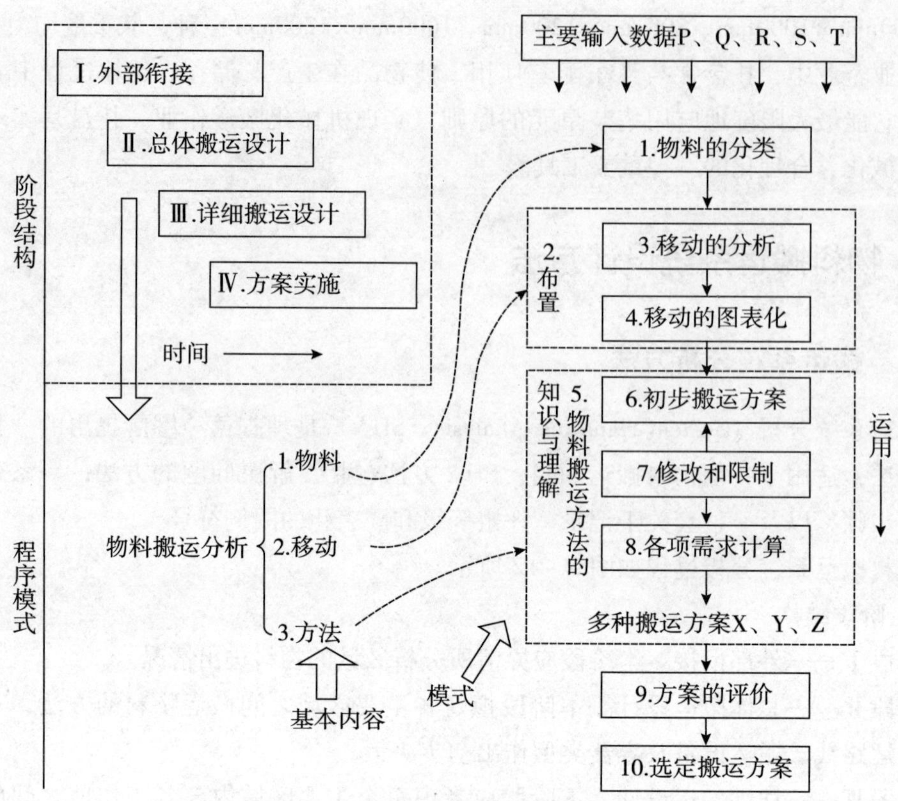

图5-12　物料搬运系统分析过程

等），以及一些特殊要求（如贵重物品的控制）和法律管制品等。

2）物料分类程序

根据物料的主要特征，对所调查物品进行经验判断，编制物料特征表，如表5-3所示。

表5-3　物料特征

物料名称	物料实际最小单位	单位物料的物理特性							其他特征			类别
		尺寸（in）			重量（lb）	形状	损伤的可能性（物料、人、设施）	状态（湿度、稳定性、刚度）	数量（产量）或批量	时间性	特殊控制	
		长	宽	高								
1. 钢带	卷	直径24，高1			6~12	盘状	—	—	少	—	—	d
2. 空纸袋	捆	28	18	24	48	矩形	易破损	—	少	—	—	d
3. 空桶	桶	直径18，高31			35	圆柱形	—	—	多	—	—	a
⋮	⋮	⋮	⋮	⋮	⋮	⋮	⋮	⋮	⋮	⋮	⋮	⋮

具体步骤：①列表标明所有物品或分组归并物品的名称；②记录其物理特征及其他特征；③分析各类物料的各项特征，并在主导、起决定作用的特征下面画出标记线；

④确定物料类别，将具有相似主导特征或特殊影响特征的物料归并为一类；⑤对物料进行分类后（如用a、b、c、d表示）即可编制物料特征表。

2. 移动分析

设施布置决定物料搬运的起点与终点之间的距离，是选择任何搬运方法的主要因素。因此，选择的方案必须建立在物料搬运作业与具体布置相结合的基础之上。

1）收集各种移动分析资料

开始分析各项移动时需要掌握的资料包括：①物料的分类；②路线的起点、终点和搬运路径；③物流的物流量和物流条件。

2）移动分析方法

目前常用的移动分析方法有以下两种。

(1) 流程分析法。每次仅观察一类物料，并跟随其沿整个生产过程收集资料（必要时跟随从物料库到成品库的全过程），然后编制出流程图表（或流程），如表5－4所示。当物料品种很少或是单一品种时，常采用该方法。

表5－4　　流程表（一）

本表所列单元与最终单元的关系			厂名		项目	68－29
本表所列单元	大小或重量	表列单元数/最终单元数	制表人：		参加人：	
瓶	40z		日期：		第1页	共2页
纸箱（空）	4lb		起点：	进厂		
托盘（空）	386lb		终点：	发运		
纸箱（实）	11lb					
托盘（实）	924lb		□现有的	×建议的	（方案号）	

本表所列流程：片剂装箱从空瓶进厂直至成品发运。方案摘要：叉车和托盘。从进厂直到成品库及发运（见表5－5）。

表5－5　　流程表（二）

单位时间的最终单元数量：　　　　生产线速度：48瓶/分钟

序号	本表所列单元和每次载荷的单元数	作业符号	作业摘要	载荷重量（lb）	每小时次数	距离（m）	备注
1	纸箱（空）1		在载重卡车上	4			
2	纸箱（空）1		装到托盘上	4			每托盘0.25元/件
3	托盘（空）1		至验收站	386	15	50	

续 表

序号	本表所列单元和每次载荷的单元数	作业符号	作业摘要	载荷重量（lb）	每小时次数	距离（m）	备注
4	托盘（空）1		在验收站				
5	托盘（空）1		验收及过磅	386			
6	托盘（空）1		在验收站				
7	托盘（空）1		至装箱材料库	386	15	50	
8	托盘（空）1		在装箱材料库储存				
9	托盘（空）1		至装瓶及装箱	386	15	360	
10	瓶 12		瓶从纸箱取出，至装瓶生产线	40			
11	瓶 1		把药片装瓶				
12	瓶 2		装入纸箱				生产线速度每分钟 4 纸箱
13	纸箱（实）1		装到托盘上	11			
14	托盘（实）1		至成品库				
15	托盘（实）1		在成品库储存	924	15	420	
空——未装有成品；实——装有成品					共计	880	

（2）起讫点分析法。有两种不同的分析思路：第一，在物料品种数目不太多时，首先通过观察每次移动的起讫点收集资料，然后分析各条搬运路线，绘制出搬运路线表，如表 5－6 所示；第二，若物料品种数目多，则对一个区域进行观察，收集运进运出该区域一切物料的有关资料，编写物料进出表，如表 5－7 所示。

表 5－6　　搬运路线表

厂名：______　项目：______　制表人：______　参加人：______

起点：原料库　终点：压力机车间　日期：______　第____页　共____页

物料类别		路线状况（距离 280 米）			物流或搬运活动		特定等级依据
名称	类别代号	起点	路程	终点	物流量（单位时间的数量）	物流要求（数量要求、管理要求、时间要求）	
钢板	a	原料库（配有桥式起重机）	穿过露天场地到达	剪切机旁边（地方有限）	平均每天 60 张	必须与剪切计划步调一致	
托盘货物	b	物料从托盘上起运（有些托盘在托盘架上）	生产厂房，电梯至三层楼。有雨雪，冬天 4 个门	预焊接线（极为拥挤）	平均每天 18 托盘	与每天的油漆进度密切联系	

续表

物料类别		路线状况（距离280米）			物流或搬运活动		特定等级依据
名称	类别代号	起点	路程	终点	物流量（单位时间的数量）	物流要求（数量要求、管理要求、时间要求）	
小件	e	从料架和料箱中取下，放在存放区	夏天2个门。生产厂房的底层交通拥挤	分布在小件所用的三个不同的料架上	平均每天1600lb	共计120种零件；有些1天，有些2天，有些1周	
⋮	⋮	⋮	⋮	⋮	⋮	⋮	

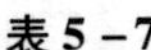
表5-7　　物料进出表

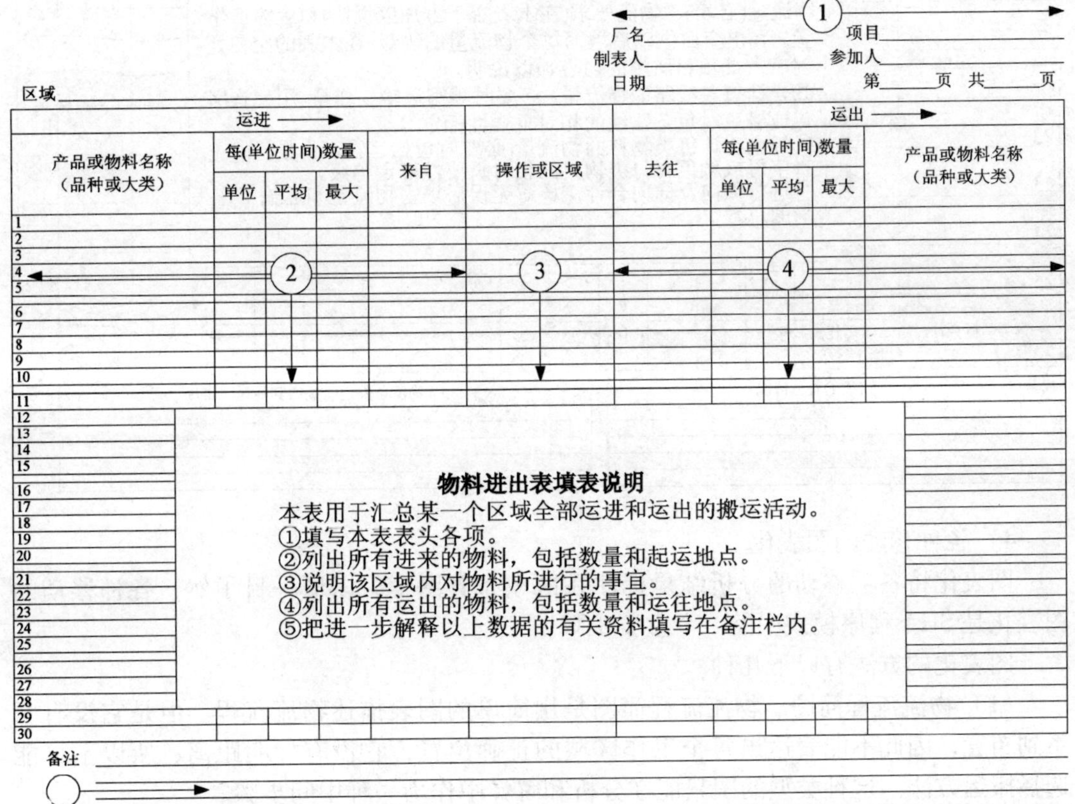

3）编制搬运活动一览表

编制表5-8，是为把收集到的资料汇总在一张表上，达到明了、全面地了解情况以及运用的目的，表中应对每条路线、每类物料和每项移动的物流量及运输工作量进行计算，并按A、E、I、O、U进行等级评定。其中，A——超高物流量，E——特大物流量，I——较大物流量，O——普通物流量，U——忽略物流量。

表 5-8　　搬运活动一览表

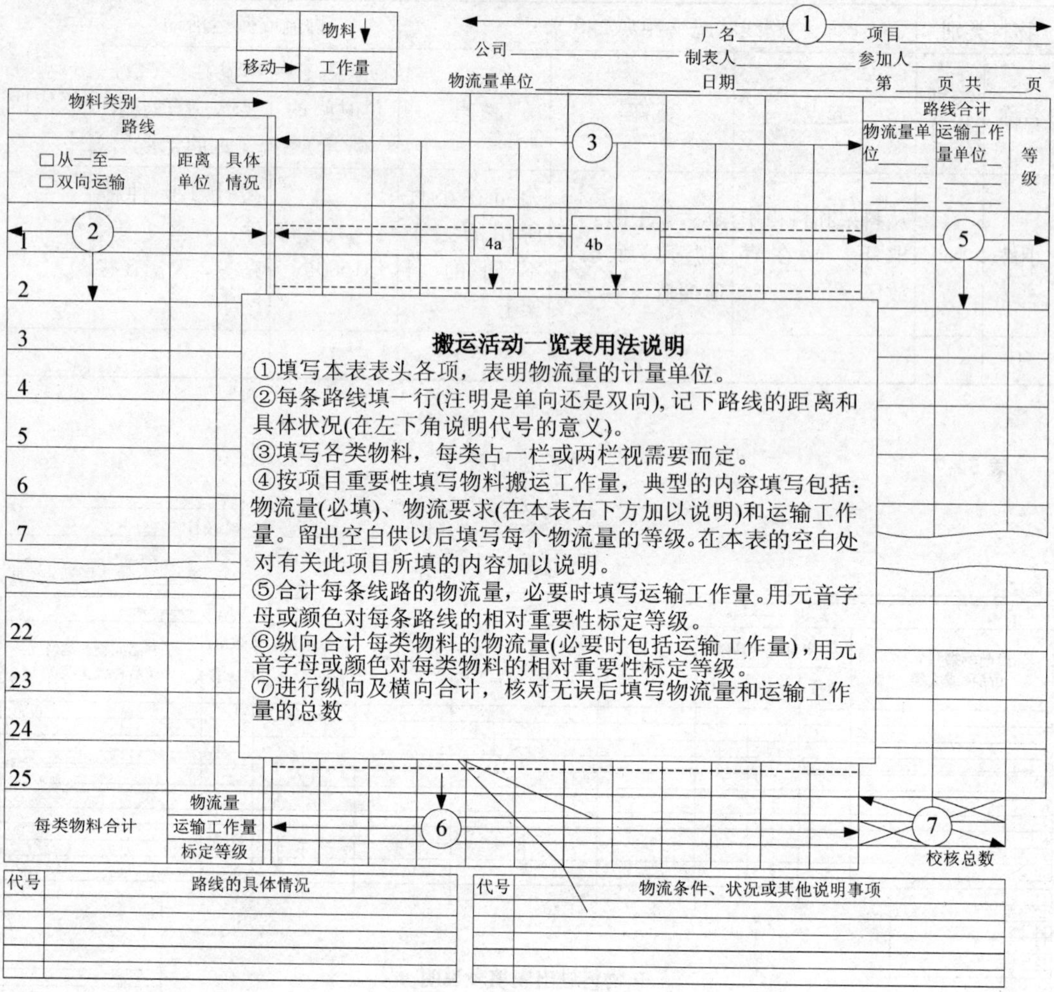

物料↓	
移动→	工作量

厂名______ ① 项目______

公司______ 制表人______ 参加人______

物流量单位______ 日期______ 第____页 共____页

路线（□从—至— □双向运输） ②	距离单位	具体情况	物料类别 ③											路线合计 ⑤ 物流量单位____	运输工作量单位____	等级
					4a		4b									
1																
2																
3																
4																
5																
6																
7																
22																
23																
24																
25																
每类物料合计	物流量		⑥											⑦		
	运输工作量															
	标定等级													校核总数		

搬运活动一览表用法说明

①填写本表表头各项，表明物流量的计量单位。

②每条路线填一行(注明是单向还是双向)，记下路线的距离和具体状况(在左下角说明代号的意义)。

③填写各类物料，每类占一栏或两栏视需要而定。

④按项目重要性填写物料搬运工作量，典型的内容填写包括：物流量(必填)、物流要求(在本表右下方加以说明)和运输工作量。留出空白供以后填写每个物流量的等级。在本表的空白处对有关此项目所填的内容加以说明。

⑤合计每条线路的物流量，必要时填写运输工作量。用元音字母或颜色对每条路线的相对重要性标定等级。

⑥纵向合计每类物料的物流量(必要时包括运输工作量)，用元音字母或颜色对每类物料的相对重要性标定等级。

⑦进行纵向及横向合计，核对无误后填写物流量和运输工作量的总数

代号	路线的具体情况

代号	物流条件、状况或其他说明事项

4）各种移动的图表化

图表化将各项移动的分析结果标注在区域布置图上，以便一目了然，各种移动的图表化是 SHA 程序模式中的一个重要步骤。

图表化的方法有以下几种。

（1）物流流程简图。物流流程简图是用简单的图表描述物流流程。但是它没有联系到布置，因此不能表达出每个工作区域的正确位置，它没有标明距离，所以不可能选择搬运方法。这种类型的图只能在分析和解释中作为一种中间步骤。

（2）平面布置图上绘制的物流图，如图 5-13 所示。由于注明了准确位置及距离，可用于选择搬运方案。

（3）坐标指示图。坐标指示图是指距离与物流量的指示图，如图 5-14 所示。

3. 搬运方案分析

企业搬运活动既可以采用同一种搬运方法，也可以采用不同的方法。一般情况下搬运方案都是几种搬运方式的组合。

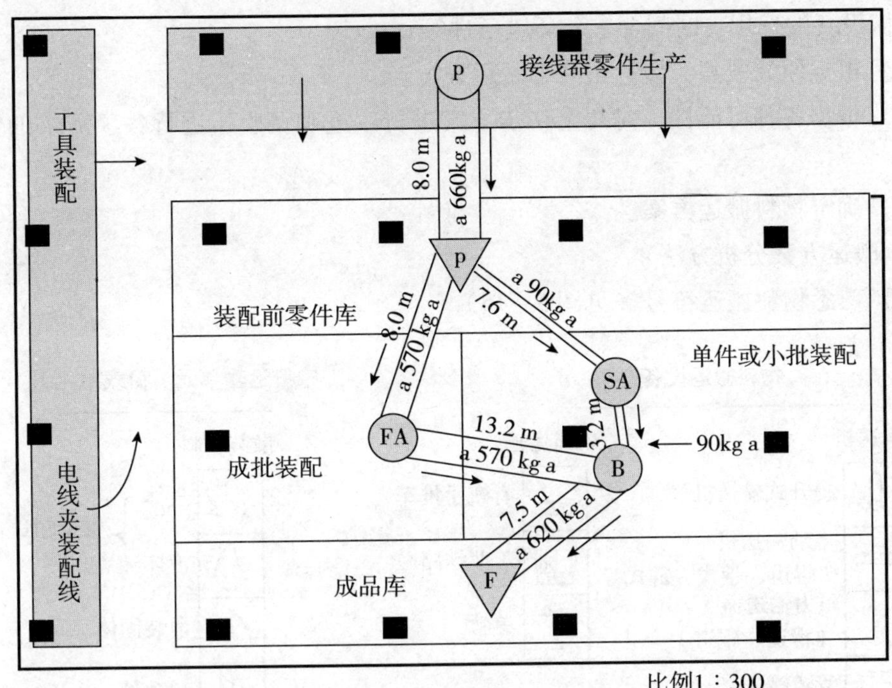

图 5－13 平面布置图上绘制的物流图

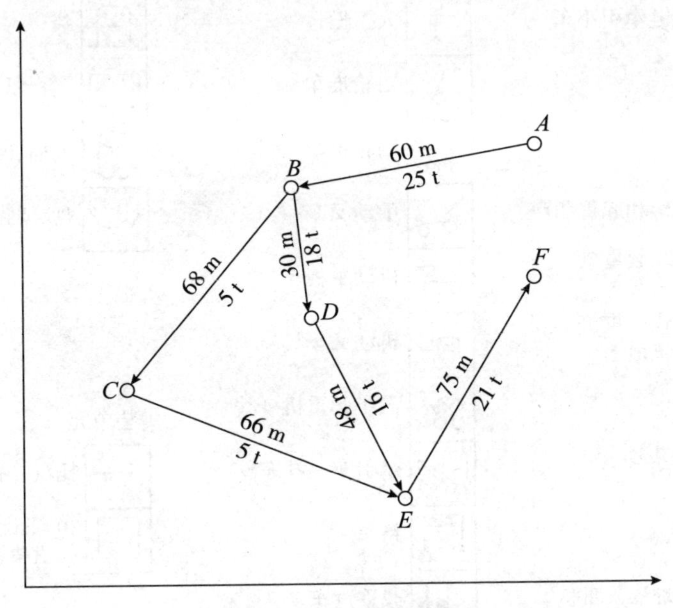

图 5－14 坐标指示图

1）初步搬运方案分析

确定初步搬运方案的步骤如下。

（1）收集原始资料，包括物料的类型、物流量、物流路线和距离、设施设备的布置、机械设备的选用、时间要求、环境条件等。

（2）根据原始资料，设计出几个搬运方案。

（3）根据各种可能性，对几个初步方案进行改进和调整，进行各项需求的计算和评价。

（4）确定物料搬运方案。

2）搬运方案分析方法

（1）熟悉物料搬运符号（见图5－15）。

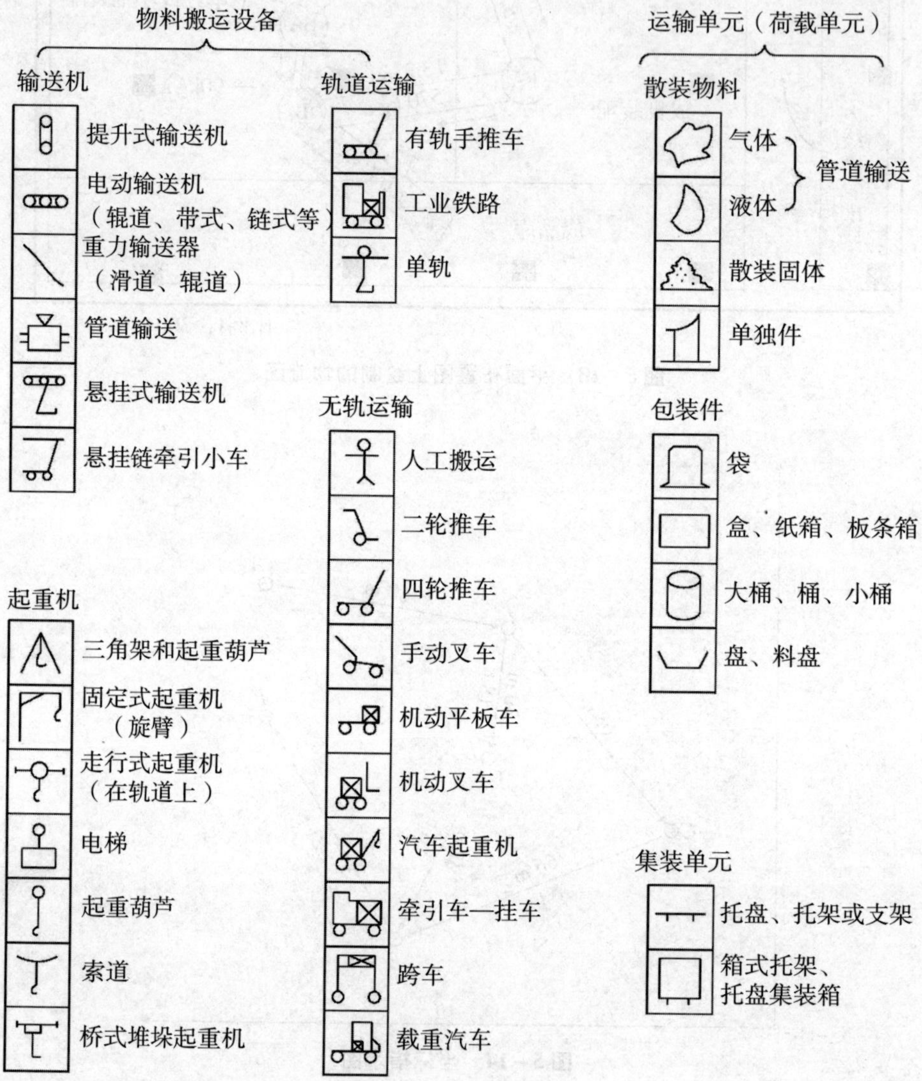

物料搬运设备

输送机
提升式输送机
电动输送机（辊道、带式、链式等）
重力输送器（滑道、辊道）
管道输送
悬挂式输送机
悬挂链牵引小车

轨道运输
有轨手推车
工业铁路
单轨

无轨运输
人工搬运
二轮推车
四轮推车
手动叉车
机动平板车
机动叉车
汽车起重机
牵引车—挂车
跨车
载重汽车

起重机
三角架和起重葫芦
固定式起重机（旋臂）
走行式起重机（在轨道上）
电梯
起重葫芦
索道
桥式堆垛起重机

运输单元（荷载单元）

散装物料
气体、液体——管道输送
散装固体
单独件

包装件
袋
盒、纸箱、板条箱
大桶、桶、小桶
盘、料盘

集装单元
托盘、托架或支架
箱式托架、托盘集装箱

图5－15　物料搬运符号

（2）在普通工作表格上表示搬运方法。

第一种方法编制搬运方案是填写工作表格，列出每条路线上每种（或每类）物料

的路线系统、搬运设备和运输单元。如果物料品种是单一的或只有很少几种，而且在各条路线上是顺次流通而无折返的，那么这种表格就很实用。

第二种方法是直接在以前编制的流程图上记载建议采用的搬运方法。

第三种方法是把每项建议的方法标注在以前编制的物流图（或其复制件）上，一般来说，这种做法使人看起来更容易理解。

（3）编制汇总表如表5－9所示，该表适用于物料品种和路线较多时。

从表5－9上可以全面了解所有物料的搬运情况，还可以汇总各种搬运方法综合各条路线和各类物料的同类路线、设备和运输单元，也可以把全部搬运规划汇总在表5－9中。

（4）需求计算。计算搬运设备和人员的需要量；计算投资数和预期的经营费用。

表5－9　　　　**系统方案汇总表**

	物料↓
移动→	方案

公司________ 厂名________ 项目________

制表人________ 参加人________

方案号________ 日期________ 第____页 共____页

物料类别→ 路线	类别号____ 说明____				类别号____ 说明____				类别号____ 说明____				类别号____ 说明____				类别号____ 说明____				类别号____ 说明____			
□从—至— □双向	代用	S	E	T	代用	S	E	T	代用	S	E	T	代用	S	E	T	代用	S	E	T	代用	S	E	T
1																								
2																								
3																								
4																								
5																								
6																								
7																								
25																								
搬运方法的代用方案或第二方案	a				c				e				g				i				k			
	b				d				f				h				j				l			

系统方案汇总表用法说明

本表用于填写一个或多个物料搬运规划。

①填写本表表头各项。

②填写物料或产品类别号并加以说明，每类写一大栏。

③列出现在(或将来)物料移动的各条路线(单向或双向)，每条填写一行。填明起讫点。

④填写每条路线上每类物料的搬运方法。在相应小栏内填明路线系统的型式(S栏)、搬运设备(E栏)和运输单元(T栏)。如有代用的第二方案，则在小方格内标明字母。在“代用”和“S”上面的横格内填写物流量、运输工作量等级或计算数据(究竟填什么，在表头内注明)。

⑤填写搬运方法的代用方案或第二方案。

⑥记载其他有关资料，以进一步解释表内资料数据

3）方案的修改和限制

初步确定的方案是否符合实际、切实可行，必须根据实际限制条件进行修改。

解决物料搬运问题，除路线、设备和运输单元外，还应考虑正确、有效地操作设备和协调与辅助物料搬运正常进行的问题（如生产和库存的协调）等。

各物料搬运方案中经常涉及的修改和限制内容有：①已确定的同外部衔接的搬运方法；②既满足目前生产需要，又适应远期发展或变化；③与生产流程或设备保持一致；④可以利用的现有公用设施和辅助设施；⑤面积、空间对布置方案的限制条件；⑥建筑物及其结构特征；⑦库存制度以及存放物料的方法和设备；⑧投资的限制；⑨影响工人安全的搬运方法等。

应对修改后的几个初步搬运方案逐一进行说明和计算，其内容包括：①每条路线上每种物料搬运方法的说明；②搬运方法以外其他必要的变动说明，如更改布置、作业计划、生产流程、建筑物、公用设施、道路等；③计算搬运设备和人员的需求量；④计算投资费用和预期的经营费用。

4）方案的评价方法

评价分析方法有两类：一类为成本费用或财务比较；另一类为无形因素比较。

（1）成本费用或财务比较。投资费用包括基建投资和项目费用等，经营费用包括物料、人员、管理费用等。

（2）无形因素比较。其常用方法有优缺点比较法和加权因素比较法。

无形因素包括的内容很多，主要有：与生产流程的关系及其服务的能力；搬运方法的通用性和适应性；灵活性（已确定的搬运方法是否易于变动或重新安排）和柔性（搬运方法是否便于今后拓展）；布置和建筑物扩充的灵活性是否受到搬运方法的限制；面积和空间的利用；安全和建筑物管理；是否便于管理和控制；可能发生故障的频率及对生产造成的中断、破坏和混乱的程度；能否适应生产周期时间的要求和对生产流程时间的影响；与仓库设施是否协调及与外部运输是否适应等。

5）搬运方案的详细设计

搬运方案的详细设计是在搬运方案初步设计的总体方案基础上，制定从工作地到工作地，或从具体取货点到具体缺货点之间的搬运方法。详细搬运方案必须与总体搬运方案协调一致。

实际上，SHA（搬运系统分析方法）的方案初步设计阶段和方案详细设计阶段使用的模式相同，仅在实际运用中两个阶段存在不同的设计区域范围和不同的详细程度。详细设计阶段需要大量的资料、更具体的指标和更多的实际条件。要掌握物料分类、布置和移动分析的详细资料。在完成总体搬运方案和详细搬运方案的设计后，加上外部衔接和方案的实施两部分，就是SHA阶段构成的完整内容，也是利用方案的实施两部分，就是SHA阶段构成的完整内容，也是利用SHA方法进行物料搬运系统设计的内涵。

（1）物料的分类。

在方案详细设计中，首先要核对每个区域是否还有遗漏的物料类别。某些物料只是在某个区域才有，或是进入某个区域以后它的分类才有所变化。而且经常要把已分好的物料类别再分成若干小类，甚至还要增加一些新的物料类别。

（2）布置。

在这一阶段，要在布置上标出每一台机器和设备、工作通道和主要通道，车间或部门的特征等。

（3）移动分析。

由于这个阶段遇到的问题通常只是少数几种物料和比较具体的移动，因此可用物料流程图表和从—至表表示。

其余部分的方法也都与方案初步设计阶段相同，只是更具体、更详细，不再单独叙述。

5.4 系统布置设计与系统搬运分析的结合

5.4.1 SLP 和 SHA 的相互关系

SLP（服务定位协议）和 SHA 具有的关系极为密切。

1. 二者具有共同的目标，其出发点都是力求物流合理化

SLP 重点在于空间的合理规划，使物流路线最短，在布置时位置合理，尽可能减少物流路线的交叉、迂回、往复现象。

SHA 重点在于搬运方法和手段的合理化，即根据所搬运物料的物理特征、数量以及搬运距离、速度频度等，确定合理的搬运方法，选定合适的搬运设备，使搬运系统的综合指标达到最优。

2. SLP 和 SHA 相互制约、相辅相成

如前文所述，良好的设施布置和合理的物料搬运系统相结合才能保证物流合理化的实现。

在进行设施布置设计时，必须同时考虑到物料搬运系统的要求。例如，采用传送带作为主要物料搬运手段，则各种设施应该按输送带的走向呈直线分布；而采用叉车，则应考虑有适当的通道和作业空间。

在进行设施布置设计时，如果对物料搬运系统中的临时储存、中间仓库、成品包装作业场地等未给以足够的注意，则可能造成投产后生产系统物料拥挤混乱的现象。

总之，设施布置设计是物料搬运系统设计的前提，而前者只有通过完善搬运系统才能显示出其合理性。所以说，设施布置设计和物料搬运系统设计是一对伙伴。

5.4.2 SLP + SHA 的方法

SLP 和 SHA 的具体方法已在第 3 章和本章中详细介绍。一般 SLP 根据产品的工艺设计进行，即根据产品加工工艺流程的顺序和所选定的加工设备规格尺寸，进行布置设计。而物料搬运系统则以布置设计为前提选择适当的搬运设备，以及确定搬运工艺。

由于二者之间的相辅相成关系，这两个步骤不应孤立地进行，必须注意以下两点。

1. 进行 SLP 时应尽可能考虑到 SHA 的需要

SLP 的主要依据虽然是产品加工工艺流程和加工设备的规格尺寸，但是，对尚未进行设计的物料搬运系统仍应有相应的估计。比如：采用连续输送或是单元输送；采用传送带、叉车或是其他起重运输机械；作为物流缓冲环节的临时储存、中间仓库的数量和规模；进料以及产品包装、存放的场所；切屑、废料的排除方法；等等。要通过对这些因素的考虑尽可能为 SHA 创造一个良好的前提条件。

2. SLP 和 SHA 交叉进行、互相补充

SLP 是 SHA 的前提，对大的步骤 SLP 先于 SHA，在设计中可以根据加工设备的规格尺寸和经验数据为物料搬运系统留出必要的空间。但是，由于搬运设备尚未选定，还存在一定的盲目性。当 SHA 设计之后，可以对 SLP 的结果进行修正，相互补充，使这两部分的工作能得到较为完善的结合，实现比较理想的物流合理化。

本章小结

自从人类进入文明社会以来，物料搬运始终是人类劳动与生活的一个重要组成部分，随着社会经济的日益发展，它逐渐成为各经济发达国家十分重视和迅速发展的一门学科和行业。在生产和流通领域中，物料搬运占用相当大一部分时间和资金。据德国一些专家估计，德国企业物料搬运的费用占营业额的 1/3，物料的流动实际上是资金的流动。因此改进物料搬运系统、压缩库存资金占用、缩短物料搬运所占用的时间便成为技术进步的重要方向之一。

本章主要从物料搬运系统的基本原理入手，通过介绍物料搬运的概念、发展历程、活性理论以及物料搬运的方法及选择，分析物料搬运系统，着重介绍物料搬运系统的分析设计方法（SHA）。通过本章的学习，读者可对物料搬运系统的基本内容及搬运系统设计的基本方法有一个初步的认识。

6 库存及仓储

6.1 库存基本概念

6.1.1 库存理论的发展情况

1. 欧美国家

20世纪40年代初期，西方经济学家通过对库存物料随时间推移而被使用和消耗的规律研究，提出了订货点的方法和理论，它是以控制库存量为目标，基于定期、定量采购方式的企业库存管理方法。

20世纪60年代中期，美国IBM（国际商业机器）公司的管理专家约瑟夫奥利佛博士首先提出了独立需求与相关需求的概念，将企业内的物料分成独立需求和相关需求，由此形成了物料需求计划（Material Requirement Planning，MRP），它是以加强物料的计划与控制，最大限度地降低库存量、减少资金占用和满足企业生产为目标，基于按需采购方式的企业生产与库存管理方法。

20世纪70年代末期，随着计算机在企业中的普遍应用，企业需要将生产、计划、供应、销售、财务、设备、技术等各方面的信息集成，实现共享，最大限度地利用企业资源，在这一需求的推动下，闭环MRP发展成为制造资源计划（Manufacturing Resources Planning，MRPII），实现了管理职能的集成。

20世纪90年代初期，MRPII进一步发展，进入到企业资源计划（Enterprise Resources Planning，ERP）阶段，它是以市场和客户需求为导向，以实行企业内外资源优化配置，消除生产经营过程中一切无效的劳动和资源，实现信息流、物流、资金流、价值流和业务流的有机集成和提高客户满意度为目标，以计划与控制为主线，以网络和信息技术为平台，集客户、市场、销售、采购、计划、生产、财务、质量、服务、信息集成和业务流程重组（Business Process Reengineering，BPR）等功能为一体，面向供应链管理（Supply Chain Management，SCM）的现代企业管理思想和方法。

2. 日本

20世纪50年代初，日本丰田汽车公司探索并采用一种能更灵活地适应市场需求变化的作业计划与控制方法。经过二十余年的探索，形成从后到前的、反工艺顺序为特征的、通过看板管理实现准时化生产的丰田生产方式（TPS）。其后，美国人在总结TPS的基础上，提出精益生产方式（LP），其本质是在生产经营活动中的各个环节消除一切浪费。

由此可见，当今世界库存理论与方法的研究有两大流派：一类是以美国为代表的西方模式；另一类是以日本为代表的东方模式。

3. 中国

当前，库存理论与方法的研究在中国尚处于起步阶段，虽然有了一些成果，但主要还是吸收消化国外的先进思想。随着中国经济的发展和广大管理学者的努力，适合中国企业现状的、科学的、先进的库存理论和方法会不断涌现。

6.1.2 库存的定义及其基本功能

库存是指企业所有资源的储备。从物流系统观点来看，流速为零的物料即为库存。库存是为满足未来需要而暂时闲置的资源，与该资源是否存放在仓库中没有关系，与资源是否处于运动状态也没有关系。例如：汽车运输的货物处于运动状态，但这些货物暂时为未来需要而闲置，即为库存，是一种在途库存。

一般地讲，库存的功能主要包括以下五个方面。

1. 保证各生产环节的独立性

现代企业生产环环相扣，生产过程上下游工序间关联性强，企业通过建立库存，可以使原本相关的工序相互独立，如原材料库存使采购与生产工作分离，成品库存使生产与销售分离，管理者在进行生产安排时，具有更大的灵活性，以便获得更佳的经济效益。

2. 适应市场的需求变化

市场需求变化迅速是现代企业面临的现实问题，面对多变的市场，企业很难精确地预计企业的实际销量，生产量与销售量之间必然有差异。适量的成品储备，可以保证企业在市场需求突然增加的情况下具有一定的应变能力，以免丧失商机。

3. 增强生产计划工作的灵活性

库存的存在，使企业的管理者在进行生产安排时具有更大的灵活性。例如，加大库存量后，企业在保证生产正常进行的前提下，适当地增加订货间隔期，同时在选择订货量时，也可以具有更大的选择余地，达到降低订货成本的目的。

4. 增强企业抵御原材料市场变化的能力

适当的原材料库存，可以增强企业克服短期的原材料供应紧张的能力，可以防止原材料供应或运输过程中出现的意外，直接影响企业的生产，确保企业生产的正常运行。

5. 利用经济订货规模的好处

在很多情况下，企业出于减少库存的考虑，在订货时订货量较少，完全达不到经济订货批量。这样，由于每次订货量少，企业的订货次数较多，企业的库存管理总成本并未下降。在此种情况下，适度的库存可以帮助企业达到经济订货规模。

6.1.3 库存的种类

1. 按库存在生产中的作用分类

（1）主要原材料。主要原材料是指直接用于生产过程，构成基本产品实体的材料，主要包括铸铁、铸钢、钢材、木材、塑料及有色金属等。

（2）辅助材料。辅助材料是指用于生产过程，能够帮助产品生成，但本身并不加入产品，或者加入产品但并不构成产品主要实体的各种物资。辅助材料还可以进一步细化为工艺用辅助材料（如型砂等）、设备用辅助材料（如润滑油、皮带蜡）、工人劳动护具以及包装材料等。

（3）燃料和动力。燃料和动力是指企业在生产过程中耗费的能源、动力资源。通常包括石油、煤炭、木材、电力、蒸汽、压缩空气等。

（4）修理用备件。修理用备件是指设备修理中需要经常更换的易损零件，包括轴承、齿轮、丝杠等。

2. 按库存物资存在状态分类

（1）原材料库存：指企业购入的尚未开始加工的原材料。

（2）成品库存：指企业已经生产完毕但尚未卖出的产成品。

（3）部件库存：指企业已经加工完毕但尚未组装的部件。

（4）备件库存：指企业在设备修理中需经常更换的易损零件。

（5）在制品库存：指企业中正处于被加工状态的工件。

3. 按库存用途分类

（1）经常性库存：指企业前后两次订货时间间隔期内，为保证企业正常生产所必须耗用的物资储备量。

（2）保险性库存：指企业为防止由于原材料供应商生产或运输过程可能出现延误而设置的物资储备量。

（3）季节性库存：指企业为防止季节性变化影响进货而设立的物资储备量。

不同的库存分类方法，适用于不同的库存管理用途。将库存按其在生产中的作用进行分类，从实际考虑了企业生产过程中的价值变化情况。同时，第一种分类方法对于会计科目的设置较为靠近，因此与企业的生产成本控制关系密切，通常用于计算产品成本和生产资金的运用。第二种分类方法按库存物资存在状态进行分类，主要着眼于库存控制与生产系统的设计方面。第三种分类方法主要用于库存决策的分析。

6.1.4 库存控制的任务

与其他的管理工作相类似，库存控制工作的难点是如何在正确处理充分发挥库存功能的同时，尽可能地减低库存成本。两者间存在一些内在的矛盾，在进行库存控制工作时应侧重完成以下几项任务。

1. 保障生产供应

库存的基本功能是保证生产的正常进行，保证企业经常保持适度的库存，避免出现因供应不足而产生的非计划性的生产间断，这也是传统的库存控制的主要目标之一；现代的库存控制理论虽然对此提出一些不同的看法，但保障生产供应仍然是库存控制的主要任务。

2. 控制生产系统的工作状态

一个精心设计的生产系统，系统各部分均在一个正常的工作状态中，此时，生产按部就班地有序进行，生产系统中库存情况，特别是在制品的数量，与该生产系统所设定的在制品定额相近。反之，如果一个生产系统的库存失控，该生产系统也很难处于正常的工作状态。因此，现代库存管理理论将库存控制与生产控制结合为一体，通过对库存情况的监控，达到生产系统整体控制的目的。

3. 降低生产成本，控制生产成本

无论是生产过程中的物资消耗，还是生产过程中流动资金的占用，均与生产系统的库存控制有关。有资料表明，工业生产中，物资消耗常常占总成本的60%，同时，库存常常占用企业流动资金的80%以上。因此，通过有效的库存控制方法，使企业在保障生产的同时减少库存量，提高库存物资利用率，降低生产成本是成本控制的重要任务。

6.2 库存控制决策

生产过程也是物资消耗的过程。一方面，生产系统在不断地耗用库存物资，生产出社会需要的产品，库存物资呈逐渐减少的态势；另一方面，企业不断地购进物资，补充库存，满足企业生产需要。因此，企业的物资库存量处于不断地变化状态。如何在保证生产正常进行的前提下，不过多地积压物资，即如何将库存水平控制在预期水平上，是库存控制的核心。

6.2.1 库存控制的基本决策

在生产需求一定的条件下，平均库存水平是由每次的订货量决定的，如果每次的订货数量较大，则订货次数虽然相应减少，但平均库存水平却较高。图6－1表明了订货量变化对平均库存水平的影响。

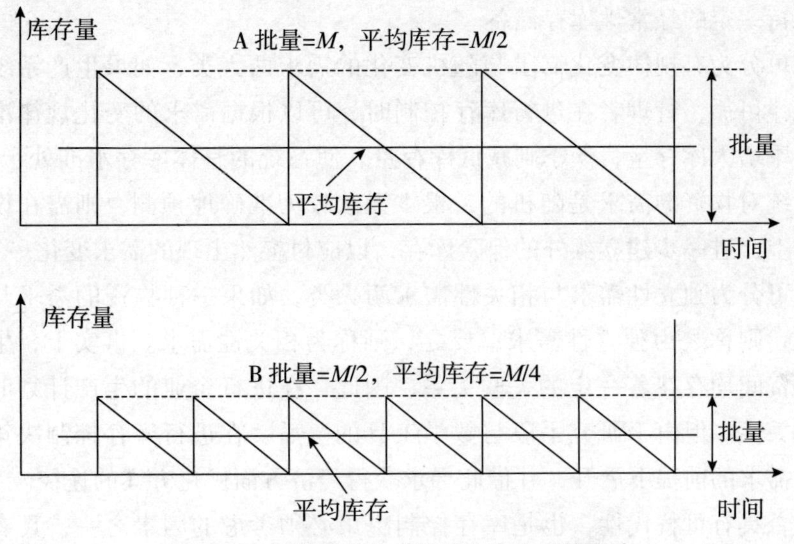

图 6－1 订货量变化对平均库存水平的影响

从图 6－1 可见，当每次订货批量为 M 时，平均库存水平为 $M/2$，而当每次订货批量为 $M/2$ 时，平均库存水平降为 $M/4$，但其进货的次数明显增加。尽管图 6－1 是在生产需求均匀的假设前提下产生的，但仍然可以从中得出如下的推论：平均库存量与需求速度和进货速度有关，当需求速度一定时，生产系统的管理者可以通过对进货速度的控制，将生产系统的库存水平维持在一个预期的水准上，而进货速度是由进货的批量与频度共同决定的。因此，从本质上说，库存控制的基本决策主要包括以下内容。

（1）两次订货的间隔时间的确定。

（2）每次订货的订货批量的确定。

（3）每次订货提前期的确定。

（4）库存控制程度的确定，如满足用户需求的服务水平。

库存控制决策的目标是在企业现有资源约束下，用最低的库存成本满足预期的需求。

6.2.2 影响库存控制决策的因素

在影响库存控制决策的诸多因素中，生产系统对物资的需求特性是需要优先考虑的重要因素。

1. 需求

需求分为确定性需求与非确定性需求两大类，如果生产系统对物资的需求是可以预先确定的，则称之为确定性需求；反之，则称为非确定性需求。相比之下，确定性需求的生产系统的库存控制工作较为容易，管理者只要保证进货的速度与需求消耗速度保持同步，便能维持合理的库存水平；而非确定性需求的生产系统的库存控制工作较为复杂，由于需求情况无法预先准确地预计，因此，管理者在考虑正常需求的同时，还要考虑保持一定的经常性库存储备。

需求还可分为有规律变化需求与随机变化的需求两大类，如果生产系统的物资需求变化有规律可循，管理者在进行库存控制时，可以根据需求的变化规律准备库存物资，需求旺季增大库存量，淡季则减低库存量，使系统的整体库存水准处于合理水平。如果生产系统对物资的需求是随机的，根本无法较为准确地预测，则需在设定经常性库存的基础上，进一步建立额外的保险库存，以应付突然出现的需求变化。

需求也可分为独立性需求与相关性需求两大类，如果一种物资的需求与其他物资的需求无关，则称之为独立性需求；反之，则称为相关性需求。事实上，生产系统耗用的各种物资间均存在着一定的关联关系，因此，在进行企业的生产计划时，通常考虑需求的相关性。但由于研究手段与数学工具的落后，在进行库存控制决策时，更多地在独立性需求的前提下展开，并借此寻求获得经济方面优化方案的途径。

需求是否具有可替代性，也是库存控制决策必须考虑的因素之一，具有替代物资的物资，库存可以较少，反之库存应该多一些。

2. 订货提前期

订货提前期是影响库存控制决策的另一个重要因素。订货提前期是指从发出生产或订货指令到订购物资进入仓库所需要的时间间隔。订货提前期可以是确定的，也可以是随机的，因此，在考虑何时订货的决策时，该物资的订货提前期是必须考虑的因素。

3. 自制与外购

许多情况下，企业在选择物资来源时既可以考虑外购，同时也可以考虑自制。一般地讲，从专业的生产厂家购买物资，由于专业厂家的生产规模较大，生产成本较低，订货的次数和数量也比较灵活，通常能够获得较好的经济性效益；而自制则可以由本企业控制生产过程，按期交货的把握较大，同时能够发挥企业闲置的生产能力，为企业减少直接的支出。因此，选择自制与外购途径进货，也是企业进行库存控制的调节手段之一。

4. 服务水平

服务水平是指满足用户需求的百分比。如果整个生产系统能够满足全部用户的订货需求，则其服务水平为100%；如果能满足95%的需求，则其订货服务水平为95%，也可以称此时的生产系统的缺货概率为5%。

由于用户需求通常无法准确预测，故企业常采用增大库存储备的方法提高生产系统的服务水平。库存增加后，当用户的需求变化时，企业生产一时无法满足用户需求，则可以通过动用企业库存使用户需求得到满足。库存量的增加，意味着企业要占用更多的资金，产生更大的成本，因此对企业而言，盲目地提高服务水平并不一定会给企业带来期望的经济效益，将服务水平定位到一个合理的水平，也是企业进行库存控制决策时必须考虑的重要因素。

6.2.3 库存成本

库存控制的目标之一就是对生产成本进行控制，因此，库存成本是库存控制决策时应主要考虑的因素。由于其在库存控制过程中的作用特殊，现将其单独分析，分类介绍如下。

1. 订货成本和调整成本

订货成本是企业为补充库存而进行订货时发生的各种费用之和。订货成本通常包括订货手续费、物资运输装卸费、验收入库费、采购人员差旅费以及通信联络费等。订货成本一个共同特点是费用仅与订货次数有关，而与订货批量不发生直接的联系。换言之，生产系统的订货成本总值主要由企业订货的次数决定，随订货次数增加而增加。

与外购时发生的订货成本相似，企业自制生产物资时发生调整成本。调整成本的产生主要由于生产系统在转换生产的品种时，通常对设备进行调整而造成短期的停工，同时改产的初期生产效率通常也较低，上述损失统称为调整成本。调整成本主要与生产调整的次数有关，而与每次决定自制产品的批量关系不大。

2. 保管成本

保管成本是物资在库存过程中发生的成本，主要包括物资在库存过程中发生变质、损失、丢失等自然损失费用，库存物资占用资金的成本，以及仓库运营的人工费、税金的支出。保管成本的多寡，主要取决于企业库存物资的库存量多少与库存时间长短。考虑库存量时，不仅要考虑库存物资的体积、数量等指标，同时还要考虑库存物资的价值，前者主要考虑人工费、场地占用的因素；后者侧重考虑资金的占用成本。但有一点是肯定的，即保管成本与库存量成正比关系。

3. 购置成本

购置成本即购买物资花费的货款。当生产系统外购生产物资时，如果供应商采用差别定价策略，为用户提供批量折扣，则买方可以通过增加每次订货的批量，获得价格优惠，降低总购置成本。此时，购置成本是库存成本的组成部分。

4. 缺货成本

缺货成本即由于无法满足用户的需求而产生的损失。缺货成本由两部分组成：其一是生产系统为处理误期任务而付出的额外的费用，如赶工的加班费、从海运改为空运产生的额外运费负担等；其二是误期交货对企业收入的影响，包括误期交货的罚款等。上述损失是可以用金钱衡量的，而由于企业缺货无法满足用户的需求，导致的丧失市场份额的后果更为严重，影响更久远。

在上述四种库存成本中，在需求确定的前提下，增大每次的订货批量有利于降低订货成本、购置成本、缺货成本，但是订货批量的增加通常会导致库存量的增加，引起保管成本的上升。如何合理控制库存，使库存总成本最低，是库存控制决策的主要目标。

6.3 库存控制的基本方式

库存控制的基本方式分为两种：一种是连续检查控制方式，侧重库存量的连续观测，并以此作为库存控制的主线；另一种是周期检查控制方式，通过固定时间间隔的检查，达到控制库存的目的。

6.3.1 连续检查控制方式

采用连续检查控制方式的生产系统，在每次物资出库时，均盘点剩余物资，检查库存量是否低于预先设定的订货警戒线，如果低于订货警戒线，则应该发出订货指令。由于从订货指令发出到所购物资加入仓库，通常需要一段时间，在此期间库存储备不断减少，物资不断地投入到生产环节，转换成产品，直到库存储备降到最低点。当订货物资到货时，库存储备得到补充，达到最大值。上述库存储备的变化周而复始。

一个企业采用连续检查控制方式后，其库存控制存在如下特点：一是每次的订货批量通常是固定的，批量大小选择时主要考虑库存总成本最低的原则；二是相邻两次订货的时间间隔通常是变化的，其大小主要取决于需求量的变化情况，需求大则时间间隔短，需求小则时间间隔长；三是订货提前期基本不变，订货提前期是由供应商的生产与运输能力等外界因素决定的，与物资的需求情况没有直接的联系，故通常认为是一个常数。尽管每次发出订货指令时库存储备基本相等，从订货到到货的时间间隔也相同，但由于需求可能是时时变化的，因而造成库存储备的极大极小值时高时低，并不稳定。基于上述特点，连续检查控制方式的库存控制要点是订货批量的确定与订货警戒线的设立，前者影响整个的库存平均水平；后者影响服务水平。

对下述情况下的物资，可以考虑采用连续检查控制方式控制。

（1）具备进行连续检查条件的物资。并非所有的物资都能很方便地随时进行检查，具备进行连续检查条件是选用连续检查控制方式的前提条件。

（2）价值较低的非重点控制物资。价值较低且需求数量较大的物资以及价格昂贵需要严格重点控制的物资，均适宜采用连续检查控制方式控制，前者是因为此类物资价低量大，采用连续检查控制方式的一些较易实施的方案可以简化控制程序；后者是因为连续检查控制方式可以及时地收集库存信息，较灵活地控制库存。

（3）市场上易于采购的物资。采用连续检查控制方式，订货的时间无法确定，因此连续检查控制方式顺利实施的前提条件之一是市场上随时可以采购到所需要的物资。

连续检查控制方式常采用收发卡片法或双堆法确定订货时机。

顾名思义，收发卡片法就是用特别设计的收发卡片控制订货时间的方法。收发卡片上通常标有物资代号、名称、规格、货位、最低库存储备量以及物资进出库的时间、数量、领料单位等信息。管理者可以通过查看收发卡片上现有库存量与最低库存储备

量等基本信息，决定是否订货和何时订货。

采用双堆法的企业，在每次进货时，均将物资分成两部分储备，一部分作为订货点的库存储备单独存放，另一部分作为经常性储备供日常发料之用。一旦在发料过程中发现经常性储备用尽时，则动用留在订货点的库存储备物资，同时马上发出订货指令。相比之下，双堆法操作起来更为直观简单。

实际生产中，部分企业综合了收发卡片法和双堆法的优点，采用了一些更灵活实用的方法。例如，有的企业将收发卡片改造成旋转式卡片，通过卡片的旋转表示出物资的现有库存储备量，当库存储备小于订货点储备量时，卡片上显示出醒目的红色，提醒管理者订货。

6.3.2 周期检查控制方式

周期检查控制方式采用定期盘点库存，并根据库存情况，结合下一计划期预计的需求情况确定每次的订货批量。如果目前库存储备较少，或者预计需求将增加时，可以适当地增加订货批量；反之，则可以减少订货批量。

由于每两次订货的时间间隔是固定的，因此，此控制方式也称为固定订货期系统。与订货期相反，订货批量通常是变化的。此种控制方式的关键是确定订货期。由于周期检查控制方式采用固定的订货间隔期，通常按月或季来划分，有利于企业科学管理。例如，采用周期检查控制方式的生产企业从客观上比较容易制订出统一的采购计划，将一段时间企业需要采购的物资汇总采购，更容易获得价格优惠。

下列性质的物资可以考虑采用周期检查控制法控制。

(1) 需要定期盘点和定期采购或生产的物资。这些物资主要指需要成批生产的各种原材料、配件、毛坯和零配件等。企业在编制上述物资的生产计划或采购计划时通常均要考虑现有库存的情况，由于计划是定期制订并执行的，因此，这些物资需要定期盘点和定期采购。

(2) 具有相同供应来源的物资。此处的具有相同供应来源的物资是指同一厂家生产或产地在同一地区的物资，由于物资来源的相似性，采用统一采购策略，不仅能够节约订货和运输费用，而且可以获得一定的价格折扣，降低购货成本。定期检查存货可以保证统一采购的顺利进行。

(3) 需要计划控制的物资。价值较高的物资由于占用较多的资金，需要通过计划控制库存数量，达到优化库存成本的目的，因此，此类物资的生产与采购通常纳入计划管理，多采用与计划期同步的周期检查控制方式控制。

6.3.3 库存重点控制方法——ABC 分析法

企业存货品种繁多，尤其是大中型企业的存货往往多达上万种，甚至数十万种，实际上，不同的存货对企业财务目标的实现具有不同的作用。有的存货尽管品种数量很少，但金额巨大，如果管理不善，会给企业造成极大的损失。相反，有的存货尽管品种数量很多，但金额微小，即使管理出现一些问题，也不致对企业产生较大的影响。因此，无论从能力还是经济角度，企业均不可能也没有必要对所有存货不分巨细严加管理。ABC 分类管理正是基于这一考虑而提出的，其目的在于使企业分清主次，突出重点，以提高存货资金管理的整体效果。

ABC 分类管理法又叫重点管理法，是将物品按品种和占用资金的多少分为特别主要的库存（A 类）、一般重要的库存（B 类）和不重要的库存（C 类）三个等级，然后根据不同等级分别进行管理和控制。一般而言，三类存货的金额比重大致为 A：B：C = 0.7：0.2：0.1，而品种数量的比重大致为 A：B：C = 0.1：0.2：0.7。

对库存物资进行 ABC 分类后，企业可以对不同类别的物资，视情况采取不同的控制策略。A 类物资是工作重点，应该严格控制其库存储备量、订货量、订货时间，在保证生产的前提下，尽可能地减少库存，节约流动资金。B 类物资可以适当控制，在力所能及的范围内，适度地减少 B 类库存。C 类物资可以放宽控制，增加订货量，加大两次订货的时间间隔，在不影响库存控制整体效果的同时，减少库存管理工作的工作量。在选择连续检查控制方式还是周期检查控制方式时，物资类别是考虑因素之一。一般地讲，A 类物资采用连续检查控制方式较好，而周期检查控制方式较多地应用于 C 类物资管理。需要再次指出的是，在实际的库存物资分类工作中，在考虑占用资金情况的同时，要兼顾供货以及物资重要程度等因素。一些特别关键的或供应较难保障的物资，虽然占用资金较少，但需要按 A 类物资对待。例如，某些关键的设备备件，尽管价值不高，但对保证企业正常运转非常重要，一旦没有保持足够的库存量，设备出现故障时将无法及时排除，造成企业重大经济损失。另一些供应过程较难控制的物资，管理者也必须保持足够的库存储备，控制好订货提前期，以备供应出现问题时，企业不致停产。

ABC 分类管理法用数量的研究方法来分析“关键的少数”，这就使人们更容易排除假象而认识到事物的本质，更容易排除主观随意性而客观地认识问题。由于采用了数量的研究方法，使千百年人们头脑中“主要与次要”“关键与一般”“纲与目”等认识转变成具有较强科学性的现代管理方法。

6.4 库存控制决策的定量分析方法

如前文所述，常用的库存控制策略分为连续检查控制方式和周期检查控制方式两大类。采用前一控制方式的系统，由于每次订货量固定，又称固定订货量系统；而采用后一控制方式的系统，由于每两次订货的时间间隔固定，订货期相对固定，又称固定订货期系统。结合该系统的需求特点：确定或非确定，组成了不同的库存控制环境。本节将介绍在不同系统环境下的库存控制决策的定量分析方法。

6.4.1 确定性固定订货量系统

1. 基本模型

从理论上讲，严格的确定性固定订货量系统应具有以下特点。

（1）需求稳定，单位时间内的系统需求恒定。

（2）订货提前期 L 确定且设为常数。

（3）每次的订货批量 Q 一定。

（4）每批的订货一次入库，入库过程在极短时间内完成。

（5）订货成本、单件保管成本和单价固定不变。

（6）不允许出现缺货现象。

在上述条件下，系统的库存储备随时间的变化情况如图 6-2 所示。该系统模型中要求规定一个特定订购点 R，库存水平达到该点应当进行再订购，且订购批量为 Q。库存水平定义为当前库存量加上已订购量减去延期交货量。图 6-2 中关于 Q 与 R 的“锯齿形效果”表明当库存水平下降到 R 点时，应进行再订购。该订购的货物将在提前期 L 期末收到，且 L 在此模型中保持不变。

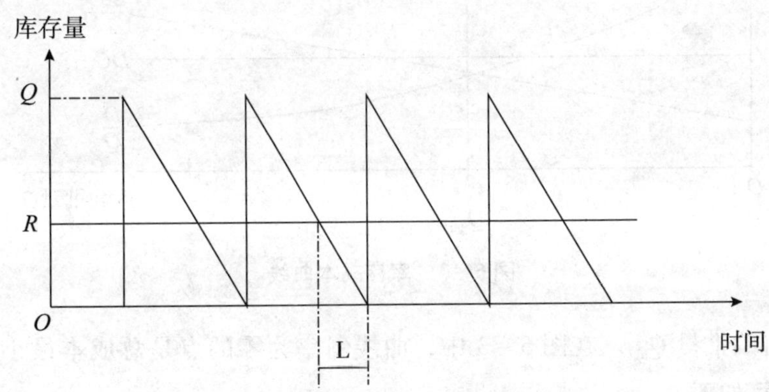

图 6-2 确定性固定订货量系统

此时，库存控制决策的目的就是要确定合适的订货批量 Q 与订货点 R，最终降低库存总成本。由于不会出现缺货现象且物资采购单价固定不变，导致购置成本固定不变，缺货成本为零，均可以不予考虑，仅考虑订货成本和保管成本对总库存成本的影响。在前面的内容中已经介绍了订货成本和保管成本对总库存成本的影响，从上文中提及的图 6-1 中可见，增大每次的订货批量有利于减少订货次数，降低订货成本，但订货批量的增加通常会导致平均库存量的增加，引起保管成本的上升。如何合理控制库存，使库存总成本最低，关键是兼顾订货成本和保管成本，寻求最佳的订货批量，又称其为经济订货批量。

库存模型的建立过程如下。

①确定成本公式。

年总成本 = 年采购成本 + 年订购成本 + 年存储成本，即

$$TC = DC + \frac{D}{Q}S + \frac{Q}{2}H \tag{6-1}$$

式中：TC——年总成本；

D——需求量（每年）；

C——单位产品成本；

Q——订购批量（最佳订购批量成为经济订货批量 Q_{opt}）；

S——生产准备成本或订购成本；

H——单位产品的年平均存储成本。

上述成本的关系如图 6－3 所示。

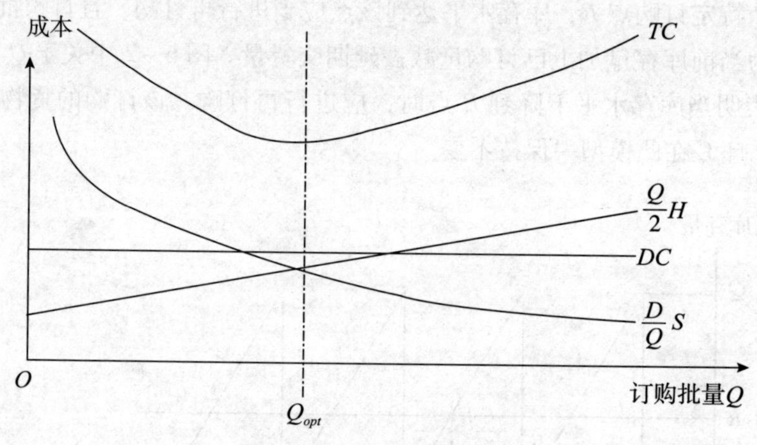

图 6－3　库存成本曲线

②确定订购批量 Q_{opt}。在图 6－3 中，曲线斜率为零的点是总成本最小的订购批量 Q_{opt}。具体计算如下。

$$TC = DC + \frac{D}{Q}S + \frac{Q}{2}H$$

$$\frac{dTC}{dQ} = 0 + \left(-\frac{DS}{Q^2}\right) + \frac{H}{2} = 0$$

$$Q_{opt} = \sqrt{\frac{2DS}{H}} \tag{6-2}$$

由于该模型假定需求和提前期固定，且没有安全库存，所以再订购点 R 为

$$R = \bar{d}L \tag{6-3}$$

式中：$\bar{d}$——平均需求量；

L——提前期。

例6－1　某库存项目的全年需用量为60000件，每件的单价为2元，每次订购成本为45元，每元资金的年保管费率为0.30。提前期为10天，全年工作日为300天。求其经济订购批量Q_{opt}，并制定库存政策。

解　将题中数据代入式（6－2），求得

$$Q_{opt}=\sqrt{\frac{2\times45\times60000}{0.30\times2}}=3000\text{（件）}$$

在Q_{opt}下的年总成本为

$$TC=60000\times2+45\times60000\div3000+2\times0.30\times3000\div2=121800\text{（元）}$$

订货点
$$R=\frac{60000}{300}\times10=2000\text{（件）}$$

库存政策：当库存水平下降至2000件时，应订购3000件产品。

2. 边生产边使用的定量订货模型

式（6－1）假设所订购的产品成批到达，但实际往往并非如此。在许多情况下，都是边生产边消耗库存物资。本模型中除生产需一定时间的条件外，其余与基本模型相同。假设用d表示对生产物资的固定需求率，用p表示该物资的生产率，则可得

$$TC=DC+\frac{D}{Q}S+\frac{Q}{2}H\cdot\left(\frac{p-d}{p}\right)\tag{6－4}$$

同样，对Q求导，并使其等于0，可得

$$Q_{opt}=\sqrt{\frac{2DS}{H}\left(\frac{p}{p-d}\right)}\tag{6－5}$$

从该模型（见图6－4）中可以看出，现有库存量往往少于订购量$Q$$\left[\text{平均库存量为}\frac{Q}{2}H\cdot\left(\frac{p-d}{p}\right)\text{，读者可以自己推导}\right]$。

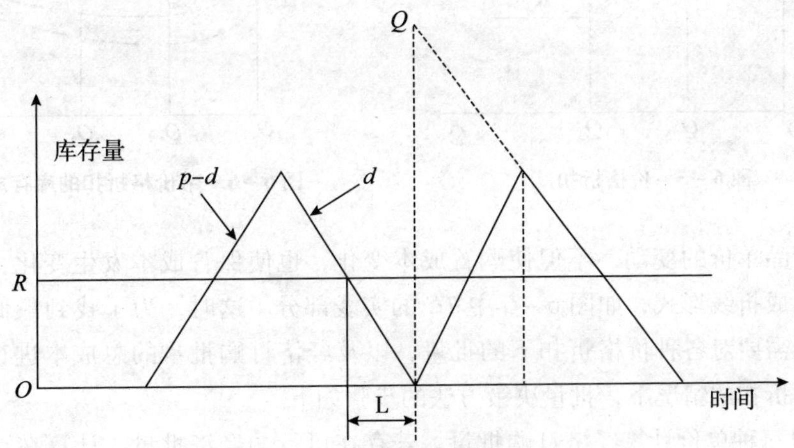

图6－4　边生产边使用的定量订货模型

例6－2 产品X是某公司库存中的标准项目，该产品最后一道装配线每天都运转。产品X的某一部件（称为部件X_1）在另一个部门生产，该部门生产部件X_1的生产率为100件/天。装配线对部件X_1的使用率为40件/天。已知，年需求量$D=10000$（40件×250个工作日），日生产准备成本$S=50$元，年存储成本$H=0.5$元/件。部件X_1的成本$C=7$元/件，提前期$L=7$天。求对部件X_1的最优订购批量。

解 由题意，$p=100$，$d=40$

最佳订购量 $Q_{opt}=\sqrt{\frac{2DS}{H}\left(\frac{p}{p-d}\right)}=\sqrt{\frac{2\times10000\times50}{0.5}\cdot\frac{100}{100-40}}=1826$（件）

再订购点 $R=D_1=40\times7=280$（件）

以上计算结果表明，当X_1的库存量降到280件时，应该进行批量为1826件的订购。在日产量为100件/天的情况下，需生产18.26天，并且能为装配线提供45.65天（1826/40）的需求量。从理论上说，该部门将有27.39天做别的工作而不生产部件X_1。

3. 带价格折扣的经济订货批量

以上模型所讨论的货物单价是常量，得出的存储策略都与货物单价无关。现在介绍货物单价随订购（生产）数量而变化时的存储策略。我们常看到一种商品有所谓零售价、批发价和出厂价，购买同一种商品的数量不同，商品单价也不同。一般情况下购买数量越多，商品单价越低（见图6－5）。在少数情况下，某种商品限额供应，超过限额部分的商品单价要提高。这样，购置成本就成了订购批量的函数，它所带来的后果可用图6－6表示。

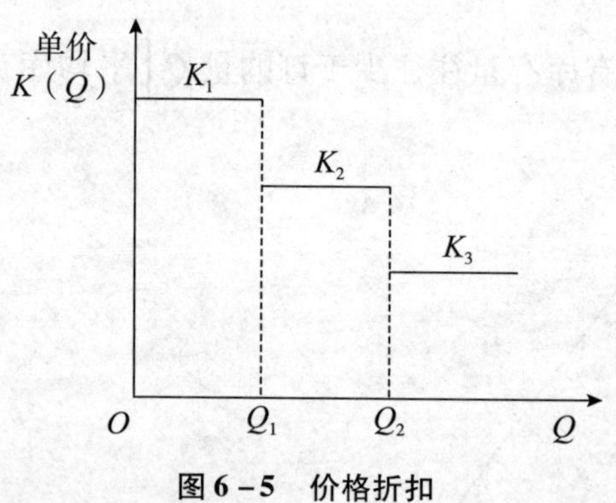

图6－5 价格折扣

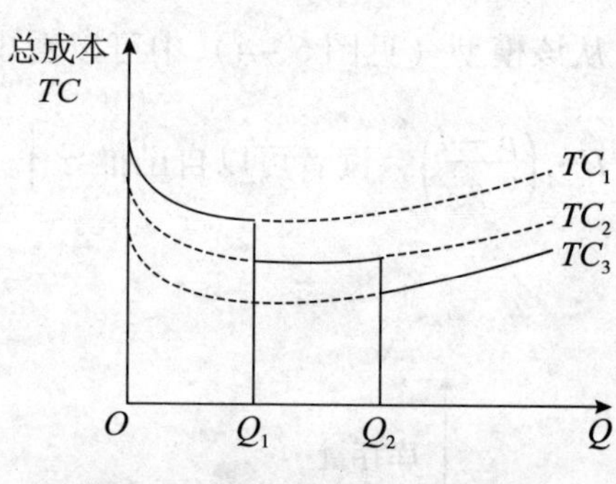

图6－6 带价格折扣的库存成本

由于货品单价的变动，不但使购置成本变化，也使保管成本发生变化，从而使总成本曲线形成折线形式，如图6－6中TC的实线部分。这时，为了找到最低总成本的订购批量，需要对各种价格折扣下的批量，以及经济订购批量的总成本进行比较。因此，有价格折扣的情况下，批量决策方法的步骤如下。

（1）对每种单价计算经济订购批量。若存在可行的经济批量，计算在这个批量下的总成本。

（2）按取得价格优惠的最低采购量，计算在该批量下的总成本。

（3）从上述步骤所求到的总成本中找出最低总成本的批量，且不违反约束条件（如不大于一年需求量），即为最佳订购批量。

例6－3　某电机厂每年需购买某种电器配件1000套。该配件供应商提供的销售价格如下：订购批量少于100套时，每套50元；批量在100～250套时，每套48元；大于250套时，每套47.5元。订购成本每次40元，保管费率为0.25。试确定最有利的订购批量。

解　首先计算每种单价下的经济批量。结果如表6－1所示。

表6－1　　不同单价下的经济批量

单价（元）	最小订购量（套）	经济批量（套）	可行否
50		80	是
48	100	80	否
47.5	250	82	否

计算结果表明，只有在单价50元时得到的经济批量为可行的，其余的经济批量（82套）都在价格区段之外，而为不可行。

然后，计算在批量为80套、100套、250套时的总成本。计算结果列于表6－2中。

表6－2　　各种批量下的总成本

批量（套）	单价（元）	年购置成本（元）	年订购成本（元）	年保管成本（元）	总成本（元）
80	50	50000	500	500	51000
100	48	48000	400	600	49000
250	47.5	47500	160	1484.38	49144.38

其中，批量100套的总成本最低，故应选100套作为经济订购批量。

4. 定量订货法的特点

定量订货法主要用于C类物资（或再加上B类），即那些价廉而数量多的物资的库存控制。其优点如下。

（1）订货点、订货批量一经确定，则定量订货法的操作就很简单。

（2）当订货量一定，收货、验收、保管和批发可以利用现成的规格化器具和结算方式，可节省搬运、包装等方面的工作量。

（3）定量订货法充分发挥了经济订货批量的作用，可以使平均库存量和库存费用最低。

其缺点如下。

(1) 要随时盘存，花费较大的人力和物力。

(2) 订货模式过于机械。

(3) 订货时间不能预先确定，所以难于加以严格的管理，也难于预先做出较精确的人员、资金、工作等的安排计划。

此外，在实际工作中具体应用定量订货法时，还要注意它适用的环境条件。

(1) 它只适用于订货不受限制的情况，即订货时间和订货地点都不受任何限制，这就要求市场上的物资资源供应充足、自由流通。

(2) 它只能直接运用于单一品种物资的采购，如果要实行多品种联合采购，还要对此法进行灵活处理运用。

6.4.2 定期订货模型

在定期订货系统中，每隔一个固定的时间周期检查库存项目的储备量，根据盘点结果与预定的目标库存水平的差额确定每次的订购批量。这种库存控制系统的储备量变化情况如图 6－7 所示。图 6－7 中假设需求为随机变化，因此，每次盘点时的储备量都各不相等，为达到目标库存水平 M 而需要补充的数量也随着变化。

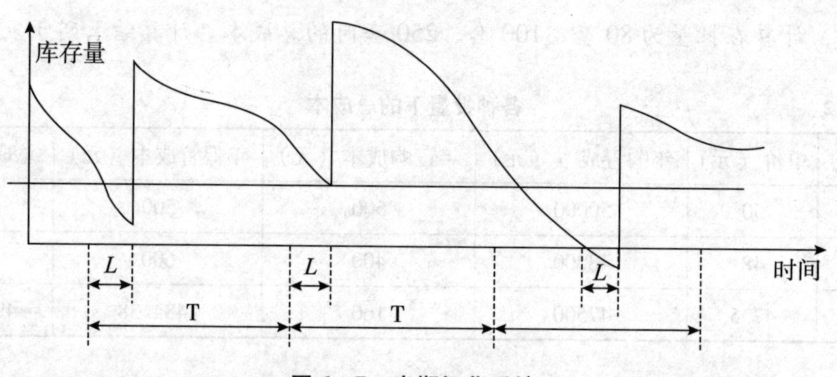

图 6－7　定期订货系统

1. 订货周期的确定

所谓订货周期，是相邻两次订货的时间间隔。在定期订货法中，这个时间间隔是一个固定不变的常数。每隔一个周期 T 就发出订货。所以，一旦 T 确定，则每次订货的时机也就确定了。因此，我们也把它看成是订货点。

订货周期 T 的确定可以有以下几种方法。

(1) 根据人们的日历习惯定。例如，一个月订一次，订货周期为一个月；或者一周订一次、一个季度订一次，这时订货周期分别就是一周、一个季度。至于取什么样的时间单位，可以根据具体情况定。

(2) 根据企业的生产周期或者供应周期来定。有些供应商企业是多品种轮番批量生产型企业，一个品种生产完了就生产另一个品种。从一个品种生产结束到下一次再开始生产这个品种之间的时间间隔，就是生产周期或供应周期。

(3) 根据经济订货周期 T^* 来确定。

$$T^* = \sqrt{\frac{2S}{HD}} \tag{6-6}$$

式中各字母的含义同前。

2. 目标库存水平 M 的确定

目标库存水平应满足订货周期加上提前期的时间内的需求量。它包括两部分：一部分是订货周期加提前期内的平均需求量；另一部分是根据服务水平保证供货概率的保险储备量。

$$M = (T+L)\bar{d} + z\sigma_{T+L}$$

依据目标库存水平可得到每次检查库存后提出的订购批量。

$$Q = M - I$$

式中：M——目标库存量；

T——订货周期；

L——提前期；

$\bar{d}$——预测的日平均需求量；

z——既定服务水平下的标准差倍数（要根据服务水平查表）；

σ_{T+L}——订货周期与提前期（$T+L$）内需求变动的标准差；

I——现有库存量（包括已订购但尚未到达的货物）。

注意：需求量、提前期、订货周期可以使用任意时间单位，但必须保持一致。

3. 定期订货法的特点

定期订货法主要用于 A 类物资，即那些数量少却价值高、利润高，因而需要特别精细管理的物资。对于这些少数的品种实行精细管理，可以最大地保障供应、保证收益、降低成本。

定期订货法在确定了订货周期 T 和目标库存量 M 之后，运行起来简单方便。只要每隔一个订货周期就检查库存，发出订货，订货量的大小取当时的实际库存量与目标库存量 M 的差值即可，这样重复运行就可以了。这样做，既可以最好地满足用户需要，又可以使总费用最少。

定期订货法主要的优点是管理人员不必每天都检查库存，只是到了订货周期规定要订货的时间才检查库存，发出订货量。这就大大减少了管理人员的工作量，而又不影响工作效果和经济效益。另外，这种订货法能通过订货周期来控制库存，它可以合并订购或进货以减少费用，周期盘存也比较彻底、精确。由于是定期订货，所以能预先制订订货计划和工作计划。

定期订货法的主要缺点是安全库存量比定量订货法高，因为它的保险时间（$T+L$）较长，因此（$T+L$）期间的需求量也比较大，因而其标准偏差也比较大，所以安全库存量也就比较大。此外，它没有像定量订货法那样利用经济订货批量进行订货，因而也就不能发挥经济订货批量比较经济的优越性。

6.5 仓储及其自动化

6.5.1 仓储系统的必要性

1. 仓储系统的必要性

企业是否真的需要将仓储作为物流系统的一个组成部分？如果产品的需求确定、已知而且产品又能即刻供给以满足这种需求的话，那么从理论上讲，就不会有库存，也就不需要仓储。然而，因为需求无法准确预测，所以用这种方法去经营企业既不实际也不经济。即使产品的供需趋于完全一致，也需要生产立刻做出反应，要求运输完全可靠，且不存在运送时间。对于一个企业来讲，这种情况在任何合理成本范围内都是不可能的。因此，企业要用库存来更好地平衡供需，降低总成本。而要保有库存，就会对仓储产生需求。因此，与其说仓储是一种必要的活动，不如说是一种很经济的便利活动。仓储成本具有经济上的合理性，因为它们能平衡运输和生产—采购成本。也就是说，通过储备一定量的库存，企业常常可以调整经济生产批量和生产次序来降低生产成本。利用这种办法，企业就可以避免因需求模式不确定和产品多样性造成的产出水平的大幅度波动。同时，储备库存也可以通过更大、更经济的运输批量来降低运输成本。总之，仓储管理的目的就是利用恰到好处的仓储活动来实现仓储、生产和运输成本之间良好的、经济的平衡。

2. 仓库管理的功能

仓库管理的目标在于货物高效率的移动和库存的控制。一项由“仓库教育和研究协会”做出的研究表明，最好的仓库运行机制可以获得99.9%的订单准确率和99.2%的准时出货率，“零误差”被认为是可以接受的目标。仓库管理有以下几个功能。

（1）保管功能。

保管是仓库的主要内容之一，保管成品可以使商品创造时间效益，同时也稳定商品价格，而原材料的保管则为生产线提供了安全保障。

（2）包装功能。

包装一般分两大类，即商品包装和运输包装。商品包装是为了美化商品、利于零售，商品包装的多样化、小包装已是现代商品发展的趋势；运输包装是为了经济地、无损失地进行运输、装卸和提高保管效率而实施的包装。

（3）拣选分类功能。

商品在仓库保管时，一般按商品的种类、规格的不同分区存放。但在配送前，商品须按用户的不同进行分类暂存后装车、分送。

（4）流通加工功能。

高效率的运输装卸一般要大的包装形式，但流通部门或零售商一般需要小的包装，为解决这一矛盾，有的仓库还增加了流通加工功能，对商品进行尺寸、数量和包装形式的加工。

（5）运送功能。

仓库须在其服务范围内按时按量、迅速地将商品送往各个用户，这就需要配备相应的运输设备及装卸设备，这是良好服务的重要保证之一。

（6）信息管理功能。

为了及时地向用户提供满意的服务，并最大限度地减少库存，提高工作效率，信息管理功能必不可少。

3. 仓库作用的新开拓

过去对仓库储存物品的管理属于静态管理，仓库的工作是维护、保养和保管。新的物流观念使人们对仓库的作用提出了新的要求。从物流系统角度观察仓库，仓库不应该仅是“储存和保管物品的场所”。仓库的功能还应该是促使物品更快、更有效地流动。仓库观念和功能的改变，必定要引起仓库形态及内容的变化。

现代化物流对仓储提出了缩短进货与发货周期的要求。物品在仓库中停留时间很短，甚至可以不停留，即所谓的“零库存”。进入仓库中的货物经过分货、配货或加工后随即出库。物品在仓库中处于运动状态，从静态管理转变为动态管理，自然引起了仓库设备、结构、流程等方面的全新变化。为了同过去的仓库含义有所区别，这种新型的物流仓库称为“物流据点”。也可以说，物流据点是仓库在功能和形态方面发生变化的必然产物，反映了储存的一种新观念。对物流据点的功能要求如下。

（1）集中储备，提高物流调节水平。

多数物流据点虽不以储备为主要目的，但必须保持一定量的储备，因为这样才会对配货、集货、调节、加工的功能有所保证。物流据点的储备与各大小的用户或生产企业比较起来，是一种集中性质的储备。这种储备保证了供、销需求，从而可免除或降低分散储备中的浪费。这样，不但更有效地保证了物资的调节能力，而且通过集中储备总量的降低实现较好的经济效益。

（2）仓库系统现代化。

仓库系统现代化的标志是自动化立体仓库的出现，它相较普通仓库有着巨大的优越性。它能大幅度地增加仓库面积，使仓库容量和密度增大；能提高仓库存取作业的机械化、自动化程度，提高出入库效率；能有效地利用仓库的存储容积，实现合理库存；易于实现先入先出的原则，防止货物变质、丢失，较好地适应各种环境条件。因此，自动化立体仓库的出现，改变了数百年形成的有关仓储的传统观念，使“静态仓库”变为“动态仓库”。目前，在美国出现了“合同仓库”，这种仓库大都是兼营保管、包装、配送的新型物流机构，物品的运输多采用托盘为单元，生产厂废弃了自设仓库，进而使物流更加合理化。日本也已开始实行这种新的物流体系。

（3）库存控制的“一体化物流”。

物流是一个庞大的系统工程，建立“一体化物流”是产业界的迫切需要。20世纪70年代以前，“一体化”概念尚未有人提到，经济的发展推动了物流供应的系统工程发展。欧美等国家提倡的“一体化”物流思想与日本提倡的“综合系统化”思想的要点是：要求从整个社会经济或整个企业出发，统筹规划、合理组织和改善各种物流机能，其中强调存储功能的改革，以取得更大效益。物流合理化取得成败的关键是简化和加速物品信息的流动，并以“最优流动”的观念减少延迟，只有在“一体化物流”原则的指导下，复杂的物流才能顺利完成。例如“一体化供应网格”，是要解决库存供应控制的系统化、高效化，以求最有效地提高物流效率。

6.5.2 仓储自动化

随着工业及科学技术的进步，仓储作业在经历了人力时代、机械化时代后，进入了自动化时代、一体化整合时代。人力时代以人力或畜力来搬运货品，平面堆栈为主，并设有简易的储存货架，而其他作业则由人工手写的表格、看板、卡片、账册等凭人的记忆及工作经验来管制存货量。进入机械化时代后搬运设备则改为输送机、叉车等，使用备有简单马达的机器设备，其中储存的设备包括托板架、旋转料架，并以打字机、复写纸、打孔机做存货记录工具。第二次世界大战结束后，仓储作业进入以计算机为记录工具，使用无人自动输送设备、自动仓储、自动叠栈设备的自动化时代，采用自动分类、自动识别等方式并结合计算机来做存货管制。20世纪80年代，仓储普遍采用计算机终端机作为作业资料输出/入工具，利用计算机网络、硬件设备等以及自动输送设备、工作站、自动仓储、自动拣货系统、无人送料设备等做系统化、最佳化控制并降低仓储成本，从而进入整合化时代。由于自动化仓库是仓储自动化水平的一个标志，下面将对其作简要介绍。

自动化立体仓库又称为高层货架仓库或信息仓库，是一种采用高层货架储存物资、用巷道堆垛起重机配以其他自动化设备和机械进行存取作业的一种仓库。

1. 自动化仓库的优点

历史和现实已充分证明，使用自动化立体仓库能够产生巨大的社会效益和经济效益。效益主要来自以下几个方面。

（1）高层货架存储。由于使用高层货架存储货物，存储区可以大幅度向高空发展；充分利用仓库地面和空间，因此节省库存占地面积，提高空间利用率。目前，世界上最高的立体仓库高度已达50m，立体仓库单位面积的储存量可达75t/m^2，是普通仓库的5~10倍。

（2）自动存取。使用机械和自动化设备，能使运行和处理速度更快，提高劳动生产率，降低操作人员的劳动强度。同时，能方便地纳入企业的物流系统，使企业物流更趋合理化。

（3）计算机控制。计算机能够不知疲倦、准确无误地对各种信息进行存储和管理，从而减少了货物处理和信息处理过程中的差错。同时，借助于计算机还能有效利用仓库的储存能力，便于清点和盘库，合理减少库存，加快储备资金周转，节约流动资金，从而提高仓库的管理水平。自动化仓库的信息系统可以与企业的生产信息系统集成，实现企业信息管理自动化。

2. 自动化仓库的分类

自动化仓库是一个复杂的综合自动化系统，它作为一种特定的仓库形式，一般有以下几种分类方式。

（1）按建筑形式可以分为整体式和分离式。整体式是指货架除储存货物以外，还可以作为建筑物的支撑结构，即库房与货架形成一体化结构。分离式是指储存货物的货架独立存在，建在建筑物内部。

（2）按货物存取形式可以分为单元货架式、移动货架式和拣选货架式。单元货架式是一种最常见的货架结构，货物先放在托盘或集装箱内，再装入单元货架式仓库货架的货格中。移动货架式由电动货架组成，货架可以在轨道上行走，由控制装置控制货架的合拢和分离。拣选货架式仓库的分拣机构是仓库的核心组成部分，它有巷道内分拣和巷道外分拣两种方式，这两种分拣方式又分为人工分拣和自动分拣。

（3）按货架构造形式可分为单元货格式、贯通式、水平循环式和垂直循环式。单元货格式仓库是使用最广、实用性较强的一种仓库形式，如图6－8所示。其特点是货架沿仓库的宽度方向分成若干排，每两排货架为一组，其间有一条巷道供堆垛起重机或其他起重机械作业。每排货架沿仓库长度方向分为数列，沿垂直方向分若干层，从而形成大量货格，用以储存货物。

在单元货格式仓库中，取消了位于各排货架之间的巷道，将货架合并在一起，使同一层、同一列的货物互相贯通，形成能依次存放多货物单元的通道。在通道一端，由一台入库起重机将货物单元装入通道，从另一端由出库起重机取货，即为贯通式仓库。根据货物单元在通道内不同的移动方式，贯通式仓库还可划分为重力式货架仓库和梭式小车式货架仓库。

水平循环货架仓库的货架本身可以在水平面内沿环行路线来回运行。每组货架由数十个独立的货柜构成，用一台链式输送机将货柜相互串联。输送机运转时，货柜便相应运动。需要提取某种货物时，操作人员只需在操作台上给出指令，相应的一组货架便开始运转。

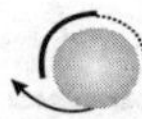

图 6-8　单元货格式仓库

垂直循环货架仓库与水平循环货架仓库相似，只是把水平面内的环行旋转改为垂直面内的旋转。垂直循环式货架特别适用于存放长的卷状货物，像地毯、地板革、胶片卷、电缆卷等。

（4）按照仓库的作用可以分为生产性仓库和流通性仓库。生产性仓库是指工厂内部为了协调工序与工序、车间与车间、外购件与自制件间物流的不平衡而建立的仓库，它能保证各生产工序间进行有节奏的生产。流通性仓库是一种服务性仓库，它是企业为了调节生产厂和客户间的供需平衡而建立的仓库。这种仓库进出货物比较频繁，吞吐量较大，一般都与销售部门有直接联系。

（5）按与生产连接的紧密程度可分为独立型、半紧密型和紧密型仓库。独立型仓库也称“离线”仓库，是指从操作流程及经济性等方面都相对独立的自动化仓库。半紧密型仓库是指其操作流程、仓库管理、货物出入和经济性与其他厂（或部门）有一定关系但未与其他生产系统直接相连。紧密型仓库也称为“在线”仓库，是与工厂内其他部门或生产系统直接相连的立体仓库，两者间的关系比较紧密。

3. 自动化仓库的组成

自动化仓库基本上由以下七个部分组成。

（1）高层货架。用于存储货物的钢结构货架，目前主要有焊接式货架和组合式货架两种基本形式。

（2）托盘（货箱）。用于承载货物的器具，亦称为工位器具。

（3）巷道堆垛机。用于自动存取货物的设备，按结构形式分为单立柱和双立柱两种基本形式，按服务方式分为直道、弯道和转移车三种基本形式。

（4）输送机系统。该系统为自动化仓库的主要外围设备，用于将货物运送到堆垛机上或从堆垛机上将货物移走。输送机的品种很多，常见的有辊道输送机、链条输送

机、升降台、分配车、提升机及带式输送机等。

(5) AGV (自动导向小车) 系统。根据其导向方式分为感应式导向小车和激光导向小车。

(6) 自动控制系统。自动控制系统用于驱动自动化仓库里的各种设备，当前的控制模式发展是以采用现场总线方式为主。

(7) 库存信息管理系统。此系统亦称为中央计算机管理系统，是全自动自动化仓库系统的核心。目前典型的自动化仓库系统均是采用大型的数据库系统（如 ORACLE、SYBASE 等）构筑典型的客户机/服务器体系，并可以与其他系统（如 ERP 系统等）联网或集成。

6.6 供应链环境下的库存控制

21 世纪的竞争是供应链之间的竞争，是基于时间和客户需求的竞争，这对供应链管理提出了更高的要求，而库存管理则是供应链管理中非常重要的环节。在很多行业，需求变得越来越难以确定，需求的不确定带来的严重影响是库存的增加和客户服务水平的降低。

企业的中心仓库一方面要服务于终端顾客，另一方面又要为中间或独立的仓库服务，服务的对象有比较大的差别，而这时往往又没有来自供应链的任何信息。供应链本身的复杂结构是造成需求不确定和库存控制较差的原因之一。

6.6.1 供应商管理用户库存

供应商管理用户库存（VMI）是一种出现在用户和供应商之间的合作性库存控制方法，在这种方法中，为了使整体库存成本最小，供应商在一个双方协商一致的目标框架下管理用户的库存。此外，为了产生持续改善的效果，还要经常对目标框架进行监督与修正。简言之，VMI 的主要思想就是实施供应厂商一体化，供应商在用户的允许与支持下设立库存，确定库存水平和补给策略，商品数据的任何变化随时传递给供应商，供应商根据这些数据决定未来的货物需求数量、库存水平和补给策略，拥有库存控制权。借助销售资料得到消费需求信息，供货商可以更有效地计划、更迅速地反应市场变化和消费者的需求。VMI 策略实施中体现了合作性、互惠性、目标一致性和连续改进等原则，因此 VMI 可以用来降低库存量，改善库存周转率，进而维持较低的库存量，而且供货商与批发商分享重要信息，双方都可以改善需求预测、补货计划、促销管理和运输装载计划等。

VMI 是将传统供应模式由产生订单进行补货，改变成以实际的或预测的消费者需求来补货，供货商通过 VMI 掌握库存与补货信息、增加库存周转率、准确预测需求量及生产周期，以提升供应链客户服务满意度。由 VMI 导出的需求预测与自动补货在竞争激烈的消费市场显出其重要性。

1. VMI 的模式

供应商管理库存（VMI）概括起来主要有以下四种形式。

（1）供应商提供给用户所有产品的软件，用户使用软件执行库存决策，用户拥有库存所有权，管理库存。在这种方式下，供应商对库存的管理和控制力有限，所以供应商受到用户的制约比较多一些，实质上这不是完全意义上的供应商管理库存。

（2）供应商在用户的所在地，代表其用户执行库存决策、管理库存，但是库存的所有权归用户。在信息技术不是很发达的时候，由供应商在用户地直接管理库存，同时供应商也可以了解到充分的库存信息，但是库存的所有权不属于供应商，所以供应商在进行库存决策时的投入程度有限。

（3）供应商在用户的所在地，代表其用户执行库存决策管理库存，拥有库存所有权。在这样的方式下，供应商几乎承担了所有责任，他们的活动也很少受到用户的监督或干涉，这是一种完整意义上的供应商管理库存方式。这种形式中供应商可以十分清楚地了解到自己产品的销售情况，供应商也可以直接参与销售。

（4）供应商不在用户的所在地，但是定期派人代表用户执行库存决策，管理库存，供应商拥有库存的所有权。供应商在拥有所有权的情况下，采取在用户地或是在分销中心保存库存，以求根据需要及时快速地补充，库存的水平由供应商决定。

而根据现在对 VMI 的定义来说，只有第三种和第四种才叫真正意义上的 VMI。

2. VMI 的实施步骤

（1）洽谈并达成合作协议。供应商与零售商一起协商，确定契约性条款，包括所有权和转移时间、信用条件、订货责任、信息传递方式、绩效评价指标（服务水平、库存水平等）。

（2）建立一体化的信息系统。要有效地管理用户库存，供应商必须能够即时获得最终用户的真实需求信息。为此，必须通过接口，将零售商的 POS（销售点）系统与供应商的信息系统相连接，用系统集成技术实现信息的实时共享。这样一来，当零售商销售商品时，通过手持扫描终端将条码所代表的商品信息输入信息管理系统，供应商就可以同步得到相关的信息了。

（3）确定订单处理流程和库存控制有关参数。双方一起确定供应商的订单处理过程中所需要的信息和库存控制参数（再订货点、最低库存水平等），建立订单处理的标准模式（如 EDI 标准报文），将订货、交货以及票据处理等业务功能集成在供应商一边。

（4）持续改进。在 VMI 的实施过程中，双方共同合作一起寻找可以改进的地方，不断对目标框架进行修正，以达到持续改进的效果。

3. 实施 VMI 的好处及存在的问题

实施供应商管理用户库存的好处不胜枚举，主要有以下几点。

（1）建立上下游厂商紧密的合作关系，提升企业供应链的竞争力。

（2）能够控制和减少“长鞭效应”的影响。

（3）有效运用信息科技技术整合企业内部与外部信息流的活动，可发挥供应链之效率。

（4）能够减少需求预测的不确定性，更好地协调生产与配送作业。

（5）供应链成员共同承担风险、成本，分享利益，可维系双方的合作关系。

（6）可改善预测、需求计划的相关技术，促进供应链整体运作之绩效。

除此之外，它还为零售商—供应商关系的重整提供了一个绝好的机会。例如，可以消除多余的订货部门，使原来的手工作业实现自动化，可以从业务流程中除去没有必要的控制步骤等。

当然，VMI 的实施也难免会面临一些问题：例如，信息系统的建设可能会占用大量的资金；零售商与供应商实行信息共享，存在滥用信息与泄密的可能；供应商往往比以前承担更多的管理责任，所产生的管理费用将有所上升，为此必须建立合理的利益分配机制，实现利益共享。

6.6.2 联合库存管理

1. 供应商和分销商联合管理库存

VMI 是一种供应链集成化运作的决策代理模式，它将用户的库存决策权交给供应商，由供应商代理分销商或零售商承担库存决策的功能。联合库存管理则是一种基于协调中心的、风险分担的管理模式，它体现了战略供应商联盟的新型企业合作关系。与 VMI 不同，联合库存是一种基于协调中心的库存管理办法，能解决供应链系统中企业的相互独立库存运作模式导致的需求放大现象，提高供应链同步化程度的一种库存控制方法。不同于 VMI 集成化运作的决策代理模式，联合库存是一种风险分担的库存管理模式，地区分销中心就体现了一种简单的联合库存管理思想。简单来说，在这种管理方式下，任何相邻节点需求的确定都是供需双方协调的结果，库存控制成了连接供需的纽带和协调中心，如图 6-9 所示。

在供应链环境下，实施联合库存管理，其实施策略如下。

（1）建立一个有效的协调管理机制，确定协调控制的基本内容。联合库存管理中心担负连接供需双方利益的作用，是供应链中的协调控制器。首先必须保证供需双方目标一致，建立双方共同的合作目标，建立联合库存的协调控制机制，由联合库存管理中心协调供需双方的利益，并对需求、订货、供货等做出决策。

（2）建立信息共享与沟通的体系（纵向信息支持系统），在联合库存管理中做到信息共享。通过供应链成员企业间信息集成与共享，使信息获得具有透明性和及时性，降低供应链运作中的不确定性，从而控制供应链的整体库存水平，提高物流运作效率。为此，必须将条码技术、扫描技术、POS 系统和 EDI（电子数据交换）集成起来，并且充分利用互联网的优势，建立先进科学的物流信息系统。

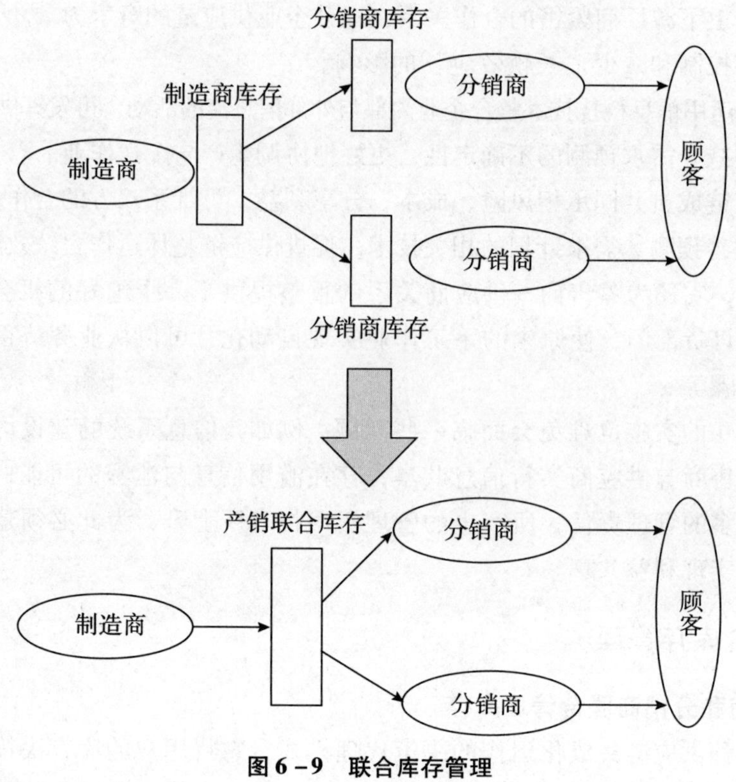

图 6-9 联合库存管理

（3）充分利用 MRPII 和 DRP 系统。在联合库存管理中应分别在原材料联合库存管理中心采用制造资源计划系统（MRPII），在产销联合库存管理中心采用物资资源配送计划（DRP）系统，在供应链系统中将这两种资源计划系统很好地结合起来，提高供应链资源的集成度，加强供应链中各环节的协调平衡与协作关系。

（4）建立合理的利益分配机制与有效的激励机制。要想成功实施联合库存管理，必须建立一种公平的利益分配制度，将通过供应链管理实现的利益在供应链成员企业之间合理地进行分配。除此之外，还要建立有效的激励机制，对参与协调库存中心管理的各个企业（供应商、制造商、分销商、批发商、零售商等）进行有效的激励，防止出现“逆向选择”“败德行为”等机会主义行为，增强供应链运作的一致性与协调性。

联合库存管理系统把供应链系统管理进一步集成为上游和下游两个协调管理中心，从而部分消除了由于供应链不同节点之间的不确定性和需求信息扭曲现象导致的库存波动。通过协调中心，供需双方共享需求信息、共同制定库存决策，可以提高供应链的库存控制效率，降低库存成本。

2. 第三方管理联合库存

供应链管理作为一种全新的管理思想，强调专业分工与企业合作。供应链成员企业应该根据企业自身的特点，专门从事某一领域、某一方面的关键业务，形成自己的

核心竞争力。在集中资源于核心业务的同时，可以通过业务外包的形式将其他次要业务委托给其他更专业的企业，利用外部资源来弥补自身的不足，从而变得更具竞争力。在市场竞争日益激烈的今天，集中主业、外协其他业务以获取核心竞争力，是现代企业发展的一大趋势。在这种思想的影响下，第三方物流（Third Part Logistics，TPL）在供应链管理活动中得到了广泛的应用。第三方物流系统是供应链集成的一种技术手段，它为用户提供各种服务，如产品运输、订单选购、库存水平等，在供应商和用户之间起到了桥梁作用。在联合库存管理中，供方和需方都直接与第三方物流系统和联合库存管理中心相连，取消了各自独立的库存，增加了供应链的敏捷性和协调性。从广义上说，第三方管理联合库存是联合库存管理方式的一种，也强调供需双方的协作，建立联合库存，进行一体化库存控制。第三方物流公司是相对于“第一方”托运人与“第二方”收货人而言的，它们本身并不拥有货物，主要通过为外部客户的物流作业提供计划、管理以及控制等专业化的服务。与一般联合库存控制方式不同的是：在第三方管理联合库存的方式下，库存控制的主导者既不是供应方也不是需求方，而是具有专业化水平与条件的第三方物流公司。第三方物流是一种实现供应链集成的有效途径，通过它来管理供应方与需求方的联合库存、协调库存控制运作，同样能够获得一般联合库存管理的效果。

6.6.3 多级库存优化与控制

无论是供应商管理用户库存，还是联合库存管理或是第三方管理联合库存，都对供应链库存进行了局部优化控制。它们从一定程度上实现了供应链管理，可以部分解决供应链管理环境下的库存控制问题，但是无法真正实现对供应链的全局性的优化与控制。只有实行多级库存优化与控制，才有可能实现全局性的供应链优化与控制。

1. 供应链的库存成本

在供应链管理环境下，考虑的是从供应链角度出发的整体库存成本，这与一般环境下的情况不同。供应链的总库存成本由以下三部分构成。

（1）库存维持成本（Holding Cost，C_h）。库存维持成本包括资金成本、仓库及设备折旧费、货物损坏及灭失、税收、保险金等。在供应链的每个阶段都维持一定的库存，库存维持成本与库存价值和库存量的大小有关，它沿着供应链从上游到下游不断累积。在存在 n 级库存的情况下，假设第 i 级的库存量为 V_i，单位周期内单位库存品的维持库存成本为 h_i，那么，整个供应链的库存维持成本为

$$C_h = \sum_{i=1}^{n} h_i v_i$$

（2）交易成本（Transaction Cost，C_t）。它是供应链成员企业之间在交易合作过程中产生的各种费用，包括谈判要价、准备订单、商品检验、佣金等。单位库存品的交

易成本随交易量的增加而减少，而供应链成员企业之间的互惠合作关系也有利于降低供应链的交易成本。

（3）缺货损失成本（Shortage Cost，C_s）。它是指在因库存量偏小而供不应求的情况下造成的市场机会损失以及用户的罚款等。缺货损失成本与库存量的大小成反方向变化：库存量大则缺货概率小，缺货损失成本小；库存量小则缺货概率大，缺货损失成本也比较大。供应链成员企业之间协调与沟通增强以及信息共享程度的提高，有助于减少缺货损失成本。

所以，供应链总的库存成本为：$C = C_t + C_s + C_h$。

2. 多级库存优化与控制的方法

多级库存优化与控制分为中心化控制方法与非中心化控制方法两种。

（1）中心化多级库存优化与控制。中心化控制是将控制中心放在核心企业上，由核心企业来对整个供应链系统的库存进行控制，协调上游与下游企业的库存管理活动。在这种情况下，核心企业成了供应链上的数据中心（数据仓库），担负着数据的集成、协调功能。中心化库存优化控制的目标是使供应链上总的库存成本最小，即 $\min TC = \min(C_h + C_t + C_s)$。这种方法的优势在于能够对整个供应链系统的运行有一个较全面的掌握，对供应链上的各节点企业的库存管理活动进行协调。当然，由于它涉及多个环节的动态变化过程，情况十分复杂，实施起来难度相当大。简单来说，目前这种方法仅仅是一种处于理论探讨阶段的库存控制方法，在现实生活中还没有出现这方面的案例。但是，这种理念与思想，对我们改善库存控制的状况有着重要的启发与参考作用。集中式库存策略的缺点是只以库存运作总成本作为唯一目标，忽略了供应链的客户服务水平以及对市场的快速反应能力，并且还需在库存总成本最低时，考虑各个库存点的相互关系，对供应链各个库存节点进行协调和调整，这样无形中就增加了库存管理协调的难度。

（2）非中心化多级库存优化与控制。非中心化控制是把供应链的库存控制分为三个成本中心，即制造商成本中心、分销商成本中心以及零售商成本中心，它们各自根据自己的情况制定优化的库存控制策略。这种库存策略思想类似于传统的纵向一体化企业各下属企业的库存控制，要取得整体的供应链优化效果，需要提高供应链的信息共享程度，扩大供应链管理的透明度来实现库存控制的优化。非中心化多级库存优化与控制能使企业根据自己的实际情况而独立做出快速的库存控制决策，有利于发挥企业的独立自主性和灵活机动性。但是，这种方法对企业之间的协调性以及供应链信息的共享要求很高，如果企业之间协调性不好、信息透明度不高，有可能导致各自为政的局面，达不到预期的良好结果。

3. 多级库存优化运作流程

集中式库存控制策略是将控制中心放在核心企业上（见图 6－9 中的制造商），由核心企业对供应链系统的库存进行控制，协调上游与下游企业的库存活动，即核心企业成

为供应链的数据中心（数据仓库），负责处理订单数据、电子交付、货运单处理、需求预测以及计划协调等功能。集中式多级库存控制系统往往是网络型供应链，即有多个供应商和多个零售商，甚至多个分销中心，但按照供应链实际运作功能，一般仍可分为三级供应链，包括供应—生产—分销三级模型，供应链存储费用的积累过程如图 6－10 所示。

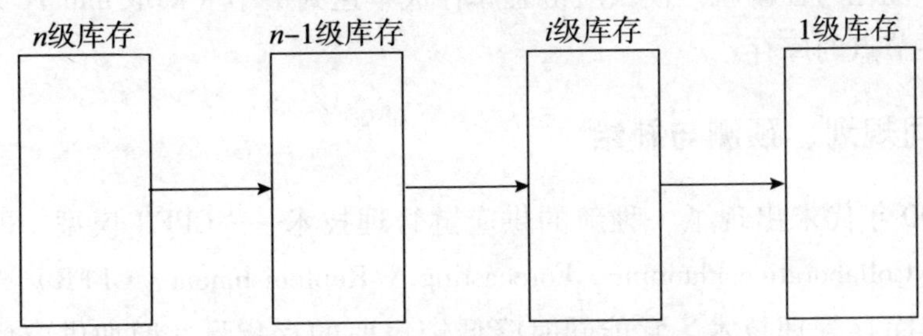

图 6－10　供应链存储费用的积累过程

多级供应链库存控制一般由分销中心汇总各零售商的订单，产生总订货单，传递给制造商，由制造商根据订单以及部分零售商与客户信息决定生产计划，同时对上游供应商发出物料订单。而对于供应链多级库存控制系统的补充订货策略可以在级库存的基础上实施。所谓“级库存”是指：供应链上各节点级库存＝某一库存节点现有库存＋转移到或正在转移给其后续节点的库存。采用级库存控制策略后，每个库存节点不再是只检查本库存点的库存数据，而是检查处于供应链整体环境下的某一级库存水平，以消除信息扭曲现象。级库存策略的库存决策是基于对其下游企业的库存状态完全掌握的基础上，因此需要较好的企业协调关系和技术保证。

4. 供应链库存成本目标函数

多级库存控制策略以供应链为整体进行系统分析，以供应链上最小库存成本为目标函数。在多级供应链库存模型中，供应链存储费用如图 6－10 所示，主要包括下列成本费用。

（1）存储成本 C_1，存储费用主要包括资金成本、仓库折旧费等。则整个供应链的存储费用为

$$C_1 = \sum_{i=1}^{n} M_i q_i$$

式中：M_i——单位周期内单位产品（或原材料、零件等）的存储费用；

q_i——第一点库存量。

（2）订货成本 C_2，即在供应链企业交易合作过程中产生的各种费用，包括谈判要价、准备订单、商品检验费用、佣金等。在供应链管理中，随着订货次数与订货数量的增加，订货费用会逐步降至最低。

（3）缺货成本 C_3，即供应链产品供不应求时，为了完成订单而加班或改变运输方式而引起的人工或管理费用等。

（4）丢单损失成本 C_4，即由于市场波动，当产品缺货时，从而失去销售机会和部分客户所形成的机会损失成本。

（5）运输成本 C_5，即供应链各节点企业之间以及供应链对外部客户的运输成本。

则整个供应链总库存成本为：$TC = C_1 + C_2 + C_3 + C_4 + C_5$。

多级库存优化与控制就是使供应链总库存成本达到最小（即取 min TC）的基础上，协调供应链各节点的库存。

6.6.4 协同规划、预测与补给

20 世纪 90 年代末出现了一种新的供应链管理技术——CPFR 模型，即协同规划、预测和补给（Collaborative Planning，Forecasting & Replenishment，CPFR），这是一种协同式的供应链库存管理技术，它能同时降低销售商的存货量，增加供应商的销售量，其运作框架如图 6－11 所示。

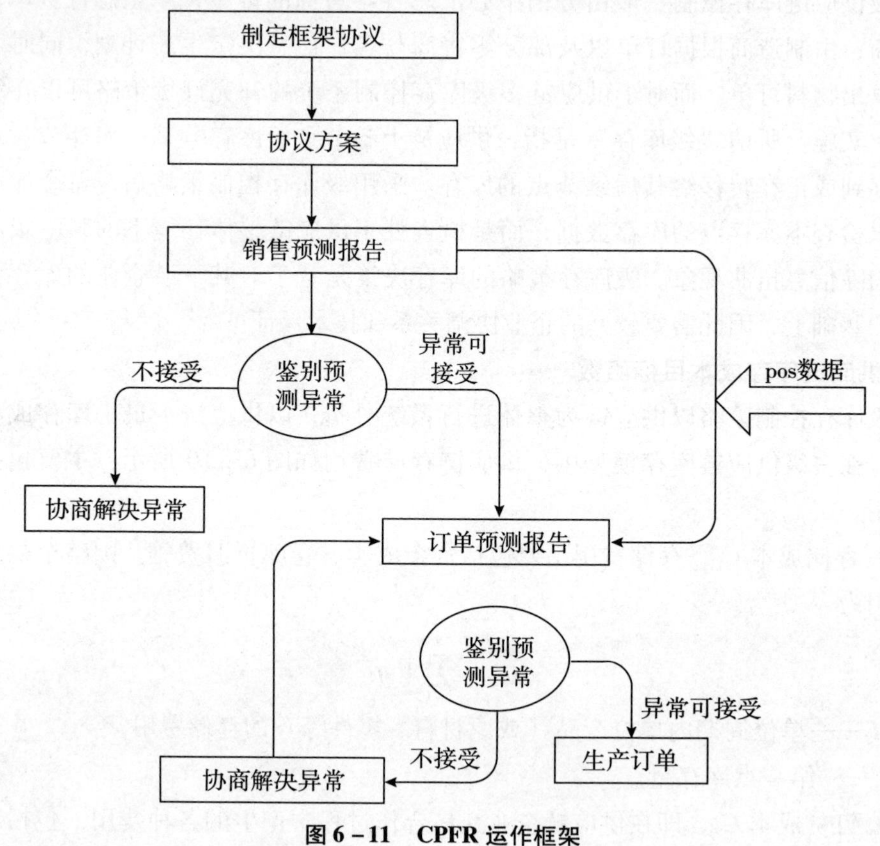

图 6－11　CPFR 运作框架

1. CPFR 的主要特点

CPFR 的主要特点如下。

（1）协同。从 CPFR 的基本思想看，供应链上下游企业只有确立了共同的目标，

才能使双方的绩效都得到提升，取得综合性的效益。CPFR 这种新型的合作关系要求双方长期承诺公开沟通、信息分享，从而确立其协同性的经营战略，尽管这种战略的实施必须建立在信任和承诺的基础上，但是这是买卖双方取得长远发展和良好绩效的唯一途径。正因为如此，所以协同的第一步就是保密协议的签署、纠纷机制的建立、供应链计分卡的确立以及共同激励目标的形成（例如不仅包括销量，也同时确立双方的盈利率）。应当注意的是，在确立这种协同性目标时，不仅要建立起双方的效益目标，更要确立协同的盈利驱动性目标，只有这样，才能使协同性能体现在流程控制和价值创造的基础之上。

（2）规划。1995 年沃尔玛与 Warner – Lambert（华纳兰伯特）的 CFAR 为消费品行业推动双赢的供应链管理奠定了基础，此后当 VICS（道路交通情报通信系统）定义项目为公共标准时，认为需要在已有的结构上增加“P”，即合作规划（品类、品牌、分类、关键品种等）以及合作财务（销量、订单满足率、定价、库存、安全库存、毛利等）。此外，为了实现共同的目标，还需要双方协同制订促销计划、库存政策变化计划、产品导入和中止计划以及仓储分类计划。

（3）预测。任何一个企业或双方都能做出预测，但是 CPFR 强调买卖双方必须做出最终的协同预测，像季节因素和趋势管理信息等无论是对服装或相关品类的供应方还是销售方都是十分重要的，基于这类信息的共同预测能大大减少整个价值链体系的低效率、死库存，促进更好的产品销售，节约使用整个供应链的资源。与此同时，最终实现协同促销计划是实现预测精度提高的关键。CPFR 所推动的协同预测还有一个特点是它不仅关注供应链双方共同做出最终预测，同时也强调双方都应参与预测反馈信息的处理和预测模型的制定和修正，特别是如何处理预测数据的波动等问题，只有把数据集成、预测和处理的所有方面都考虑清楚，才有可能真正实现共同的目标，使协同预测落在实处。

（4）补货。销售预测必须利用时间序列预测和需求规划系统转化为订单预测，并且供应方约束条件，如订单处理周期、前置时间、订单最小量、商品单元以及零售方长期形成的购买习惯等都需要供应链双方加以协商解决。根据 VICS 的 CPFR 指导原则，协同运输计划也被认为是补货的主要因素，此外，例外状况的出现也需要转化为存货的百分比、预测精度、安全库存水准、订单实现的比例、前置时间以及订单批准的比例，所有这些都需要在双方公认的计分卡基础上定期协同审核。潜在的分歧，如基本供应量、过度承诺等双方事先应及时加以解决。

2. CPFR 的运作步骤

在实施过程中，为了满足用户的需求，企业有必要成立一些交叉小组，共同研究企业的生产计划及资源调度等问题，与供应商之间的关系要建立在“双赢”的基础之上：对客户则必须承担不断变化的责任和义务；企业自身则要以供应链的顺利运作为首要目标，自觉抵制其他诱惑，恪守行业标准。企业的绩效评价准则和奖励机制也要以上述变化为根据作相应调整。CPFR 的建立和运行离不开现代信息技术的支持。CPFR 信息应用系统的形式有多种，但设计时应尽量维持现行的信息标准不变：信息系统尽可能做到具有可缩放性、安全、开放性、易管理和维护、容错性等特点。

1）识别可比较的机遇

CPFR 有赖于数据间的比较，这既包括企业间计划的比较，又包括一个组织内部新计划与旧计划，以及计划与实际绩效之间的比较，这种比较越详细，CPFR 的潜在收益越大。

在识别可比较的机遇方面，关键在于以下几点。

①订单预测的整合：CPFR 为补货订单预测和促销订单提供了整合、比较的平台，CPFR 参与者应该收集所有的数据资源和拥有者，寻求一对一的比较。

②销售预测的协同：CPFR 要求企业在周计划促销的基础上再做出客户销售预测，这样将这种预测与零售商的销售预测相对照，就可能有效地避免销售预测中没有考虑促销、季节因素等产生的差错。

2）数据资源的整合运用

（1）不同层面的预测比较。

不同类型的企业由于自身的利益所驱使，计划的关注点各不相同，造成信息的来源不同，不同来源的信息常常产生不一致。

CPFR 要求协同团队寻求到不同层面的信息，并确定可比较的层次。

例如，一个供应商提供四种不同水果香味的香水，但是零售商不可能对每一种香味的香水进行预测，这时供应商可以输入每种香味的预测数据，CPFR 解决方案将这些数据收集起来，并与零售商的品类预测相比较。

（2）商品展示与促销包装的计划。

CPFR 系统在数据整合运用方面一个最大的突破在于它对每一个产品进行追踪，直到店铺，并且销售报告以包含展示信息的形式反映出来，这样预测和订单的形式不再是需要多少产品，而且包含了不同品类、颜色及形状等特定展示信息的东西，这样数据之间的比较不再是预测与实际绩效的比较，而是建立在单品基础上、包含商品展示信息的比较。

（3）时间段的规定。

CPFR 在整合利用数据资源时，非常强调时间段的统一，由于预测、计划等行为都是建立在一定时间段基础上，所以，如果交易双方对时间段的规定不统一，就必然造成交易双方的计划和预测很难协调。供应链参与者需要就管理时间段的规定进行协商统一，诸如预测周期、计划起始时间和补货周期等。

3）组织评判

一旦供应链参与方有了可比较的数据资源，它们必须建立一个企业特定的组织框架体系以反映产品和地点层次、分销地区以及其他品类计划的特征。

通常企业往往在现实中采用多种组织管理方法，CPFR 能在企业清楚界定组织管理框架后，支持多体系的并存，体现不同框架的映射关系。

4）商业规则界定

当所有的业务规范和支持资源的整合以及组织框架确立后，最后在实施 CPFR 的过程中需要决定的是供应链参与方的商业行为规则，这种规则主要表现在例外情况的界定和判断上。

本章小结

从物流角度而言，仓储库存业是物流业的一个主要组成部分，库存管理是物流管理的内容之一，多年来的不懈研究，使得库存管理理论体系不断地完善。同时，一大批与库存控制有关的管理方法与理论不断地提出，并应用到物流管理实践中，其中包括物料需求计划（MRP）、零库存系统（JIT）等。

本章主要以库存基本概念、库存控制决策、库存控制方式为主要内容，讲述了库存决策的定量分析、仓储及其自动化、供应链环境下的库存控制等内容。通过对仓储库存原理和方法的系统学习，读者可以了解仓储库存管理的主要内容，理解仓储库存管理的内涵，掌握物流企业仓储库存活动的基本理论和方法，并能在实践中加以灵活应用。通过学习本章的内容，读者可加深对仓储库存与库存管理问题的认识，并能结合实际运用有关知识进行案例分析。

7 物流信息技术与应用

7.1 物流信息系统

7.1.1 物流信息概述

所谓“信息”简单地可以理解为“消息”，其更确切的定义是“生活主体同外部客体之间有关情况的消息”。那么物流信息的定义就是在物流作业方面的消息，是指物流系统内部以及物流系统与外界相联系的有关情况的消息。对物流信息这个概念的理解可以从以下几个方面进行。

1. 物流信息的组成

从物流信息的定义可知，物流信息一般由两个方面组成：①物流系统内部信息。主要是伴随物流活动而发生的信息，包括物资流转信息、物流作业层信息、物流控制层信息和物流管理层信息。②物流系统外部信息。它是在物流活动以外发生，但是为物流活动服务的信息，包括供货人信息、顾客信息、订货合同信息、交通运输信息、市场信息、政策信息和来自企业内生产、财产等部门与物流有关的信息。

2. 物流信息的特点

与其他领域信息相比，物流信息不仅具有真实性、滞后性、局部性等信息的一般性质，而且还有其特殊性，主要表现在：①物流信息流量大、分布广，影响面也大，且信息的产生、加工和应用在形式、时间、地点上不一致；②物流信息动态性强，信息的价值衰减速度快；③物流信息种类多，分类、研究、筛选等是一系列复杂的过程，操作难度大。

3. 物流信息的作用

对于物流活动来讲，物流信息是物流活动正常进行的条件：①物流信息为物流决策提供依据。任何决策在没有信息的情况下都会成为无源之水、无本之木。对于物流这一涉及面极为广泛、结构复杂、影响较多的系统，物流信息就显得更为重要。只有做到信息灵、情况清，才能做到方向明、决策准。因此，物流信息对企业决策起着十分重要的作用。②物流系统是由多个子系统组成的，通过物料实体的运动联系在一起，一个子系统的输出是另一个子系统的输入。合理组织物流活动，即根据总目标的需要，

适时、适量调度系统内的基本资源，使各个子系统相互协调。物流系统中的相互衔接通过信息予以沟通，基本资源的调度也是通过信息的传递而实现。所以，物流信息对提高企业经济效益有着举足轻重的作用。

7.1.2 物流信息系统概述

1. 物流信息系统的定义及特点

物流信息系统是物流企业（部门）按照现代管理思想、理念，以信息技术为支撑，对物流信息进行采集、传输、存储、处理、显示和分析等的信息系统。该系统充分利用数据、信息、知识等资源，实施物流业务，支持物流决策，实现物流信息共享，以提高物流企业业务的效率、决策的科学性，其最终目的是提高企业的核心竞争力。它是物流企业针对环境带来的挑战而做出的基于信息技术的解决方案。

集成化、模块化、实时化、网络化和智能化等是物流信息系统的主要特点。

（1）集成化。物流信息系统将业务上相互关联的部分（部门）连接在一起，为企业物流活动中信息处理工作的集成化提供基础。在系统开发过程中，数据库的设计、系统结构以及功能的设计等都应该遵循统一的标准、规范和规程，即集成化。

（2）模块化。将物流信息系统按照功能不同划分为多个不同功能模块的子系统，各子系统通过统一的标准来进行功能模块开发，然后再集成、组合起来使用，这样就能既满足物流企业的不同管理部门的需要，也保证了各个子系统的使用和访问权限。

（3）实时化。借助于编码技术、自动识别技术、GPS（全球定位系统）技术、GIS（地理信理）技术等现代信息技术，对物流活动进行准确实时的信息采集；并采用先进的计算机与通信技术，实时地进行数据处理和物流信息传送；应用网络技术将物流系统中各个不同的部分联系起来，使整个物流信息系统能够即时地掌握和分享属于物流系统中各个不同部分的信息。

（4）网络化。通过互联网将分散在不同地理位置的物流分支机构、供应商、客户等不同部分连接起来，形成一个复杂但有密切联系的信息网络，从而通过物流信息系统这个联系方式实时了解各地业务的运作情况。物流信息中心将对各地传来的物流信息进行汇总、分类，以及综合处理和分析，并通过网络把结果反馈下去，以指导、协调、综合各个地区的业务工作。

（5）智能化。物流信息系统智能化虽然现在还不成熟，但是其发展的方向，在物流信息系统中也有了一些应用。例如，物流企业决策支持系统中的知识子系统，它就负责搜集、存储和智能化处理在决策过程中所需要的物流领域知识、专家的决策知识和经验知识。

随着社会经济的发展、科技的进步，物流信息系统正在向信息分类的集成化、系统功能的模块化、信息采集的在线化、信息存储的大型化、信息传输的网络化、信息处理的智能化以及信息处理界面的人性化方向发展。

2. **物流信息系统的基本功能**

物流系统的不同阶段和不同层次之间通过信息库紧密联系在一起，因而在物流系统中，总存在着对物流信息进行采集、储存、传输、处理、显示和分析的物流信息系统。因此，对物流信息系统可以理解为，是把各个物流活动与某个过程连接在一起的通道，其基本功能可以归纳为以下几个方面。

（1）信息采集。首先，将某种方式记录下的物流信息系统内外的有关数据集中起来，并转化为系统能够接收的形式输入到系统中。

（2）信息存储。数据进入系统之后，经过整理和加工，成为支持物流系统运行的物流信息，这些信息被暂时或永久存储，以供使用。

（3）信息传输。物流信息来自物流系统内外，又为不同的物流职能所用，因而克服空间障碍的信息传输是物流信息系统的基本功能之一。

（4）信息处理。物流信息系统的最基本目标，是将输入数据加工处理成物流信息。信息处理既可以是简单的查询、排序，也可以是复杂的模型求解和预测。信息处理能力的强弱是衡量物流信息系统能力的一个重要方面。

（5）信息输出。物流信息系统的目的是为各级物流人员提供信息。为了便于理解，系统输出的形式应力求易读易懂、直观醒目。它是物流信息系统的主要标准之一。

3. **物流信息系统的组成**

（1）从系统的观点出发，构成物流企业信息系统的主要组成要素有硬件、软件、数据库和数据仓库、相关人员以及企业管理制度与规范等。

硬件包括计算机及必要的通信设施等。例如计算机主机、外存、打印机、服务器、通信电缆及通信设施等。它是物流信息系统的物理设备、硬件资源，是实现物流信息系统的基础，构成系统运行的硬件平台。

软件一般包括系统软件、实用软件和应用软件。系统软件主要有操作系统、网络操作系统等，它控制、协调硬件资源，是物流信息系统必不可少的软件。实用软件的种类很多，对于物流信息系统，主要有数据库管理系统、计算机语言、各种开发工具。国际互联网上的浏览器、群件等，主要用于开发应用软件、管理数据资源、实现通信等。应用软件是面向问题的软件，与物流企业的业务运作相关，实现辅助企业管理的功能。不同的企业可以根据应用的要求来开发或购买软件。

通常，系统软件和实用软件由计算机厂商或专门的软件公司开发，它们构成物流信息系统开发和运行的软件平台，企业可在市场上配置和选购。系统软件种类较少，目前有 MS－DOS、GUI 操作系统（例如 Windows2000、Window XP、UNIX、Linux 等）。实用软件的特点是品种多、新软件产生的频率高、版本更新快，因此用户的选择余地较大。在市场上也有应用软件可供选购，如财务软件、进销存软件等。

数据库用来存放与应用相关的数据，是实现辅助企业管理和支持决策的数据基础，目前大量的数据存放在数据库中。

随着国际互联网的深入应用以及计算机安全技术、网络技术、通信技术等的发展，以及市场专业化分工与协作的深入，物流企业封闭式的经营模式将不断打破，企业及其客户之间将更密切地共享信息，因此企业数据库的设计将面临采取集中、部分集中、分布式管理的决策。

随着物流信息系统应用的深入，采用数据挖掘技术的数据仓库也应运而生。数据仓库技术是一个面向主题、集成化、稳定的、包含历史数据的数据集合，它用于支持经营管理中的决策制定过程。与数据库比较，数据仓库中的信息是经过系统加工、汇总和整理的全局信息，而不是简单的原始信息；同时系统记录的是企业从过去某一时点到目前的各个阶段的实时点的静态信息。因此，数据仓库的根本任务是将信息加以整理归纳，并及时提供给相应的管理决策人员，支持决策过程，对企业的发展历程和未来趋势做出定量分析和预测。

系统的开发涉及多方面的人员，有专业人员、领导、终端用户等，例如企业高层的领导、信息主管、中层管理人员、业务主管、业务人员，系统分析员、系统设计员、程序设计员、系统维护人员等是从事企业物流信息资源管理的专业人员。不同的人员在物流信息系统开发过程中起着不同的作用。对于一个物流企业来说，应该配备什么样的专业队伍取决于企业对 LIS（实验室信息系统）的认识，取决于企业对 LIS 开发的管理模式。

随着数据库存储越来越多的企业运作相关数据（内部、外部），为满足企业决策的需要，信息分析人员将成为企业急需的人才。

在物流行业，新的管理思想和理念不断产生和付诸实践，如供应链管理理念、第三方物流等。物流企业本身的决策者和管理者及其客户所能接受和贯穿的管理思想和理念的程度决定 LIS 的结构，是 LIS 的灵魂。

物流企业管理制度与规范通常包括组织机构、部门职责、业务规范和流程、岗位制度等，它是物流信息系统成功开发和运行的管理基础和保障，是构造物流信息系统模型的主要参考依据，制约着系统硬件平台的结构、系统计算模式、应用软件的功能。不同的物流企业，当采取不同的管理理念时，其物流信息系统的应用软件会不同。例如以机械制造业为例，管理理念由库存控制、制造资源管理发展到企业资源管理，其业务层的企业信息系统应用软件随之发生了从 MRP、MRPⅡ到 ERP 的变化，从注重内部效率的提高到注重客户服务，其业务层的企业信息系统应用软件从以财务为中心发展到以客户为中心。

（2）处在物流系统中不同管理层次上的物流部门或人员，需要不同类型、不同层次的物流信息。因此，从层次结构上来看，一个完善的物流信息系统，通常应具有五个层次，如图 7－1 所示的金字塔结构。

①数据库和数据仓库。将收集、加工的物流信息以数据库形式加以存储。数据仓库是一个面向主题、集成化、稳定的、包含历史数据的数据集合，它用于支持经营管理中的决策制定过程。

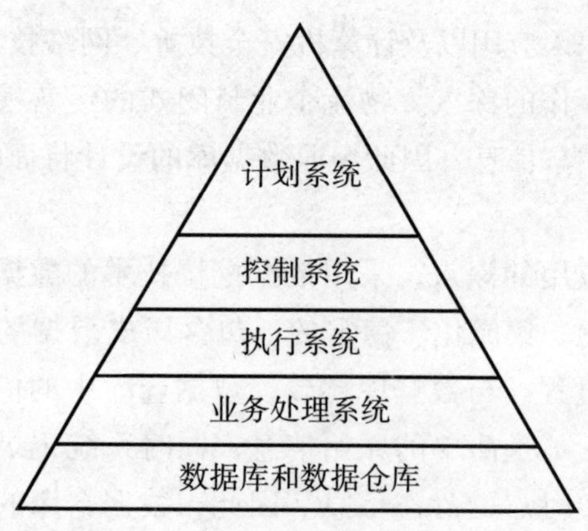

图 7－1 物流信息系统的层次结构

②业务处理系统。对合同、票据、报表等数据进行日常处理。

③执行系统。对运输路径选择、仓库作业计划、库存管理等涉及的问题做出当前运行的短期决策。

④控制系统。建立物流系统的特征值体系，制定评价标准，建立控制与评价模型，根据运行信息监测物流系统的状况。

⑤计划系统。建立各种物流系统分析模型，辅助高层管理人员制订物流战略计划。

7.1.3 物流信息系统的类型

物流信息系统按照不同的标准可以划分为不同的类型。

（1）按系统结构分类：①单功能系统只能完成单一工作，如合同管理系统、物资分配系统等；②多功能系统能完成一个部门或一个企业所包含的全部物流信息管理工作，如仓库管理系统、运输管理系统等。

（2）按系统功能性质分类：①操作型系统按照某个固定模式，对数据进行固定的处理和加工，其输入、输出和处理均不可变；②决策型系统能根据不同的输入数据，运用专家系统的方法，对数据进行不同的加工和处理，并对用户提供决策依据。

（3）按系统配置分类：①单机信息系统，仅能在一台计算机上运行，虽然可以有多个终端，但主机是一个；②网络信息系统，使用多台计算机，相互间网络化，使各计算机实现资源共享。

7.2 物流信息系统的设计

7.2.1 物流信息系统的设计原则及要求

物流信息系统应遵循以下四条原则以满足管理信息的需要，并充分支持企业决策和运作。

（1）系统的原则。建立物流信息系统要从系统的原则出发，使物流信息系统与物流的职能和物流组织机构相互联系。物流组织及手段的变化，以及物流方法的变化，会在一定程度上引起信息需要的变化，而物流机构的变化，也会改变信息流的方向和密度。

（2）经济的原则。建立物流信息系统需要花费一定的财力、物力、人力。应努力做到耗费少，而又能提供数量多、价值高的信息，这就是经济的原则。

（3）逐步发展的原则。商业物流信息系统不可能一开始就十分完善，总要有一个逐步的发展过程。根据物流业的发展要求，物流对信息变化处理手段，在现有的基础上，去积极完善和改进。

（4）统一的原则。在流通信息系统中，商业物流信息系统只是一个分系统。同时，物流信息系统又可分解为若干子系统。因此，物流信息系统要遵循统一的原则，既便于进行物流信息的收集、加工、传递，也便于该系统与流通信息系统相联系，以便于物流信息系统中的其他各子系统相互协调地工作，提高整个系统的工作效率。

同时，物流活动对物流信息系统提出了及时、准确、适用、经济的要求。

（1）及时性。及时性是指一种活动发生时与该活动在信息系统内可见时之间的耽搁，信息系统的及时性指系统状态（如库存水平）以及管理控制（诸如每天或每周的记录）的反馈速度。对客户做出快速反应并及时改进管理决策很有必要，能减少作业和制订计划上的不确定性，这就要求物流信息系统必须及时提供快速及时的管理反馈。

（2）准确性。准确性可以解释为物流信息系统的报告与实物计数或实际状况相比所达到的程度。物流信息系统必须准确地反映当前状况和定期活动，以衡量客户订货和库存水平。

（3）适用性。物流信息系统必须具有很强的适用性，以满足系统用户和客户两个方面的需要。给出的物流报告和显示屏应该具有适当的形式，即其用正确的结构和顺序包含正确的信息。

（4）经济性。物流信息系统不仅在建立时要遵循经济的原则，在运行过程中，也要考虑到经济效益，做到运行成本最低，运行效果最好。

7.2.2 物流信息系统的评价标准

物流信息系统是否科学，主要的评价标准有以下几个。

1. 信息收集的制度化

在物资的实物流转中，物流信息系统应对各种物流信息收集的时间、空间、收集的频率以及收集人员的要求等有统一的规定，以便明确任务和责任，使之制度化。

2. 信息形式的标准化

物流信息的表达形式，如物资的分类与编码，物流专业词汇的统一性，单据、账票、表格形式等，都应按统一的标准，如需变更，也应按照统一的标准进行变更。

3. 信息传递的规范化

物流信息数以万计而且瞬息万变。这些信息的形式不同，内容各异，而且信息的使用部门不同，物流信息系统如果不对信息的传递方式、途径、方向、路线等作出明确的规定，并加以规范化，那就容易造成信息在传递中拥挤、排队、混乱、失真，甚至出现错误，反馈不灵。

4. 信息内容的系统化

物流信息系统不仅能在时间上连续不断地提供信息，而且提供的信息在空间上也具有系统性，即其信息内容能够全面地反映物流的各方面、各个时期的变化。

5. 信息储存档案化

在物流信息的使用过程中，有的信息使用后仍有价值，特别是经处理后的信息，后续若再次使用就需要当时进行储存，不断地增加和积累物流信息。为了将物流信息储存好，又便于将来检索，就要求物流信息系统做到物流信息储存档案化。

7.2.3 物流信息系统的设计过程

建立物流信息系统，不是单项数据处理的简单组合，其涉及的内容极多、范围极广，从信息的采集、传输、储存、处理、显示和分析到系统决策，从运输部门、存储部门、包装部门、装卸搬运部门、流通加工部门到配送部门，因此，必须首先要有系统规划。对系统整体规划好之后，才能对每一子系统逐个进行开发。所以，要设计一个物流信息系统，大体上可以分为以下两大步骤。

1. 系统规划

物流信息系统规划是系统设计的最重要阶段，一旦做好了系统规划，即可按照数据处理系统的分析和设计持续进行工作，直至系统的实现。

一般地，物流信息系统的规划过程可分为以下四个基本步骤。

（1）定义管理目标。确立各级管理的统一目标，局部目标应服从总体目标。

（2）定义管理功能。确定管理过程中的主要活动和决策。

（3）定义数据分类。在定义管理功能的基础上，把数据按其支持不同的管理功能分类。

（4）定义信息结构。确定信息系统各个部分及其相互数据之间的关系，导出各个独立性较强的模块，确定模块实现的优先关系，即划分子系统。

2. 系统开发

以系统规划为基础进行系统开发，一般可以分为以下五个阶段。

1）系统调研与分析

针对现行系统和管理方法以及信息流程等有关情况进行分析、研究，给出有关调研图表，提出信息系统设计的目标以及达到此目标的可能性。调查分析阶段要求做到以下几点。

(1) 掌握物流信息的内容、格式和流程。

这个阶段通常包括：掌握各种物流台账的内容、各种台账的用途和流通路径、各台账之间的关系等。

(2) 做出物流功能和物流信息的关系图。

不同的物流功能与信息间存在着不同的关系，在做关系图时应充分调查、分析物流功能的方式。如库存控制功能与物流信息的关系，可建立如图7-2所示的关系图。

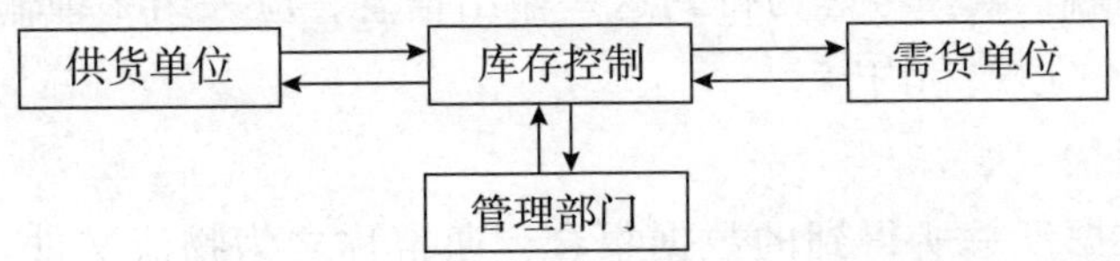

图7-2 库存控制功能与物流信息关系图

在图7-2中，库存控制包含流通信息；提供货源、实际供货是由供货单位来完成的；物流管理部门通过库存控制功能不仅可以了解供货单位的供货和到货情况，还可以知道需货单位需要什么样的货物及数量等情况；供货单位与需货单位之间的关系，就是由物流管理部门进行控制的。

(3) 选定由电子计算机处理的信息。

根据物流部门的实际需要和计算机的功能，判断哪些信息将由电子计算机处理。电子计算机处理信息的效果可分为直接效果和间接效果。直接效果表现为电子计算机处理的信息推动物流活动开展的情况；间接效果也称之为计量效果，指由于使用了电子计算机后而减少了人员、设备，节约了资金等效果。

(4) 选定电子计算机处理的方式。

电子计算机用于信息处理的方式，主要有如下两种。

①成批处理。这种信息处理方式，选择确定时间间隔，随后输入物流台账数据，然后再进行处理。成批处理的优点在于处理费用较低，但不适用数据产生后需要立即处理的场合。

②实时处理。这种处理方式是每当有物流信息时，则立即把数据输入电子计算机内进行处理。这种方式显然适用于有实时性要求的场合。

由于物流管理存在着多方向性和多功能性，上述两种信息处理方法通常在不同的场合选用。一般地说，对于物流现场的管理多采用实时处理，在物流决策部门多采用成批处理方式。

2) 系统逻辑模型设计

在系统调研的基础上，从整体构造物流信息系统的逻辑模型，对各种模型进行优选，确定出最终方案。根据确定的方案，建立信息处理模型。

构造物流信息系统的逻辑模型，就是根据物流管理的对象，设定物流信息处理的方法。由于物流信息系统的逻辑模型是允许不断修改的，因此它不一定就是最终方案。

建立物流信息系统的逻辑模型主要包括以下五个内容。

（1）设定输出条件。

首先按物流活动调查与分析所得到的物流功能和信息之间的关系图，进一步分析比较，以判断某种物流功能的模型是否有需改进之处。然后再进一步讨论物流信息的形式和内容。最后设定输出的条件。

（2）设定输入条件。

输出条件设定后，就要考虑为得到这些输出信息，应采用哪种输入方式的路径以及输入信息的数量、形式和内容。

（3）设定文件。

物流信息的数据汇总所得到的数据集合，通常称之为物流文件。所谓设定文件，是指在物流文件中选择好文件的种类、形式和内容的文件。

（4）设定代码。

计算机处理的信息必须代码化。设定代码便于使用、添加、订正、剔除。

（5）设定处理模型。

待输出、输入、代码等均已设定后，再进一步研究、确定实际的计算机处理系统。内容包括确定电子计算机机种、外部设备及时间的调度方式等，做出流程图后进而设定处理模型。

3）系统物理设计

以逻辑模型为框架，利用各种编程方法，实现逻辑模型中的各个功能块，如确定并实现系统的输入、输出、储存及处理方法。此阶段的重要工作是程序设计，其主要内容如下。

（1）输入、输出代码的设计。

按照前阶段确定的信息处理模型，确定电子计算机输入物流数据的形式；确定所用的设备；物流台账设计；制定检验数据错误的方法等。进行输出信息的设计；选定输出设备；制定报表文件格式。文件设计的内容包括：确定是选择采用顺序查找文件方法时所使用的磁带文件，还是选择采用随机查找文件的方法所使用的磁盘文件。设定处理过程时，要画出处理过程的流程图，作为程序设计的依据。

（2）写出程序说明书并进行程序设计。

根据系统软件的条件，对程序编制进行说明和进行程序框图的设计，进而采用高级算法语言进行程序设计，编写出具有各种功能的程序，并对该程序进行调试。

4）系统实施

系统实施是将系统的各个功能模块进行单独调试和联合调试，对其进行修改和完善，最后得到符合要求的物流信息系统软件。它主要包括以下内容。

（1）程序设计管理。

程序设计管理是指由程序编制开始到程序执行完毕期间，对物流信息处理程序进行标准化，以使程序可以通用。同时，对已经完成的各种信息处理程序进行登记和储存，以便随时调取使用。

(2) 电子计算机的操作管理。

操作管理，要求写出电子计算机运行说明书，制定运行时的操作，输入、输出设备操作，各种信息的选择处理、显示等。

(3) 电子计算机的运行管理。

在电子计算机用于信息处理的具体运行时，对输入数据、输出信息，以及整个运行情况进行的管理，称为运行管理。

5) 系统维护与评价

在信息系统试运行一段时间后，根据现场要求和变化，对系统做一些必要的修改，进一步完善系统，最后和用户一起对系统的功能、效益作出评价。

7.3 新信息技术在物流中的应用

目前，信息技术日新月异，其速度和能力迅速提高。由于物流活动具有的特点和功能，有以下五项信息技术在物流方面的广泛应用中显示出其优越性。这些技术包括电子数据交换（EDI）、条码和扫描仪、人工智能/专家系统、个人电脑及通信。

7.3.1 电子数据交换

电子数据交换是按照协议的标准结构格式，将标准的经济信息，通过电子数据通信网络，在商业伙伴的电子计算机系统之间进行交换和自动处理。现在，EDI 系统被确认为公司之间计算机与计算机交换商业文件的标准形式。EDI 系统使用电子技术，而不是通过传统邮件、快递或者传真描述两个组织间传输信息的能力和实践。能力指计算机系统有效传输的能力；实践指两个组织有效利用信息交换的能力。EDI 系统的应用将会：①提高内部生产率；②改善流通渠道；③提高外部生产率；④提高国际竞争能力；⑤降低作业成本。

EDI 系统通过更快的信息传输以及减少数据登录的冗杂工作来提高生产率，通过减少数据登录的次数和个体数提高精确性。

EDI 系统通过以下几个方面对物流作业成本产生影响：①降低与印刷、邮寄以及处理书面交易有关的劳动和物料成本；②减少电话、传真以及电传通信费用；③减少抄写成本。

据美国 JC Penney（杰西潘尼）公司统计，从书面媒体转换成电子媒体，其每票货的成本从 0.29 美元减少至 0.05 美元。另据 Texas Instruments（德州仪器）公司报告，EDI 系统的应用将装运差错减少 95%，实地询问减少 60%，数据登录的资源需求减少 70%，全球采购的循环时间减少 57%。

1. EDI 系统的软件构成

实现 EDI 系统需要配备相应的 EDI 系统软件。EDI 系统用户的应用软件包括以下五个模块。

（1）用户接口模块。

用户接口包括用户界面和查询统计。用户界面是 EDI 系统的外包装，它的设计是否美观、使用是否方便直接关系到 EDI 系统产品的外在形象在用户心中的好坏。查询统计部分可以帮助管理人员了解本单位的情况，业务管理人员可用此模块进行输入、查询、统计、中断、打印等，及时了解市场变化，调整策略。

（2）内部接口模块。

使用 EDI 接口的用户，在某种程度上都有自己的计算机应用系统，也就是前面所说的企业内部 MIS（管理信息系统）。内部接口模块是 EDI 系统内部其他信息系统及数据库的接口。一份来自外部的 EDI 报文，经过 EDI 系统处理之后，大部分相关内容都需要经内部接口模块送往其他信息系统，或查询其他信息系统才能给对方 EDI 系统报文以确定的答复。例如，一份到货通知单到达后，EDI 系统可以通过内部接口模块修改财务、库存等 MIS 的记录，使新数据立刻在这些系统中得到反映。

（3）报文生成和处理模块。

报文生成和处理模块的作用是接受来自用户联系接口和其他通信系统以及数据库内部联系接口模块的命令和信息，按照 EDI 系统标准生成订单、发票、合同以及其他各种 EDI 报文和单证，经核实转换模块处理后，提交给通信模块，经 EDI 系统通讯网转发给其他 EDI 系统的用户。通信模块将接到的来自其他 EDI 系统的 EDI 系统报文进行自动处理，按照不同的 EDI 报文类型、不同的应用过程进行处理，如订单处理、发票处理等。在报文处理过程中也可能发生意外情况，例如，由于各种原因不能满足用户在交货时间和式样等方面的要求而需要管理人员决策时，应该把这类事件提交给用户联系接口作为紧急例外，由人工干预。

（4）格式转换模块。

格式转换模块将各种 EDI 系统的报文按照 EDI 系统结构化的要求，做结构化处理，按照 EDI 语法规则进行压缩、重复、嵌套和代码转换，并加上相应的语法控制字符后提交给通信模块，再发送给其他 EDI 用户。或者，将其他 EDI 系统通信模块所收到的结构化的 EDI 报文，先进行非结构化的处理，然后，再经信息系统或数据库做进一步的处理。对在格式转换过程中语法出错的 EDI 报文，将拒绝接收并通知对方重发。

（5）通信模块。

该模块是 EDI 系统与 EDI 通信网络的接口。根据 EDI 通信网络的结构不同，该模块的功能也有所不同。但是有些基本的通信功能，如执行呼叫、自动重发、合法性和完整性检查、出错报警、自动回应、通信记录、报文拼装和拆卸等都是必备的，有些还需要地址转换等工作。在某种程度上，通信模块与通信网络是一体的，它们的作用

就是使EDI系统能够在一个安全、可靠、方便的通信平台上顺利地运行。如今，越来越多的EDI系统使用Internet作为通信网络。

这样，五个模块构成了EDI系统的软件支持，它们之间相互协调共同完成EDI的系统功能。

除以上这些基本模块外，EDI系统还必须具备以下一些基本功能。

（1）命名和寻址功能。

EDI系统的终端用户在共享的名字当中必须是唯一可标识的。命名和寻址功能包括通信和鉴别两个方面。在通信方面，EDI系统是利用地址而不是名字进行通信的，因而要提供按名字寻址的方法，这种方法应建立在开放系统目录服务ISO9594（对应ITU－TX.500）基础上。在鉴别方面，有若干级必要的鉴别，即通信实体鉴别、发送者与接收者之间的相互鉴别等。

（2）安全功能。

在上述所有模块中，都应包含安全功能，它们分别对应不同的数据的安全、加密和解密的工作。例如，在用户接口模块中，必须具备用户身份识别功能，防止非授权用户任意操作或使用EDI系统，以免受到人为的破坏或损失。在报文生成和处理模块与金融系统交换处，所有模块都要具备身份验证和终端确认等功能。事实上，由于信息技术的发展，利用EDI系统交换商业金融数据，要比用人工传递有形凭证更为安全可靠。

（3）语义数据管理功能。

在EDI系统中，EDI系统参与者所交换的信息客体称为邮包。在交换过程中，如果接收者从发送者所得到的全部信息包括在所交换的邮包中，则认为语义完整，并称该邮包为完整语义单元（CSU）。CSU的生产者和消费者统称为EDI系统的终端用户。

完整语义单元（CSU）是由多个信息单元（IU）组成的，其CSU和IU的管理服务功能包括：IU应该是可标识和区分的；IU必须支持可靠的全局参考；应能够存取指明IU属性的内容，如语法、结构语义、字符集和编码等；应能够跟踪和对IU定位、对终端用户提供方便和始终如一的访问方式。

2. EDI系统的操作

当今世界通用的EDI系统通讯网络是建立在MHS（报文处理系统）数据通信平台上的信箱系统，其通信机制是信箱间信息的存储和转发。具体实现方法是：在数据通信网上加挂大容量信息处理计算机，在计算机上建立信箱系统，通信双方需申请各自的信箱，其通信过程就是把文件传到对方的信箱中。文件交换由计算机自动完成，在发送文件时，用户只需进入自己的信箱系统。

通信流程基本过程如下。

（1）映射——生成EDI系统平面文件。

EDI系统平面文件（Flat File）是通过应用系统将用户的应用文件（如单证、票据）或数据库中的数据而映射成的一种标准的中间文件。这一过程被称为映射（Mapping）。

购货从签订合同开始，从订货到验收入库的整个交易转化为各条的合同记录、到货记录、检验单等贸易单证，在企业内部信息处理过程中转化为各条的合同记录、到货记录、验收记录等。对合同和各类单据凭证的管理过程也变成将各种记录写入相应的数据库中和对这些数据库文件进行管理的过程。文件信息的内容除一些固定格式信息外，其主体信息的构成是根据具体某类业务管理的要求和原单证的栏目来确定的。对于一般电子商贸系统的用户来说，所用的电子商贸系统所提供的报文格式绝大多数都是一张张标准的商贸单证格式，用户只需在屏幕上填写单证，按系统提示操作即可。通常情况下用户不必涉及内部详细的技术问题。

（2）转换——生成EDI系统的标准格式文件。

其功能是将平面文件通过转换软件生成EDI系统的标准格式文件。EDI系统的标准格式文件就是所谓的EDI系统的电子单证，或称电子票据。它是EDI系统的用户之间进行贸易和业务往来的依据。EDI系统标准格式文件是一种只有计算机才能阅读的ASCII文件。它是按照EDI的数据交换标准（即EDI系统的标准）的要求，将单证文件（平面文件）中的目录项，加上特定的分割符、控制符和其他信息，生成的一种包括控制符、代码和单证信息在内的ASCII码文件。

（3）通信——传递文件。

这一步由计算机通信软件完成。在电子商贸系统中，用户一般都是通过调制解调器或者用通信线路将本单位的计算机与电子商贸系统的中心节点和服务器相连，所以用户填报的各种商务单证文件的内容都是通过调制解调器或租用的通信线路传送到主系统，然后再由主系统进行处理、加密、打包、压缩后发到商贸业务的对方。

EDI系统文件的接收和处理过程是发送过程的逆过程。首先需要接收用户通过通信网络接入EDI系统信箱系统，打开自己的信箱，将来函接收到自己的计算机中，经格式校验、转换、映射还原成应用文件。最后对应用文件进行编辑、处理和回复。

在实际操作过程中，EDI系统为用户提供的EDI系统的应用软件包，其中包括了应用系统、映射、转换、格式校验和通信连接等全部功能。其处理过程，用户可看作是一个“黑匣子”，完全不必关心里面具体发生的过程。

7.3.2　条码和扫描仪

信息收集和交换对物流信息管理和控制至关重要。典型应用包括仓库的入库跟踪和杂货店的销售跟踪。以往，信息的收集和交换通过手工书面的程序完成，既费时又容易出差错。自从将条码和电子扫描等识别技术应用于物流业中，物流信息的采集和交换大大加快，对物流业的发展有了很大促进。

1. 条码技术

条码技术是20世纪在计算机应用中产生和发展起来的一种自动识别技术，是集条码理论、光电技术、计算机技术、通信技术、条码印制技术于一体的综合性技术。标

准化的条码在接收、处理或转运产品时可减少错误。通用产品标码初次使用于1972年，它给每一位制造商和产品分配一个5位数的号码。

条码技术是物流自动跟踪的最有力工具，被广泛应用。条码技术具有制作简单、信息收集速度快、准确率高、信息量大、成本低和条码设备方便易用等优点，所以从生产到销售的整个流通转移过程中，条码技术起到了准确识别物品信息和快速跟踪物品历程的重要作用，它是整个物流信息管理工作的基础。条码技术在物流的数据采集、快速响应、运输等方面的应用极大地促进了物流业的发展。

目前，条码的发展和其应用正以极快的速度增长，目标是要在最小的面积中包含尽可能多的信息，但是，编码越小越紧凑，扫描出现错误的可能性越大，因此，新的编码技术融合了找错和纠错能力。

2. 二维码技术

二维码又称二维条码，常见的二维码称为QR Code，其QR全称是Quick Response且二维码是一个近几年来移动设备上流行的一种编码方式，它比传统的条形码能存储更多的信息，也能表示更多的数据类型。二维码是在一维条码的基础上扩展出的另一维具有可读性的条码，使用黑白矩形图案表示二进制数据，被设备扫描后可获取其中所包含的信息。一维条码的宽度记载着数据，而其长度没有记载数据。二维码的长度、宽度均记载着数据。二维码有一维条码没有的"定位点"和"容错机制"。容错机制在即使没有辨识到全部的条码，或是说条码有污损时，也可以正确地还原条码上的信息。

3. 扫描仪技术

自动识别技术的另一个关键组件是扫描处理，是条码系统的"眼睛"。扫描仪从视觉上收集条形码数据，并将其转换成可用信息。常用的扫描仪有两种类型：手提式和固定式。手提扫描仪既可以是激光枪（非接触式），也可以是激光棒（接触式）；固定扫描仪既可以是自动扫描仪（非接触式），也可以是卡式阅读器（接触式）。接触技术需要用阅读装置实际接触条码，以减少扫描差错，但降低了灵活性。激光枪目前最流行，速度超过激光棒。

扫描仪技术在物流方面有两大应用：第一种是零售商店的销售点。除在现金收款机上给顾客打印收据外，更重要的是在商店层次提供精确的存货控制。第二种是针对物料搬运和跟踪。通过使用扫描仪，物料搬运人员能够跟踪产品的搬运、装卸、入库和储存地点。在物流应用中更广泛地使用扫描仪，将会提高生产率，减少差错。

7.3.3 人工智能

人工智能是又一个有助于物流管理、以信息为基础的技术。人工智能是指一组旨在使计算机模拟人类推理的技术，其着重于象征性推理，而不是数值处理。人工智能包括的技术有专家系统、自然语言翻译器、神经网络、机器人、讲话识别以及3D视觉等。其中专家系统一般包括三个组成部分：知识库、推理动力及用户界面。

（1）知识库包含专家意见，采用的形式是一系列“If… Then…”英文的条件语句。通常，它是对有关决策所需使用的数据和推理去访问一系列“专家”而开发出来的。综合和协调这种由若干专家参与的决策推理，开发具有实质内容的知识库，可使缺乏经验的人员遇到问题时通过专家意见做出更有效的决策。

（2）推理动力在知识库中搜索并确认有关具体决策所适用的规则。

（3）用户界面有助于决策者和专家系统之间交互影响，该界面用自然语言以格式化形式向用户提出关键问题，并对用户的反应做出解释。良好的界面允许用户提炼知识库，使之获得额外信息或专家意见。

目前，专家系统和人工智能所关注的是，把数据和信息转换成可使用知识的能力，吸取和分享专家意见，并且把知识管理成一种至关重要的竞争资源。虽然人工智能和专家系统在物流方面的应用还很有限，然而已显示其提高物流生产率和物流质量的能力，许多已经应用在物流工作中的人工智能和专家系统都已显示出了良好的效果。

7.3.4 现代智能通信技术

更快和更广泛的通信传输在相当大的程度上提高了物流功能。历史上，物流活动在通信传输上有明显的不利条件，它们无论是在运输还是物料搬运车辆中，都处于运动或非常分散的状态。因此，信息和方向常常随实际活动而在时间和地点上迁移。无线电频率（RF）、卫星通信和图像处理等技术的应用，克服了这些因产品移动和物流分散所导致的问题。

（1）无线电频率技术用于相对较小的范围之内，诸如配送中心，以便于双通道信息交换。其主要的应用的人员是物料搬运人员，诸如叉车驾驶员和订单选择员进行实时通信。无线电频率技术可以使叉车驾驶员获得实时指示，而不是按照几小时以前打印的硬盘复制指示。实时通信提供了更为灵活和更具敏感性的作业，并常常以较少资源获得服务质量的提高。无线电频率技术在物流中的应用，包括仓库的双通道通信选择指示、仓库循环点数核实、标签打印等。

（2）卫星技术可以在广阔的地理区域范围内进行通信。目前利用卫星技术开发出来的产品应用较成熟的是全球定位系统和地理信息系统。

①全球定位系统。GPS 的原始思维理念是将参考的定位坐标系搬到天际上去，可在任何时候、任何地方提供全球范围内三维位置、三维速度和时间信息服务。使用 GPS 可以利用卫星对物流及车辆运行情况进行实时监控，可以实现物流调度的即时接单和即时排单，以及车辆动态实时调度管理。同时，客户经授权后也可以通过互联网随时监控运送自己货物车辆的具体位置。如果货物运输需要临时变化线路，也可以随时指挥调动，大大降低货物的空载率，做到资源的最佳配置。

②地理信息系统。GIS 是人类在生产实践活动中，为描述和处理相关地理信息而逐渐产生的软件系统。它以计算机为工具，对具有地理特征的空间数据进行处理，能以

一个空间信息为主线，将其他各种与其有关的空间位置信息结合起来。它的诞生改变了传统的数据处理方式，使信息处理由数值领域步入空间领域。GIS 的应用领域十分广泛，例如交通、能源、农林、水利、测绘、地矿、环境、航空、国土资源综合利用等。

卫星通信为环球信息传输提供了迅速而又高流量的渠道。这种实时交互方式提供了有关地点和交付的最新信息，调度时可以给卡车重新定向，以便随时对货运需求或交通拥挤做出积极反应。零售链也使用卫星通信技术，迅速把每天的销售量信息传回总部。

（3）图形处理的应用。依靠传真技术和视觉扫描技术，传输和储存运费账单信息，以及其他运输单证，诸如交货收据证明或提单等。图形处理服务的合理性在于：及时的装运信息对顾客来说几乎如同准时交付货物一样重要。当向顾客提供货运信息时，运输单证就被送往图形处理地点，进行电子扫描，以及在系统中进行注册。然后，运输单证的电子图形就被传输到主要的数据中心，在那里它们被储存在可视的光盘里。到了第二天，顾客就能通过计算机链接存取该单证，或打电话给其服务代表。对于顾客申请硬盘复制某份单证，也可以在几分钟之内通过传真传输完成。

无线电频率技术、卫星通信能力及图形处理等在没有得到任何回报之前需要相当大的投资。然而，这些通信技术的最基本利益不是降低成本而是改善客户服务。改善服务通过更及时地明确任务、更快地装运跟踪以及更迅速地传递销售和库存信息等形式提供。当客户注意到实时信息传输的竞争有用时，对通信技术应用的需求将会不断增长。

（4）5G 移动通信技术。5G（即第五代移动电话行动通信标准，也称第五代移动通信技术），理论下行速度为 10GB/s（相当于下载速度 1.25GB/s），大约是现在 4G 网络传输速度的 6 倍，同时还具备毫秒级时延和超高密度连接，其商用化的步伐正在逐步加快。工信部信息通信发展司司长闻库在数字中国建设峰会上提出我国有望在 2019 年下半年推出第一款 5G 手机，而到 2020 年，5G 网络将正式投入商用。

7.4 物流信息化标准体系

针对物流业内某一细分行业或领域的标准有不少，有的标准相对比较成熟，如货物条码标准、海关报关系统、银行金融信息系统、电子口岸平台等，但它们之间相互独立，缺乏一个统一的、综合的物流信息标准体系可以为所有相关的政府职能机构、企业所使用。由此带来的影响是物流企业信息化效率受到制约，需要重复投入大量人力、物力。解决这些问题的根本方法是物流信息标准化，即必须制定出不同物流系统之间信息交流与处理的标准协议或规则，作为跨系统、跨行业和跨地区的物流运作桥梁，以顺利实现企业间的物流信息数据的交流、不同地区间物流信息的交流、供应链系统间信息的交流、不同物流软件系统的信息交流等，最终完成物流系统集成和资源整合的目的。

7.4.1 我国物流信息化标准建设的现状

随着信息技术和物流行业电子商务、电子数据、供应链的快速发展，国际物流业已经进入快速发展阶段。物流系统的标准化和规范化，已经成为发达国家提高物流运作效率和效益、提高竞争力的重要手段。在国际集装箱和EDI技术发展的基础上，各国开始进一步在物流的交易条件、技术装备规格，特别是在单证、法律环境、管理手段等方面推行国际统一标准，使国内物流与国际物流融为一体。在我国，物流信息化标准建设滞后。针对这个问题，全国物流信息管理标准化技术委员会在2004年编制了《物流信息标准体系表》，从标准体系的需求角度出发，给出了物流信息国家标准体系。

2009年9月，我国第一个物流信息化标准诞生，由北京、上海、广东等地的39家物流信息化服务供应商共同组建了“物流信息化共建联盟”，制定统一的技术标准，设置统一的物流交换代码，实现统一的物流数据交换。共建联盟以浙江交通物流公共信息系统为载体，整合物流信息化各方面的服务供应商，包括物流软件开发商、物流公共平台开发商、物流信息化设备供应商等，为物流企业提供物流信息化服务。这个物流信息化标准是物流信息服务提供商发起制定的，它面向的是行业应用，解决了物流信息化标准体系中的部分问题，但也存在明显的缺陷，主要缺陷是没有能够立足社会层面进行标准的系统化制定。完善的物流信息化标准体系应该是由政府主管部门牵头，立法机构、信息技术产业、物流企业、海关及工商等部门参与建设的标准体系。从这个意义上说，我国目前仍然没有建立一个真正的物流信息化标准体系。

7.4.2 我国物流信息化标准建设存在的问题

1. 标准数量少

目前我国已经出台的关于物流的标准不足发达国家的1/10，与物流信息化相关的则更少。标准的缺乏导致了物流企业信息化处于“无法可依”的状态，信息互联互通、数据交换等均存在很多障碍，严重制约了物流产业的发展。

2. 没有形成完整的标准体系

我国虽然已经从需求层面提出了物流信息标准体系结构，但由于标准数量太少，涵盖面很窄，构不成完整的标准体系。此外，也没有根据标准体系结构的需求建设和完善物流信息化标准体系。

3. 与国际标准的接轨程度低

我国在已经制定的标准中，能够与国际接轨的成熟的标准数量较少，大部分是立足本国、本行业内部建立的标准，因此一定程度上制约了与国际物流业的互联互通。

4. 参与国家标准制定的企业较少

标准的制定虽然是由我国政府部门主导，但企业参与标准的制定是必不可少的。从目前情况来看，国家标准制定时企业参与积极性不高。相关企业对行业发展和自身需求

了解最为透彻，只有企业广泛参与到标准制定中来，才能保证标准的科学性、可操作性。

5. 企业执行标准的自觉性不够

标准应该是强制执行的行业规范，但我国已有的一些物流信息标准在推行过程中遇到很多问题，主要原因是企业执行标准的积极性不高，很多企业还是习惯于按照经验办事，没有意识到标准对企业发展的重要作用。

6. 缺乏相关监督检查机制

标准化实施是一个除旧立新的过程，短期来看可能会给相关企业带来改造成本的增加等问题，给标准的实施带来阻力，因此，必须有专门的监督检查机制作为贯彻标准的保证，然而目前我国还没有这样的机制。

7.4.3 建立完善的物流信息化标准体系

提高我国物流标准化建设水平，首要的就是建立一个完善的物流信息化标准体系。我国物流信息化标准体系的建设要符合标准化基本原理，符合产业需求。此外，由于现代物流已不再局限于一个国家和地区，而是一个跨国界、跨地区、跨行业的运作系统，因此，我国物流信息化标准还要与国际标准接轨，便于融入国际大物流系统。一个完善的物流信息化标准体系的基本构成应包括：物流术语标准、物流信息分类编码标准、物流信息设备标准等 10 个类别，如图 7－3 所示。

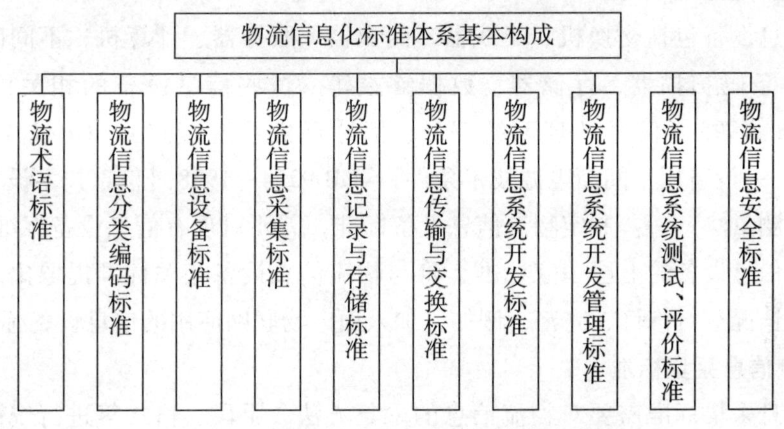

图 7－3 物流信息化标准体系的基本构成

1. 物流术语标准

物流用语常常因国家、地区、行业、人员的不同而具有不同含义，在传递物流信息时可能引起误解和发生差错。因此，必须统一物流专业术语，为物流信息交流提供标准化的语言，这也是物流信息标准化的基础工作。2001 年 8 月，中国物流与采购联合会和中国物流学会颁布施行的《物流术语》国家标准（GB/T 18354—2001），收录并确定了当前物流领域已基本成熟的 145 条术语及其定义，为中国物流信息标准化创造了一个良好的开端。2006 年 12 月 22 日，《物流术语》国家标准修订版（GB/T 18354—2006）正式发布，使原术语 147 条词条增加到 328 条，分为 6 个大类：物流基础术语、物流作业服务术语、物流技术与设施设备术语、物流信息术语、物流管理术语和国际物流术语。随着物流业的发展和国际物流一体化进程的加快，物流术语标准也需要不断完善。我国应密切关注国际物流术语标准，及时调整补充现有的《物流术语》国家标准。

2. 物流信息分类编码标准

物流信息分类编码标准是将大量物流信息进行合理化的统一分类，并用代码加以表示，构成标准信息分类代码，便于人们借助代码进行手工方式或计算机方式的信息检索和查询。这是物流信息系统正常运转的前提。物流信息分类编码标准分为三类，第一类为基础标准，是制定标准时所必须遵循的国际、国内统一的标准，具有较长时期的稳定性和指导性；第二类为业务标准，是针对物流活动的技术标准，对物流信息系统建设具有指导意义；第三类为相关标准，是伴随人类社会技术进步特别是通信和信息处理技术进步而产生的专门领域标准，如电子数据交换（EDI）标准、面向物联网应用的 EPC（4G 核心网络）标准等。我国从 1979 年起着手制定有关标准，到现在已经发布了几十个信息分类编码标准，基本做到了数据元与分类代码齐备，构筑了一个较为完整的代码体系。但从分类编码标准构成现状来看，目前我国还缺少一些应有的标准，如信息分类编码标准的管理规定、信息分类编码标准的注册规定、仓储货位分类代码编码规则等。

3. 物流信息设备标准

物流信息设备包括交换机、集线器、路由器、服务器、计算机、不间断电源、条码打印机、条码扫描器、存储器、数据终端等。这些信息设备的相关国家标准有 GB/T 15533—1995《信息处理系统——小型计算机系统接口》、GB/T 14715—1993《信息技术——设备用不间断电源技术条件》、GB 9254—1998《信息技术设备的无线电骚扰限值和测量法》等。制定物流信息设备标准，需要对现有信息设备标准进行完善，方法是遵循信息设备的上层国家标准，将与物流信息设备相关标准提取出来，并根据物流业实际情况进行修订、完善，例如，加入面向物联网应用的信息设备标准等。

4. 物流信息采集标准

物流信息采集标准需要对物流信息的采集方法、手段、格式等进行统一规定，包括条码标准、射频识别的电子标签标准、GPS 技术标准等。相关标准目前已经比较完善，对这些标准进行综合可形成物流信息采集标准。

5. 物流信息记录与存储标准

物流信息记录与存储标准对物流信息的记录、存储和检索模式等进行规定，包括存储介质、存储形式、存储过程、数据库类型、数据库结构、索引方法、压缩方式、查询处理、数据定义语言、数据查询语言、数据操纵语言、完整性约束等标准。制定该标准需遵循的国家标准有 GB/T 16505. 2—1996《信息处理系统——开放系统互连文卷传送、访问和管理第 2 部分：虚拟卷存储器定义》等。

6. 物流信息传输与交换标准

物流信息传输与交换标准对物流信息的通信协议、传输方式、传送速度、数据格式、安全保密、交换程序等进行统一规定。应遵循的国家标准有 GB/T 15191—1997《贸易数据元目录标准数据元》、GB/T 16833—1997《用于行政、商业和运输业的电子数据交换代码表》、GB/T 16703—1996《用于行政、商业和运输业的电子数据交换的语法实施指南》等。

7. 物流信息系统开发标准

物流信息系统开发标准是对物流信息系统的需求分析、设计、实现、测试、制造、安装检验、运行和维护等建立的标准。该标准可分为四大类：过程标准（包括方法、技术、质量等标准）、产品标准（包括需求、设计、部件、描述、计划、报告等标准）、专业标准（包括职业道德准则、认证、特许、课程等标准）、记法标准（包括语言、表示法等标准）。需遵循的国家标准有 GB/T 1526—1989《信息处理——数据流程图、程序流程图、系统流程图、程序网络图和系统资源图的文件编制符号及约定》、GB/T 13502—1992《信息处理——程序构造及其表示的约定》、GB/T 17175. 1—1997《信息基础开放技术互连——管理信息构造第 1 部分：管理信息模型》等。

8. 物流信息系统开发管理标准

物流信息系统开发管理标准是对物流信息系统开发的质量控制、过程管理、文档管理、软件维护等所制定的统一标准。现有的国家软件开发标准有 GB/T 16680—1996《软件文档管理指南》、GB/T 12505—1990《计算机软件配置管理计划规范》、GB/T 14394—1993《计算机软件可靠性和可维护管理》、GB/T 8567—1988《计算机软件产品开发文件编制指南》等，可供参考。

9. 物流信息系统测试、评价标准

物流信息系统测试、评价标准是对物流信息系统产品进行测试、评价的统一规定和要求。应遵循的国家标准有：GB/T 17544—1998《信息技术——软件包质量要求和测试》、GB/T 17917—1999《商场管理信息系统基本功能要求》、GB 15532—1995《计算机软件单元测试》、GB 13423—1992《工业控制用软件评定准则》、GB/T 16260—1996《信息技术软件产品评价质量特性及其使用指南》等。

10. 物流信息安全标准

物流信息安全标准是为防止对物流信息系统的非法访问而制定的标准，包括物流信息系统中的用户验证、加密解密、防火墙技术、数据备份、端口设置、日志记录、病毒防范等。目前与信息安全相关的国家标准主要有 GB/T 18019—1999《信息技术——包过滤防火墙安全技术要求》、GB/T 18020—1999《信息技术——应用级防火墙安全技术要求》、GB/T 15277—1994《信息处理——64bit 分组密码算法的工作方式》、GB/T 15278—1994《信息处理——数据加密物理层互操作性要求》、GB 17859—1999《计算机信息系统——安全保护等级划分准则》、GB 15851—1995《信息技术安全技术——带消息恢复的数字签名方案》等。

7.4.4 推进物流信息化标准实施的对策

1. 加强标准的宣贯工作，推动标准的实施

建立健全物流信息化标准宣贯推广机制，加大标准的宣贯培训力度，促进物流信息化标准实际使用，提高物流信息化标准的影响力；与行业主管部门密切合作，开展标准的宣贯和培训，向相关企业讲清楚实施标准的意义、潜在的收益等。

2. 建立标准实施监督机制，体现国家标准的强制性

我国于 1989 年 4 月 1 日起就实施了《中华人民共和国标准化法实施条例》，其第 14 条规定“强制性标准，必须执行”。然而，多年来标准化过程中重制定、轻实施、无监督的现象十分常见。其主要原因就是缺乏相应的监督机制。对标准的实施情况进行监督、检查和处理，是保证各级标准贯彻执行的一项重要措施。标准实施监督机制包括两个方面：一是上级主管标准化部门对企业实施标准进行监督，二是企业对标准的实施进行自我监督。

3. 加强标准实施过程中的技术指导和支持

目前物流业内的相关企业信息化程度差异很大，现有信息化平台等也各不相同，实施统一的物流信息化标准工程量大、复杂性高。因此，需要有一支强大的技术队伍做支撑，标准实施初期更是如此。

4. 重视企业隐私数据的保护

实施物流信息化标准必然涉及各企业现有数据的规范化、移植和整合等，企业的隐私数据在这个过程中存在泄露的可能，这是企业不能接受的。此外，统一的物流信息化平台的使用也对数据保护提出了更高的要求。因此，需要采取有力的措施保证标准实施过程中企业数据的安全。

本章小结

信息流是物流业的关键因素，而对其处理更是重中之重。以前信息的处理主要靠人工进行。随着计算机相关技术的发展，计算机已成为处理信息的重要工具。由于信息技术的发展使得信息全球化，从而使得贸易伙伴大量涌现，增加了物流需求，同时信息化使得运输、仓储等物流环节效率大大提高，促进了物流业的发展；同时信息流的发展也部分替代了物流，引起了平均运距缩短、零库存等现象的产生，冲击了传统物流业。总体来说，物流信息的发展扩大了物流需求，并且通过提供低成本的信息交换平台延伸了物流的服务范围，提高了物流效率，降低了经营成本。

本章介绍了物流信息的概念、内容、物流信息的特征以及物流信息系统所要解决的问题。通过本章的学习，读者可以全面了解物流信息管理在物流管理中的作用和重要性，达到对现代物流学中物流信息这个重要的功能要素更深层次的理解的目的。

8 物流系统建模与仿真

8.1 系统仿真基础知识

首先针对真实系统建立模型，然后在模型上进行试验，用模型代替真实系统，从而研究系统性能的方法称为系统仿真。

系统仿真将能一一仿效实际系统的各种动态活动，并把系统动态过程的瞬间状态记录下来，最终得到用户所关心的系统统计性能。

从广义而言，系统仿真的方法适用于任何领域。例如，工程类系统，如机械、化工、电力、电子等；非工程类系统，如交通、管理、经济、政治等。

8.1.1 系统仿真的分类

早期的系统仿真技术有用于军事训练的沙盘、古代工匠建造房屋的模型、飞机风洞实验等，多是用建立系统的物理模型。随着计算机技术的发展与应用，人们有可能对复杂的系统建立其数学模型，并运用计算机进行模型运行及实验。

根据模型的不同，系统仿真主要分为物理仿真和数学仿真。此外，还有的是建立混合模型。如现代航天技术中应用的仿真器。可称为物理—数学仿真。

根据所研究的系统不同，系统仿真又可分为连续系统仿真和离散事件系统仿真。前者是指系统状态随时间连续变化的情况，多数工程系统，如机电、机械、化工、电力等系统都属于这类系统；后者则是指系统状态变化是离散的，多数非工程系统，如管理、交通、经济等都属于离散事件系统。

8.1.2 系统仿真的一般步骤

系统仿真的一般步骤如下。

（1）调研系统。设立目标，通过调研仿真者应对研究的系统有全面的、深入的了解。能够对系统进行尽可能详细的描述。明确仿真的目标和系统涉及的范围。一般来说，仿真目标不同，所建立的模型也不同，为建立模型所需要采集的数据也不同。

（2）收集仿真数据。建立模型，根据仿真目标，对系统进行选择和整理。这是一件费时费力的工作。在收集数据时，应注意考虑系统运行的循环周期。正确的收集方法是对完整的循环周期收集数据。

建立模型的过程，是一个抽象和简化的过程。为了保证所建模型符合真实系统，在建立模型后，应聘请有关专家和人员对模型进行检查，反复修改，直至模型正确为止。所需检查的项目主要包括系统流程、逻辑关系、循环周期、随机变量分布等。

（3）编制程序。可以用通用语言（如 Fortran、Pascal 等）编写。也可以用专门的仿真语言编写。例如，用于离散事件系统的仿真语言有 GPSS、SIMULA、SIMAN、SLUM、WITNESS、Flexsim 等。在专用的仿真语言中，有些仿真语言类似于仿真器。这类仿真语言不需要或只需仿真者进行很少的编程，其中 Flexsim 就是典型的代表。

（4）运行仿真模型。在计算机上运行仿真模型，获取模型的输出数据。如果采用 Flexsim 仿真，则可以做到边建模边试运行。

（5）输出结果分析。由于系统仿真所运行的每一次模型，只是实际系统的一次随机抽样实验，其输出结果带有随机性。因此，必须运用统计学的方法，对仿真结果进行统计分析。

8.1.3 系统仿真的基本概念

为了了解系统仿真的基本方法，首先需要掌握与系统仿真有关的一些基本概念。这些基本概念分述如下。

1. 实体

实体是描述系统的三个基本要素之一，它是指组成系统的物理单元。如物流系统中的 AGV、缓冲站、仓库、货物及工件等。实体可分为临时实体和永久实体两类。在仿真全过程中，始终驻留在系统中的是永久实体，在系统中只存在一段时间的实体叫作临时实体。例如，物流系统中的缓冲站是永久实体，而到达系统，经加工又离去的工件就是临时实体。

2. 事件

事件是描述系统的另一基本要素，是指引起系统状态变化的行为，这也就是说，系统的动态过程是靠事件来驱动的。例如，物流系统中，工件到达可以定义为一类事件。因为工件到达仓库，进行入库时，仓库货位的状态会从空变为满；或者引起原来等待入库的队列长度的变化。

只与时间有关的事件称为必然事件。如果事件发生不仅与时间因素有关，还与其他条件有关，则称之为条件性事件。系统仿真过程，最主要的工作就是分析这些必然事件和条件事件。

3. 成分

描述系统的第三个基本要素是成分。成分与实体是同一概念，只是根据习惯，在描述系统时用实体而在模型描述中用成分。成分分为主动成分和被动成分。可以主动产生活动的成分称为主动成分。如物流系统中的工件，它的到达将产生入库活动或排队活动。

本身不产生活动，只在主动成分作用下才产生状态变化的那些成分称为被动成分。

4. 活动

两个相邻发生的事件之间的过程称为活动，它标志着系统状态的转移。例如，物流系统中，工件到达到入库之前，是排队活动，这一活动引起队列长度增加。

5. 进程

若干事件与若干活动组成的过程称为进程。它描述了各事件活动发生的相互逻辑关系及时序关系。例如，一个工件到达缓冲站，经过排队，等待运输，直到运输离开，如图 8－1 所示。

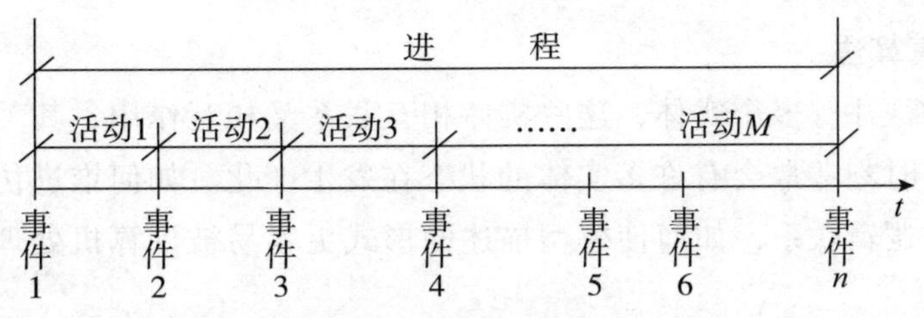

图 8－1 事件、活动与进程之间的关系

6. 仿真钟

仿真钟用于表示仿真时间的变化。在离散事件系统仿真中，由于系统状态变化是不连续的，在相邻两个事件发生之间，系统状态不发生变化，因而仿真钟可以跨越这些“不活动”周期，从一个事件发生时刻，推进到下一个事件发生时刻。仿真钟的推进呈跳跃性，推进速度具有随机性。由于仿真实质上是对系统状态在一定时间序列的动态描述，因此，仿真钟一般是仿真的主要自变量，仿真钟推进是系统仿真程序的核心部分。

应指出，仿真钟所显示的是系统仿真所花费的时间，而不是计算机运行仿真模型的时间。因此，仿真时间与真实时间成比例关系。像物流系统这样复杂的机电系统，仿真时间可比真实时间短得多。即使真实系统实际运行若干天、若干月，用计算机仿真也只需要几分钟。

8.1.4 离散事件系统仿真方法

1. 仿真钟的推进

离散事件系统仿真的仿真钟推进方法分为两类：一类是下一事件步长法，另一类是固定增量法。下一事件步长法总是把仿真钟推进到下一最早发生事件的时刻，其原理如图 8－2 所示；而固定增量法则是按固定的时间增量来推进仿真钟。仿真钟每推进一次，首先确定推进时刻所发生的事件的类型，然后处理该事件。所谓处理事件是指根据该事件所造成的系统状态的变化来修改系统的状态。事件处理完成后，寻找下一个最早发生的事件，将仿真钟推进。

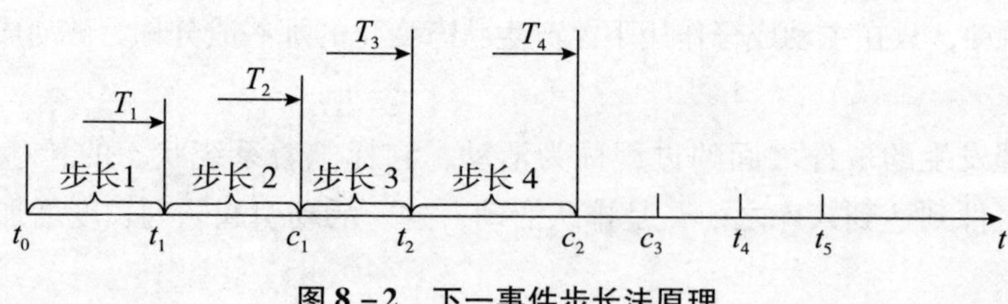

图 8－2　下一事件步长法原理

显然，固定增量法比较适合那些周期性强的系统仿真。而下一事件步长法仿真钟推进灵活，且越过那些不发生系统状态变化的时刻，这样可节约仿真时间，这种方法现在应用较普遍。

2. 三种仿真算法

一个系统中往往有多个实体，这些实体相互联系又相互作用，其关系可能是错综复杂的。在同一时刻常常会有许多实体的状态在发生变化。如何推进仿真钟，建立起各类实体之间的逻辑联系；如何使模型描述的形式更容易被计算机处理，这就是仿真算法问题。

对同一个系统，所确定的算法不同，仿真模型的结构也不同。

目前，最常用的仿真算法有：面向事件的事件调度法、面向活动的活动扫描法和面向进程的进程交互法。当今的各种仿真程序、仿真语言几乎都是基于这三种算法编制的。为了适应不同系统的仿真，往往综合运用这三种算法。

（1）事件调度法。

事件调度法是面向事件的方法。其仿真方法主要是研究系统状态变化的。有事件发生就会有状态变化，事件调度法是通过定义事件，并按时间顺序处理所发生的一系列事件，记录每一事件发生时引起的系统状态的变化来完成系统的整个动态过程的仿真。由于事件都是预定的，状态变化发生在明确的预定的时刻，所以这种方法适合于活动持续时间比较确定的系统。

事件调度法中仿真钟是按下一事件步长法来推进的，通过建立事件表，将预定的事件按时间发生的先后顺序放入事件表中。仿真钟始终推进到最早发生的事件时刻，然后处理该事件发生时的系统状态的变化，进行用户所需要的统计计算。这样，仿真钟不断从一个事件发生时间推进到下一个最早发生的事件时间，直到仿真结束。

（2）活动扫描法。

活动扫描法是面向活动的。活动开始和结束是系统状态变化的标志。而活动的开始与结束不仅取决于时间因素，还取决于其他的因素（条件因素）。

活动扫描法的步骤如下。

①设置系统仿真钟 TIME，即控制系统仿真时间。

②设置成分仿真钟。t_α 表示各成分活动持续的预定时刻，用来控制成分活动的持续时间。

其中 $t_{\alpha} \leqslant$ TIME 表示成分活动可以或早该发生，是否发生唯一取决于事件是否满足。

③设置条件处理模块——成分活动开始与结束其他的条件是否满足。

④设置成分活动子程序——处理活动开始与结束时系统的状态变化。

活动扫描法的处理过程如下。

①扫描所有的活动。

②对 $t_{\alpha} \leqslant$ TIME 的成分进行条件检测，看其活动开始与结束的条件是否满足，满足则可启动成分。

③对所有启动的成分，处理其相应的活动子程序，即修改系统的有关状态，并修改成分仿真钟 t_{α}。

④推进系统仿真钟 TIME。

⑤继续①~④，直至仿真结束。

(3) 进程交互法。

进程交互法面向进程。进程是由若干有序的事件，以及由相邻事件组成的若干活动组成的过程。一个成分进入系统，完成各项活动的过程可以由一个进程来描述。进程交互法是事件调度法与活动扫描法的结合，它是以模型的各个主动成分的活动为主线来调度事件生成的顺序的。它的处理方法如下。

①设置一张当前事件表（Current Event List，CEL），它包含了从当前时间点开始有资格执行的事件的事件记录，但是该事件是否发生的条件尚需要判断。

②设置一张将来事件表（Futurl Events List，FEL），它包含在将来某个仿真时刻发生的事件的事件记录。

③设置系统仿真钟 TIME 和成分仿真钟 t_{α}。

进程交互法的处理过程如下。

①推进系统仿真钟 TIME。

②把满足 $t_{\alpha} \leqslant$ TIME 的所有事件从 FEL 移至 CEL 中。

③取出 CEL 中的每一个事件，判断其所属的进程及在进程中的位置。

④判断该事件发生的条件是否满足。

⑤如果条件允许，该进程尽可能连续推进，直到进程结束，该成分离开系统。

⑥该进程推进过程中，遇到条件不满足时，记录下进程的位置，并退出该进程。

⑦重复③~⑥，CEL 中的事件处理完毕。

⑧重复①~⑦，直到仿真结束。

上述所介绍的三种算法——事件调度法、活动扫描法和进程交互法各有优缺点，在离散事件系统仿真中均得到了广泛的应用。许多仿真语言允许用户在同一仿真语言中用不同的算法建模。一般来说，如果系统中的成分相关性较少，宜采用事件调度法，相反则宜采用活动扫描法；如果系统成分的活动比较规则，则宜采用进程交互法。

8.1.5 仿真结果分析

我们知道，离散事件系统中事件的发生往往带有随机性，因此，其结果也是随机的。由于这种随机性，系统变量的数值将会随着仿真过程而产生波动。一次仿真的结果，只能是系统性能的一次抽样分析，不能完全代表系统“真正”的性能。这就要求通过多次观察随机变量，用统计方法对输出结果进行分析。

需要指出的是，这里所说的仿真结果分析，假定输入的采样值是正确的。在这种情况下对仿真结果进行分析，目的是从统计分析的角度判断结果的可靠性和精度。因此，仿真结果分析不能帮助你判断你的输入采样值是否正确，也不能告诉你，你的模型是否正确。

1. 仿真结果分析的理论基础

就一个随机系统来说，人们不能对所有可能的抽样都进行分析，而只能进行有限的抽样分析。显然，有限抽样得到的结果与实际系统“真值”存在着误差。于是，必须分析误差，了解误差的大小，以及该误差的可信度。一般采用区间估计方法来估计这一误差，即估计输出结果的置信度或置信区间，以及估计值的置信概率。区间估计方法基于以下两种假设。

（1）所有的测量值是彼此独立的，即一次抽样不受其他采样的影响。

（2）总体分布是稳定的，即随机变量的总体分布不受采样次数的影响，也不受采样长度的影响。

但是，在仿真中采集到的随机变量值常常不满足上述条件。例如，一个加工系统，考虑工件等待时间时，由于工件的等待时间与之前工件的等待时间有关，所以测到的工件等待时间并非相互独立。另外，实际系统从启动到达稳定工作状态需要经过一段时间，即需要一个过渡阶段。在过渡阶段的采样值不具有稳定的分布。如果要得到系统的稳态性能，必须消除初始状态的影响。

以物流系统为例，应考虑运输工件时工件的平均等待时间。显然，开始时物流系统所有的运输设备都处于空闲状态，也没有等待运输的工件，这时到达的工件比系统达到稳定时到达的工件等待运输的时间要短。

基于以上分析，仿真结果分析将归结为如何根据系统的实际情况合理地控制估计值的偏差，提高输出结果的可靠性。

2. 仿真结果分析方法

1）复演法

有些系统仿真的长度是事先确定的，例如一个物流系统每天工作，其仿真时间可定为8h（小时）。显然，每一次仿真运行8h的结果只是系统性能的一次抽样，不能代表系统真正的性能，必须多次运行才能得到系统真正的性能。如何控制仿真运行的次数才能使估计值接近实际值呢？

复演法是一种重复运行仿真的方法。重复的含义是，每次运行采用相同的初始条件，相同的样本长度。为了使重复运行的结果具有相同的性质，必须选用不同的随机数序列。复演法实际上就是由用户自己规定独立运行的次数 N（$N>2$）。

如果每次运行时采样次数为 P，则有

$$\overline{X}_j(P) = \frac{1}{P}\sum_{i=1}^{P} X_{ij} \tag{8-1}$$

其中，X_{ij} 为第 j 次运行中第 i 次观测值。

$$S_j^2(P) = \frac{1}{1-P}\sum_{i-1}^{P}\left[X_{ij}-\overline{X}_j(P)\right]^2 \tag{8-2}$$

重复运行 N 次可以得到容量为 N 的样本 $\{X_j\}$，样本均值为

$$\overline{X}(N) = \frac{1}{N}\sum_{j}^{N}\overline{X}_j/N \tag{8-3}$$

$$S^2(N) = \sum_{j-1}^{N}\left[\overline{X}(N)-\overline{X}_j\right]^2/(N-1) \tag{8-4}$$

N 次运行的结果 X_1，X_2，…，X_N，满足独立同一分布的条件，而且是正态随机变量，则随机变量 X 的期望 E（X）的估计值 μ 为

$$\mu = \overline{X}\ (N)\ \ \pm t_{N-1,1-\alpha/2}\sqrt{S^2\ (N)\ /N} \tag{8-5}$$

式（8-5）中，α 是［0，1］区间的一个给定值，是 μ 的置信区间，100（$1-a$）% 是置信度。若 $\alpha=0.05$，则置信度为 95%。当 $\alpha=0.05$ 时，式（8-5）的含义是：经过 w 次仿真运行，每次运行得到一个区间。在 N 个区间中，包含 μ 的占 95%。或者说，在 N 次运行中，每次得到一个区间，该区间属于那些包含 μ 的区间的可靠程度为 95%。

例 8-1 某机床加工系统，工件到达与加工时间服从指数分布，对其独立运行 10 次，每次长度为 200，初始条件是初始队长 L（0）=0，加工机床状态为空，仿真运行结果如表 8-1 所示。

表 8-1 仿真运行结果

J	1	2	3	4	5	6	7	8	9	10
平均等待时间 $\overline{D}_j$（200）	10.427	14.469	12.780	8.703	12.727	9.206	8.053	28.039	6.228	13.931
平均队长 $\overline{Q}_j$（200）	2.098	2.718	2.389	1.596	2.585	1.755	1.724	6.523	1.327	2.679

从而可得到

$$\overline{D}(10) = \sum_{j=1}^{10}\overline{D}_j(200)/10 = 12.456$$

$$\overline{Q}(10) = \sum_{j=1}^{10}\overline{Q}_j(200)/10 = 2.539$$

$$S_D^2(10) = \sum_{j=1}^{10} [\overline{D}(10) - \overline{D}_j(200)]^2/9 = 37.27$$

$$S_Q^2(10) = \sum_{j=1}^{10} [\overline{D}(10) - \overline{D}_j(200)]^2/9 = 2.296$$

可得到平均排队等待时间的期望值 D（200，l（0）=0）及平均队列长度的期望值。

Q（200，l（0）=0）在 $\alpha=0.01$ 时的估计值为

$$\overline{D}(10) \pm t_{9,0.95}\sqrt{S_D^2(10)/10} = 12.456 \pm 3.537$$

$$\overline{Q}(10) \pm t_{9,0.95}\sqrt{S_D^2(10)/10} = 2.539 \pm 0.878$$

因而可以认为，D（200，l（0）=0）以将近90%的置信度位于区间［8.919，15.99］上，Q（200，l（0）=0）以将近90%的置信度位于区间［1.661，3.417］上。

值得注意的是，由于式（8-5）是基于随机变量 X_1，X_2，…，X_N 满足独立同一分布，且是正态分布的前提条件，根据中心极限定理，一方面，仿真运行的次数 N 不能太少，否则，将不满足 X_j 是正态随机变量的假设；另一方面，每次仿真运行的采样次数 P 也不能太少，否则会造成由于初始状态的影响产生均值估计的偏差，导致置信区间覆盖 μ 的概率显著降低。因此，需要合理地确定 P 值和 N 值。

2）批均值法

批均值法是把仿真运行划分为长度（采样次数 P）相等的 M 段。每一段看作一次独立的仿真运行。得到样本平均值 X_1，X_2，…，X_N。X 可以近似为相互独立的同一分布的随机变量，然后利用与复演法相同的统计方法来构造仿真结果的置信区间，即如果运行的总采样次数为 N，分为 M 批，则每批采样次数为 $P=N/M$。

与复演法相类似，可以看作重复运行 N 次，每次采样 P 次，则可以利用式（8-1）~式（8-5）构造 μ 的置信区间。

批均值法对 M、P 值有一定的要求，即分段数量足够大，且每段长度 P 也要足够大。需要合理地选择 M、P 值。

复演法和批均值法尽管在原理上和方法上是相同的，但是，由于它们对同一样本空间作了不同的处理，前者是每次运行都从初始状态开始，后者是每次运行的结束作为下一次运行的开始，因此，它们各自有不同的特点。

复演法每次仿真运行都经过初始空载状态，空载状态的影响会导致较大的均值估计偏差，但是每次仿真运行之间独立性较好。批均值法有利于消除初始状态的影响，但需要特别注意消除各批之间的相关性。

显然在仿真对象方面复演法适合于仿真长度事先确定的、可以仿真多次的系统。例如，一个仓库每天工作 8h，其仿真长度定为 8h，仿真次数可以任意确定。这类系统可称为终止型仿真。而批均值法则适合于仿真长度足够长，但仿真运行只有一次的系统。例如，一个每天连续 24h 运行的装配生产线，一旦投入生产可持续数日或数年。

这类系统可称为稳态型仿真。

终止型仿真所需解决的，是如何消除初始状态对系统性能估计造成的影响。从统计学的观点来看，理论上要对仿真模型独立运行多次，而实际仿真中则是要确定一个合适的运行次数，以便得到较好的性能估计。稳态型仿真的目的是估计系统的稳态性能。由于仿真长度不限，系统初始状态对仿真结果的影响可以忽略，所需要解决的主要是确定一个合适的运行长度。

8.1.6 系统仿真语言

20 世纪 50 年代以前，还没有专门的仿真语言，仿真者针对系统仿真的要求，用高级语言编制仿真程序。这种仿真程序功能简单，通用性差，使用不方便，并要求仿真者不仅对系统建模有专门知识，同时还要熟识仿真算法和计算机语言。

20 世纪 60 年代，出现了一些直接用于仿真的专用仿真语言，这类仿真语言由高级语言编制，针对仿真的通用性要求，提供了专门的输入、输出、初始化、结果统计等模块，提供了系统模型描述的语言、控制仿真过程的语言等。与以前的仿真程序相比，这类语言使用方便、功能齐全，而且允许用户方便地修改参数，多次重复运行。具代表性的仿真语言有：GPSS、SIMSCRIPT、SIMUULA、GASP - TV 等。

20 世纪 80 年代，仿真语言又进一步发展，形成了功能更加强大、使用更加灵活方便的仿真软件系统。这些软件系统不仅包括建模、仿真运行和结果输出，还包括模型分析、系统规划设计和统计分析等功能，用户接口更直观和灵活。系统模型可以二维或三维方式动画显示，以便对系统仿真过程进行实时的跟踪和分析。这些仿真语言既不需要仿真者掌握很多的计算机知识和编程技巧，也不需要了解很多的仿真理论和算法，仿真的主要精力可以放在系统建模和系统分析上，既有利于提高仿真的效率，更有利于提高仿真的品质。具有代表性的仿真软件系统有 WITNESS、SIMAN、SLAM 等。

21 世纪，仿真软件进一步发展，出现了一系列的三维仿真软件，比如日本的乐龙，美国的 Flexsim，本书主要介绍 Flexsim。

Flexsim 是由美国 Flexsim Software Production 公司推出的一款商业化离散时间仿真软件，是迄今为止世界上第一个在图形环境中集成了 C++ IDE 和编译器的仿真软件。Flexsim 采用面向对象的技术，具有三维显示功能。建模快捷方便和显示功能强大是该软件的重要特点。

Flexsim 的主要特点如下。

（1）基于面向对象技术建模。

Flexsim 中所有用来建模的资源都是对象，包括模型、表格、记录、GUI 等。同时，用户可以根据自己行业和领域的特点，扩展对象，构建自己的对象库。面向对象的建模技术使得 Flexsim 的建模过程生产线化，对象可以重复利用，从而减少了建模人员的重复劳动。

（2）突出的3D图形显示功能。

Flexsim是基于OpenGl开发的，也支持3ds、wrl/dxf和stl等文件格式，三维效果非常好，用户可以建立逼真的模型，从而可以帮助用户对模型有一个直观的认识并进行模型的验证。用户可以在仿真环境下很容易地操控3D模型，从不同的角度、放大或缩小来观测模型。

（3）建模和调试方便。

Flexsim为使用者提供了间接的编排方式，通过鼠标拖拽的方式就可以轻松的实现建模。元件库将原件分为固定资产类、任务执行类、路径网络类、视觉类实体、流体类实体五类，提供了常用的建模原件，基本满足了常用系统的建模，不用编程语言，通过2D图形化模式建立，就能自动产生3D实体化及VR虚拟现实的模式。

（4）建模的扩展性强。

Flexsim支持建立用户定制对象，融合了C++编程。用户完全可以将其当作一个C++的开发平台来开发一定的仿真应用程序。它是迄今为止世界上唯一一个在图形建模环境中集成了C++IDE和编译器的仿真软件。这个软件环境，C++不但能够直接用来定义模型，而且不会在编译中出现任何问题。这样，就不再需要传统的动态链接库和用户定义变量的复杂链接。

（5）开放性好，易于和其他软件配合使用。

Flexsim提供了与外部软件连接的接口，可以通过ODBC与外部数据库相连，通过socket接口与外部硬件设备相连，可与Excel，Visio等软件配合使用。

Flexsim应用包括：①物流行业资产项目评估；②物流行业有规律地运行模型，测试生产计划；③物流行业更改提案评估；④物流行业更改管理。

Flexsim仿真系统已被广泛应用在例如交通路线规划，交通流量控制分析，生产能力仿真与分析，港口、机场、物流中心设计等多个领域。自从系统推出以来，已有上千家企业在使用Flexsim。

物流行业利用Flexsirn平台取得的成果主要体现在以下几个方面：①评估装备与流程设计，的多种可能性；②提高物流公司与资源的运行效率；③减少库存；④缩短制造物流行业产品上市时间；⑤提高生产线产量；⑥优化资本投资；⑦在一个小的增长阶段内，模型能被建立和测试，大大简化了模型构造，提高了识别逻辑错误的能力，使得模型更可靠；⑧在运行时模型能在任何时候改变，更改能被立即合并，引导更快速地建立模型。

8.2 物流系统模型

为了实现系统开发、计划、设计和应用，需要定量或定性地分析和掌握系统的功

能与特性。在物流研究中，定量的系统分析、系统综合已受到人们更多的重视。模型是开展这项工作的有效工具，模型化是开展这项工作的前提和基础。一般地，模型总比实体要简洁得多，它所表达的因素也只是实体中因素的主要部分。模型比现实容易操作或处理，尤其一些参数值的改变在模型中操作或处理比现实问题中要容易。有些因素在现实中要很长时间才能看出变化情况，但用模型研究时可以很快看出变化规律，从而迅速地抓住其本质特征，即把这些方案与系统评价目标联系起来，找出目标函数与各变量以及约束因素间的基本规律。这一抽象化过程就是建立模型的过程。

8.2.1 物流系统模型概述

1. 物流系统模型的概念

模型是对系统的特征及其变化规律的一种表示或抽象，而且往往是对系统中那些所要研究的特定的特征变量的抽象。模型可以表现实际系统的各组成因素及其相互间的因果关系，反映实际系统特征，但又高于实际系统，而且具有同类系统的共性，有助于解决被抽象的实际系统。

物流系统模型化就是把系统中各个组成部分的特征变化规律数量化，组成部分之间的关系方程式化。为了实现物流系统的合理化，需要在物流系统规划与运行的过程中不断做出科学的决策。由于物流系统结构与行为过程的复杂性，只有综合运用定性、半定量与定量分析方法，才能建立符合实际的物流系统模型，进而求得最佳的决策结果。因此，物流系统模型化是物流合理化的重要前提。系统模型化的作用如图 8－3 所示。

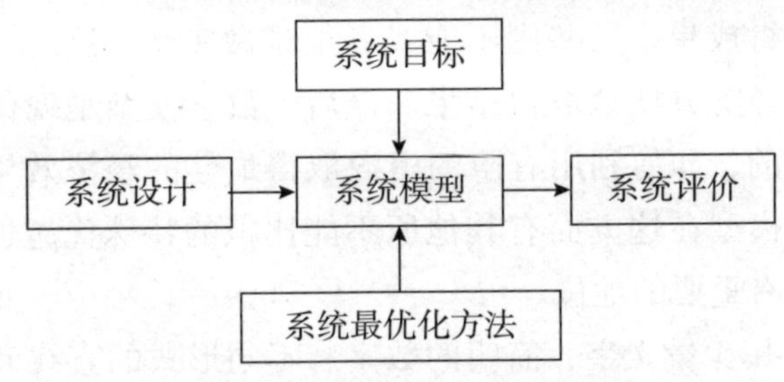

图 8－3　系统模型化的作用

物流系统模型化的意义如下。

（1）物流系统中物流过程的实现非常复杂，难以或根本无法做实验，模型化提供了一种科学的方法，通过建立易于操作的模型，能帮助设计者对物流过程有深刻的认识。

（2）把需要解决的系统问题，通过系统分析，明确其内部构成、系统特性和形式，针对系统的规律和目标，用数学表达式，从整体上说明它们之间的结构关系和动态情况。

（3）模型化能把非常复杂的物流系统的内部和外部关系，经过恰当的抽象、加工、逻辑整理，变成可以进行准确分析和处理的结构形式，从而能得到较为合理的结论。采用模型化技术可以大大简化现实物流系统或新的物流系统的分析过程。物流系统模型化为应用计算机进行分析和管理提供了条件，从而可加速系统分析的有效性。

2. 物流系统模型分类

物流系统模型有多种分类方法：按照模型的形式可分为抽象模型和形象模型；按模型中变量的性质可分为动态模型和静态模型、连续模型和离散模型、确定模型和随机模型等；按模型的规模可分为宏观模型、中观模型、微观模型；按模型的用途可分为工程用模型、科研用模型、管理用模型等。下面主要介绍抽象模型和形象模型。

1）抽象模型

抽象模型没有具体的物理结构，是用数字、字符或运算符号来表示的公式、图形或表格来表示的。抽象模型又可以具体细分为数学模型、图形模型、计算机程序和概念模型。

（1）数学模型。数学模型又可分为方程式型模型、函数型模型、概率统计型模型、逻辑型模型。方程式型模型是通过建立含有未知数的方程的数学模型；函数型模型是采用建立自变量和因变量之间的函数关系的数学模型；概率统计型模型是利用已有的资料按概率、统计的方法建立的模型；逻辑型模型是用逻辑变量按逻辑运算法则建立的模型。

数学模型是系统分析中采用最多的模型。首先，数学模型是定量化的基础。自然科学及技术工程领域数量上精确与否直接关系到质量的优劣，在社会科学中，只凭热情和主观想象，主观地进行决策的后果同样非常严重。从正反两方面的例子生动地说明了这一点。定量化问题和决策质量的关系，已经引起各方面的重视。其次，数学模型是科学实验的重要补充手段，重要的预测工具。系统活动要耗费大量的物资，花费高昂的代价才能够取得成果，某些则不能或者很难做实验。这时，只有利用数学模型进行模型仿真，才能经济方便地取得结果。最后，数学模型是现代科学管理的重要工具。人类资源是有限的，如何利用有限的资源取得最佳的经济效果，是任何组织和社会梦寐以求的。数学模型在这方面有其他所不能比拟的特殊优越性。因此，数学模型在物流系统工程中占有重要的地位。

（2）图形模型。用少量文字、简明的数字、不同形式的直线和曲线所构成的图形模型，直观、生动、形象地表示出现实系统的本质和规律。图形模型又可分为流程图、方框图、结构图和流图等。

①流程图。反映某种实体的流转过程，例如生产流程图。

②方框图。一个系统由许多子系统组成，用方框图来代表子系统，从而简化了对问题的说明。

③结构图。结构图用来研究系统元素之间逻辑联系、结构层次、空间分布等。如管理决策的层次结构、空间分布、企业的组织结构等。

④流图。流图可分为信息流图、资金流图和物流图。信息流图反映了组织信息的来龙去脉；资金流图反映了费用的流转和消耗情况，通过计算每一环节的费用可以分析出企业的生产效益；物流图反映了物资流动的方向、运量、距离和费用等内容。对

研究工厂布局、计算运费、确定运输工具有重要意义。

(3) 概念模型。概念模型是通过人们的经验、知识和直觉形成的，这种模型往往最为抽象，即在缺乏数据的情况下，构想一些数据，建立初始模型，再逐渐扩展而成。它们在形式上可以是思维的或描述的。当人们试图系统地想象某一系统时就会用到这样的模型。

2）形象模型

形象模型是有物理结构的模型，故又称为物理模型。形象模型分为模拟模型和实物模型。

(1) 模拟模型。这种模型虽然和原系统的物理元素不同，但动作相似，也称为"仿真器"，当两系统性质之间的关系相同时，常用便于分析或计算的系统作为研究另一系统的模型。例如，在机械运动中速度、力与质量的关系，可用电路中的电压、电流和电容来模拟。

(2) 实物模型。实物模型是将现实模型放大或缩小后的表示，因而也称为比例模型（当比例为1时为原系统）。这类模型看起来与现实系统基本相似，例如，飞机用的风洞模型、教学用的原子模型、化工实验等都是实物模型。

8.2.2 物流系统优化的数学模型

在物料搬运系统及组织管理工作中，常常要求对物资进行统一分配、合理调运、正确规划、全面安排，经常会遇到多种解决方案，决策者就要按照一定的目标选择最佳的方案。例如，制订最佳的投资计划和生产计划；选择最佳的生产布局和物料搬运系统流程，确定产品的最佳配套生产；制订最佳的物资调运计划等。衡量最佳方案的标准可以从不同的角度出发，以求得某项指标达到最大值或最小值。例如，要求工厂企业的劳动生产率最高、资源的利用效率最高、生产的积累或利润最大等，或要求生产费用最小、材料消耗最少、运输距离或费用最小等。也就是说，最佳的标准可以是用有限的资源获得最大效果，或者用最小的消耗达到预定的目标等。

另外，决策者还要考虑到为达到既定目标又要受到一定的条件限制，如人力、物力和财力等。也可以说，它是从满足一定约束条件的相互联系的许多因素组合中寻求最佳的组合。

优化模型从数学角度上看，包括线性规划、非线性规划、动态规划和单目标优化、多目标优化等。系统地研究各种优化问题不是本书的内容。目前已经有很多求解上述优化问题的计算机仿真软件包，这里只针对物流系统的具体问题建立数学模型，具体求解可利用计算机仿真软件进行，如 MATLAB（矩阵实验室）。

1. 线性规划问题模型

(1) 线性规划的定义。

线性规划问题的求解数都是设计变量的线性函数，可以描述为线性规划（Linear

Programming）问题的目标函数和约束函数如下。

$$\min f^T x$$

$$\text{s. t. } Ax \leqslant b \quad A_{eq}x = b_{eq} \quad L_{\text{bound}} \leqslant x \leqslant U_{\text{bound}}$$

其中 f^T、b、b_{eq} 为向量，A 和 A_{eq} 为矩阵，x 为设计变量向量，矩阵 A 和向量 b 是线性不等式约束条件的系数，矩阵 A_{eq} 和向量 b_{eq} 是线性等式约束条件的系数。

在 MATLAB 中，用于线性规划求解的函数为 linprog，其调用格式如下。

［xopt，fopt］= linprog（f，A，b，Aeq，beq，LBnd，Ubnd，x0，options）

该函数返回设计向量 xopt 和标量 fopt，参数 LBnd 和 UBnd 均为向量，分别表示下界 L_{bound} 和 U_{bound}，x0 为 x 的起始点，options 为定义的参数的值。

（2）运输问题（请参考第 3 章第三节之线性规划——运输法）。

（3）装卸任务分配问题。

某储运仓库有 n 项装卸任务必须在第二天完成，该仓库有 m 个装卸队，均可以单独完成其中任一项任务，表 8－2 列出了每个装卸队独立完成各项任务所需要的时间、每小时的装卸成本及可用的小时数。每项任务均可分开由多个装卸队完成。考虑如何分配这些任务才能使装卸成本最低。

表 8－2　各装卸队独立完成各项任务所需的时间、每小时的装卸成本及可用的小时数

装卸队（个）	每项任务所需时间（h）				单位成本（元）	所需时间（h）
	1	2	…	n		
1	p_{11}	p_{12}	…	p_{1n}	c_1	t_1
2	p_{21}	p_{22}	…	p_{2n}	c_2	t_2
⋮	⋮	⋮		⋮	⋮	⋮
m	p_{m1}	p_{m2}	…	p_{mn}	c_m	t_m

设 x_{ij} 表示第 i 项任务由第 j 队所作的小时数，其完成任务的最小成本的线性规划问题可表达为

$$z = \min \sum_{i=1}^{m} \left(c_i \sum_{j=1}^{n} x_{ij} \right) \tag{8-6}$$

$$\text{s. t. } \sum_{i=1}^{n} x_{ij} \leqslant t_j \quad j = 1,2,\cdots,m$$

$$\sum_{j=1}^{m} \frac{x_{ij}}{p_{ij}} = 1 \quad i = 1,2,\cdots,n \tag{8-7}$$

所以 $x_{ij} \geqslant 0$。

例如，某储运库有 4 项任务，有 3 个装卸队，表 8－3 列出了每个装卸队单独完成各项任务所需要的时间、每小时的装卸成本和可用时间。每项任务均可由 2 个或 3 个队完成，求最小成本的任务分配。

表 8-3 各装卸队独立完成各项任务所需的时间、每小时的装卸成本及可用的小时数数值示例

装卸队（个）	每项任务所需时间（h）				单位成本（元）	可用时间（h）
	1	2	3	4		
1	16	73	36	59	190	80
2	19	75	30	63	180	80
3	23	77	28	60	175	80

用 MATLAB 编写的计算程序如下。

```
f= [190 190 190 190 180 180 180 180 175 175 175 175];% 目标函数的系数
Aeq= [1/16 0 0 0  1/19 0 0 0 1/23 0 0 0
0 1/73 0 0 0 1/75 0 0 0 1/77 0 0
   0 0 1/36 0 0 0 1/30 0 0 0 1/28 0
0 0 0 1/59 0 0 0 1/63 0 0 0 1/60];% 等式约束条件的矩阵
beq [1; 1; 1; 1];% 等式约束条件常数项
a= [1 1 1 1 0 0 0 0 0 0 0 0
0 0 0 0 1 1 1 1 0 0 0 0
0 0 0 0 0 0 0 0 1 1 1 1];% 不等式约束条件的矩阵
b= [80; 80; 80];% 不等式约束条件常数项
1b=zeros (12, 1); ub= [ ]:% 定义 x 上下限
[x, f-opt] =linprog (f, A, b, Aeq, beq, lb, ub)
```

计算结果如表 8-4 所示。

表 8-4 装卸任务分配问题的计算结果

装卸队（个）	每项任务工作时间（h）				每项任务所用时间（h）
	1	2	3	4	
1	16	0	0	7.8667	23.8667
2	0	75	0	0	75
3	0	0	28	52	80
每队总工作时间（h）	16	75	28	59.8667	总费用：32035 万元

2. 整数规划问题

整数规划是线性规划的特殊问题，对于某些实际问题，要求答案必须是整数，如安排工作人员的数量、选址问题、设备的台数等。整数规划可以应用分支定界法，多次应用线性规划方法求解。

（1）选址问题。

①单一地址选择方法。建立一个新工厂（或仓库），应合理选择厂址（或库址）。假设厂址候选地点有 s 个，分别用 D_1，D_2，…，D_s 表示；原材料、燃料、零配件的供应地有 m 个，分别用 A_1，A_2，…，A_m 表示，其供应量分别用 P_1，P_2，…，P_m 表示；产品销售地有 n 个，分别用 B_1，B_2，…，B_n 表示，其销售量用 Q_1，Q_2，…，Q_n 表示，如图 8－4 所示。

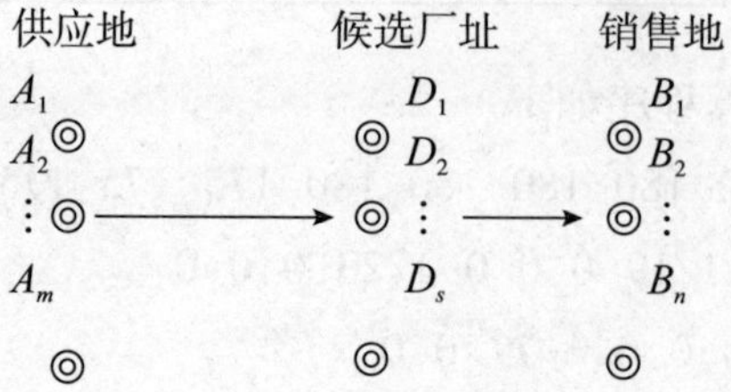

供应地　　　　候选厂址　　　　销售地

A_1 ◎　→　D_1 ◎　→　B_1 ◎

A_2 ◎　　　D_2 ◎　　　B_2 ◎

⋮　　　　　⋮　　　　　⋮

A_m ◎　　　D_s ◎　　　B_n ◎

图 8－4　选址问题

所谓工厂选址问题，就是从 s 个候选厂址中选取一个最优地址建厂，使物流费用达到最低。

设 C_{ij} 表示从 A_j 到 D_j 的每单位量的运输成本；d_{jk} 表示从 D_j 到 B_k 的每单位量的运输成本。引进变数：

$$X = [x_1,\ x_2,\ \cdots,\ x_n]$$

其中，$x_n = \begin{cases} 1 \text{ 表示在 } D_j \text{ 建厂} \\ 0 \text{ 表示不在 } D_j \text{ 建厂} \end{cases}$

那么选址问题可表述为

$$z = \min \sum_{j=1}^{s} \left(\sum_{i=1}^{m} c_{ij} P_i + \sum_{k=1}^{n} d_{jk} Q_k \right) x_j \tag{8-8}$$

$$\text{s. t.} \quad \sum_{i=1}^{n} x_i = 1$$

这是一个线性规划问题。其求解方法比较简单。从上面的公式的右边可以看出，如果括号中的算式值能计算出来，问题就基本上解决了。事实上，如果 s 个算式值的最小者对应的下标为 r，那么可取 $x_r = 1$，其他 $x_j = 1$，便是最优解。D_r 是最优厂址。

然而，计算目标函数表达式右边括号中的算式并不是一件轻而易举的事情，因为模型中的许多参数（包括原材料、燃料、半成品供应地及供应量，产品销售地点及销售量，运输条件及费用等）具有不确定性，需要采用统计和预测的方法进行分析确定。

②多地址选择方法。有 m 个工厂的产品，经仓库（或转运站）发售给 N 个地区（用户）。拟建立若干个仓库。候选地点有 s 个，问题是如何从 s 个候选地点中选择若干个地点修建仓库，使物流费用达到最小。

设 a_i 表示工厂 i 的供应量；b_k 表示用户 k 的需求量；c_{ij}表示从工厂 i 到仓库 j 的单位运输成本；d_{jk}表示从仓库 j 到用户 k 的单位运输成本；w_j 表示仓库 j 的变动费系数。在考虑变动费时，引进指数 P，满足条件 $0<P\leqslant 1$，以便考虑规模的经济性，仓库 j 的变动费为 $w_jZ_j^P$，其中 Z_j 表示仓库 j 的产品通过量。如果不考虑规模的经济性，可令 $P=1$。引进以下变数。

x_{ij}表示工厂 i 到仓库 j 的运量；

y_{jk}表示仓库 j 到用户 k 的运量。

对于平衡的选址问题，每个仓库的总进货量等于总出库量，则有以下公式。

$$Z_j = \sum_{i=1}^{n} x_{ij} = \sum_{k=1}^{m} y_{jk} \tag{8-9}$$

这样设定后，总物流成本函数可表示为下面的函数。

$$z = \min \sum_{j=1}^{s} \left(\sum_{i=1}^{m} c_{ij}x_{ij} + \sum_{k=1}^{n} d_{jk}y_{jk} + w_jZ_j^P \right) \tag{8-10}$$

$$\text{s.t.} \quad \sum_{j=1}^{n} x_{ij} = a_i \qquad i = 1,2,\cdots,m$$

$$\sum_{j=1}^{m} y_{jk} = b_k \qquad i = 1,2,\cdots,n \tag{8-11}$$

$$x_{ij} \geqslant 0 \qquad y_{jk} \geqslant 0$$

例 8-2 某企业在 A 地已有一个工厂，其产品的生产能力为 30 千箱，为了扩大生产，打算在 A_2、A_3、A_4、A_5 地中再选择几个地方建厂。已知参数如表 8-5 所示，确定建厂地址。(此例为只考虑建厂成本，没有考虑规模经济性)。

表 8-5　　选址条件

销地运输单价（元）/ 产地	B_1	B_2	B_3	产量（个）	建厂固定成本（元）
A_1	8	4	3	30	
A_2	5	2	3	10	175
A_3	4	3	4	20	300
A_4	9	7	5	30	375
A_5	10	4	2	40	500
销量	30	20	20		

选取在 A_i（$i=1, 2, 3, 4$）选址变数为 y_i（$i=1, 2, 3, 4$），x_{ij}（$i=1, 2, 3, 4, 5$；$j=1, 2, 3$）为第 i 厂址向第 j 销地的运量。用 MATLAB 编写的计算程序如下。

```
f = [175 300 375 500 8 4 4 5 2 3 4 3 4 9 7 5 10 4 2];%目标函数的系数
Aeq = [0 0 0 0 1 0 0 1 0 0 1 0 0 1 0 0 1 0 0
```

```
0 0 0 0 0 1 0 0 1 0 0 1 0 0 1 0 0 1 0
    0 0 0 0 0 0 1 0 0 1 0 0 1 0 0 1 0 0 1];%等式约束条件的矩阵
beq = [30; 20; 20];%等式约束条件常数项
a=[0 00 0 0 1 1 1 0 0 0 0 0 0 0 0 0 0 0 0
  -10 0 0 0 0 0 0 0 1 1 1 0 0 0 0 0 0 0 0 0
0 -20 0 0 0 0 0 0 0 0 0 1 1 1 0 0 0 0 0 0
0 0 -30 00 0 0 0 0 0 0 0 0 0 1 1 1 0 0 0
0 0 0 -40 0 0 0 0 0 0 0 0 0 0 0 0 1 1 1];%等式约束条件的矩阵
b= [30; 0; 0; 0; 0]; 不等式约束条件常数项
lb=zeros (19, 1); ub= [1 1 1 1 30 30 30 10 10 10 20 20 20 30 30 30 40 40];
%定义x上下限。
[x, f_opt] =linprog (f, A, b, Aeq, beq, lb, ub)
```

计算结果为：$y_3=1$，$y_5=0.5$，不符合整数优化的结果。将 $y_5=0$，计算所得结果不满足整数规划条件；将 $y_3=0$，重新进行计算，所得结果为 $x_{52}=20$，$x_{53}=20$，$x_{11}=30$，最优值为 860。

（2）指派问题。

在物流过程中，如何将有限的资源（人力、物力、财力等）指派给多项任务或工作，以达到降低成本或提高效益的目的，这是物流管理的重要问题。指派问题是运输问题的特例。它的条件是运出的地点数和运量等于运入地点数和运量，而且一个运出点的物料只允许运到一个运入点。例如一个工厂有 m 个车间生产 n 种不同的产品，由 m 个仓库来分别储存这些产品。设 c_{ij} 是把第 i 个车间的全部产品运往第 j 个仓库的运费，则总运费最低的数学模型为

$$z = \min \sum_{i=1}^{m} \sum_{j=1}^{n} c_{ij} x_j \tag{8-12}$$

$$\text{s. t.} \ \sum_{j=1}^{m} x_{ij} = 1 \qquad j = 1,2,\cdots,m$$

$$\text{s. t.} \ \sum_{i=1}^{m} x_{ij} = a_i \qquad i = 1,2,\cdots,m$$

其中 $x_{ij}=1$ 或 0，即当第 i 个车间的产品指派到第 j 个仓库时，$x_{ij}=1$，否则 $x_{ij}=0$。

此模型同样可以描述其他的问题。例如 m 项运输任务指派给 m 个司机去完成，同样可以用上面的数学模型。式中 c_{ij} 表示工作成本或工作时间等价值系数。变数 x_{ij} 的含义 $x_{ij}=1$，表示第 i 个司机被指派完成第 j 项运输任务，$x_{ij}=0$ 表示第 i 个司机不被指派完成第 j 项运输任务。

例如，有 4 个司机被指派完成 4 项任务，每个司机完成各项任务的费用或时间如表 8-6 所示。

表 8－6 指派问题数值示例

人员（个）＼任务（个）	1	2	3	4
1	4	8	7	9
2	3	6	7	8
3	3	1	4	8
4	3	3	5	6

用 MATLAB 编写的计算程序如下。

```
f = ［4879367831 483356］;% 目标函数的系数
Aeq = ［1 0 0 0 1 0 0 0 1 0 0 0 1 0 0 0
    0 1 0 0 0 1 0 0 0 1 0 0 0 1 0 0
0 0 1 0 0 0 100 0 1 0 0 0 1 0
    0 0 0 1 0 00 1 0 0 0 1 0 0 0 1
    1 1 1 1 0 0 0 0 0 0 0 0 0 0 0 0
    0 0 0 0 1 1 1 1 0 0 0 0 0 0 0 0
    0 0 0 0 0 0 0 0 1 1 1 1 0 0 0 0
    0 0 0 0 0 0 0 0 0 0 0 0 1 1 1 1］;% 等式约束条件的矩阵
beq = ［1; 1; 1; 1; 1; 1; 1; 1］;
1b = zeros ［16, 1)； ub = ［1 1 1 1 1 1 1 1 1 1 1 1 1 1 1 1］;% 定义 x 上下限
［x, f_ opt］ = linprog (f, ［］, ［］, Aeq, beq, lb, ub)
```

求解结果为：第 1 人完成第 3 项任务，第 2 人完成第 1 项任务，第 3 人完成第 2 项任务，第 4 人完成第 4 项任务。总费用为 17。

（3）商品库房问题。

以库房作业为标准而列出一个线性规划问题，称为库房问题。它给出了一种特殊的线性规划问题的解法。

假定商品在同一时期内的批发进价和销售价保持不变，而在各个不同时期的价格可以任意变动，并且假定某一时期批发订货将在次一时期内到达。设 Q_0 为商品仓库原有的期初库存量，x_k，y_k（$k=1, 2, \cdots, n$）分别表示第 k 时期的批发量和销售量，c_k，p_k（$k=1, 2, \cdots, n$）分别表示单位售价和批发成本。又设库房最大容量为 Q，另假定零售商可以决定或控制商品的批发和零售数量。问题是各时期的批发量和销售量为多少时，才能获得最大利润？此问题可以表达为如下线性规划问题。

$$z = \min \sum_{k=1}^{n} (p_k y_k - c_k x_k) \tag{8-13}$$

$$\text{s. t.} \quad \sum_{r=1}^{k} (x_r - y_r) \leqslant Q - Q_0 \qquad k = 1,2,\cdots,m$$

$$y_1 \leqslant Q_0 \tag{8-14}$$

$$y_k = \sum_{r=1}^{k-1}(x_r - y_r) \qquad k = 1,2,\cdots,n \tag{8-15}$$

$$x_k \geqslant 0,\ y_k \geqslant 0$$

因约束条件表达式中的常系数均为1、0或-1，所以这是一类特殊的线性规划问题，可以用一种特殊的方法求解。

3. 动态规划问题

动态规划是解决多阶段决策过程最优化问题的一种方法。这种方法把困难的多阶段决策问题变换为一系列较容易的单阶段问题。用动态规划可以解决物流系统中最短路径问题、装载问题、库存问题和资源分配问题等。

装卸工人的调配问题：在汽车运输中，为减少汽车的空驶里程，提高汽车的里程利用率，常常要组织循环运输，如图8-5所示。这样，每辆汽车从车场开出去后，中途就会经过几个装卸点。每个装卸点由于装卸货物不同，需要的装卸工人数目也不同。例如某车场每天有 n 辆汽车经过 m 个点组织循环运输，在 A_i 装货需要 p_i 个工人；在 A_j 卸货需要 p_j 个工人。如果派出上述要求的装卸工人固定在每个点上，就需要 $\sum_{i=1}^{m} p_i$ 个工人。如果汽车太少，装卸工人大部分时间就会空闲无事可做，造成人力浪费。如果不让装卸工人固定到点，而让他们跟车走，这时倘若跟车的人太多，有的点用不了那么多人，也会造成浪费。而如果跟车人数太少，势必在某些点不能及时完成装卸任务。究竟派多少人跟车，多少人固定到点，才能使所用装卸工人最少？

由于所需要人数与各点的顺序无关，所以我们假定 $p_1 \geqslant p_2 \geqslant \cdots \geqslant p_m$，设 x 表示跟车人数，存在某一个整数 k，使得 $p_k \geqslant x \geqslant p_{k+1}$，循环运输所需要的装卸工人数为

$$f(x) = \sum_{s=1}^{k}(p_s - x) + nx = \sum_{s=1}^{k} p_s + (n-k)x \tag{8-16}$$

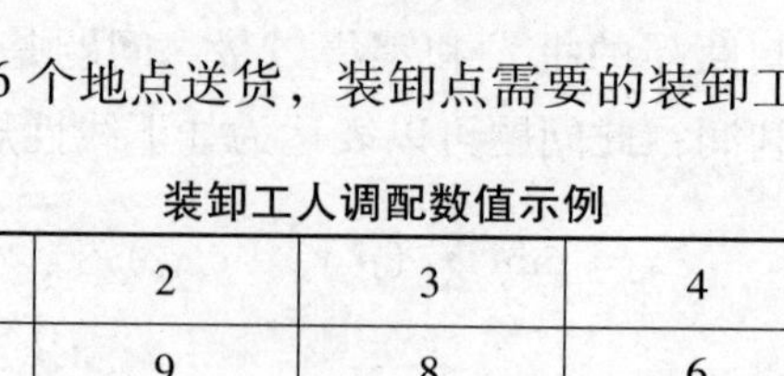

图8-5　循环运输

某车场有4辆车，为6个地点送货，装卸点需要的装卸工人数如表8-7所示。

表8-7　装卸工人调配数值示例

装卸点（个）	1	2	3	4	5	6
装卸工人数（个）	6	9	8	6	2	4

8.2.3 物流系统的排队论模型

1. 排队论的基本概念

(1) 排队系统的组成。

一般的排队系统都有以下三个基本组成部分。

①到达模式：指动态实体（顾客）到达的规律，描写实体到达的统计特性。它一般用顾客相继到达的时间间隔来描述。根据间隔时间的确定与否，到达模式可分为确定性到达和随机性到达。

②服务机构与服务时间：服务机构指同一时刻有多少服务设备可以提供服务，服务设备之间的关系是怎样的，它们的服务需要多少时间。它也具有一定的分布特性。

③排队规则：指对下一个实体服务的选择原则。通用的排队规则包括先进先出(FIFO)、后进先出（LIFO）、随机服务（SIRO）等。

图 8-6 是排队系统的基本结构。

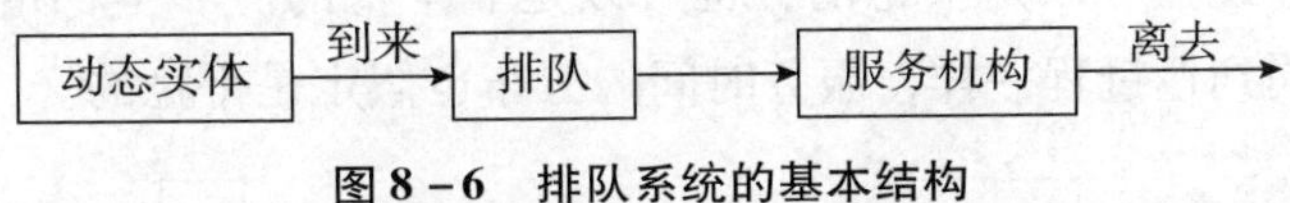

图 8-6　排队系统的基本结构

图 8-6 中的动态实体以一定的到达模式来到服务机构请求服务。服务机构的服务员或设备有限，服务要有服务时间，因此某些动态实体在来到服务机构之前不能马上得到服务，需要排队等待。当服务机构完成对某个动态实体的服务之后，就可接纳新的动态实体。排队规则将确定在队列中哪些动态实体可以最先得到服务。在很多实际问题中，动态实体的到达时间是随机的，服务机构的服务时间也是随机的，这样动态实体排队的长度也会是随机的，最后反映在服务机构处于“忙”或“闲”的时间也是随机的。如何通过已知的到达模式和服务时间的概率分布，来研究排队系统的队列长度和服务机构“忙”或“闲”的程度即服务效率，这就是离散事件仿真所需解决的问题。

(2) 到达模式。

①平均到达间隔时间 T_a：指在考虑模型的总时间中，共到达了 n 个顾客的情况下的比值 T/n。

②平均到达速率 λ：指单位时间内到达的顾客数，$\lambda = 1/T_a$。

③到达间隔分布函数 $A_0(t)$：指到达间隔时间大于 t 的概率。因为累积分布函数 $F(t)$ 是到达间隔时间小于 t 的概率，所以有如下函数。

$$A_0 = 1 - F(t)$$

根据定义，函数 $A_0(t)$ 在 $t=0$ 时取最大值为 1。当 t 增加时，$A_0(t)$ 逐渐减小。

④到达时间变化系数：指到达间隔时间的标准差 S_a 与平均到达间隔时间 T_a 的比值 S_a/T_a。变化系数是个无量纲的值，它描述了数据围绕平均值的分散程度。

指数分布的平均值与标准差相同，其变化系数为1，所以，如果观测数据的变化系数接近于1，则假定用指数分布去拟合这些资料是合理的。当变化系数远小于1时，经常应用爱尔朗分布。

到达模式按顾客到来的方式可能是一个接一个的，也可能是一起到达的；按相继到达的间隔时间可以是确定型的，也可以是随机型的；按到达过程可以是平稳的，指描述相继到达的间隔时间分布和所含参数（如期望值、方差等）都是与时间原点无关的，也可以是非平稳的。

（3）服务机构。

同到达间隔时间一样，首先定义 T_a 为平均服务时间，μ 为平均服务速率，S_0（t）为服务时间分布函数，即服务时间大于 t 的概率。

服务机构按机构形式可以没有服务台，也可以有一个或多个服务台。在有多个服务台情形中，它们可以是并列的、串列的，或混合的，如图8－7所示。按服务方式可以对单独顾客进行，也可以对成批顾客进行；按服务时间可以是确定型的，也可以是随机型的；按服务过程可以是平稳的，也可以是非平稳的。非平稳情形的数学处理是很困难的，所以同到达过程一样，服务时间的分布也假定是平稳的。

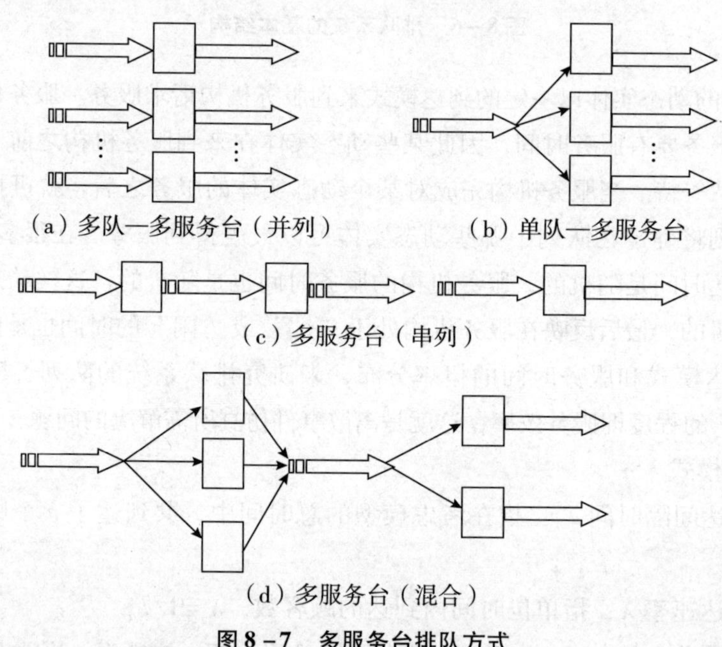

图8－7　多服务台排队方式

（4）排队规则。

顾客依一定的次序和规则接受服务。

①损失制。当顾客到达时，如所有服务台都正被占用，随即离去。

②等待制。当顾客到达时，如所有服务台都正被占用，就排成队伍，等待服务。服务次序可以采用下列各种规则。

先到先服务（FIFO）：按到达次序接受服务，这是最通常的情形。

后到先服务（LIFO）：如乘用电梯的顾客常是后入先出的，仓库中存放的钢板也是如此。在信息系统中，最后到达的信息往往是最有价值的，因而常采用后到先服务的规则。

随机服务（SIRO）：当服务台空时，从等待的顾客中随机选取一名进行服务，而不管到达的先后，如电话交换台接通呼唤的电话便是如此。

优先权服务（PR）：如医院中急诊病人优先得到治疗，物流系统中急需的物料优先等。

最短处理时间先服务（SPT）：例如设备选择工件时。首先选择所需加工时间最少的工件进行加工。

对于 n 个服务台的情形，当顾客到达时，可按如下规则在每个服务台前排成一个队，第 1，$n+1$，$2n+1$，……顾客排入第一个队，第 2，$n+2$，$2n+2$，……顾客排入第二个队等。或者所有顾客排成一个公共的队，每当有一个服务台得空闲时，队首的顾客接受服务。也可以这样来排成几个队，当某个顾客到达时，以概率 P_i 排入第 i 个队，且满足 $\sum_{i=1}^{n} P_i = 1$ 。

③混合制。例如，当排队过长时，后到的顾客会自动离去，此时可定义队长 $q < N$ 时就排入队列；若 $q = N$，则到达的顾客将自动离去。另一种是当顾客等待时间或逗留时间（等待时间与服务时间之和）小于某一时间 T 时，顾客将等待；大于 T 时，顾客将自动离去。

在使用优先权时，必须考虑当一个比现在正在接受服务的实体具有更高优先权级别的实体到达后，系统将作何处理。通常可有两种选择：其一，优先权仅仅决定一个动态实体排队的先后，优先权高的排在队列的前面，而不影响正在接受服务的实体；其二，立即停止当前的服务，为新到的具有更高优先权的实体服务，这种情形被称为抢占服务，这时被抢占的实体需要等待新实体离开后再重新接受服务。

（5）队列的度量。

已知平均到达速率 λ 和平均服务速率 μ，定义业务量强度为

$$u = \frac{\lambda}{\mu}$$

在某些场合下，到达的动态实体并不全都能够得到服务，因此有必要区分实际到达速率以及得到服务的到达速率，分别用 λ' 和 λ 来表示。此时的业务量强度为

$$u = \frac{\lambda'}{\mu}$$

定义服务设备利用率 ρ 为得到服务的动态实体的到达速率与服务速率之比

$$\rho = \frac{\lambda}{\mu}$$

在多服务设备系统中

$$\rho = \frac{\lambda}{n\mu}$$

式中，n——服务设备数目；μ——每个服务设备的平均服务速率，这里假设每个服务设备的服务速率相同。显然在多服务设备系统中，服务员人数越少，服务设备利用率就越高。正常情况是服务设备利用率小于 1，这样每个动态实体才有希望得到服务。利用率越高，则动态实体排队等待的时间越长。因此设计系统的设备利用率是一个权衡过程，可以通过多次的仿真实验加以合理解决。

对于队列的度量，通常考察两个量：队列的长度和排队的时间。这两个量都是变量，不同时间的队列长度是不同的，不同动态实体的排队时间也是不同的。在仿真实验中，对这两个量的变化进行统计，计算出其均值、方差、最大值和最小值等。这些数值反映了一个服务系统中最重要的特征。

（6）排队模型的分类。

根据上述三个组成部分中最主要的特征，D. G. Kendall 提出一个分类方法，现已被广泛采用。它只针对并列的服务设备的情形，用的符号形式如下。

$$X/Y/Z$$

其中，X 处填写表示相继到达间隔时间的分布；Y 处填写表示服务时间的分布；Z 处填写并列的服务设备的数目。

表示相继到达间隔时间和服务时间的各种分布的符号如下。

M——负指数分布（Markov）。

D——确定性（Deterministic）。

E_k——k 阶爱尔朗（Erlang）分布。

GI——一般相互独立（General Independent）的随机分布。

G——一般（General）随机分布。

例如，$M/M/1$ 表示相继到达间隔时间为负指数分布，服务时间为负指数分布，单服务设备的模型；$D/M/2$ 表示确定的到达间隔时间，服务时间为负指数分布，两台并行服务设备（但顾客是一队）的模型；$G/GI/1$ 表示单服务设备，有一般相互独立的随机到达和一般随机服务时间的模型。

2. 到达间隔和服务时间的分布

解决排队问题首先要根据先验资料作出顾客到达间隔和服务时间的经验分布，然后按照统计学的方法（例如χ^2 检验法）来确定适合于哪种理论分布，并估计它的参数值。下面介绍几种常用的理论分布。

（1）定长分布。

这是最简单的情形，每个动态实体在相同的时间间隔到达，或每个动态实体的服务时间是常数。其分布函数为

$$A_0(t)=P\{T\geqslant t\}=\begin{cases}0, & t>a\\ 1, & t\leqslant a\end{cases},\quad S_0(t)=\begin{cases}0, & t>a\\ 1, & t\leqslant a\end{cases} \tag{8-17}$$

(2) 泊松分布。

满足下列四个条件的到达分布称为泊松到达分布。

平稳性：在区间 $[a, a+t]$ 内有几个顾客到来的概率与 a 无关，而只与 t，k 有关，记此概率为 $V_k(t)$。

无后效性：不相交区间内到达的顾客数是相互独立的。

普通性：令 $\psi(t)$ 为时间 t 内至少有两个顾客到达的概率，则

$\psi(t)=0$，当 $t\to 0$

有限性：任意有限区间内到达有限个顾客的概率之和为1，即

$$\sum_{k=1}^{K} V_k(t) = 1 \tag{8-18}$$

对于这种到达分布，在时间 t 内到达 k 个顾客的概率 $V_k(t)$ 服从泊松分布，即

$$V_k(t) = e^{-\lambda t}\frac{(\lambda t)^k}{k!} \qquad k=0, 1, \cdots, n \tag{8-19}$$

式中 $\lambda>0$ 为常数。令第 i 个顾客到达的时刻为 τ_i $(i=1, 2, 3, \cdots, n)$，并令 $t_i=\tau_i-\tau_{i-1}$，$i=1, 2, \cdots, n$ 则相继顾客到达间隔 t_i 是相互独立相同分布的，其分布函数为负指数分布，即

$$A_0(t) = P\{T\geqslant t\} = \begin{cases} e^{-\lambda t}, & t>a \\ 1, & t\leqslant a \end{cases} \tag{8-20}$$

式中 $\lambda=1/T_a$。T 的数学期望和方差为

$$E[T] = \frac{1}{\lambda},\ \mathrm{var}[T] = \frac{1}{\lambda^2} \tag{8-21}$$

在泊松到达分布中，顾客到达的时刻完全是随机的，仅仅受到给定的平均到达速率 λ 的限制。泊松分布是一种很重要的概率分布，许多排队系统中的到达模式都属于这种分布。

当服务时间完全是随机的时候，也可用上述指数分布来表示它。其分布函数为

$$S_0(t) = \begin{cases} e^{-\mu t}, & t>0 \\ 1, & t\leqslant 0 \end{cases} \tag{8-22}$$

式中，$\mu=1/T_a$。

(3) 爱尔朗分布。

设 ν_1，ν_2，$\cdots$，ν_k 是 k 个相互独立的随机变量，服从相同参数 $k\lambda$ 的负指数分布，那么

$T=\nu_1+\nu_2+\cdots+\nu_k$

概率密度为：

$$f(t) = (k\lambda)^k\left[\frac{e^{-k\lambda t}}{(k-1)!}\right]t^{k-1} \tag{8-23}$$

称 T 服从 k 阶爱尔朗分布。其数学期望和方差为：

$$E[T]=\frac{1}{\lambda},\quad \mathrm{var}[T]=\frac{1}{k\lambda^2} \tag{8-24}$$

从图 8－8 中可以看出，爱尔朗分布比负指数分布有更大的适应性。事实上，当 $k=1$ 时，爱尔朗分布就是负指数分布；当 k 增大时，爱尔朗分布的图形逐渐变为对称的，变化系数减小，也就是说这时爱尔朗分布曲线表示的数据，要比用指数分布表示的资料更接近平均值。当 $k>3$ 时，爱尔朗分布近似于正态分布；当 $k\to\infty$时，$\mathrm{var}[T]\to 0$。因此，爱尔朗分布可看成是完全随机与完全确定的中间型，它能对现实世界提供更为广泛的适应性。

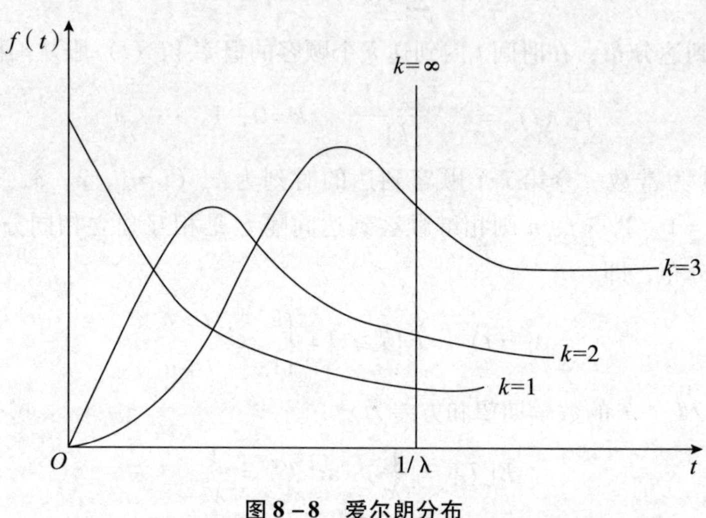

图 8－8　爱尔朗分布

例如，串行的 k 个服务台，每台的服务时间相互独立，服从相同的负指数分布（参数 $k\mu$），那么一位顾客走完这 k 个服务台总共所需服务时间就服从上述的 k 阶爱尔朗分布。

由式（8－20）可得爱尔朗到达分布为：

$$A_0(t)=e^{-k\lambda t}\sum_{n=0}^{k-1}\frac{(k\lambda t)^n}{n!} \tag{8-25}$$

式中，k 是大于零的正整数。爱尔朗分布常用于典型的电话系统。

（4）一般相互独立的随机分布。

如果所有动态实体的服务时间都是相互独立相同分布的随机变量，那么上述各种分布都是特例。

（5）一般随机分布。

对于一些受复杂因素影响的到达时间分布和服务时间分布，往往不能用上述几种典型分布加以简单描述。为了描述其分布的规律，可以从先验数据中获取统计数据，再加上适当的预测推算求出其概率分布，这种分布往往可以用一个离散的概率分布表

加以描述。例如，离散到达每批人数从1~8个不等，已观察到连续300批的每批人数。

图8-9为所收集资料的直方图；图8-10提供了数据的分布函数，被称为所给资料的经验分布。

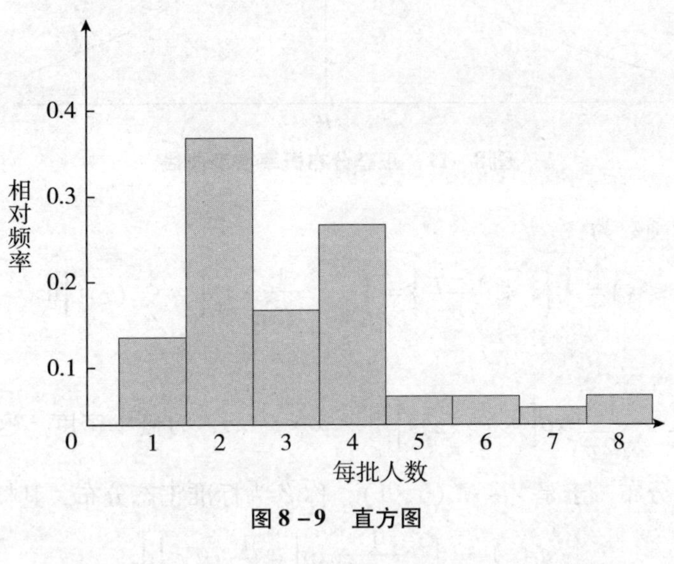

图8-9 直方图

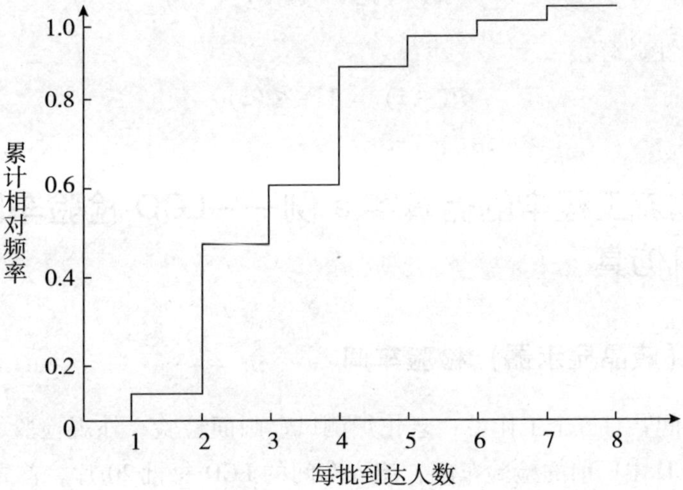

图8-10 经验分布

（6）正态分布。

在服务时间近似于常数情况下，多种随机因素的影响使服务时间围绕此常值随机波动，都可用正态分布来描述，其概率密度为：

$$f(x) = \frac{1}{\sqrt{2\pi}\sigma}\exp\left[-\frac{1}{2}\left(\frac{x-\mu}{\sigma}\right)^2\right] \quad -\infty < x < \infty \tag{8-26}$$

式中，μ 和 σ 分别为随机变量 x 的均值和标准差。正态分布常用符号 $X \sim N(\mu, \sigma^2)$ 表示，其概率密度曲线如图8-11所示，相对均值呈对称分布。

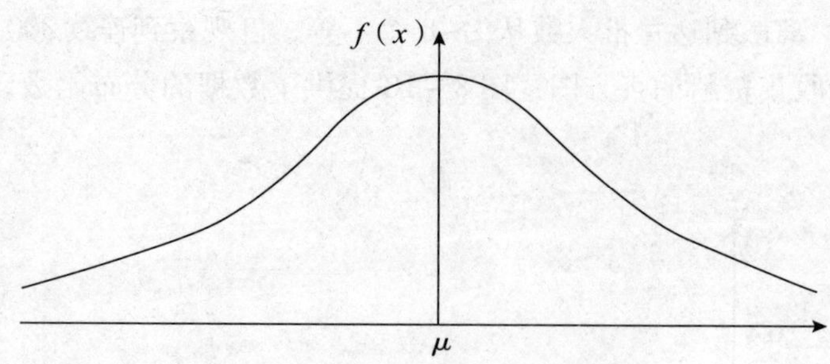

图 8-11　正态分布概率密度曲线

其概率分布函数为：

$$F(x) = P\{X \leqslant x\} = P\left\{z \leqslant \frac{x-\mu}{\sigma}\right\} = \int_{-\infty}^{\frac{(x-\mu)}{\sigma}} \frac{1}{\sqrt{2\pi}} \exp\left[-\frac{1}{2}(z)^2\right] dz = \int_{-\infty}^{\frac{(x-\mu)}{\sigma}} \Phi(z) dz \tag{8-27}$$

式中 $\Phi(z) = \frac{1}{\sqrt{2\pi}}\exp\left[-\frac{1}{2}(z)^2\right]$，$-\infty < z < \infty$，为概率密度。这是以均值为零，方差为 1 的正态分布，于是 $Z \sim N(0, 1)$，称 Z 为标准正态分布，其概率分布函数为：

$$\Phi(z) = \int_{-\infty}^{z} \frac{1}{\sqrt{2\pi}} \exp\left[-\frac{1}{2}(z)^2\right] dz \tag{8-28}$$

利用对称特性，有：

$$\Phi(-z) = 1 - \Phi(z) \tag{8-29}$$

8.3　企业物流工程中的仿真实 a 例——LCD 检验车间物流系统计算机仿真

8.3.1　LCD（液晶显示器）检验车间

LCD 检验车间共有五个工作站：老化炉测试、画面检验、外观检验、出货检验、包装。它是整个 LCD 出厂前的检验车间，流入车间的 LCD 每批 20 片。首先需要在 50℃ 老化测试炉内烤 4 个小时，出炉后依次经过画面检验、外观检验、出货检验三个工作站。检验全部合格后包装出货，流出车间。倘若经任何一个检验工作站检验不合格，则将这片 LCD 单独取出，由特定的人员来处理，生产线继续生产。车间布置如图 8-12 所示。

原始的操作工数量配置方案如表 8-8 所示，操作工的标准工时如表 8-9 所示。根据调研，车间的生产线很不稳定，等待队列长度太大。而且由于目标产量每日都在变化，又找不到合适的操作工配置方案，致使 5 个等待队列长度没有规律的变化。这样有以下几个不利的方面。

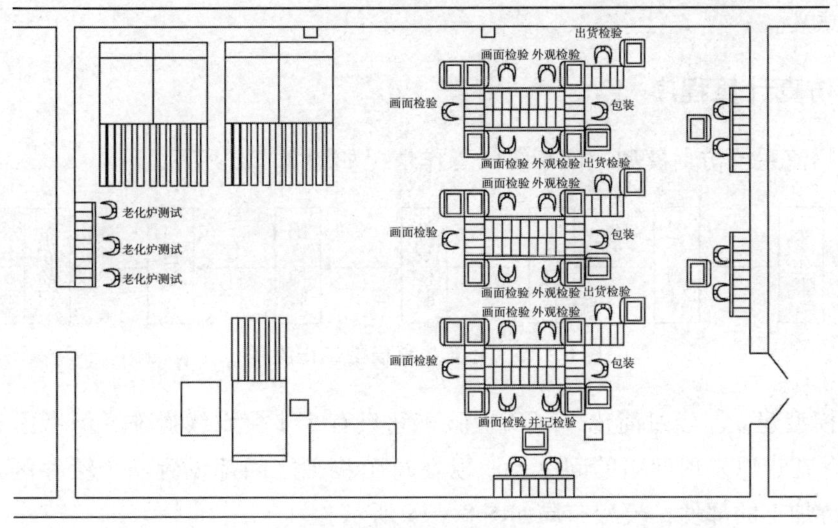

图 8－12　车间布置

表 8－8　　原始的操作工数量配置方差　　单位：人

老化炉测试	画面检验	外观检验	出货检验	包装
3	9	6	3	3

表 8－9　　操作工的标准工时　　单位：分钟

老化炉测试	画面检验	外观检验	出货检验	包装
15	80	40	20	20

（1）车间空间有限，倘若有太多的盛放 LCD 的台车在车间内，容易使物流线路不通畅，影响生产。

（2）车间内所需的台车数量是在生产线比较稳定的情况下计算出来的。倘若某一个工作站出现大量半成品，就会有大量的台车被堵塞在这里，导致其他工作站没有台车可用，甚至导致老化炉里有 LCD 没法出货，影响生产。

（3）工厂不断扩建，在增设新的生产线时，倘若没有合理的资料作为依据就不能确定各工作站的数量，只能凭借经验。

（4）在进行操作工培训的时候要能做到有计划的培训，就必须知道各站所需要的操作工的数量。

首先针对原有的布置及方案，进行简化，方案不考虑搬运的时间，该车间的操作步骤固定，在该问题中我们可以暂不考虑车间布置问题，运用 Flexsim 仿真找出问题点。其次根据仿真找到的问题点进行优化，多次仿真模拟，得到最优的配置。

因此，能够科学地对此检验车间进行物流分析及借助计算机进行仿真解决以上问题，找到最佳的配置方案，并以此为依据进行生产再扩大和人员培训，对生产具有较大的指导意义。

8.3.2 仿真计算程序

（1）物流系统仿真模型。该系统的工作情况如图 8－13 所示。

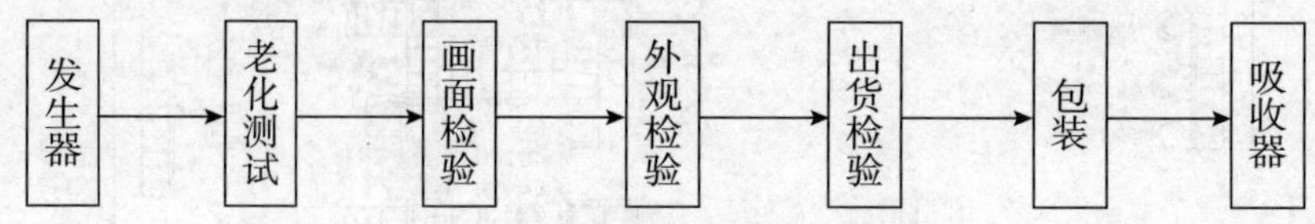

图 8－13 补充仿真模型工作流程

（2）模型建立。经过简化，LCD 检验车间只有 5 步流水线操作，但考虑到直接建立模型会存在难以发现拥堵的问题，所以在每个步骤之间都设置一个缓存区，用于堆放排队等待加工的部件，模型布局如图 8－14 所示。

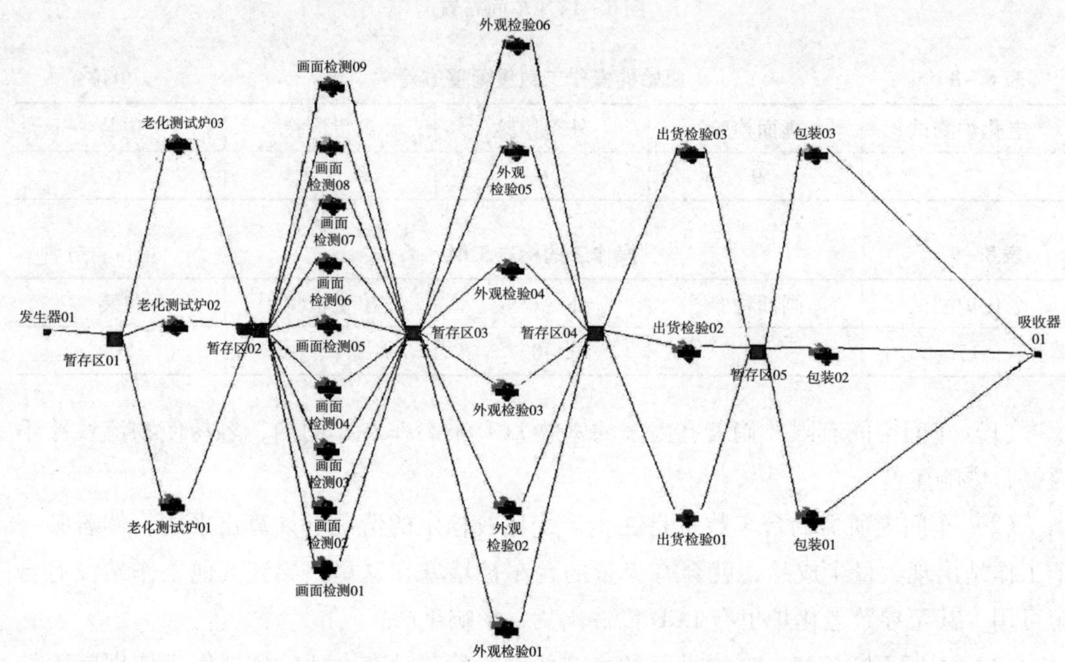

图 8－14 LCD 检验车间 Flexsim 建模布局

该模型中，老化测试、画面检验、外观检验、出货检验、包装都有固定时间和固定人数，我们就建立与人数相等的处理器装置来进行每一步的操作，有只需要调整每个处理器的处理时间和输出方式即可。操作的重点在于如何控制发生器产出 LCD 进入检验车间的速率。LCD 由上一车间产出，进入该车间检验，我们假定上一个车间的运行是稳定的，即这里可以采用一个方差较小的正态分布函数来模拟出货速率，为了能够看出该车间的排队问题，出货速率需要在一定范围，既保证 3 个老化测试炉都能参与工作，又保证在暂存区不能堆积太多货物。

（3）仿真程序的编制。这个模型非常简单，而且由于 Flexsim 功能强大，这里不需要运用程序，只须修改一些属性参数即可运行，流水线步骤操作时间都是固定的，这里只给出发生器、暂存区 01 和画面检验 01 的属性画面，如图 8－15、图 8－16、图 8－17 所示。

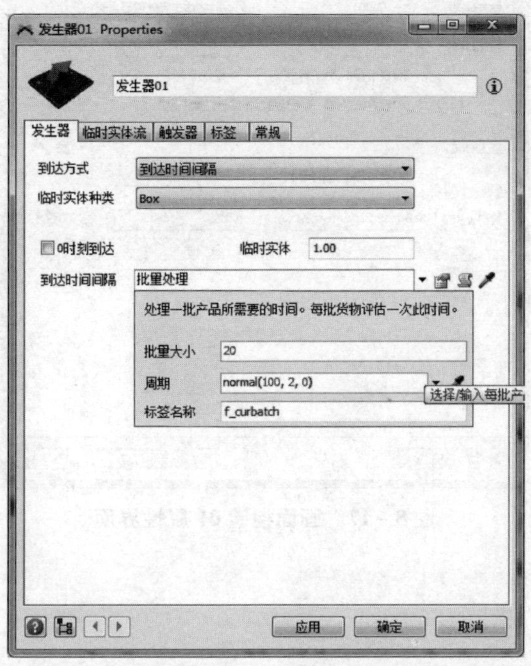

图 8－15　发生器属性界面

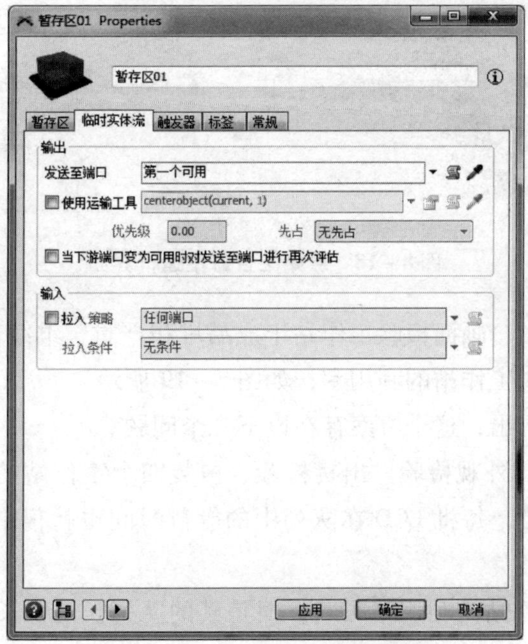

图 8－16　暂存区 01 属性界面

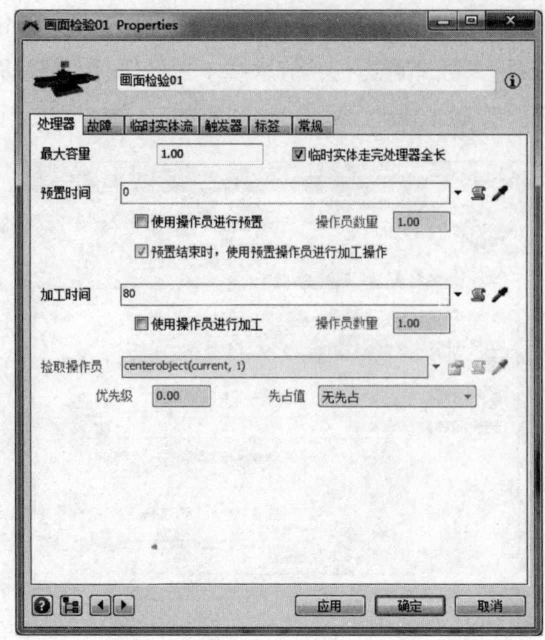

图 8－17　画面检验 01 属性界面

8.3.3　仿真分析

应用编制的软件分析车间操作工原始配置方案，运行界面如图 8－18 所示。

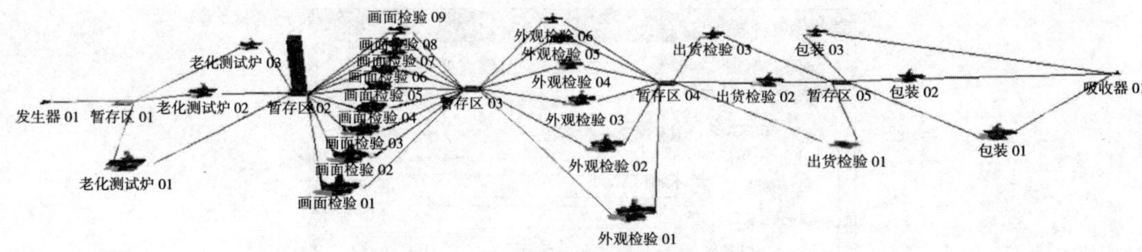

图 8－18　原始配置方案运行界面

直观地就可以看出，画面检验工作站半成品堆积严重，继续运行，利用 Flexsim 数据分析模块，分析各个工作站的利用率，如图 8－19 所示。

从仿真结果可以看出，这个方案存在以下几个问题。

（1）老化炉测试、外观检验、出货检验、包装四个工作站的平均利用率很低，当然它们的队列长度很小，每批 LCD 在队列中的等待时间也就很小。这说明这几个站的操作工配置过多。

（2）画面检验工作站的利用率很高，但是其的队列长度太长，会导致大量的半成品积压在这个工作站，这说明这个工作站的操作工配置过少。

针对这个结果，做出相应的调整。因为这 5 个工作站会互相影响、互相制约，每

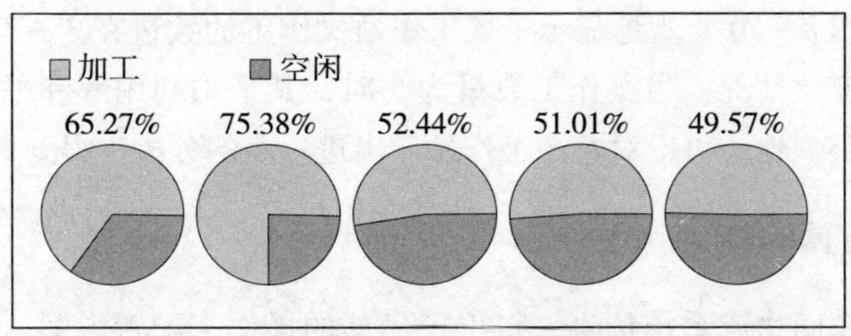

图 8－19 各工作站运行效率

注：从左至右分别为老化测试、画面检验、外观检验、出货检验、包装。

次调整不应变化太大。经过几次调整得到方案 1，如表 8－10 所示，其输出结果如图 8－17 所示。对这一方案的结果进行分析后发现，第 4 个和第 5 个工作站的利用率虽然很低，只有不到 70%，但这是由于仿真时间为 1 天而造成的，仿真开始一段时间越靠后的工作站的空闲时间越长。当把仿真时间改为 4 天后，程序结果显示其利用率都达到了 79% 以上。

为进一步确定这一方案是否为最佳方案，以外观检验工作站为例，将其操作工数量在邻近范围作微小调整看其结果。其结果如表 8－11、图 8－20 和图 8－21 所示。

表 8－10 方案 1 的操作工数量

老化测试炉	画面检验	外观检验	出货检验	包装
2	10	5	3	3

表 8－11 临近范围调整后的结果

操作工数量	平均利用率	平均队长
3	0. 9048894	23. 12107
4	0. 90631	10. 57251
5	0. 8649964	1. 213729
6	0. 742064	0. 08129
7	0. 6388286	0. 03267

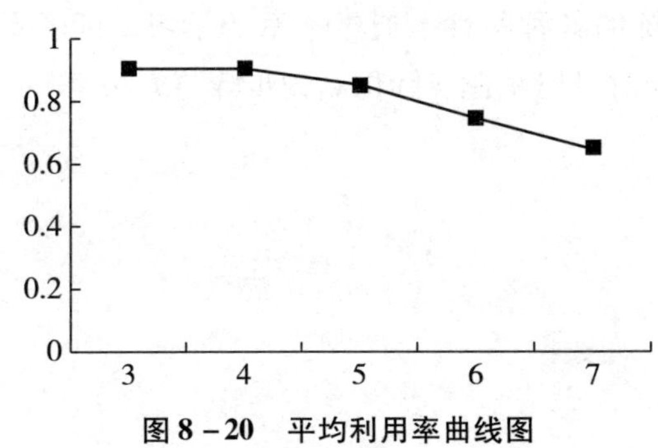

图 8－20 平均利用率曲线图

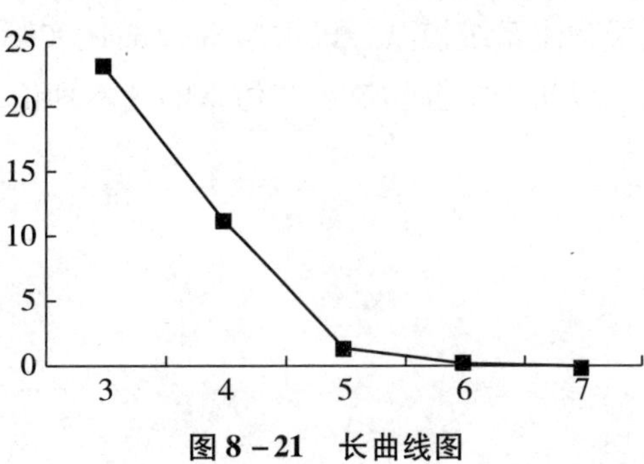

图 8－21 长曲线图

图 8－19 和图 8－20 直观地显示了该工作站操作工的数量在 3～7 变化时平均利用率和平均队长的变化情况。当操作工数量为 5 时，其平均利用率和平均队长都是一个可以接受的值。类似地，可以对 5 个工作站做出进一步的分析，得到最佳方案。

8.3.4 系统仿真的结论

通过对检测车间物流系统仿真，得出了最佳的操作工配置方案，同时应用本程序还可以完成下面几方面的工作。

（1）根据每天的目标产量，以及给定的标准工时，可以确定操作工的配置数量，这对于调整和重建生产线有指导意义。

（2）如果某天产量需求变化，可以反过来调整工时，给操作工一个合适的目标日产量，并且可以统计计算出在这个目标产量下操作工的利用率。

（3）可以仿真计算出每一批 LCD 在车间内滞留的总时间。这也是决定一个配置方案是否是最佳的一个重要参考值。

需要说明的是，在程序设计中假设老化炉工作站的容量足够大，这样虽然每批 LCD 要在炉里烤 4h（小时），但是从时间的角度看，因为是 24h 不停地工作，所以操作工放进去某一批 LCD，取出另一批 LCD，可以看成是对同一批的操作，即每一个放进的事件必有另一个取出的事件与它对应。

本章小结

物流仿真是针对物流系统进行系统建模，并在电子计算机上编制相应应用程序，模拟实际物流系统运行状况，并统计和分析模拟结果，用以指导实际物流系统的规划设计与运作管理。对于一个企业来说，建立属于企业自身的一套物流体系是一项非常庞大的工程，要花费惊人的人力和物力。对于企业来说，如果要在物流系统建成之后再来评价物流系统的实用性，是一个非常错误的选择，因为如果企业建设的物流系统并不适合企业，就会造成很大的浪费，而系统仿真是一个非常好的解决之道。

本章主要介绍了物流系统的描述、系统仿真建模及模型运行后的分析与优化，讲述了物流系统模型，以求准确地描述实际系统的各种特性。通过本章的学习，读者不仅可以初步掌握物流系统仿真的基本理论，同时可以掌握实际仿真的步骤与方法。

9 企业物流预测

9.1 物流预测概述

对于很多企业来说，需求变得越来越多样化和不确定，这有时可归因于终端顾客的喜好变化非常快，但是供应链本身也是需求不确定的原因之一。在这一形势下，物流量的预测对于物流企业的战略化发展就显得更为重要。但是，由于我国物流企业还处于起步阶段，对于预测所需要的历史数据的统计还很不完整，也很不科学。在这种情况下，如何提高物流量预测的精度，就显得尤为重要。目前，关于预测方法的研究有很多，发展也很迅速，有 100 多种，除了经典的预测方法之外，预测者们还提出了许多新的方法，比如模糊数学预测法、神经网络预测法等。但是，并不是预测方法越复杂，其预测效果就越好，由于预测方法本身的局限性以及受预测者自身的知识、经验有一定的局限性，在许多实际预测中，预测结果往往不能使人满意。因此，选择合适的预测方法来对预测目标进行预测是保证预测能够准确的先决条件。对于物流量的预测来说，由于其历史数据少而且不完整，给预测者应用需要大量历史数据作为依托的预测模型带来了很大的困难。在这种情况下，提出一种对物流量预测行之有效的方法就显得更为重要。

9.1.1 物流量预测的特点

物流需求是指在由生产单位、消费者在一定的空间时间范围的社会经济活动对各类商品、材料以及废弃物等的装卸、配送、运输、储存以及相关的各类物流活动的需求总和。

所谓物流需求预测，就是分析当前的市场信息，利用物流需求的历史数据对未来的物流需求的情况进行合理的分析、科学的判断。准确的物流需求预测对物流管理活动具有重要的指导意义，我们可以通过预测结果采取相应的措施和策略，以谋求经济利益的最大化。无论是物流基础设施建设规划还是物流产业发展规划，其制定和实施都需要对未来的物流需求进行定量的分析、合理的预测，以保证物流供求平衡，协调物流资源分配。因此对历史物流需求数据进行分析，建立科学有效的预测模型对未来物流需求量进行预测是非常重要的。物流系统是一个开放式的系统，与传统的预测方法相比，物流量预测有着自己的特点。

1. 预测目标

我们对预测目标的历史数据进行分析，目的是找出该预测目标的运动轨迹，以判断它的发展趋势。若近似于线性轨迹，用传统的预测方法就能使偏差保证在很小的范围内。但物流量的趋势图形往往是一条非线性的曲线，并有噪声和奇异数据存在，它的发展趋势往往呈现出非线性、随机性的特征，因此在模型的选择以及数据的处理上就会比较复杂。

2. 企业转型

由于我国绝大多数物流企业正从“类物流企业”向现代物流企业转型，或是新组建的物流企业，企业的组织结构、经营理念、服务项目等都在不断地进行调整，因此，历史数据所描述的发展趋势不能完全代表未来的发展趋势，直接应用趋势预测法，其预测精度难以保证。

3. 物流系统

对于物流系统来说，不同的运作模式和服务水平会吸引不同的客户群，同时也会影响到该物流系统物流量的多少，而物流量的增加或者减少又会直接影响到该物流系统的运作模式和服务水平，它们之间表现出了一种双向的关系。因此，企业的经营策略将会直接导致物流量预测的结果。

4. 影响因素

对物流量进行预测，必须要更全面地考虑各种相关影响因素。由于物流系统牵涉面很广，从国内到国外，从工农业到商业都需要物流的服务，政府通过法律法规对经济进行调控，都会直接或者间接影响到物流系统内物流量的多少。并且，国家以及地区物流基础设施环境、工商业的现代物流意识和观念、国内国际的经济形势、同行业的竞争、人们消费观念的变化等也都会对物流量的多少产生影响。由于企业的生产是由市场的需求所决定的，而市场的需求是由外部环境等因素决定的，所以，物流量预测一定要反映各种因素对它的影响。

5. 方法

在物流量的影响因素中，有的因素可以量化，有的因素只能做定性分析，这就需要将定量与定性方法结合起来运用。特别是当外部环境或者企业经营策略发生变化时，更需要注意到这一点。

9.1.2 物流量预测的基本原则

预测的任务是研究预测对象发展变化的规律，这涉及一个十分重要的问题，即预测的理论依据是什么？虽然预测应用的领域有很多，研究有对象特性各不相同，方法手段种类繁多，但纵观预测的思维方式，总是遵循着一些基本原则。物流量预测作为预测的一部分，也遵循着这些基本原则。

1. 惯性原则

任何事物的发展都与其过去的行为有着一定的联系。过去的行为不仅影响到现在，还会影响到未来，这表明，任何事物的发展都带有一定的延续性，即惯性。惯性越大表明过去对未来的影响越大；反之亦然。惯性原则的存在，不仅为预测方法提供了思路，也为预测的可行性提供了一定的理论基础。

2. 类推原则

所谓预测的类推原则，即许多事物的发展规律有着相似之处，用一个事物的变化规律来类推另外一个事物的变化规律。应用这一原则可使预测工作大大简化。在预测中常采用的经验曲线来进行预测，就是以类推原则作为理论依据的。

3. 相关原则

相关原则是研究事物发展复杂性的一个必不可少的原则。任何事物的发展变化都不是孤立的，都是与其他事物的发展变化相互联系、相互影响而确定其运动轨迹的。相关性有多种表达形式，其中最为广泛的是因果关系。即任何事物的发展变化都是有原因的，其变化状况是原因的结果，相关回归预测模型就是以这一原则为前提进行预测的。

4. 概率推断原则

由于各种因素的干扰，常常使事物的各个方面的变化呈现出随机形式。随机变化的不确定性往往给预测工作带来很大的困难，这时就需要应用随机方法对一些不确定的问题进行研究，并探讨预测方法。这种依据概率进行推断的原则就是概率推断原则。

5. 质、量分析相结合原则

质、量分析相结合原则是指预测中要把量的分析（定量预测法）与质的分析（定性预测法）结合起来使用，才能取得良好的效果。预测方法的选择和预测模型的建立都是以预测的原则为依据的。在实际预测过程中往往是根据预测对象的特点，选择相应的预测原则而构造预测模型。当然，预测原则的使用是有一定条件的。因此，对预测原则的掌握是预测模型建立的基础。

9.1.3 物流预测的基本步骤

预测，并非只是简单地根据资料作出预计推测的这一行动，而应看作是一个科学的预测过程。我们对于物流量进行预测，应遵循一定的步骤来进行，从而使预测过程更为科学、合理。一般来说，预测过程包括以下几个步骤。

1. 根据预测的任务确定预测的目标

具体地说，就是按照计划、决策的需要，确定预测的目标、预测对象、规定预测的时间期限和希望预测结果达到的精确度等。

2. 收集和分析有关资料和情报

资料和情报是预测的基础，可以从中分析得到反映预测对象特性和变动倾向的信息。原始资料必须经过加工整理，以便去伪存真、去粗取精。对预测中所用到的有关资料和情报的一般要求是准确、及时、完整和精简实用。

3. 选择预测方法并进行预测

预测者经分析研究了解预测对象的特性，同时根据各种预测方法的适用条件和性能，选择出合适的预测方法。预测方法是否选用得当，将直接影响预测的精确度和可靠性。运用预测方法的核心，是建立描述、概括研究对象特征和变化规律的模型。定性预测的模型是指逻辑推理的程式。定量预测的模型通常是以数学关系式表示的数学模型。根据预测模型，输入有关资料、数据，即可得到初步的预测结果。

4. 分析评价

分析评价就是对预测结果的准确性和可靠性进行验证。预测结果受到资料的质量、预测人员的分析判断能力、预测方法本身的局限性等因素的影响，未必能精确地估计预测对象的未来状态。此外，各种影响预测对象的外部因素在预测期限内也可能出现新的变化。因而要分析各种影响预测精度的因素，研究这些因素的影响程度和范围，进而估计预测误差的大小，评价原来预测的结果。在分析评价的基础上，通常还要对原来的预测值进行修正，得到最终的预测结果。

5. 提交预测报告

预测报告应概括预测研究的主要活动过程，列出预测目标、预测对象及有关因素的分析结论、主要资料和数据、预测方法的选择和模型的建立，以及模型预测值的评价和修正等内容。

预测过程一般可以分为准备、实施、验证和交付决策四个阶段，具体过程如图 9－1 所示。

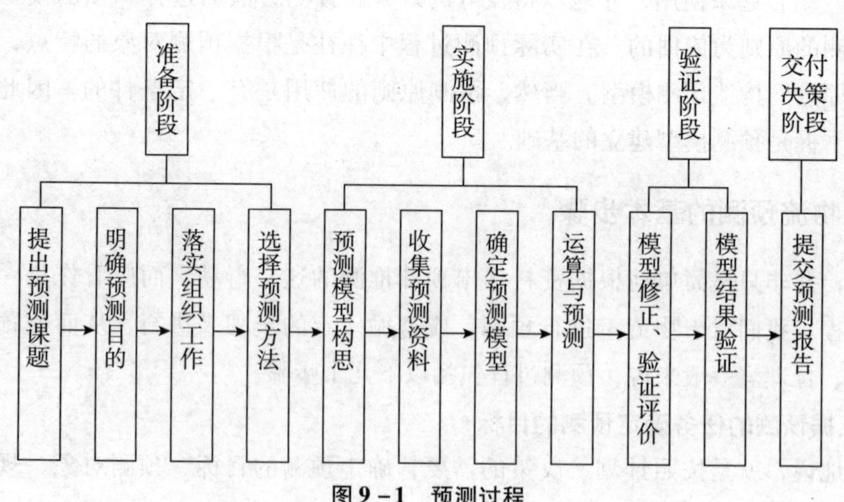

图 9－1　预测过程

9.2　物流预测的方法

9.2.1　定性预测方法

定性预测在人们的社会活动中应用最为广泛，在科学技术还不发达的时代，人们就是靠着定性预测的方法来预测事物的未来，从而指导人们的生产活动。所谓定性预测就是人们根据自己掌握的实际情况、实践经验、专业水平，利用判断、直觉、调查或比较分析等方法，对经济发展前景的性质、方向和程度做出的判断，有时在对事物分析的基础上也可以给出数量估计。

1. 头脑风暴法

头脑风暴法又叫智暴法（Brain Storming Method），是由 Osborn（奥斯本）在 1957 年提出的，很快就得到了广泛的应用。在我国，头脑风暴法是在改革开放以后才引入的，但很快就得到了重视。它应用的基本原理是通过一组专家共同开会讨论，进行信息交流和互相启发，从而诱发专家们发挥其创造性思维，促进他们产生“思维共振”，以达到互相补充，并产生“组合效应”的预测方法。它既可以获取所要预测事件的未来信息，也可以弄清问题，形成方案，搞清影响，特别是一些交叉事件的相互影响。

头脑风暴法分为创业头脑风暴和质疑头脑风暴两种。前者是组织专家对所要解决的问题开会讨论，各持己见地、自由地发表意见，集思广益，提出所要解决问题的具体方案；后者是对已经制订的某种计划方案或工作文件，召开专家会议，由专家提出质疑，去掉不合理的或者不科学的部分，补充不具体或不全面的部分，使报告或计划趋于完善。

头脑风暴法应用的原则如下。

1）对象一致

专家的选择要与预测的对象一致，而且要有一些知识渊博，对问题理解较深的专家参加。一般地，要有以下几个方面的专家参加会议，即方法论学者，也就是预测专家；设想产生者，也就是专业领域内的专家：分析者，指专业领域内的高级专家；演绎者，指有较高推断思维能力的专家。

2）互不相识

被挑选的专家最好彼此不认识。如果是彼此相识，应从同一职称或级别中挑选。在会议上不公布专家所在的单位、年龄、职称或职务，让专家们认识到与会者一律平等、一视同仁。

3）环境条件

要为头脑风暴法创造良好的环境条件，以便专家能高度集中注意所讨论的问题。就是要有一个真正自由发言的环境，会议主持者要说明政策，使专家没有顾虑，做到知无不言，言无不尽。如果没有这种环境，很难产生共振。

4）综合比较

考虑参加者对已经提出的设想进行改进和综合，为修改自己设想的专家提供优先发言的机会。

5）思维共振

主持会议者在会议开始时要有诱发性发言，尽量启发专家的思维，引导专家产生思维共振。

6）专家负责

对头脑风暴会议的领导工作，最好委托预测专家负责。预测专家不仅熟悉预测程序和处理方法，而且对所提的问题和科学辩论均有充足的经验。

2. 德尔菲法

德尔菲法（Delphi Method）又称为专家调查法，是由美国兰德公司的达尔基（N. Dalkey）和赫尔默（O. Helmer）于1964年正式提出的。在正式提出此法后，该方法很快就在世界上盛行起来。在初始阶段，大多数预测案例都是科技预测的内容，因而许多人误解为它只是科技预测的一种方法，实际上并非如此。现在，此法的应用遍及社会、经济、科技等各个领域，而且应用频率较高。

德尔菲法的应用过程是由主持预测的机构确定预测的课题并选定专家，人数多少视具体情况而定，一般是10~50人。预测机构与专家联系的主要方式是函询，专家之间彼此匿名，不发生任何横向联系。通过函询收集专家意见，加以综合、整理后，再反馈给各位专家，征求意见。这样反复经过4~5轮，尽管每个专家发表的意见各有差异，但由于参加讨论的专家人数较多，会出现一种统计的稳定性，使专家的意见趋于一致，作为最后预测的根据。其主要步骤如下。

1）第一轮函询调查

一方面向专家寄去预测目标的背景材料，另一方面提出所需预测的具体项目。这轮调查，任凭专家回答，完全没有框框。专家可以以各种形式回答有关问题，也可向预测单位索取更详细的统计材料。预测单位对专家的各种回答进行综合整理，把相同的事件、结论统一起来，剔除次要的、分散的事件，用准确的术语进行统一的描述，然后反馈给各位专家，进行第二轮函询。

2）第二轮函询

要求专家对与所预测目标有关的各种事件发生的时间、空间、规模大小等提出具体的预测，并说明理由。预测单位对专家的意见进行处理，统计出每一件事可能发生日期的中位数，再次反馈给有关专家。

3）第三轮评价

各位专家再次得到函询综合统计报告后，对预测单位提出的综合意见和论据进行评价，重新修正原先各自的预测值，对预测目标重新进行预测。

上述步骤一般通过四轮，预测的主持者应要求各位专家根据提供的全部预测资料，

提出最后的预测意见。若这些意见收敛或者基本一致，即可以此为根据进行预测。

挑选的专家必须要对预测目标比较了解，并有丰富的实践经验或较高的理论水平，对预测目标有一定的见解。专家既可以是教授、理论研究人员或工程师，也可以是有一定工龄的工人或管理人员。选择专家可以由本单位专家推荐，也可以从报纸杂志上视其研究成果来挑选，还可以通过上级部门介绍、查询专家档案数据库等方法来进行挑选。

特别需要注意的是专家函询调查表的设计。应根据其预测目标，设计出合适的调查表。不同的课题应该有与之对应的函询表，设计表格时应该遵守一些共同的原则。首先，要把调查预测的问题讲清楚，尽量避免模糊语言，时间、数量的指标都要一清二楚，不要含混不清、模棱两可；其次，表格要力求简明，提出的问题不能太多，使填表者不致因填表而厌烦；最后，提出的问题不要脱离预测目标，也不要对专家的回答提出任何附加条件，要让专家自由、心情舒畅地回答问题；表中要注明专家寄回表格的最晚时间。

随着我国社会、经济、科技的进一步发展，特尔菲法的应用也越来越广泛。我国结合自己的具体情况，对它做了一些改进，进一步拓广了它的应用范围。例如，采用书面调查与会议调查相结合的方法，部分取消匿名性，部分考虑专家的权威性，对专家的答卷数据采取加权处理；根据课题的难易和经费、时间的充足性程度，适当减少反馈的次数，有时又可以在专家反馈一至二次后，再召集一小批专家面对面进行讨论，做出预测结果。这种方法我们称为广义的特尔菲法。

除以上常用的方法之外，此外还有市场调查法、专家评估法、主观概率法、交叉影响法等，这些方法的应用要根据具体的预测问题，灵活地进行。

9.2.2 定量预测方法

定量预测的方法有很多，据相关统计，有100多种，如指数平滑预测模型、灰色预测模型、回归预测模型等。前两者属于时间序列预测模型。由于物流量预测自身的特点，在运用这些具体定量预测方法的时候，尤其要注意预测目标的历史数据应如何进行处理，如何选择适当的预测模型。

1. 时间序列预测模型

时间序列预测模型是利用预测目标的历史数据的统计规律来进行预测。

1）时间序列预测模型的优点

（1）不需要了解预测目标的影响因素，它认为所有的影响因素都归在时间序列数据的波动之中。这样对历史数据的要求仅仅局限在预测目标上，而不必考虑其他影响因素的历史数据。也就是说，历史数据的收集和整理的工作量远远小于回归模型。

（2）预测模型的建立较回归模型容易。时间序列预测模型的建立只需要考虑一组数据的变化趋势，这样比考虑多个因素、多组数据要容易得多。

（3）短期预测精度较高。

2）时间序列预测模型的缺点

无法揭示系统内各因素之间的关系，它仅仅将时间作为预测目标的影响因素。当预测的目的是在了解未来的基础上，对系统进行规划和控制，物流系统的发展必须了解影响系统发展的主要因素。而时间序列预测方法并不具备此项功能。

3）适用范围

（1）当预测目标的相关因素的历史数据难以收集。

（2）仅需要了解预测目标的发展趋势。

（3）预测目标的历史数据较完整。

4）应用时必须注意的问题

时间序列预测模型有许多种，由于每一种时间序列预测模型都有它的针对性和适用范围，在采用时间序列预测模型进行预测时应对每一种模型的特点有一定的了解，否则盲目地选择某一种预测方法，很难保证预测精度。

2. 回归预测方法

1）回归预测模型的优势

建立回归模型，必须进行系统中各主要因素的相关分析，通过系统的相关分析能了解系统中各要素之间相互依存紧密程度的定量描述，通过系统的回归分析揭示预测目标在发展过程中与其主要影响因素之间的定量关系，一旦回归模型建立，只要知道预测目标的影响因素（自变量）的值就能通过模型直接得到预测目标（因变量）的值。因此，回归模型既可以作为预测模型，又能对系统的结构进行描述和分析，使决策者能从模型中了解到影响预测目标值的主要原因，从而做出更为科学的决策。

2）用回归分析方法存在的劣势

（1）历史数据质量要求高。由于系统因素之间的相关分析及回归预测模型的建立需要充分而完整的数据，如果没有足够的历史数据作为基础就无法有效地建立回归模型。

（2）系统结构要求稳定。由于因素之间的数量关系是由系统的结构所决定的，一旦进行技术改造等影响系统结构的环境发生变化，则系统中的各因素之间的数量关系就会发生变化，仅靠历史数据建立起来的回归模型的预测精度就会受到很大的影响。

（3）回归模型的建立难度较大。回归模型的理论模型的建立往往是首先描绘历史数据因素之间关系的散点图，分析散点图曲线与何种理论函数接近，然后对其进行检验，选择描述这些变量之间关系的较理想的函数形式来近似表示历史数据所描述的因素之间的关系。由于影响因素可能很多，并且随机因素对系统的影响往往很难用一个确定的函数来描述，这就需要有较强的数学建模水平。人们往往为了计算简单，常常采用线性回归来进行预测。但是，真正的实际问题是，因素之间的关系往往是非线性的关系，那么用线性模型代表非线性的问题，其误差可想而知。非线性问题的复杂性给建模带来了很大的难度。

3）回归预测模型的适用范围

由回归模型优劣势的分析可知，当系统及预测内容具有下述特性时可采用相关回归预测模型进行预测。

（1）当系统预测所需要的历史数据较完整时。

（2）需要了解各因素之间的关系时。

（3）系统较稳定的情况下。

4）应用时必须注意的问题

（1）对回归模型中的自变量和因变量必须作相关分析。了解其因素之间的相关程度到底有多大，因为回归分析是对具有因果关系的影响因素（自变量）和预测目标（因变量）所进行的数理统计分析。自变量与因变量的相关程度，影响到预测值的有效性的大小。实际上，只有在分析了自变量与因变量之间的相关性以后，我们才能最终确定因变量的主要影响因素，并进行回归分析。

（2）回归模型的函数形式一定要符合历史数据的规律。也就是自变量与因变量之间的函数关系描述得是否准确直接影响预测的精度。

（3）模型参数估计的方法选择。对于回归模型的参数估计的方法有多种，特别是非线性的回归模型的参数估计方法的选择是否恰当直接影响预测结果。在选择参数估计方法时要了解该方法所产生的误差特性。

9.2.3 组合预测方法

人们对于组合预测方法的研究范围很广，有关于各种定量预测方法结合起来运用的组合预测方法，也有关于将定性预测方法与定量预测方法结合起来运用的组合预测方法。这里所说的组合预测方法是指前者。

在做预测时，对同一预测对象常采用不同的预测方法。不同的预测方法由于所运用到的数据、信息不同，或者由于其本身预测特性的不同，其预测精度往往也会不尽相同。如果简单地将各种预测方法的误差将预测误差较大的一些方法舍弃掉，将会造成预测方法的片面化、单一化，其预测结果也可能会出现较大的偏差。目前流行的一种较为科学的做法是：将不同的预测方法进行适当的组合，利用各种方法不同的预测特性，尽可能地提高预测精度。

目前对组合预测方法的研究主要集中在关于各单个预测方法的权重的确定上。一般地，把组合权重分为两种：一种是定常权重，另一种是时变权重。定常权重研究较早，确定方法较为成熟，但由此构成的组合预测方法的权重不随着时间的变化而变化，所以预测精度较差；时变权重的研究虽然起步较晚，确定方法仍处于探讨阶段，但由此构成的组合预测方法的权重会随着时间改变，所以预测精度明显高于定常权重组合预测方法。但是因为变权函数是随时间的变化而变化的函数，所以它的确定比较困难。

目前关于定量预测的模型有很多，达100多种，常用的模型主要有指数平滑模型、灰色系统模型、回归模型以及神经网络模型等。根据这些预测模型得出各个预测值之后，就要根据组合预测来确定预测目标的最终预测值。

1. 定常权重的确定

如果某预测问题在时刻 1 到时刻 n 的实际观察值分别为 $y_1 \sim y_n$，记为 Y_i（$i=1, 2, \cdots, n$），而对此预测问题有 m 种预测精度较好的预测方法，其预测值分别记为 f_{ij}（$i=1, 2, \cdots, n$; $j=1, 2, \cdots, m$）。设对这 m 种预测方法的加权系数分别为 w_j（$j=1, 2, \cdots, m$），$\hat{y}_i$ 为该预测问题在时刻 i 的预测值，由此我们可以把这一组合预测模型描述为：

$$\begin{cases} \hat{y}_i = \sum_{j=1}^{m} w_i f_{ij} \quad i = 1,2,\cdots,n \\ \sum_{j=1}^{m} w_i = 1 \end{cases} \tag{9-1}$$

w_j应该满足归一化的条件，而它的计算方法有多种，对于定常权重的确定我们有以下几种方法。

1）算术平均法

算术平均法也称为等权平均法，它不考虑各模型预测效果好坏的差别，直接对各个模型的预测值进行算术平均。由于这种方法的计算比较简单，所以是一种比较常用的计算权重的方法。如果有 m 个预测模型，那么各个预测模型的权重 w_j都为 $1/m$。

2）方差倒数法

方差倒数法是根据各个模型的方差的大小来确定权重的，方差越大，权重越小。我们设第 j 个预测模型的方差为 D_j，则 $D_j = \frac{1}{n}\sum_{i=1}^{n}(y_i - f_{ij})^2$，进行归一化处理，那么此模型的权重为

$$w_j = D_j^{-1} / \sum_{j=1}^{m} D_j^{-1} \tag{9-2}$$

3）均方差倒数法

顾名思义，这种方法与上面的方差倒数法类似，是以各个模型均方差的大小来确定权重，第 j 个模型的权重为

$$w_j = D_j^{-\frac{1}{2}} / \sum_{j=1}^{m} D_j^{-\frac{1}{2}} \tag{9-3}$$

4）专家确定法

由于受外界多种因素的影响，有些模型虽然预测的拟合度不如另外一些模型好，但它更能准确地反映预测对象的发展规律，但这些因素的影响是无法从数学上直接计算出来的。那么我们可以咨询专家意见或者运用特尔菲法来确定各种预测模型的权重。

除以上方法之外，还有二项式系数法、简单加权法等确定权重的方法。

2. 时变权重的确定

对于时变权重的确定，有以下方法。

首先对一些必要的符号进行说明。

设对于同一预测问题，我们有 n 种预测模型，并假设

$y\ (t)$：第 t 期的实际观察值（$t=1,\ 2,\ \cdots,\ N$）；

$\hat{y}\ (t)$：第 i 个预测模型预测的第 t 期的值；

$w_i\ (t)$：第 i 个预测模型在第 t 期的加权值。

满足
$$\begin{cases}\sum_{i=1}^{n} w_i(t) = 1(t = 1,2,\cdots,N) \\ w_i(t) \geqslant 0(t = 1,\cdots,n)\end{cases} \tag{9-4}$$

$y(t) = \sum_{i=1}^{n} w_i y_i(t)$，变权组合预测模型的第 t 期预测值。

我们记 $e_t = \dfrac{y\ (t)\ -y\ (t)}{y\ (t)}\ (1\leqslant t\leqslant N),\ z = \max(|\bar{e}_t|)$，基于决策论中极大极小原则，即要使 z 的值达到最小。其中 $\hat{y}\ (t) = \sum_{i=1}^{n} w_i\ (t)\ \hat{y}_i\ (t)$；$\sum_{i=1}^{n} w_i(t) = 1$；$t=1,\ 2,\ \cdots,\ N$；$w_t\ (t)\ \geqslant 0$。

然后我们可以用 $u_i = \dfrac{|e_i|+e_i}{2}$，$v_i = \dfrac{|e_i|-e_i}{2}$（当 $e_i \geqslant 0$ 时，$u_i=e_t$，$v_t=0$；当 $e_t<0$ 时，$u_t=0$，$v_t=-e_t$ 来替换 e_t，则有 $|e_t|=u_t+v_t$，$e_t=u_t-v_t$），从而可建立如下的线性规划模型。

$$\min z\begin{cases} z - u_t - v_i \geqslant 0 \\ \bar{e}_t - u_t + v_t = 0 \\ \sum_{i=1}^{n} w_i(t) = 1 \\ z \geqslant 0, u_i \geqslant 0; v_i \geqslant 0; w_i(t) \geqslant 0 \qquad i = 1,\cdots,n; t = 1,\cdots,n \end{cases} \tag{9-5}$$

这里 $\bar{e}_t = \sum_{i=1}^{n} w_i(t)\dfrac{\hat{y}_i(t) - y(t)}{y(t)} = \sum_{t=1}^{n} w_i(t)\dfrac{\hat{y}_i(t)}{y(t)} - 1$

$$= \left(\frac{\hat{y}_i(t)}{y(t)},\cdots,\frac{\hat{y}_n(t)}{y(t)}\right)(w_1(t),\cdots,w_1(t))^{\mathrm{T}} - 1$$

我们令 $\bar{Y}=\ (\hat{y}_1\ (t)\ /y\ (t),\ \cdots,\ \hat{y}_n\ (t)\ /y\ (t))$，$W_i=(w_i\ (t),\ \cdots,\ w_i\ (t))^{\mathrm{T}}$

然后对以上模型进行整理可以得到

$$\min z\begin{cases} z - u_t - v_t \geqslant 0 \\ \bar{Y}_i w_i - u_i + v_t = 1 \\ \sum_{i=1}^{n} w_i(t) = 1 \\ z \geqslant 0; u_t \geqslant 0; v_t \geqslant 0; w_i(t) \geqslant 0 \qquad i = 1,\cdots,n; t = 1,\cdots,N \end{cases} \tag{9-6}$$

以上线性规划模型含有 $nN+2N+1$ 个未知量，有 $3N$ 个约束条件，可以通过其对偶问题求得其最优解，从而得到最佳的变权重系数 $w_i(t)$，$(i=1, \cdots, n)$；$(t=1, \cdots, N)$。

除了这种方法以外，计算时变权重的方法还有以绝对误差和达到最小法、以误差平方和达到最小法以及模糊组合预测方法等。

3. 评价指标

任何预测都必须以一定的标准来检验它的预测效果，即预测精度。可以用以下指标来评价组合预测方法的好坏。

（1）平方和误差 $$SSE = \sum_{i=1}^{n} (\hat{y} - y_i)^2 \tag{9-7}$$

（2）平均绝对误差 $$MAE = \frac{1}{n}\sum_{i=1}^{n} |y_i - \hat{y}_i| \tag{9-8}$$

（3）均方误差 $$MSE = \frac{1}{n}\sqrt{\sum_{i=1}^{n} (\hat{y} - y_i)^2} \tag{9-9}$$

（4）平均绝对百分比误差 $$MAPE = \frac{1}{n}\sum_{i=1}^{n} \frac{|y_i - \hat{y}_i|}{y_i} \tag{9-10}$$

（5）均方百分比误差 $$MSPE = \frac{1}{n}\sqrt{\sum_{i=1}^{n} \left(\frac{\hat{y} - y_i}{y_i}\right)^2} \tag{9-11}$$

4. 存在的问题

由于组合预测方法的研究起步比较晚，参考有关的文献资料以及分析，目前关于组合预测的研究主要存在以下问题。

（1）对于负权重的看法。

目前预测界对于负权重问题还存在着一些争议。有人提出了一种最优组合预测方法，它是根据过去一段时间内组合预测误差最小的原则来求取各个单项预测方法的权系数向量，那么这样就有可能产生负权重。但有些人对负权重持否定态度，因为权重表示对某种方法的偏重程度，而负权重并没有实际的物理意义，从解释上说不通。

（2）预测精度的确定。

部分组合预测方法在求取组合预测精度时，根据已知的时刻 1 至时刻 n 的实际观察值 y_i（$i=1, 2, \cdots, n$）和各单项预测值 f_{ij}（$i=1, 2, \cdots, n$；$j=1, 2, \cdots, m$），求出权重 W_j（$j=1, 2, \cdots, m$），然后又将 w_j 与时刻 1 至时刻 n 的单项预测值 f_{ij} 相乘，得出组合预测值 $\acute{Y}_i$，再计算出预测精度。这种做法是错误的。因为 w_j 是根据各实际观察值与预测值得出的，不能再反代入时刻 1 至时刻 n 来求预测精度。我们求出的权重应该代入 $n+1$ 时刻的单项预测值，得出 $n+l$ 时刻的组合预测值，再结合 $n+1$ 时刻的实际值进一步求出预测精度。

（3）对组合预测权重的看法。

组合预测方法并不一定会比单项预测方法更为准确；同样地，时变权重组合预测

方法也并不一定会比定常权重预测方法准确。因为我们是以先前的已经过去的时刻1～n的观察值以及在此时间段的各单项预测值的误差作为标准来确定组合预测方法中各单项预测方法的权重的，但有可能虽然某单个预测方法的误差虽然比较大，但预测对象未来的发展趋势更接近此单个预测方法。

组合预测方法是预测学理论研究的重要内容，它在我国已经得到了一定的发展，并且在许多方面的应用取得了比较好的效果，但由于组合预测方法起步比较晚，所以在理论上还很不完善。

9.2.4 定性预测与定量预测的结合

在许多预测中，人们往往只重视定量预测，片面追求使定量预测的误差达到最小，从而忽视了定性预测。由于定量预测有其自身的局限性，比如时间序列预测模型是根据惯性原则而对未来进行的递推，而预测对象未来不一定会按照以前的趋势发展；回归模型中自变量之间的相关关系以及它们的发展趋势也可能较难确定。特别对于物流系统内的物流量预测来说，我们必须结合当前的预测对象所处的环境的变化趋势以及影响预测对象的各种因素的变化趋势，参考相关专家的意见等，看预测值是否合理，是否需要进行调整，从而确定最终的预测值。

我们先比较一下定性预测与定量预测的特点。

（1）定量预测不能识别预测趋势的转折。比如有时候受政策影响，物流量的增长呈现波动性或者跳跃式的特点，这时候定量预测就不能体现出这种变化来。而这种转折点无论是暂时的还是长期的，必须依赖于定性的判断。

（2）定量预测不能充分运用历史数据所包含的信息。例如，有些时间序列方法比较容易忽视较早的历史数据所包含的信息，而过分依赖近期数据。相反地，回归预测模型则轻视近期数据所包含的信息，它赋予所有历史数据相同的权重。定性预测可以充分利用各种信息，包括有关预测环境的信息、过去类似的情况等，使预测工作者可以充分利用经验，结合各种信息做出判断。

（3）定量预测的最大优点在于它的客观性。只要选择好适当的模型，任何人应用同样的数据都会得到相同的预测结果。而定性预测则不一样，根据同样的信息，不同的人可以得出完全不同的结论，它受预测者的性格、经验、阅历方面的影响较大。

关于定性预测与定量预测的结合运用，主要有以下3种方法。

1. 定量修正定性的方法

定量修正定性的方法即先做定性预测，然后用定量的方法修正定性的预测结果。因为定性预测结果很大程度上是受预测者的知识水平和经验等的影响，定性预测结果可能存在系统偏差和回归偏差。在做出定性预测后，再用定量方法来对定性预测所产生的这些偏差来进行修正。

我们把一个预测结果的均方差分成三个部分。

$$M=(\overline{Y}-\overline{F})^2+(S_F-\rho S_Y)^2+(1-\rho)^2S_Y^2 \tag{9-12}$$

其中：$\overline{Y}$ 和 $\overline{F}$ 分别表示实际值和预测值的均值；S_F 和 S_Y 分别表示预测值和实际值的标准差（即各个值与均值的差的平方和，开方后再平均）；ρ 表示预测值和实际值的相关系数。

在该式中，$(\overline{Y}-\overline{F})^2$ 代表均值的偏差，这是预测值的整体偏差，或者称为系统偏差；$(S_F-\rho S_Y)^2$ 代表回归偏差，表示预测值未能追踪实际值的程度；$(1-\rho)^2S_Y^2$ 代表预测中的随机误差。根据最小二乘法，我们可以利用历史数据把均值偏差和回归偏差去除，这需要应用到一个优化线性方程，形式如下。

$$Y_i=\hat{a}+\hat{b}F_t \tag{9-13}$$

其中：Y 是 t 时刻的实际值；F 是 t 时刻的预测值。

假设在 $1\sim n$ 时刻的实际值为 y_1，y_2，…，y_n，预测值为 f_1，f_2，…，f_n，那么我们就可以根据这两组数据，依据最小二乘法得出它们的关系式，然后对 $n+1$ 时刻的定性预测值用此公式来进行修正，就可以得出更为准确的 $n+1$ 时刻的预测值。

2. 定性预测的量化的方法

定性预测的量化的方法即将定性预测结果作为定量模型的一部分。有些人研究了把独立的定量预测和主观定性预测合成统一模型的预测效果。可能是因为这样一来可以充分利用有价值的信息，所以一般的结论都是提高了预测的效果。甚至有些研究结果还表明仅仅是定量预测和主观定性预测简单平均就能明显地提高预测效果。有学者认为，当数据趋势不稳定的时候，由于难以确定定性预测和定量预测权重的分配方法，这种情况下简单平均就是最合适的方法。

合成预测的误差方差与定量预测的误差方差以及主观定性预测的误差方差有以下关系。

$$\sigma_t^2=0.25\ (\sigma_s^2+\sigma_j^2+2\gamma\sigma_s\sigma_j) \tag{9-14}$$

其中：σ_s^2——定量预测的误差方差；而 σ_j^2——主观预测的误差方差；γ——两种预测误差之间的相关系数。

当 $\dfrac{\sigma_j}{\sigma_s}>\dfrac{\gamma+(\gamma^2+3)^{0.5}}{3}=\phi$ 或 $\dfrac{\sigma_j}{\sigma_s}<\dfrac{1}{\phi}$ 时，合成预测的误差方差小于主观预测的误差方差。

在上面的合成预测中，如果实际值的均值和主观预测值的均值存在系统偏差，则合成预测的效果会打折扣。如果主观预测和统计预测的均值误差分别用 v 和 w 表示，则合成预测的均方差为

$$M=0.25\lfloor\ (\sigma_s^2+\sigma_j^2+2r\sigma_s\sigma_j)\ +\ (v+w)^2 \tag{9-15}$$

如果统计预测是无偏估计，则主观预测的均值偏差是 v^2。

3. 定性修正定量的方法

定性修正定量的方法即先用定量方法做预测，然后用定性的方法修正定量预测结果。先假定事物的发展趋势不会发生变化，用定量的方法进行预测，然后再采用定性

预测方法修正，判断其趋势走向，然后再做综合预测分析。用定性预测修正定量预测不是用定性预测取代定量预测，而定量预测的修正要谨慎处理。如果影响预测目标的外部环境和内部因素比较稳定，将来不会有特别事件发生，仅用定量预测方法就能达到很好的效果；但当外部环境和内部各因素发生变化时，或者会有特别事件发生时，就必须用定性方法来对定量预测进行修改。对于物流量预测来说，由于物流量的多少易受各种相关因素的影响，所以更需考虑用定性方法对定量的结果进行修正。同时，为了避免对定量预测频繁进行修正，预测者应该仔细考虑以下 3 个问题。

（1）是否需要修改。预测者在面对定量预测结果时首先就要考虑这个问题，这个问题的目的就是尽量避免随便修改定量预测结果。

（2）调整的理由。这个问题的目的也是尽量减少不必要的调整，通过对调整理由的逐项分析，使预测者的思路更加清晰、系统化。

（3）需要调整的幅度。预测者应该根据认真分析各种影响因素可能会对定量预测结果产生的影响的大小，尽量把各种影响因素的影响效果量化，从而得出最可能出现的结果。

9.3 企业物流成本预测

物流成本预测是企业物流成本管理的一个重要环节，企业通过分析以往的物流成本历史资料，对企业将来时间段的物流成本水平进行预测，再依据预测结果对企业物流成本进行优化控制，从而通过降低物流成本来达到降低产品的总成本、增强企业的竞争能力的目的。

9.3.1 灰色系统理论

灰色系统理论是我国著名学者邓聚龙 1982 年创立的，它以“部分信息已知，部分信息未知”的“小样本，贫信息”不确定性系统为研究对象，主要通过对“部分”已知信息的生成、开发、提取有价值的信息实现对系统运行行为的正确认识和有效控制。它主要解决一些包含未知因素的特殊领域的问题。

1. 生成数据

灰色模型是将随机数数经生成后变为有序的生成数据，然后建立微分方程，寻找生成数据的规律，再将运算结果还原的一种方法，其基础是数据的生成。常用的生成方式有累加生成和累减生成。

（1）累加生成：累加生成（Aaccumulated Generating Operation，AGO）是将原始数据通过累加以生成新的数列，记原始数列为 $x^{(0)}$。

$$x^{(0)} = \{x^{(0)}(k) \mid k=1, 2, \cdots, n\} = \{x^{(0)}(1), x^{(0)}(2), \cdots, x^{(0)}(n)\} \tag{9-16}$$

记 $x^{(0)}$ 的生成数列 AGO$x^{(0)}$ 为 $x^{(1)}$

$$x^{(1)}=\{x^{(1)}(k)\mid k=1,2,\cdots,n\}=\{x^{(1)}(1),x^{(1)}(2),\cdots,x^{(1)}(n)\} \tag{9-17}$$

其中

$x^{(1)}(1)=x^{(0)}(1)$，$x^{(1)}(k)=x^{(1)}(k-1)+x^{(0)}(k)$，$k=2,3,\cdots,n$

称 $x^{(1)}$ 为 $x^{(0)}$ 一次累加生成，记为 1 - AGO。

定义 $x^{(0)}$ 的 2 - AGO 为 $x^{(2)}$：$x^{(2)}=\text{AGO}x^{(1)}$

一般定义 $x^{(0)}$ 的 r 次 AGO 为 $x^{(r)}=\text{AGO}x^{(r-1)}$

（2）累减生成：累减生成（Inverse Accumulated Generating Operation，IAGO）是累加生成的逆运算，它是通过将原始序列前后两个数据相减生成新的数据序列。累减生成可将累加生成还原为非生成数列，在建模中获得增量信息，即：$\text{IAGO}x^{(1)}=x^{(0)}$。

2. 灰色模型 GM（1，1）

GM（1，1）的含义为 1 阶（Order），1 个变量（Variable）的灰色模型（Greymodel），它是在数据生成的基础上建立如下灰微分方程。

$$x^{(0)}(k)+az^{(1)}(k)=b \tag{9-18}$$

式中：$x^{(0)}(k)$ 为原始序列，$x^{(1)}=\text{AGO}x^{(0)}$，$z^{(1)}(k)=\frac{1}{2}x^{(1)}(k)+\frac{1}{2}x^{(1)}(k-1)$；$a$ 称为发展系数，它可以反映 $x^{(1)}$ 和 $x^{(0)}$ 的发展态势；b 称为灰作用量，它的大小反映数据变化的关系。

对序列 $z^{(1)}=\{z^{(1)}(2),z^{(1)}(3),\cdots,z^{(1)}(n)\}$，因为 $z^{(1)}(k)$ 为 $x^{(1)}(k)$ 与 $x^{(1)}(k-1)$ 的平均值，故记 $z^{(1)}$ 为 MEAN$x^{(1)}$，即

$$z^{(1)}=\text{MEAN}x^{(1)}$$

模型的白化型为

$$\frac{\mathrm{d}x^{(1)}}{\mathrm{d}t}+ax^{(1)}=b \tag{9-19}$$

初始值用 $x^{(1)}(1)=x^{(0)}(1)$，其解为

$$x^{(1)}(t)=\left(x^{(0)}(1)-\frac{b}{a}\right)e^{-a(t-1)}+\frac{b}{a}$$

该式用于预测时称为时间响应函数，表示为

$$\hat{x}^{(1)}(k+1)=\left[x^{(0)}(1)-\frac{b}{a}\right]e^{-ak}+\frac{b}{a} \tag{9-20}$$

累减还原

$$\hat{x}^{(0)}(k+1)=\hat{x}^{(1)}(k+1)-\hat{x}^{(1)}(k) \tag{9-21}$$

3. 误差检验

灰预测检验包括：首先对原始序列 $x^{(0)}$ 作 GM（1，1）模型的可行性检验，由于这种检验是在建模之前进行的，亦称事前检验；然后是模型精度检验，这种检验在模型

建立后进行，可简称模型检验或事中检验；最后是预测可信度检验，这种检验是考察已建模型对数据外推的可信度，是在建模后进行的，也叫事后检验或预测检验。

（1）事前检验。

事前检验是对原始数据 $x^{(0)}$ 作 GM（1，1）建模的可行性检验。对于给定原始序列 $x^{(0)}$，是否可建精度较高的 GM（1，1）模型，经常使用 $x^{(0)}$ 级比 $\sigma^{(0)}$ 的大小和所属区间来判断。

令 $x^{(0)}$ 为：

$$x^{(0)}=\left(x^{(0)}(1),\ x^{(0)}(2),\ \cdots,\ x^{(0)}(n)\right)$$

$$x^{(0)}(k),\ x^{(0)}(k-1)\ \in x^{(0)}$$

其级比 $\sigma^{(0)}(k)$ 为：

$$\sigma^{(0)}(k)=\frac{x^{(0)}(k-1)}{x^{(0)}(k)} \tag{9-22}$$

当级比 $\sigma^{(0)}$ 为常数时，则 $x^{(0)}$ 具有白指数律（即确切的指数律），不必做灰建模；当 $\sigma^{(0)}(k)\in(0.1353,\ 7.389)$ 时，认为 $x^{(0)}$ 可作 GM（1，1）建模。

（2）事中检验。

与原始数列级比 $\sigma^{(0)}(k)=\dfrac{x^{(0)}(k-1)}{x^{(0)}(k)}$，$k\geqslant 3$ 一样，我们定义模型级比

$$\hat{\sigma}^{(0)}(k)=\frac{\hat{x}^{(0)}(k-1)}{\hat{x}^{(0)}(k)},\ k\geqslant 3 \tag{9-23}$$

推导可知，模型级比与 k 无关（因为 $\{\hat{x}^{(0)}(k)\}$ 符合指数律）。

$$\hat{\sigma}^{(0)}(k)=\hat{\sigma}^{(0)}=\frac{1+0.5a}{1-0.5a},\ k\geqslant 3 \tag{9-24}$$

其中 a 为发展系数。定义级比偏差

$$\rho(k)=\frac{\hat{\sigma}^{(0)}-\hat{\sigma}^{(0)}(k)}{\hat{\sigma}^{(0)}}\times 100\%=1-\frac{1+0.5a}{1-0.5a}\cdot\frac{\hat{x}^{(0)}(k-1)}{\hat{x}^{(0)}(k)}$$

一般要求 $|\rho(k)|<20\%$，最好 $|\rho(k)|<10\%$。

（3）事后检验。

事后检验是预测可信度检验，这种检验是考察已建模型对数据外推的可信度，是在建模后进行的，也叫事后检验或预测检验。其中一种方法是将实际发生的数据与预测数据对比，以了解预测精度。

9.3.2 企业物流成本预测模型

运用灰色系统理论建立企业物流成本预测模型，一般要经历思想开发、因素分析、量化、动态化、优化五个步骤，故称为五步建模。

第一步，思想开发，形成概念，通过定性分析、研究，明确研究的方向、目标、途径、措施，并将结果用准确简练的语言加以表达，这便是语言模型。

第二步，对语言模型中的因素及各因素之间的关系进行剖析，找出影响事物发展的前因、后果，并将这种原因关系尽量用图框表示出来。一对前因后果构成一个环节。有时，同一个量既是一个环节的前因，又是另一个环节的后果，将所有这些关系连接起来，便得到一个相互关联的、由许多环节构成的框图，即网络模型。

第三步，对各个环节的因果关系进行量化研究，初步得出低层次的概略量化关系，即为量化模型。

第四步，进一步收集各环节输入数据和输出数据，利用所得数据序列，建立动态GM模型，即动态模型。动态模型是高层次的量化模型，它更为深刻地揭示出输入与输出之间的数量关系或转换规律，是系统分析、优化的基础。

第五步，对动态模型进行系统研究和分析，通过结构、机理、参数的调整，进行系统重组，达到优化配置、改善系统动态品质的目的。这样得到的模型，称为优化模型。

这五步建模的全过程，是在五个不同阶段建立五种模型的过程：语言模型→网络模型→量化模型→动态模型→优化模型，在建模过程中，要不断地将下面阶段中所得的结果向回反馈，经过多次循环往复，使整个模型逐步趋于完善。

五步建模思想在社会科学与自然科学之间架起了一座桥梁，使之相互沟通。它使社会科学研究数学化、计算机化、自然科学化，同时也使自科学研究高度概括，使之更为精辟，更富于哲理性。

1. 数据收集整理

首先是所收集数据精确度较高，数据数目不少于4个，再者是各个数据之间的时间段相等。

2. 级比检验，建模可行性判断

对收集到的原始序列

$$x^{(0)}=(x^{(0)}(1),\ x^{(0)}(2),\ \cdots,\ x^{(0)}(n))$$

可以通过序列$x^{(0)}$的级比$\sigma^{(0)}(k)$的大小，判断GM（1，1）建模的可行性。

$\sigma^{(0)}(k)$的定义为：

$$\sigma^{(0)}(k)=\frac{x^{(0)}(k-1)}{x^{(0)}(k)},\ k\geqslant 3 \tag{9-25}$$

$\sigma^{(0)}(k)$的界区为：

$$\sigma^{(0)}(k)\in(e^{\frac{-2}{n+1}},\ e^{\frac{-2}{n+1}})$$

即只有灰建模序列x的级比$\sigma^{(0)}(k)$在上述区间范围内，才能做GM（1，1）建模，否则要进行数据处理，方法一般有对数处理、方根处理和平移处理三种。

3. 生成列

为了弱化原始时间序列的随机性，为建立灰色模型提供信息，在建立灰色预测模型之前，需要对原始时间序列进行数据处理，经过数据处理后的时间序列即为生成列。一般数据的处理方法有累加和累减两种。

4. 建立 GM（1，1）模型

GM（1，1）模型的微分方程为$\frac{d\chi^{(1)}}{dt}+\partial\chi^{(1)}=b$。

其中，∂ 为发展系数；b 为灰色作用量。利用最小二乘法求得预测模型为

$$\hat{\chi}^{(1)}(k+1)=\left(\chi^{(1)}(0)-\frac{a}{b}\right)e^{-ak}+\frac{a}{b};\ k=1,2,\cdots,n \tag{9-26}$$

5. 模型检验及优化处理

灰预测检验一般有残差检验、关联度检验和后验差检验。若三个检验都通过，则建立的模型可以通过检验，可以进行下一步的预测程序；否则就要进行模型优化处理，即对 GM（1，1）进行改进处理。常用的方法有残差处理法、数据滑动平均处理法、等维信息法等，在实际运用中，可以选择其一对 GM（1，1）模型进行改进，也可以每种都用，选择其中精度较高的那一种方法。

（1）残差处理法。

如果按原始数据建立的 GM（1，1）模型检验不合格、误差太大，可建立残差序列的 GM（1，1）模型，用残差 GM（1，1）的预测值$\hat{\varepsilon}(n+\xi)$加到原预测值上，以补偿原预测值，达到提高精度的目的。但由于残差$\varepsilon(k)$的符号可正可负，因而不能用一般方法建模。

①令ε为残差序列$\varepsilon(\varepsilon(2),\varepsilon(3),\cdots,\varepsilon(n))$

②选取一个合适的平移植Q，得到平移序列δ

$$\delta=(\delta(2),\delta(3),\cdots,\delta(n))$$

$$\delta(k)=\varepsilon(k)+Q>0$$

$$\varepsilon(k)=\frac{x^{(0)}(k)-\hat{x}^{(0)}(k)}{x^{(0)}(k)} \tag{9-27}$$

$$\sigma_{\xi}(k)=\frac{\delta(k-1)}{\delta(k)}\in(e^{-\frac{2}{n+1}},\ e^{\frac{2}{n+1}})$$

③移残差序列δ做 GM（1，1）建模

$$\text{IAGO}\cdot\text{GM}_{K}\cdot\text{AGO}:\ \delta\to\hat{\delta}(k)$$

④数据还原

从$\widehat{\delta}(k)$中减去平移量Q，得到还原值$\hat{\varepsilon}(k)$。

$$\hat{\varepsilon}(k)=\hat{\delta}(k)-Q$$

⑤补偿原预测值

令$\hat{x}^{(0)}(n+\xi)$为原预测值，则补偿后灰预测值为

$$\hat{x}^{(0)}(n+\xi)+\hat{\varepsilon}^{(0)}(n+\xi)$$

（2）原始数据滑动平均处理法。

对原始数据进行滑动平均处理，也就是对原始数据进行改造，改造的目的主要在于削减原始数据中极端值（坏数据）的影响，从而强化原始数据的大趋势，尽可能将

原始数据改造成递增变化的序列。在有关文献中采用的滑动平均处理方法的公式如下。

两端点数据滑动平均

$$x'(1) = (3x(1) + x(2))/4$$
$$x'(n) = (x(n-1) + 3x(n))/4 \tag{9-28}$$

中间数据滑动平均

$$x'(m) = (x(m-1) + 2x(m) + x(m+1))/4 \quad 1<m<n \tag{9-29}$$

(3) 等维信息处理法。

对于中长期负荷来说，随着时间的推移，未来的一些扰动因素将不断地对系统产生影响，未来时刻越远，预测值的灰区间越大，真正有实际意义且精度较高的预测值是最近的数据。等维信息建模可先用已知的数据不多的数列建立 GM（1，1）模型预测一个值，然后把这个预测值补充到已知数列中，同时去掉最老的一个数据，使构成的发展序列与原序列等维。接着再建立 GM（1，1）模型，把预测出的下一个数据补充到发展序列中，同时去掉最老的一个数据。这样经过逐步预测，依次递补，一直到预测年限为止。用这种方法建立的 GM（1，1）模型，称为动态等维灰数递补 GM（1，1）模型。

采用等维信息建立的 GM（1，1）模型，充分利用了预测所得到的新信息，从而缩小了预测误差。

对 $x^{(0)} = \{x^{(0)}(1), x^{(0)}(2), \cdots, x^{(0)}(n-1), x^{(0)}(n)\}$

做等维信息处理，得 $x^{(0)} = \{x^{(0)}(2), \cdots, x^{(0)}(n-1), x^{(0)}(n), x^{(0)}(n+1)\}$

上面所说的预测步骤只是一般的过程，在实际操作过程中，要根据具体的情况来灵活应用。实际上，物流成本预测也是一个不断变化的过程，这一过程可以用图 9-2 来表示。

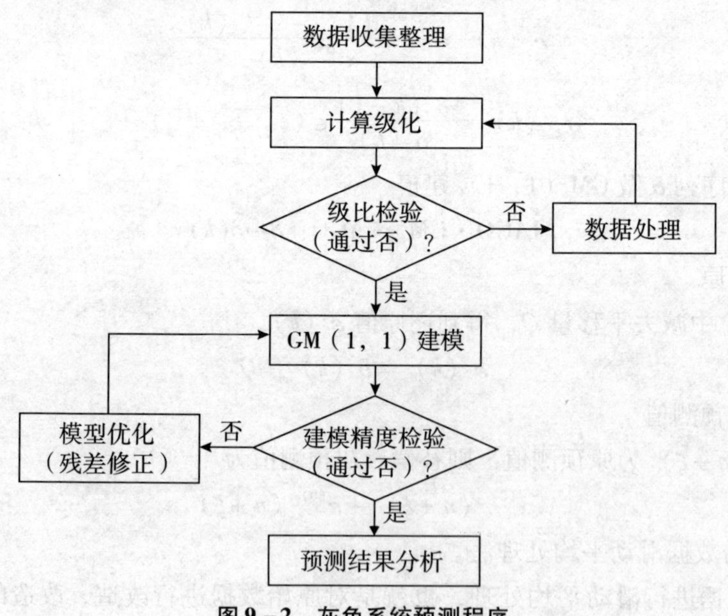

图 9-2　灰色系统预测程序

9.4 客户需求预测

很多文献中讨论和分析了这种“长鞭效应”的现象：越往供应链的上端，订购量就越易变和不确定。产生这种现象的原因有很多：错误的需求预测、供应短缺、过长的提前期、批量订购、价格的变化等。迄今为止，很多的文献中都从两方面出发来解决这个问题：一是加强对不稳定需求的预测，二是不断研究多级供应链库存控制策略。企业的中心仓库一方面要服务于终端顾客，另一方面又要为中间或独立的仓库服务，即服务的对象有比较大的差别，而这时往往又没有来自供应链的任何信息。供应链本身的复杂结构是造成需求不确定和库存控制较差的原因之一。

9.4.1 对供应链和需求的分析

很多企业为了削减中间环节的库存，采取了直接配送的方式。比如只在国家范围内建立一个库存中心，而关闭了很多地区性的仓库。但问题是对离仓库非常遥远的地方，进行直接配送的话，反而会增加成本，因此有必要成立分销中心。

在这样一种情况下，各种不同的结构存在于供应链中，因此仅针对“纯粹”的多级结构供应链的解决方案并不是很适用。“纯粹”的多级供应链结构如图 9－3 所示，“混合”的多级供应链结构如图 9－4 所示。

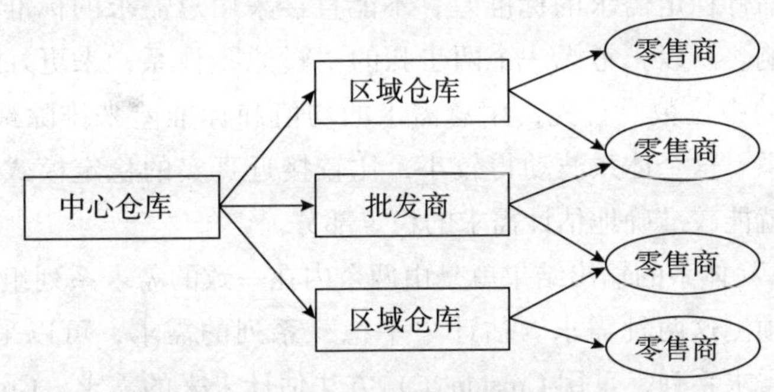

图 9－3 “纯粹”的多级供应链结构

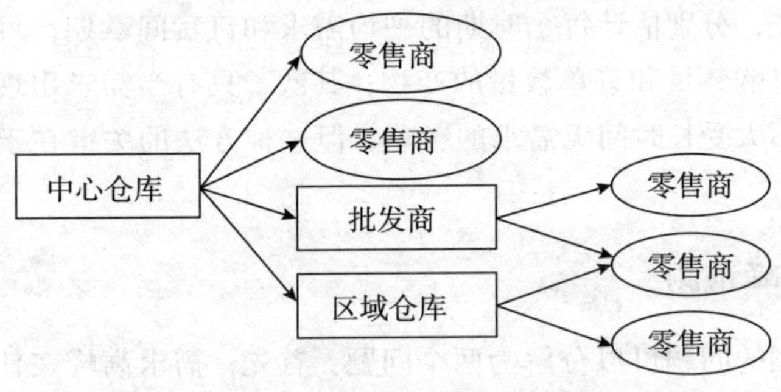

图 9－4 “混合”的多级供应链结构

由于中心仓库对供应链的其他仓库并不能完全控制，所以很多时候公司只能够调控自身的库存水平。更重要的是，预测者不了解每级仓库服务的顾客数量和他们的订货策略，导致多级库存控制系统无法很好地运行。实际上公司接到的订单，在订购数量上有很大的差别。因为一方面，它服务于小客户，对其是直接配送；另一方面，它服务的大客户和国家性的仓库是批量订购。进行深入的图表分析更证实了需求变动非常大的原因是由于两种需求的重合：一方面是“规律的”模式，即由很多小客户发出的小额订单；另一方面是“不规律”模式，即大客户发出的大额订单。实际上很多公司仅仅使用单一的需求管理流程来控制两种来源的需求，因此采取的解决方案并不适合需求的特性。

9.4.2 分解需求

为了分解这两种截然不同的需求，可以考虑建立一种“过滤”系统，能够从“稳定”的需求中分离出高峰需求。此想法是设置一条分界限，低于分界线的需求视为稳定需求，高于分界限的需求视为不规律需求或高峰需求。

为了正确地设定分界限，必须较为精确地估计稳定的需求和其自然的波动。最初想到的方法是运用过去需求的平均值来估计稳定需求，但这个值很大程度上受到不规律需求的影响。我们想要找的是能反映平均稳定需求的值。考虑到需求的中位数只是短期内受到不规律需求的影响，是一个相对较好的尺度。

为了更好地估计稳定需求的标准差，不能直接采用总需求的标准差，因为其受到不规律需求的影响。所以，考虑一个两步骤的“过滤”体系，来更好地估计标准差和稳定模式下需求的中位数。首先，用总需求的均值和标准差来排除最波动的需求后，得到一个新的体系。这个体系波动得较小，比较接近真实的稳定模式。其次，将此体系再进行过滤，就能较准确地估计需求的稳定部分。

这样，“过滤”体系的输出结果就是由两个内在一致的需求系列组成，对此采用不同的预测方法来预测这两种需求。估计“平稳”系列的需求，可以采用指数平滑法。而对非常波动的需求系列，采用 Croston（）方法估计未来的需求。Croston 方法是建立在指数平滑法基础上的，但与指数平滑法有很大的区别。首先，它把预测问题分解为两个子问题：首先，分别估计每个时期的平均需求和订货间歇期，目的就是把需求预测作为计划期中订购数量和订单数量的产物；其次，只有当需求出现时，才对预测更新，这样预测就不太受长时间无需求的影响。但这种方法的关键在于估计需求高峰在什么时候发生。

9.4.3 需求高峰预测

需求高峰预测的问题可以分解为两个问题：首先，需求高峰在什么时候发生？其次，购买量会达到多大？即使需求高峰是引起需求波动的主要原因，但它们仍然表现

出一定的规律性。特别是，订货间歇期和订购量是相对平稳的。这可归因于供应链的结构和大客户的再订货过程。当需求相对平稳时，很多客户采用的再订货体系都是基于经济批量订货或固定周期订货，因此其订货周期和订货量都相对稳定。

某些需求符合泊松或复合泊松分布，而某些需求则符合正态分布。这归因于需求的波动是如何产生的。通过分析认为，当需求高峰是由很多客户产生的时候，就比较符合泊松分布。当需求高峰是由单一的客户产生的时候，客户的再订货过程就似乎有记忆性，就比较符合正态分布。

先前的预测方法考虑到了需求高峰的发生和订货间歇期，但这种修正过程持续地估计需求高峰会以最初的频率发生而忽视了一个重要的信息：最后一次订货后持续的时间。故需要把这条信息也加入到预测系统中，从而不断地对订货间歇期进行更新，而不管需求高峰是否已经发生。

为了找出一种更简单的方法，采用近似估计，这种方法实际上就没有考虑最后一次需求高峰的分布。具体来讲，对时间段 t 中的订购间歇期的预测为

$$x_i^t = \max\{X_i(1-a)+aY_i);[X_i(1-a)+aY_t](1-b)+bi_t\} \quad (9-30)$$

其中：x_i^t——从 t 期间开始的均值的估计；

Y_t——最后两次订货之间的订货间歇期；

i_t——自最后一次需求高峰后的间歇期；

a、b——平滑系数。

公式的第一部分是在时间 T 内观察到需求高峰时对均值的估计，第二部分是在时间 T 内没有观察到需求高峰时对均值的估计。而 a、b 两个平滑系数是用来衡量需求高峰的发生和延迟多大程度上影响了实际的估计。同样的，也可以采用类似的方法来修正订货间歇期的标准差。

运用均值和标准差来估计需求高峰的概率分布。由此，需要考虑两个问题：自最后一次需求高峰后经过的时间和多个高峰在计划期内发生的概率。以下分别讨论这两个问题。

（1）无论何时进行预测，都必须考虑需求高峰的产生过程是否有“记忆性”。对一个具体的库存单元来说，能够补充的信息是直到今天需求高峰还没有发生，因此在需求高峰还没有出现的时候，用条件概率来计算需求高峰的发生概率。

（2）如果在计划期内，有多个需求高峰产生，还必须计算多重高峰累积的概率。如果在 T 时间，产生了一个需求高峰，那么第 n 个高峰的发生时间就是 T 加上 n 倍间歇期。然而，随着可能事件的增加，这些分布表现出不同的方差。具体来讲，假设间歇期不是自相关的。因为可能事件的数量是第一个高峰期的两倍，第二个高峰的标准差是$\sqrt{2}\sigma$，对第三个高峰期来说是$\sqrt{3}\sigma$，对第 n 个高峰期来说是$\sqrt{n}\sigma$，这里的 σ 是间歇期的估计标准差。

即便在计划期内给定了一个或多个需求高峰发生的概率，估计大订购量的均值也

是必要的，这能够预测到订购的总量。用指数平滑法估计其均值以避免由于偶发事件引起的扭曲。每当发生一个需求高峰，对订购量的均值预测如下。

$$X_{q.t}^{t}=X_{q.t-1}^{t}\ (1-\beta)\ +D_{t}\beta \tag{9-31}$$

其中：$X_{q.t}^{t}$——时间 t 时均值的估计量；

D_t——在时间 t 时的高峰需求量；

β——平滑系数。

9.4.4 新的库存管理方法

基于简单技术的库存管理体系比较适合稳定的需求模式。而对于不规律需求模式，这种方法就不适用了。更重要的是，如果库存管理良好的运用预测系统得出的概率信息，对控制库存会有非常好的效果。

对于企业来说，两种需求也有不同的经济价值。大订单的丢单或长时间的库存产生的经济影响特别大，此外，大订单的管理对公司声誉有非常重要的影响。安排大订单货物的供应，会显著削减其他小客户对货物的可得性。相反，如果大订单被延迟，虽然库存能够满足许多小客户的需求，但是重要客户的服务却没有得到保证。尽管对于稳定需求来说，客户服务水平和库存之间也存在这样的背反关系，但其相关性却没有这么强。

对不稳定需求来说，采用的订单管理体系努力平衡货物延迟和库存持有成本，在最恰当的时候发出订单。因为成本是高峰需求发生率的函数，把订单命令与最小发生率（Minimum Probability of Occurrence，MPO）相联系。如果计划期内需求高峰的发生率低于最小发生率，就不发出订单；否则，发出订单。如果 MPO 的值很低，则在实际需求发生可能性很小的情况下也会发出订单。相反，如果 MPO 值很高，系统只有当至少有一个大客户的时候才会发出订单。

比较两种 MPO 值可知：对于低客户服务水平来说，高的 MPO 值的库存比低的 MPO 值更小；而对于高客户服务水平来说，则恰恰相反。这是因为高的 MPO 值不对不可能的订单做出反应（但也会对一些订单产生延迟），从而减小库存；而低的 MPO 值则对更多的订单做出及时反应，从而导致更多的库存。因此，公司应根据想要达到的服务水平来选取一定的 MPO 值。

9.4.5 运用信息来改善库存管理

信息作为主要的供应链驱动，由于没有一定的物理形式可能会被忽略。事实上，信息对供应链中的每个环节在许多方面都有深刻的影响。它包含了整个供应链中有关库存、运输、设施和顾客的所有数据和分析，能直接影响其他的驱动，所以它是供应链性能改进最大的驱动器。

供应链成员之间信息共享是有效的供应链管理的基本要求。建立供应链信息系统

是解决供应链中信息失真，满足供应链中信息需要的有效途径。信息技术的变革性发展为信息共享创造了关键性条件。电商跨企业信息系统集成和电子数据交换技术实现了数据的快速准确传递，一方面，促进了整个供应链对内、外信息的掌握，加速了供需双方在订货过程中的信息处理效率；另一方面，也使无纸化交易成为可能，节省了大笔的交易费用。库存是供应链管理的最大障碍，信息共享后，信息便取代了部分库存，拥有最佳信息就可达到最小库存。

信息作为供应链各组织之间的连接，允许各组织协同运作，从而获得最大的供应链盈利。信息对供应链各组织内部的日常运营也至关重要，例如，生产计划系统使用有关需求的信息来制订计划，保证工厂以有效的方式生产正确的产品；仓库管理系统为管理人员提供仓库的库存信息，这些信息都可以用来决定发出的订购命令。

信息已经成为一个很重要的驱动因素，许多公司利用信息使供应链变得更加有效，反应更快。信息技术的巨大发展表明信息对公司的改进有着重大影响。跟其他驱动一样，公司对信息也必须做出效率和反应的选择。有关信息的另一个关键决策是决定在供应链中哪些信息对减少成本和改进反应最有价值，这一决策会因供应链结构和所服务的市场段不同而不同。

不同类型的系统需要不同类型的信息。例如，推动式 MRP 系统中的信息需要主生产计划作为输入，加上物料清单和实际库存量，计算出包括零件类型、数量和发货日期的供应商物料需求计划。拉动式的 JIT（准时制生产）系统则需要有关实际需求的信息，使其在整个供应链上迅速传递，以便零件和产品的生产和分销能准确反映实际需求。

协作和信息共享：当供应链各组织都朝着最大化供应链总盈利的目标运作时，供应链协作就出现了。供应链不同组织之间的协作要求每个组织与其他组织共享适当的信息。预测和集合计划：预测是根据现有的信息对未来需求和情况进行计划的方法，获得预测信息通常意味着使用复杂的技术来估计将来的需求和市场状况。集合计划（Aggregate Planning）：把预测信息变成满足计划需求的活动计划，这里的关键决策是怎样在供应链组织的管理层和整个供应链中使用集合计划。有许多技术可用来共享和分析供应链中的信息，随着这些技术能力的增强，这种决策的结果也变得越来越重要。这方面的技术包括：EDI、Internet、ERP 系统，SCM 和 CRM 软件等。总之，信息共享节省所有成员的时间和财力，提高了供应链管理的效率。

很多文献中都表明如果一个公司能够更大范围地收集更多的信息，则能够更好地控制库存。这种信息的收集需要整条供应链组织包括供应商和购买者的共同努力，在这里主要还是讨论需求的不规律部分。既然需求高峰主要是由少数的大客户产生，因此收集这部分大客户的需求信息成本应该相对较低。通常来说，销售员都会在大客户身上花费较多的精力，因此要求较准确预测客户们的未来需求并不会带来更多的成本。

从图 9 -5 中可以看出，图中为我们提供了一种解决方法，通过对需求变动来源的深入分析、概率性预测和相应的库存管理达到控制库存的目的。通过前后两种方法的对比，可以看到改进后的方法能大大减少需求预测的不确定性，在保证相同客户服务水平的情况下，显著降低了供应链中的库存。当然，如果在客户服务水平非常高的时候，这两种方法带来的库存差异将会很小，因为供应链中都必须保有非常高的库存来满足高服务水平。

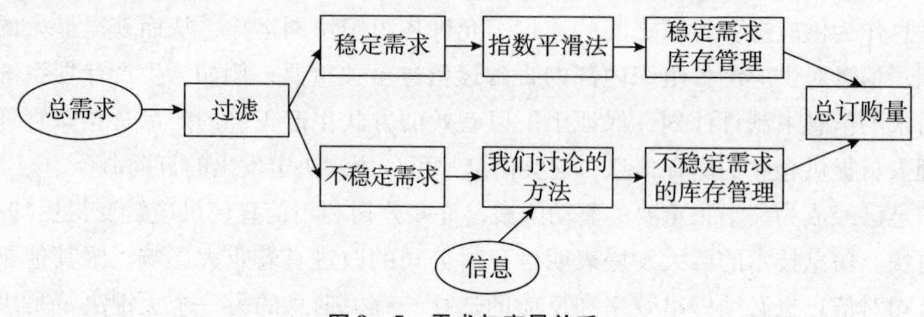

图 9 -5　需求与定量关系

本章小结

预测，就是根据过去和现在的已知因素，运用人们的知识、经验和科学方法，对未来进行预计，并推测事物未来的发展趋势。在物流领域，对物流的流向、流量、资金周转及供求规律等进行调查研究，取得各种资料和信息，运用科学的方法，预计和预测一定时期内的物流状态，能为国民经济发展的战略决策，为生产和流通部门及企业的经营管理和决策提供科学依据。在物流规划与管理活动中，经常需要对供应链物流中所处理的产品和服务的数量进行准确的估计，这就需要应用物流预测技术。

本章主要从不同主体、不同对象、不同目的出发，介绍在物流系统中常见的预测模型和方法。通过本章的学习，读者可以全面了解物流预测在物流管理中的作用和重要性，掌握基本预测方法在成本预测和需求预测中的运用。

10 企业物流设施与设备

10.1 概述

10.1.1 企业物流设施与设备

物流设施与设备就是指进行各项物流活动和物流作业所需要的设施与设备的总称。它由物流基本设施和物流设备两大部分构成。

物流基本设施包括公路、铁路、航空、港口、机场、货运站场及通信设施等，其建设水平和吞吐（通过）能力直接影响物流活动和物流作业的运行效率。

物流设备是指用于储存、装卸搬运、运输、包装、流通加工、配送、信息采集与处理等物流活动的设备或装备。物流设备按功能可划分为储存设备、装卸与搬运设备、运输装备、包装设备、流通加工设备、信息采集与处理设备、集装单元化装备七大类。

物流设施与设备是组织物流活动和物流作业的物质技术基础，是物流服务水平的重要体现。

10.1.2 物流设施与设备在物流系统中的地位和作用

物流设施与设备在物流系统中的地位和作用可概括为以下几个方面。

1. 物流设施与设备是物流系统的物质技术基础

不同的物流系统必须有不同的物流设施和设备来支持才能正常运行，因此，物流设施和设备是实现物流功能的技术保证，是实现物流现代化、科学化、自动化的重要手段。物流系统的正常运转离不开物流设施和设备，正确、合理地配置和运用物流设施与设备是提高物流效率的根本途径，也是降低物流成本、提高经济效益的关键。

2. 物流设施与设备是物流系统的重要资产

在物流系统中，物流设施与设备的投资比较大，随着物流设备技术含量和技术水平的日益提高，现代物流技术装备既是技术密集型的生产工具，也是资金密集型的社会财富，配置和维护这些设备与设施需要大量的资金和相应的专业知识。现代化物流设备与设施的正确使用和维护，对物流系统的运行效益是至关重要的，一旦设备出现故障，将会使物流系统处于瘫痪状态。

3. 物流设施与设备涉及物流活动的各个环节

在整个物流过程中，从物流功能来看，物料或商品要经过包装、运输、装卸、储存等作业环节，并且还有许多辅助作业环节，而各个环节的实现，都离不开相应的设备。因此，这些设备的性能好坏和合理配置直接影响着各环节的作业效率。

4. 物流设施与设备是物流技术水平的主要标志

一个高效的物流系统离不开先进的物流技术和先进的物流管理。先进的物流技术是通过物流设备与设施体现的，而先进的物流管理也必须依靠现代的高科技手段来实现。例如，在现代化的物流系统中，自动化仓库技术的应用中综合运用了自动控制技术、计算机技术、现代通信技术（包括计算机网络和无限射频技术等）等高科技技术，使仓储作业实现了半自动化、自动化。在物流管理过程中，从信息的自动采集、处理到信息的发布完全可以实现智能化，依靠功能完善的高水平监控管理软件可以实现对物流各环节的自动监控，依靠专家系统可以对物流系统的运行情况及时进行诊断，对系统的优化提出合理化建议。因此，物流设备与设施的现代化发展水平高低是判断物流技术水平高低的主要标志。

10.1.3 物流系统对物流设备的基本要求

现代物流系统具有十分诱人的前景，物流设备的广泛应用，使物流效率不断地提高，但物流设备并不是越先进越好、越多越好，必须根据物流系统的最低成本、最好服务质量来考虑系统中物流设备的配置。在物流系统规划和设计时，一般对物流设备提出如下基本要求。

1. 合理采用

1）合理采用物流机械系统

物流机械系统是物流系统的子系统。目前，物流机械系统可分为机械化系统、半自动化系统和全自动化系统。随着科学技术的发展，在物流系统中，物流设备不断得到使用，这种以各种机械代替人力操作来完成物流作业的系统即称为机械化系统。机械化系统可以大大改善劳动条件，减轻劳动强度，增强安全作业度，提高作业效益和效率。在机械化系统中，机械设备由人工操作，需配备一定的人员，所以机械化系统中，人工成本会占一定的比重。半自动化系统指的是主要物流作业实现自动化，如搬运作业、分拣作业，而其他的作业，如货物的上架出架、货物的识别，仍采用机械化或人力劳动的系统。自动化设备可以减少人员数量。如果所有的物流作业多由自动化设备完成，各作业环节相互联成一体，实现自动控制，则称为全自动化系统，它可以最大限度地减少人员，而效率又是最高的。究竟采用哪种系统，要考虑系统目标和实际情况。一般情况下，对于作业量很大，特别是重、大货物，启动频繁、重复、节拍短促而有规律的作业，适宜采用机械化系统。对于要求作业效率高、精度高，或影响工人的健康、有危险的作业场合，适宜采用自动化系统。

2）合理选用物流设备

每一类设备都有其基本功能，在使用设备时，要使其基本功能得到有效的发挥，并不断扩大其使用范围。设备先进程度、数量多少要以适用为主，使设备性能满足系统要求，以保证设备充分利用，防止设备闲置浪费。为此要对物流设备进行科学规划，无论是购置还是自我研制，都要认真研究分析设备需求种类、配置状况、技术状态，做出切实可行的配置方案，并进行科学合理的选用，充分发挥物流设备的效能。

3）配套使用

在物流系统中，不仅要注意物流设备单机的选择，更重要的是整个系统各环节的衔接和物流设备的合理匹配。如果物流设备之间不配套，不仅不能充分发挥设备的效能，而且经济上可能造成很大的浪费。为此，要保证各种物流设备在性能、能力等方面相互配套，物流设备自动化处理与人工操作合理匹配。

2. 保证快速、及时、准确、经济地运送货物

物流的本质在于创造价值，而物流系统的输出正是顾客服务，合理利用物流设备，以最低的物流成本，提供高效、优质的服务，为顾客创造最大的价值，是降低物流总成本、提高物流效益、赢得持久竞争优势的关键。顾客对在购买不同产品的时间上要求也有所不同，对绝大部分产品，顾客希望在做出购买决策时就能够拿到。而生产系统为保证生产需要，有时需要快速地供应生产所用的材料产品。这就对物流设备提出了更高的要求，要求其快速、及时、准确、经济地把物料或货物运送到指定场所。快速是为满足生产和用户需要，以最快时间运送。无论是生产企业内部物流，还是企业外部物流，都要求物的流动要快，搬运装卸要快，包装储存周转要快，运输要快。快，意味着时间的节约、经济效益的提高。为了保证物流速度，就需要合理配置物流设备，广泛应用现代化物流设备。及时是按生产进度，合理运用物流设备，把物及时地送到指定场所。无论是生产企业各车间工序间物的流动，还是企业外各种物的流动，都要根据生产的需要及时地进行，否则，生产就会受到影响，这就要求物流设备随时处于良好状态，能随时进行工作。准确要求在仓储、运输、搬运过程中确保物流设备可靠、安全，防止发生由于物流设备的故障造成货物损坏、丢失等情况。对物流设备进行科学管理，是保证设备货物安全的前提。经济是在完成一定的物流任务的条件下，投入的物流设备最佳，即最能发挥设备的功能，消耗费用最低。

3. 尽量选用标准化器具和设备

在物流系统中，尽量采用标准化物流器具和设备，可以降低器具和设备的购置和管理费用，提高物流作业的机械化水平，改善劳动条件，降低劳动强度，提高物流效率和物流经济效益。特别是选用标准化集装单元器具，有利于搬运、装卸、储存作业的统一化和设施设备的充分利用；有利于国内外物流接轨。集装单元器具不同于普通的货箱、容器，它具有便于机械搬运和堆垛的结构，如叉孔、吊耳、承插口等，还可以在无货时折叠，便于自身存储与搬运；装于集装单元化器具的货物，其搬运的活性指数比装于货箱、容器的货物更大。用各种不同的标准器具和方法，把有包装或无包装的货物单元，整齐地汇集成为一个扩大了的便于装卸搬运，并在整个物流过程中保持一定形状的作业单元，称之为集装单元或集装货件。以集装单元来组织货物的装卸搬运、储存、运输等物流活动的作业方式，称为集装单元化。采用集装单元化后，物流费用也会大幅度降低，同时，使包装方法和装卸搬运工具发生了变革，集装箱本身就成为包装物和运输工具。集装单元化是综合规划和改善物流机能的有效技术，它的作用主要表现在：便于实现装卸搬运机械化，提高装卸搬运效率；提高货物质量，能够防止货物在物流过程中因磕、碰、划、丢等造成的货损、货差等损失；节省了包装费用，降低了运输成本；便于货物点件交接，简化运输手续；便于货物储存，减少库房需要量；有利于组织联运，加速货物周转，实现“门对门”运输。

4. 灵活、具有较强适应性

在物流系统中，所采用的物流设备应能适应各种不同物流环境、物流任务和实际应用的需求，应满足使用方便、符合人体工程学原理等要求。例如，物流设备的使用操作要符合简单、易掌握、不易出错等要求。

5. 充分利用有效空间

充分利用有效空间，进行物流作业。如架空布置的悬挂输送机、梁式起重机、高层货架等；使用托盘和集装箱进行堆垛，向空中发展，这样可减少占地面积，提高土地利用率，充分利用空间。

6. 减少人力搬运

从人机工作的特点来看，有些地方还需要作业人员搬运，但要尽量减少作业人员的体力搬运，减少人员步行距离，减少其弯腰的搬运作业。例如，简单的可用手推车减少体力搬运，可用升降台减少或不用弯腰进行搬运作业。应尽量减少搬运、装卸的距离和次数，减少作业人员上下作业、弯腰的次数和人力码垛的范围和数量。

10.2 企业物流设施与设备的基本构成和分类体系

10.2.1 物流设施与设备的基本构成

物流设施与设备的分类方法很多，可以按不同的标志、不同的角度进行合理的划分，但总体上是由物流基本设施和物流设备两大部分构成的，如图 10 - 1 所示。

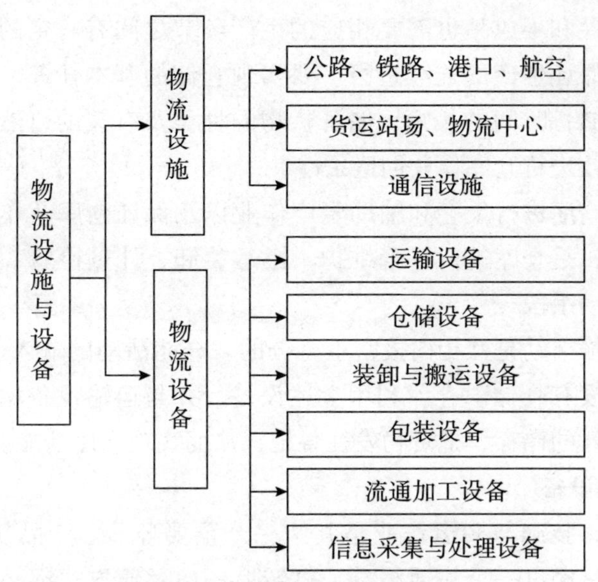

图 10－1　物流设施与设备构成

10.2.2　物流设施与设备的分类体系

体系是若干有关事物或某些意识相互联系而构成的一个整体。掌握物流设备的类别体系，是从总体上把握物流设备构成的关键。对物流设备进行科学分类，是理清物流设备的重要方法之一。物流设备的分类方法很多，可以根据不同的需要，从不同的角度来进行划分。由于有的物流设备一机多能，有的物流设备需组合配套使用等，正是这些特点，使得很难对物流设备进行准确的界定。一般最常见的是按照设备所完成的物流作业来划分，可把物流设备划分为以下几类。

1. 运输设备

在物流活动中，运输始终居于核心地位，它承担了物品在空间各个环节的位置移动，解决了供给者和需求者之间场所的分离，是创造空间效用的主要功能要素，具有以时间换取空间的特殊功能。运输在物流中的独特地位对运输设备提出了更高要求，要求运输设备具有高速化、智能化、通用化、大型化、安全可靠，以提高运输的作业效率，降低运输成本，最大程度发挥运输设备的作用。

运输机械设备是指用于较长距离运输货物的设备。根据运输方式不同，运输机械设备可分为公路运输设备、铁道运输设备、水路运输设备、航空运输设备和管道运输设备等。

2. 仓储设备

仓储在物流系统中起着缓冲、调节、集散和平衡的作用，是物流的另一个中心环节。它的基本内容包括储存、保养、维护管理等活动。产品从生产领域进入消费领域之前，往往要在流通领域停留一定时间，这就形成了商品的储存。在生产过程中原材料、燃料、备品备件和半成品也需要相应的生产环节之间有一定的储备，作为生产环节之间的缓冲，以保证生产的连续进行。要实现仓储的基本任务，企业应根据储存货物的周转量大小、储备时间的长短、储备货物的种类及有关的自然条件，合理配置仓储机械设备，为有效进行仓库作业创造条件。

仓储设备是指仓库进行生产和辅助生产作业以及保证仓库及作业安全所必需的各种机械设备的总称，是仓库进行保管维护、搬运装卸、计量检验、安全消防和输电用电等各项作业的劳动手段。

仓储活动与运输活动是互相衔接密不可分的。仓储活动的输入、输出都需要运输，可以说没有运输就没有仓储。仓库利用上述设备，并与运输设备相衔接，直接接受各地的货物，并经短暂的储存，把货物发往各地，从而实现仓库功能。

3. 装卸与搬运设备

在物流系统中，装卸与搬运作业是其中一个重要环节。产品从生产到到达用户，要经过多次周转，每经过一个流通终端，每转换一次运输方式都必须进行一次装卸与搬运作业。装卸搬运作业的工作量和所花费的时间，耗费的人力、物力在整个物流过程中，都占有很大的比重。因此，合理配备装卸与搬运设备是完成装卸搬运作业的根本保证。

装卸与搬运设备是指用来搬移、升降、装卸和短距离输送物料的设备。它是物流系统中使用频度最大、使用数量最多的一类机械设备，是物流设备的重要组成部分之一，是进行装卸搬运作业的手段。装卸搬运设备主要配置在工厂、中转仓库、配送中心、物流中心以及车站货场和港口码头等，其涉及面非常广泛。按照用途和结构特征，装卸与搬运设备一般可分为起重机械、连续运输机械、装卸与搬运车辆、专用装卸与搬运机械；按照装卸搬运物料种类，可分为单元物料装卸与搬运机械、散装物料装卸与搬运机械、集装物料装卸与搬运机械。

装卸与搬运车辆是依靠本身的运行和装卸机构的功能，实现货物的水平搬运和短距离运输、装卸的车辆。装卸搬运车辆机动性好，适应性强，方便、灵活，广泛应用于各种各样需装卸搬运货物的场所。装卸搬运车辆一般包括叉车、自动导引运输车（AGV）、电动搬运车、牵引车和手推车等。

4. 包装设备

包装是指在流通过程中保护产品、方便储存、促进销售，按一定技术方法而采用的容器、材料及辅助物等的总体名称，包括为达到上述目的而进行的操作过程。

包装机械是指完成全部或部分包装过程的机器设备。包装过程包括充填、裹包、封口等主要包装工序，以及与其相关的前后工序，如清洗、干燥、杀菌、堆码、拆卸、打印、贴标、计量等辅助工序。包装机械是使产品包装实现机械化、自动化的根本保证。运用机械设备完成包装作业，能提高包装劳动生产率，降低包装劳动强度，改善劳动条件，降低包装成本，确保包装质量。包装机械的种类很多，按功能可分为：充填机械、罐装机械、封口机械、裹包机械、贴标机械、清洗机械、干燥机械、杀菌机械、捆扎机械、集装机械、多功能包装机械以及完成其他包装作业的辅助包装机械和包装生产线。

5. 流通加工设备

流通加工是指物品从生产地到使用地的过程中，根据需要施加包装、分割、计量、分拣、刷标志、拴标签、组装等简单作业的总称。它是流通中的一种特殊形式，是弥补生产过程中加工程度的不足，更有效地满足用户多样化的需要，更好衔接产需、促进销售的一种高效、辅助性的加工活动。流通加工由于建立了集中加工点，可以采取效率高、技术先进、加工量大的专门设备，不仅提高了加工质量和设备利用率，而且还可以提高加工效率。

流通加工设备是完成流通加工任务的专用设备，按加工对象分，一般可分为金属加工机械、搅拌混合机械、木材加工机械、其他流通加工设备等。

集装单元器具主要有集装箱、托盘和其他集装单元器具，它是集装单元系统的重要组成部分。货物经集装器具的集装或组合包装后，有了较高的灵活性，随时都处于准备流动的状态，便于达到储存、装卸搬运、运输、包装一体化，实现物流作业机械化、标准化。在使用集装单元器具时，必须实行集装器具的标准化、系列化和通用化，并要注意集装单元器具的合理流向及回程货物的合理组织。

6. 信息采集与处理设备

1）条码技术

条码技术是现代物流系统中非常重要的大量、快速信息采集技术，能适应物流大量化和高速化要求，大幅度提高物流效率的技术。条码技术包括条码的编码技术、条形符号设计、快速识别技术和计算机管理技术，是实现计算机管理和电子数据交换不可缺少的关键技术。EAN 条码是国际上通用的商品代码，我国通用商品条码标准也采用 EAN 条码结构，由 13 位数字及相应的条码符号组成，在较小的商品上采用 8 位数字码及其相应的条码符号。条码加紧识别采用各种光电扫描设备，各种扫描设备都和后续的电光转换、信息信号放大及与计算机联机一道形成完整的扫描阅读系统，完成电子信息的采集。

2）EDI 技术

EDI 即电子数据交换，是指按照同一规定形成的一套通用标准格式，通过通信网络传输，将标准的经济信息在贸易伙伴的电子计算机系统之间进行数据交换和自动处理，俗称“无纸化贸易”。

构成 EDI 系统的三个要素是 EDI 软件、硬件、通讯网络及数据标准化。20 世纪 90 年代初，EDI 应用最多的是进出口贸易业。目前，EDI 应用不只在国际贸易中继续深入发展，在其他行业和部门中也在飞速发展，商检、税务、邮电、铁路、银行、工商行政管理、商贸等领域都已运用 EDI 方式开展业务。

3）射频技术

射频技术（RFID）的基本原理是电磁理论。射频系统的优点是不局限于视线，识别距离比光学系统过远，射频识别卡具有读写能力，可携带大量数据，难以伪造且智能的功能。射频识别系统的传送距离由许多因素决定，如传送频率和天线设计等。射频（RF）适用于物料跟踪、运载工具和货架识别等要求非接触数据采集和交换的场合，由于 RF 标签具有可读写能力，对于需要频繁改变数据内容的场合尤为适用。

近年来，便携式数据终端（PDT）的应用日益增多，PDT 可把那些采集到的有用数据存储起来或传送至一个管理信息系统。便携式数据终端一般包括一个扫描器、一个体积小但功能很强并带有存储器的计算机、一个显示器和供人工输入的键盘。在只读存储器中装有常驻内存的操作系统，用于控制数据的采集和传送。PDT 存储器中的数据可随时通过射频通信技术传送到主计算机，操作时先扫描位置标签，货架号码和产品数量就都输入到 PDT，再通过 RF 技术把这些数据传送到计算机管理系统，可以得知客户产品清单、发票、发运标签、该地所存产品代码和数量等信息。

4）GIS 技术

GIS 即地理信息系统，是 20 世纪 60 年代开始迅速发展起来的地理学研究新成果，是多种学科交叉的产物。它以地理空间数据为基础，采用地理模型分析方法，适时地提供多种空间的和动态的地理信息，是一种为地理研究和地理决策服务的计算机系统。其基本功能是将表格型数据（无论它来自数据库、电子表格文件或直接在程序中输入）转换为地理图形显示，然后对显示结果浏览、操作和分析。其显示范围可以从洲际地图到非常详细的街区地图，显示对象包括人口、销售情况、运输线路以及其他内容。

5）GPS 技术

GPS 即全球卫星导航与定位系统，是美国于 1973—1993 年用 20 年时间研制建立的一种高速度、高精度、全方位、全天候的卫星定位测量系统，系统设计之初主要目的是为陆、海、空三军提供全球性、全天候的实时导航服务，并用于情报收集、应急通讯等。经 20 年研制开发，至 20 世纪 90 年代以来的使用与发展成功地证明，GPS 不仅能达到上述目的，而且已展示了它在民用领域广阔的应用前景。GPS 不仅成为军事力量提高作战效能的“倍增器”现代战争中的一项关键性基本保障技术，而且在物流领域，GPS 已经应用于汽车自动定位、跟踪调度以及铁路运输等方面的管理。

6）货物跟踪系统

货物跟踪系统是指物流运输企业利用物流条码和 EDI 技术及时获取有关货物运输状态的信息（如货物品种和数量、货物在途情况、交货期间、发货地和到达地、货主、送货责任车辆和人员等），提高物流运输服务的方法。具体来说，就是物流运输企业的工作人员在向货主取货时、在物流中心重新集装运输时、在向顾客配送交货时，利用扫描仪自动读取货物包装或者货物发票上的物流条码等货物信息，通过公共通信线路、专用通信线路或卫星通信线路把货物的信息传送到总部的中心计算机进行汇总整理，

这样所有被运送的货物的信息都集中在中心计算机里，有助于提高物流企业的服务水平。

10.3 企业物流设施与设备的发展趋势

物流设施与设备是组织实施物流活动的重要手段，是物流活动的基础。近年来，伴随着用户需求的变化以及自动控制技术和信息技术的应用，我国在大力吸收国外先进技术发展国有机械制造业的基础上，建立了比较完善的物流设备制造体系，物流装备技术水平有了较大提高。现代物流装备向大型化、高速化、信息化、多样化、标准化、系统化、智能化、实用化和绿色化的方向发展。

1. 大型化

大型化是指设备的容量、规模、能力越来越大。物流设备的大型化趋势，一是为了适应现代社会大规模物流的需要，以大的规模来换取高的物流效益；二是由于现代科学技术的发展和制造业的进步，为制造大型物流技术装备提供了可能。例如，在公路运输方面，已研制出了载重超过500t的载重汽车；在海运方面，油轮的最大载重量达到了56.3万t（吨），集装箱船载重达到了6790TEU（标准箱）；在航空运输方面，正在研制的货机最大可载300t，一次可装载30个40ft（约为12.2m（米））的标准集装箱，比现有的货机运输能力高50%~100%；在管道运输方面，目前管道最大直径达到了1220mm（毫米）。

2. 高速化

高速化是指设备的运转速度、运行速度、识别速度、运算速度大大加快。在运输方面，提高运输速度一直是各种运输方式努力的方向，如正在发展的高速铁路就有三种类型：传统的高速铁路、摇摆式高速铁路和磁悬浮铁路。目前世界各国都在努力建设高速公路网，作为公路运输的骨架。航空运输中，正在研制双音速（亚音速和超音速）货机，超音速化成为民用货机的发展方向。在水运中，水翼船的速度已达70km/h（千米每小时），而飞机翼船的速度可达170km/h。在管道运输中，高速体现在高压力，美国阿拉斯加原油管道的最大工作压力达到了8.2MPa（兆帕）。在仓储方面，仓储规模日益扩大，物流作业量不断增加，客户响应时间越来越短，要在极短的时间内完成拣选、配送任务，只有不断提高物流装备的运行速度和处理能力。因此，堆垛机、拣选系统、输送系统等物流装备总是朝着高速运转目标而努力。例如，日本冈村、KITO、村田、大福等公司都推出了走行速度300m/s、升降速度100m/s以上的超高速堆垛机，三星、范德兰的工业等公司开发出高速分拣系统。三星的高速分拣系统比普通输送线效率可提高2~5倍，而范德兰的工业刚刚推出的交叉皮带分拣机，不仅可处理球等不稳定性产品，而且其最高速度可达2.3m/s（米每秒），每小时处理量达27000件。

在提高物流装备运行速度的同时，物流装备的准确性和稳定性也在不断提高。没有准确性，速度再快也将失去意义。因此，各厂商纷纷采取先进的技术满足客户对物流设备高准确度的要求。如林德电动前移式叉车采用数字控制系统，使行驶及提升控制更平稳精确。村田开发的激光导向无人搬运车（LGV）的停准精度达到±5mm（毫米），且无须再在地面铺设其他装备，即能做到精确定位。

配送中心为满足客户即时性需要，对物流系统的稳定、可靠运行提出了很高的要求。在制造企业，物流设备虽不是生产设备，却对生产设备高效率运行起到很大作用，同样不允许因经常发生故障影响正常生产。所以，为保证物流系统连续安全运作，物流装备的高稳定性、高可靠性越来越受到各厂商重视，物流装备质量提高，保用期延长。

3. 信息化

未来社会将是一个完全信息化的社会，信息和信息技术在物流领域的作用会更加明显，条码技术、数据库技术、电子订货系统、电子数据交换、快速反应、有效客户反应、企业资源计划等在物流中得到广泛应用。物流信息化将表现为物流信息收集的数据库化和代码化、物流信息处理的电子化和计算机化、物流信息传递的标准化和适时化、物流信息存储的数字化等。随着人们对信息重视程度的日益提高，要求物流与信息流实现在线或离线的高度集成，使信息技术逐渐成为物流技术的核心。物流装备与信息技术紧密结合、实现高度自动化是未来的发展趋势。

目前，越来越多的物流设备供应商已从单纯提供硬件设备，转向提供包括控制软件在内的总体物流系统，并且在越来越多的物流装备上加装计算机控制装置，实现了对物流设备的实时监控，大大提高了其运作效率。物流装备与信息技术的完美结合，控制装置将发展成为全电子数字化控制系统，可提高单机综合自动化水平；公路运输智能交通系统（ITS）、GPS等技术在物流中的应用，实现了物流的适时、适地、适物、适量、适价。

现场总线、无线通信、数据识别与处理、互联网等高新技术与物流设备的有效结合运用，成为越来越多的物流系统的发展模式。无线数据传输设备在物流系统中发挥着越来越大的作用。通过全球定位系统可以实现对汽车、飞机、船舶等物资运载工具的精确定位跟踪，了解在途物资的所有信息。运用无线数据终端，可以在货物接收、储存、提取、补货及运输的全过程，将货物品种、数量、位置、价格等信息及时传递给控制系统，实现对库存的准确掌控，借由联网计算机指挥物流装备准确操作，几乎完全消灭了差错率，缩短了系统反应时间，使物流装备得到了有效利用，整体控制提升到更高效的新水平。而将无线数据传输系统与客户计算机系统连接，实现共同运作，则可为客户提供实时信息管理，从而极大地改善了客户整体运作效率，全面提高了客户服务水平。

4. 多样化

为满足不同行业、不同规模的客户对不同功能的要求，物流装备形式越来越多，专业化程度日益提高。

许多物流设备厂商都致力于开发生产多种多样的产品，以满足客户的多样化需求作为自己的发展方向，所提供的物流装备也由全行业通用型转向针对不同行业特点设计制造，由不分场合转向适应不同环境、不同工况要求，由一机多用转向专机专用。例如，仅叉车就有内燃叉车、平衡重叉车、前移式叉车、拣选叉车、托盘搬运车、托盘堆垛车等多种产品，其中每种产品又可细分为不同车型。世界著名叉车企业永恒力公司就拥有 580 多种不同车型，以满足客户的各种实际需要。此外，自动化立体仓库、分拣设备、货架等也都有按行业、用途、规模等不同标准细分的多种形式产品。许多厂商还可根据用户特殊情况为其量身定做各种物流装备，体现了更高的专业化水平。

自动化仓库的类型也将向多品种方向发展。目前，我国设计、制造的自动化仓库几乎全部是分离式自动化仓库和托盘单元式自动化仓库。但为了降低成本，国外大型、高层的自动化仓库，往往采用整体式自动化仓库。例如，1998 年，日本建有整体式自动化仓库 72 座（占总量的 9%），其产值达 319. 35 亿日元（占总产值的 51%）。此外，适用于家电、医药、电子等行业的箱盒单元式自动化仓库必将有广阔的应用前景。据统计，1990 年，日本建箱盒单元式自动化仓库 316 座（占总量的 18%），年增长率达 157%。

5. 标准化

当前，经济全球化的特征日渐明显，中国入世更加快了企业的国际化进程。物流装备也需要走向全球化，而只有实现了物流装备的标准化和模块化，才能与国际接轨。因此，标准化、模块化成为物流装备发展的必然趋势。标准化既包括硬件设备的标准化，也包括软件接口的标准化。

物流设备、物流系统的设计与制造按照统一的国际标准，才能适应各国各地区之间相互实现高效率物流的要求。比如，运输工具与装卸储存设备的标准化，可以满足国际联运和“门对门”直达运输的要求；推进通信协议的统一和标准化，可以满足电子数据交换的要求。

通过实现标准化，可以轻松地与其他企业生产的物流装备或控制系统对接，为客户提供多种选择和系统实施的便利性。模块化可以满足客户的多样化需求，可按不同需要自由选择不同功能模块，灵活组合，增强了系统的适应性。同时模块化结构能够更好地利用现有空间，可以根据货物存取量的增加和供货范围的变化进行调整。

物流标准化有助于实现物流装备的通用化。以集装箱运输为例，国外的公路、铁路两用车辆与机车，可直接实现公路、铁路运输方式的转换，极大地提高了作业效率。公路运输中，大型集装箱拖车可运载海运、空运、铁运的所有尺寸的集装箱。通用化的运输工具为物流系统供应链保持高效率提供了基本保证。通用化设备还可以实现物流作业的快速转换，极大地提高了物流作业效率。

6. 系统化

物流系统化是指组成物流系统的设备成套、匹配，达到高效、经济的要求。在物流设备单机自动化的基础上，计算机将各种物流设备集成系统，通过中央控制室的控制，与物流系统协调配合，形成不同机种的最佳匹配和组合，以取长补短，发挥最佳效用。为此，成套化和系统化是物流设备的重要发展方向，尤其将重点发展工厂生产搬运自动化系统、货物配送集散系统、集装箱装卸与搬运系统、货物的自动分拣系统与搬运系统等。

物流设备供应商应当按客户实际情况制订系统方案，将不同用途的物流装备进行有机整合，达到最佳效果。自动化立体库、无人搬运车、分拣系统、机器人系统等各种设备功能各异，各有所长，只有在整体规划下选择最合适的产品综合利用，才能各显其能，发挥最大效益。为使系统容易整合且效果最佳，物流装备最好选择同一家公司产品，也可自行设计生产全部物流装备，满足客户整体要求。

同时，客户对物流系统的投入往往不是一步到位，预留能力，而是按需配置，因此要考虑到今后系统的可扩展性。当然，在物流装备实现了模块化设计后，可较容易地根据需要进行扩展，有些物流设备也可通过改变控制软件完成系统的调整或扩展。

7. 智能化

智能化是物流自动化、信息化的更高层次，物流作业过程中大量的运筹和决策，如库存水平的确定、运输（搬运）路径的选择、自动导向车的运行轨迹和作业控制、自动分拣机的运行、物流配送中心经营管理的决策支持等问题都需要借助于大量的知识才能解决。智能化已成为物流技术与装备发展的新趋势。

科技的进步使物流装备越来越重视智能化与人性化设计，应用人工智能技术，可以降低工人的劳动强度，改善劳动条件，使操作更轻松自如。目前，人们在人工智能及其有关在物料储运领域中的专家系统技术方面进行了大量研究。例如，正在研究的将专家系统应用于自动导引车和单轨系统，使它们具有确定在线路线和合理的运行决策。在接收物料入库和装运出库方面，专家系统可以控制机器人进行物料入架和出架操作，可以控制堆垛机的装卸，以及指定物料储存点。正在研制的专家系统，能实现辅助设计人员设计自动导引车导向槽和缓冲件，配置和选择单元装载件和研究小型物件的储运技术。

再如，林德公司推出了多项改进设计，使叉车更具人性化。叉车的低重心设计，使上下车更加方便；侧向座椅设置，使驾驶叉车更容易；配有电子转向功能，不管搬运多重的货物，所需转向力均小于10N（牛顿），仅为传统堆垛车的1/10，操作更为轻松；其自动对中功能与故障自我诊断功能，使叉车更加智能化。

又如，堆垛机的地上控制盘操作界面采用大屏幕触摸屏和人机对话方式，堆垛机的各种状态与操作步骤均能清楚地显示出来，即使是初次使用也能操作自如。今后，智能化操作盘将成为更多自动仓库系统供应商的优先选择。

8. 实用化

实用化是指一个物流系统的配置，在满足使用条件之下，应选择简单、经济、可

靠的物流设备。也就是说，在构筑这样的物流系统里时，要善于运用现有的各种物流设备，组成非常实用的简单的系统，这种简单以满足需要为原则，不一定非要追求成本低，具有优越的耐久性、无故障性和良好的经济效益，以及较高的安全性、可靠性和环保性的物流设备，应是一种发展趋势。

9. 绿色化

绿色化就是要达到环保要求。随着全球环境的恶化和人们环保意识的增强，对物流设备提出了更高的环保要求，有些企业在选用物流装备时会优先考虑对环境污染小的绿色产品或节能产品。因此，物流装备供应商也开始关注环保问题，采取有效措施达到环保要求。如尽可能选用环保型材料；有效利用能源，注意解决设备的震动、噪声与能源消耗量等。更多的企业已经通过或正在抓紧进行 ISO 14000 认证，借此保证所提供产品的“绿色”特性。

总之，客户需求与科技进步将推动物流技术与装备不断向前发展。物流装备供应商应随时关注市场需求的变化，采用更加先进的技术，提供客户满意的产品与服务，提高物流装备整体发展水平。

本章小结

当进入崭新的物流时代，生产企业和流通企业都面临着调整和再布局的发展契机，与之密切联系的物流设施与设备更处于改革的前沿，现代物流的发展趋势是信息化、自动化、网络化、智能化、柔性化，这就要求我们利用各种先进技术改造我国仓储、运输、包装等物流环节，以提高我国物流效率，增强我国物流企业在国际物流市场上的竞争能力，加快我国物流现代化的步伐。

本章介绍了物流设施与设备的概念、内容、基本要求及其在物流系统中的地位与作用，讲述了物流设施与设备基本构成及发展趋势等内容。通过本章的学习，读者可以对现在物流行业里所普遍使用的物流设施与设备有理论上的认知和大致的了解，掌握物流运输技术、物流搬运与装卸技术、物流包装与仓储技术等在物流管理中的实际价值，同时能熟悉物流系统规划与物流配送技术在实际中的应用。

11 现代物流

11.1 现代物流及其管理

11.1.1 现代物流的基本概念

随着经济全球化和信息技术的迅速发展，企业生产资料的获取与产品的营销范围日益扩大，社会生产、物资流通、商品交易及其管理方式正发生深刻的变革。与同时，被普遍认为企业在降低物质消耗、提高劳动生产率以外的“第三利润源”的现代物流业正在世界范围内广泛兴起。

我们知道，现代物流的概念泛指原材料、产成品从起点至终点及相关信息有效流动的全过程，它将运输、仓储、装卸、加工、整理、配送、信息等方面有机结合，形成完整的供应链，为用户提供多功能、一体化的综合性服务。那么，它与传统的物流概念相比有何显著特征呢?

（1）现代物流是系统整合的协作物流。从企业内部来讲，它是对信息、运输、存货管理、仓储、物料供应、搬运、包装、实物配送等分散的物流作业领域的综合协调管理；从供应链战略管理的角度出发，现代物流管理指挥着跨企业组织的物流作业，实现供应链的协调。企业物流不仅要考虑自己的客户，而且要考虑自己的供应商；不仅要考虑到客户的客户，而且要考虑到供应商的供应商；不仅要致力于降低某项物流作业的成本，更重要的是要致力于降低整个供应链运作的总成本。

（2）现代物流是客户服务物流，客户服务是物流创新的原动力。当今企业的经营管理理念的核心已从产品制造转向市场营销和客户服务，与此相适应，企业的物流运作在产品生产组织的基础上也同时向企业生产过程的上下游延伸，特别是增加了产品的售中和售后服务等一系列活动，现代物流将更多地以企业的客户服务为价值取向，强调物流运作的客户服务导向性。

（3）在物流中，就其成本而言，它是非常重要的，但现代物流的重要性，不仅是如何节约成本，最重要的是要平衡成本与客户服务水平、企业长期效益的关系，并且在于企业如何选择物流策略来获取竞争优势。

我国现代物流发展正处于起步阶段，与先进国家相比尚有很大差距，但市场潜力和

发展前景十分广阔。加快现代物流发展，对于优化资源配置，调整经济结构，改善投资环境，增强综合国力和企业竞争能力，提高经济运行质量与效益，实现可持续发展战略，推进我国经济体制与经济增长方式的根本性转变，具有非常重要而深远的意义。

现代物流的作用体现在与国家、地区经济、企业和消费者（客户）4 个方面的关系上，现代物流在这样的关系中体现出它对企业、客户的直接的、微观的经济效益以及对国家、地区的间接的宏观的经济效益。现代物流的作用具体体现在如下几点。

（1）通过与各参与方密切合作，整合供应链上制造、存货、运输、选址等一系列活动，以完善供应链管理，增强其综合服务能力。

（2）建立快速反应体系，降低备货时间，从而减少储存成本，提高服务效率，使供应链增值，强化企业核心竞争力。

（3）对员工协调能力，以及处理问题技巧和应变能力等素质的培养有很大的促进作用；可减少企业组织层次，充分发挥员工个人潜能；完善激励机制，强调团队合作，保证企业整体利益最大化，建立一种以客户服务为导向、技术创新为支持，而又充满活力的企业文化，为企业创造效益。

（4）合理配备资源，提高企业物流效率和经济效益，如采用条码技术对货物进行动态管理和跟踪，采用先进的物料搬运设备和识别系统，提高搬运效率，降低货损货差等。

发展现代物流的指导思想是以加快发展为主题，以结构调整为主线，坚持以市场为导向，以企业为主体，以信息技术为支撑，以降低物流成本和提高综合服务质量为中心，大力提高全社会对现代物流理念的认识，切实增强我国企业及其产品在国内外市场的竞争能力。

发展现代物流的总体目标是积极采用先进的物流管理技术和装备，加快建立企业多种层次的，符合市场经济规律，与国际通行规则接轨的，物畅其流、快捷准时、经济合理、用户满意的社会化、专业化现代物流服务网络体系。

11.1.2 现代物流管理概述

1. 现代物流管理的概念

物流管理学是一门新兴科学，并在多年的产品生产、管理、竞争中不断发展完善。物流管理是为了便利产品的流通，从物料的获取到最终消费点之间，所有储运活动的计划、组织与控制，并包括有关信息的沟通，以达成顾客服务水平与成本之间的平衡，克服时间与空间的障碍。其目标主要包括：快速回应、最小变异、最低库存、整合运输、产品质量以及生命周期支持等。构成企业物流管理的活动因企业而异，取决于企业特殊的组织结构、管理层对物流范畴的不同理解，以及单项活动对运作的不同重要作用。参照美国物流管理协会（Council of Logistics Management，CLM）对物流的定义，企业物流活动一般包括：客户服务（Customer Service）、需求预测（Demand Forecasting)、分拨系统管理（Distribution Communication）、库存控制（Inventory Control）、物料搬运（Material Handing）、零配件和服务支持（Parts And Service Support）、订单处理（Order Processing）、工厂和仓库选址（Plant And Warehousesite Selection）、区位分析（Location Analysis）、采购（Purchasing）、包装（Packaging）、退货管理（Return Goods Handling）、废弃物处理（Salvage And Scrap Disposal）、运输管理（Traffic And Transportation）、仓储管理（Warehousing And Storage）。

通常的管理是指人们在生产活动中，为达到预定的目标，对所拥有的资源（包括人力、物力、资金等）进行计划、组织和控制。物流管理则可具体化为：生产过程中，根据生产计划要求对物料（包括材料、工具、成品、半成品等）储存、运输和装卸的计划、组织与控制。

现代物流管理是建立在系统论、信息论和控制论的科学基础上的。从系统论的观点出发，现代物流管理要求物流系统及时地提供完整、准确、必要的信息，通过对这些信息的处理，了解并掌握物流状态，进而控制物流。计算机的应用是现代生产物流系统信息获取、传递、交换和存储的基础。

从控制论的观点出发，现代物流管理是按照预定的目标或标准，根据检测到的信息，有效地控制物流活动。

现代生产物流管理，其内容是十分丰富的。现代企业物流管理包括规划设计物流系统布局，预测物流需求量，制订运输调度计划，制订物料供应计划，控制合理的物料库存量，检测物料状态，传递和处理物流信息等。而大型的物流系统，管理内容包括物流系统工程管理、现代运输系统与物流运输优化管理、现代物流配送管理、现代物流营销战略、现代物流信息管理、现代物流成本管理、现代物流行政管理、物流全球化与国际物流管理。

2. 现代物流管理职能的转变

现代物流，由于其适应现代生产的要求，需要更加系统化和柔性化，因此在物流管理职能上也发生了相应的转变。

1）分散管理变为集中管理

传统的生产物流是分散的、个体化的、孤立的，每一个物流操作完全是简单地按照需要执行命令。例如，把原材料从仓库运送到加工机床旁，操作工人往返完成着同一操作。

在分散管理中，物流系统没有统一的计划，缺乏统一的协调，物流系统各部分独立运作，相互间没有信息沟通。现代物流则实行集中管理，将物流系统视为沟通各个设备的整体网络。物料在网络上运行，达到各设备（网络的节点）后，物料流动不因网络的节点而中断。网络化的集中管理，使物流系统构成一个有机的整体。

2）执行型管理变为包括执行在内的决策型管理

传统的物流管理只是依附于生产加工的一种执行型管理。当机床需要物料时，物

流系统负责提供，而提供物料的数量和时间完全由机床需要来决定。物流系统的目标仅仅是完成生产加工所提出的任务，也就是单纯完成某种操作，它本身没有也不需要有决策权。

现代物流追求的是企业生产的整体效益，而生产加工的效益与物流的效益具有同等重要的地位，管理者不再单纯地追求加工过程的快速与高效，而是把加工制造与物流作为一个整体来计划、组织和控制。物流系统的目标从单纯执行生产加工命令变为以提高物流系统的整体效益为目标并与之相适应的管理，从执行型管理变为包括执行在内的决策型管理。

3）封闭型管理变为开放型的管理

分散、独立和个体化的物流是一种封闭型的管理，物流单纯完成生产加工提出的各个单项任务，企业在市场竞争中，为适应市场需求随时更变的计划与目标无法直接反映到生产物流中来。现代生产以多品种、小批量为主要特点，柔性化生产、大规模的生产要求生产有极强的应变能力、极快的响应速度，只有这样，才能保证企业在竞争中立于不败之地。这就要求生产物流的管理与企业的经营计划、产品生产计划乃至产品的销售都息息相关，封闭型的管理被代之以开放型的管理。

4）应用计算机进行物流管理

现代物流管理的基础和依据是大量的物流信息，其中有数据、图表和各种指令，它们反映物流过程的关于输入、输出物流的结构、流向、流量、库存量、物流费用等。这些数据不断传输和反馈，形成信息流。信息处理的特点是信息量大、信息变化快、信息间相互关联密切。

物流信息处理应能迅速、正确、完整地收集、传送、储存、处理和分析物流数据，以便企业及时了解和掌握物流进程，正确决策、协调各业务环节，从而有效地计划和组织物资的流通。显然，依靠人工方法完成上述工作是不可能的。在网络和数据库环境支持下的计算机技术成为现代物流信息处理的有效工具。

3. 现代物流管理的基本功能

1）立体仓库的管理控制

第一，根据立体仓库原库存情况和来自底层的出/入库完成信息，管理立体仓库库存信息。

第二，决定各种入库申请的响应顺序；根据控制层发来的入库申请或入库条码信息为待入库物料分配货位，形成入库任务。

第三，根据缓冲站（加工缓冲站和工位缓冲站）发来的需料申请，结合当前库存情况，形成出库任务。也可根据日滚动生产计划确定初始发料或为次日生产的出库安排形成出库任务。

第四，出/入库协调。对出库任务与入库任务进行优化组合，把满足条件的出库任务和入库任务组合成出/入库联合作业任务。

2）运输作业的调度

根据运输作业的紧急程度和调度原则，决定运输作业的优先级别（从众多的物料需求申请中决定响应顺序），根据当前运输作业的执行情况形成运输指令和最佳运输路线。

3）物流系统状态的监控

第一，物流系统状态信息的采集。接收控制层发回的状态报告；运输命令完成后，取消和修改报告。

第二，物流系统状态的监测。对控制层发回报告进行分类整理，在屏幕上用图形显示各缓冲站的状态，立库状态和运输设备状况等。

第三，异常情况的处理。检查判别物流系统状态中的不正常信息，根据不同情况提出处理方案。

第四，人机交互。提供管理人员查询当前系统状态数据，直接干预系统运行，处理异常情况。

4）系统运行情况的统计分析

第一，立体仓库运行情况的统计分析。统计堆垛机利用率、出/入库任务量和货位利用。

第二，运输小车运行情况的统计分析。统计各回路小车的利用率。

第三，缓冲站情况的统计分析。统计提出送料申请后的平均响应时间和最长响应时间。

5）系统数据维护

提供库存数据及系统运行数据的维护功能。物流系统有 3 种运行方式：自动运行、半自动运行和手动控制运行。当采用手动控制后，可能会造成数据库中的数据与实际情况不符，这时需要提供一个界面来修改数据，这就是数据维护。当生产线发出产品变化信息时，也会提出数据维护的要求。

4. 现代物流管理系统及其基本功能

目前开发的物流管理系统主要包括仓储管理系统、运输管理系统、配送管理系统、报关报检管理系统、货代管理系统、结算管理系统、客户管理系统和客户服务管理系统。各系统的主要功能如下。

（1）仓储管理系统（Warehouse Management System，WMS）：通过对不同地域、不同类别、不同规格的所有仓库资源进行集中管理，同时可采用条码、射频等先进的物流技术设备，对出入库货物进行货物登记、移库盘点、库存检索、租期报警等仓储信息的管理。它支持包租散租等各种租仓计划，支持平仓和立体仓库等不同的仓库格局，并可向客户提供远程的仓库状态查询、账单查询、图形化的仓储结构和货物存储位置查询。

（2）运输管理系统（Transport Management System，TMS）：对所有运输工具，包括

自有车辆、协作车辆等进行车辆的调度管理，支持GPS和GIS，实现车辆的运行监控、车辆调度、成本核算，并提供网上车辆以及货物的跟踪查询。

（3）配送管理系统（Dispatching Management System，DMS）：以最大限度地降低物流成本、提高运作效率为目的，按照JIT原则，满足生产企业零库存生产的原材料配送管理，结合先进的条码技术、GPS/GIS技术和电子商务技术，实现智能化配送。

（4）报关报检管理系统（Passing Management System，PMS）：集货物进出口报关、商检、卫检、动植物检疫等功能的自动信息管理于一体，满足客户跨境运作的需求。

（5）货代管理系统（Cargo Agency Management System，CAM）：记录物流公司与所有海、陆、空、铁路业务往来，配合物流的其他环节，实现物流的全程化管理，提供门到门、一票到底的物流服务。

（6）结算管理系统（Settlement Management System，SMS）：对企业发生的物流服务项目实行价格一条龙管理，包括多种模式的仓租费用、运输费用、装卸费用、物流加工费用、配送费用、货代费用等费用的计算。同时提供与财务系统的接口，实现财务数据的无缝流转。

（7）客户管理系统（Client Management System，CMS）：通过对客户资料的收集、分类和管理，全面掌握不同客户群体、客户性质、客户需求等客户信息，以提供最佳客户服务为宗旨，同时挖掘潜在客户资源。

（8）客户服务管理系统（Client Service Management System，CSM）：是物流服务信息对外的一个窗口，也是客户与企业交流的重要手段，包括各类数据查询、网上下单、数据下载等各类服务，同时提供各类客户定制服务，如邮件服务、短消息通知等。

5. 精益物流管理

精益物流管理是运用精益思想对企业物流活动进行管理，其基本原则是：①从顾客的角度而不是从企业或职能部门的角度来研究什么可以产生价值；②按整个价值流确定供应、生产和配送产品中所有必需的步骤和活动；③创造无中断、无绕道、无等待、无回流的增值活动流；④及时创造仅由顾客拉动的价值；⑤不断消除浪费，追求完善。

精益物流管理的目标可概括为：企业在提高满意的顾客服务水平的同时，把浪费降到最低程度。企业物流活动中的浪费现象很多，常见的有不满意的顾客服务、无需求造成的积压和多余的库存、实际不需要的流通加工程序、不必要的物料移动、因供应链上游不能按时交货或提供服务而等候、提供顾客不需要的服务等，努力消除这些浪费现象是精益物流最重要的内容。实现精益物流管理必须正确认识以下几个问题。

（1）精益物流管理的前提：正确认识价值流。

价值流是企业产生价值的所有活动过程，这些活动主要体现在3项关键的流向上：从概念设想、产品设计、工艺设计到投产的产品流；从顾客订单到制定详细进度到送货的全过程信息流；从原材料制成最终产品到送到用户手中的物流。因此，认识价值流必须超出企业这个世界上公认的划分单位的标准，去查看创造和生产一个特定产品所必需的全部活动，搞清每一步骤和环节，并对它们进行描述和分析。

（2）精益物流管理的保证：价值流的顺畅流动。

消除浪费的关键是让完成某一项工作所需步骤以最优的方式连接起来，形成无中断、无绕流和排除等候的连续流动，让价值流顺畅流动起来。具体实施时，首先，要明确流动过程的目标，使价值流朝向明确。其次，把沿价值流的所有参与企业集成起来，摒弃传统的各自追求利润极大化而相互对立的观点，以最终顾客的需求为共同目标，共同探讨最优物流路径，消除一切不产生价值的行为。

（3）精益物流管理的关键：顾客需求作为价值流动力。

在精益物流管理模式中，价值流的流动要靠下游顾客的拉动，而不是靠上游来推动，当顾客没有发出需求指令时，上游的任何部分都不要去生产产品，而当顾客的需求指令发出后，则快速生产产品，提供服务。当然，这不是绝对的现象，在实际操作中，要区分是哪一种类型的产品，如果是需求稳定、可预测性较强的功能型产品，可以根据准确预测进行生产；而需求波动较大、可预测性不强的创新型产品，则要采用精确反应、延迟技术，缩短反应时间，提高顾客服务水平。

（4）精益物流管理的生命：不断改进，追求完善。

精益物流管理是动态管理，对物流活动的改进和完善是不断循环的。每一次改进，消除一批浪费，形成新的价值流的流动，同时又存在新的浪费而需要不断改进。这种改进使物流总成本不断降低，提前期不断缩短而使浪费不断减少。实现这种不断改进需要全体人员的参与，上下一心，各司其职、各尽其责，达到全面物流管理的境界。

精益物流管理是具备以下 4 个特点的物流系统。

第一，拉动型的物流系统。在精益物流系统中，顾客需求是驱动生产的原动力，是价值流的出发点。价值流的流动要靠下游顾客来拉动，而不是依靠上游的推动，当顾客没有发出需求指令时，上游的任何部分不提供服务，而当顾客需求指令发出后，则快速提供服务。系统的生产是通过顾客需求拉动的。

第二，高质量的物流系统。在精益物流管理系统中，电子化的信息流保证了信息流动的迅速、准确无误，还可有效减少冗余信息传递，减少作业环节，消除操作延迟，这使得物流服务准时、准确、快速，具备高质量的特性。

第三，低成本的物流系统。精益物流系统通过合理配置基本资源，以需定产，充分合理地运用优势和实力；通过电子化的信息流，进行快速反应、准时化生产，从而消除诸如设施设备空耗、人员冗余、操作延迟和资源等浪费，保证其物流服务的低成本。

第四，不断完善的物流系统。在精益物流系统中，全员理解并接受精益思想的精髓，领导者制定能够使系统实现“精益”效益的决策，全体员工贯彻执行，上下一心，各司其职、各尽其责，达到全面物流管理的境界，保证整个系统持续改进，不断完善。

总而言之，精益物流管理最主要的原则是：服务拉动（驱动）的原则，把客户提出的服务要求作为起点，把实现这个服务作为终点。这也是一种物流系统是否实现精益化的检核标准。

11.1.3 第四方物流

第四方物流是1998年美国埃森哲咨询公司率先提出的，专门为第一方、第二方和第三方提供物流规划、咨询、物流信息系统、供应链管理等服务。第四方并不实际承担具体的物流运作活动，简称4PL。4PL是以3PL（第三方物流）为基础的，4是供映链的集成者，整合了整个供应链的物流资源和技术，能够使企业更有效率地快速反映供应链的整体，需求，最大限度地满足顾客的需求，从而提高客户满意度，提高供应链的竞争力。4PL的思想必须依靠3PL的实际运作来实现并得到验证；3PL又迫切希望得到4PL在优化供应链流程与方案方面的指导。要发展4PL就必须大力发展第三方物流企业，为4PL的发展作铺垫，提高物流产业水平。因此，只有二者结合起来，才能更好的、全面的提供完善的物流运作和服务。3PL与4PL联合成为一体以后，将3PL与4PL的外部协调转化为内部协调，使得两个相对独立的业务环节能够更和谐、更一致的运作，物流运作效率会得到明显地改善，进而增大物流成本降低的幅度，扩大物流服务供应商的获利空间。

第四方物流是一个提供全而供应链解决方案的供应链集成商，存在3种可能的第四方物流模式：①第四方物流为第三方物流工作，并提供第三方物流缺少的技术和战略技能；②第四方物流为货主服务，是和所有第三方物流提供商及其他提供商联系的中心；③第四方物流通过对同步与协作的关注，为众多的产业成员运作供应链。第四方物流无论采取哪一种模式，都突破了单纯发展第三方物流的局限性，能真正的低成本运作，实现最大范围的资源整合。因为第三方物流缺乏跨越整个供应链运作以及真正整合供应链流程所需的战略专业技术。第四方物流可以不受约束地将每一个领域的最佳物流提供商组合起来，为客户提供最佳物流服务，进而形成最佳物流方案或供应链管理方案。

11.2 现代物流模式

11.2.1 现代物流模式的转化

供应链结构通常划分为“推动”式（Push）和“拉动”式（Pull）两类。以美国福特为代表的大批量、少品种的卖方市场时代的生产模式是“推动”式传统物流模式的代表，它已不能适应买方市场时代的需求。特别是电子商务出现以后，人们的消费理念发生了根本的改变，需求的产品和服务日趋个性化和多样化。消费模式也由推动型转变为拉动型，势必会对“三流”之一的物流服务提出更高要求。很显然，原来粗放的推动式物流无法适应拉动型的角色，物流模式也由推动型物流向拉动型物流转变。在拉动型物流中，价值流的流动靠下游顾客来拉动，而不是依靠上游的推动。当顾客没有发出需求指令时，供应链各个节点不提供服务，当顾客发出需求指令后，快速提供服务，一切物流活动都以顾客需求为中心。

现代物流的最终目标是使制造企业的物流彻底地与企业核心业务分离开来，使生产企业能够集中资金、人力和物力投入其核心制造领域。把原来企业内部的运输、仓储等物流业务交给专业化的物流公司，是社会产业分工越来越细的发展规律的体现。

企业根据需要选择一种合适的物流模式，不仅实现内部资源的最佳整合和最大限度的利用，开辟新的利润增长点，还可以在市场开拓、信息处理、财务咨询和战略决策上增加一个重要的砝码。现将国内外现代物流的一些基本模式简要介绍如下。

11.2.2 国外现代物流的典型模式

1. 美国的物流中央化

物流中央化的美国物流模式强调“整体化的物流管理系统”，是一种以整体利益为重，冲破按部门分管的体制，从整体进行统一规划管理的管理方式。第二次世界大战时美国的物流中央化被完善地贯彻在第二次世界大战后勤中，并对最终取得战争胜利产生了重要的作用。

美国沃尔玛的配送中心是典型的物流中央化的体现。山姆·沃尔顿依靠物流先行的原则，造就了世界零售第一的沃尔玛。

2. 日本的高效配送中心

在日本，物流是非独立领域，由多种因素制约。物流（少库存多批发）与销售（多库存少批发）相互对立，必须利用统筹来获得整体成本最小的效果。对于物流在日本解释为高效、精细化，对于提高物流的速度和效率，新技术是日本物流引以为荣的，EDI 标准在日本国内已广泛应用，道路信息管理通讯系统（VICS）、不停车自动缴费系统（ETC）、现代安全汽车（ASV）、交通管理系统（UTMS）、无线移动识别技术、传感信息系统、EDI 标准所配套的物流作业通用标签（STAR 标签）等的普遍应用使日本物流在世界处于领先地位。

处于世界便利店首位的 7-11 便利店就利用了日本地域以及高效物流造就了 7-11 便利连锁店庞大的体系，成为日本大众日常生活的组成部分。

11.2.3 中国国内现代物流的典型模式

中国物流体系主要有自建和第三方两种形式。海尔、美的、伊莱克斯等企业都是其中的代表。

1. 海尔物流

自建物流系统的企业中，最典型的就是海尔。它自1999年开始进行以“市场链”为纽带的业务流程再造，以订单信息流为中心，带动物流、商流、资金流的运作。海尔物流的“一流三网”充分体现了现代物流的特征。“一流”是以订单信息流为中心；“三网”分别是全球供应链资源网络、全球配送资源网络和计算机信息网络。“三网”同步流动，为订单信息流的增值提供支持。

1999年年末，海尔成立了物流推进本部，下属三个事业部——采购事业部、配送事业部、储运事业部，成立了36个区域配送中心，初步建立了覆盖全国的网络。

海尔物流明显地向美国物流中央化靠拢，在实施的初期，收到了比较好的效果。物流本部成立前，海尔的库存时间为30天，经过一年的努力，2001年减至13天，2002年，海尔的目标是将库存15个亿降为3个亿。从库存占用资金和采购资金反映出物流成本的降低。

海尔物流本部将分散在各个产品事业部的采购业务合并，实施统一采购，以达到最低成本下实施JIT采购。大到几百元的设备，小到办公用品如螺丝钉、圆珠笔等进行统一采购操作，实施统一采购后使部分零部件降价达5%～8%。对于大型企业集团的采购，海尔的效益是非常可观的。

目前海尔的7个工业园主要分为以下3个部分。

（1）以青岛地区的工业及周边的工厂为出口基地，利用廉价的劳动力，利用成本与低廉的海运进行出口。

（2）以合肥为主的工业园包括在广东、贵州的工厂，形成本地化的生产基地，节省物流成本。

（3）以美国为代表的包括其他海外10个工厂，形成本土物流，集基地、生产、采购、销售全部本土化，使物流成本大幅度降低。

2. 安得物流

相对于广东顺德美的集团来讲，对于很多人安得物流还比较陌生，物流行业较强的针对性，服务客户的不同使安得“润物细无声”。其实同海尔相同，在1999年年末，美的集团就将物流放到战略位置，如果说海尔是把物流作为降低成本的机器，那么美的集团则把物流作为一个赚钱的机器。2000年1月，美的集团通过控股成立了安得物流公司，把物流业务剥离出来。安得物流公司作为美的集团一个独立的事业部，成为美的其他产品事业部的第三方物流公司，同时也作为专业物流公司向外发展业务。美的的其他事业部可以使用安得物流，但是也可以选择其他的物流公司。

在过去的10年里安得物流贯彻了自己的发展方向：制造企业销售物流集成服务商，供应链技术顾问专家，并成功地使现代物流运用在实践中，借助美的销售网络，不断地融入新的血液，2002年，安得已同TCL、神州数码、方正、实达、熊猫、乐华、海螺建立了战略合作伙伴关系。

全国一体化的仓储体系是安得物流的骨架。安得目前在全国建设了四大仓储中心，即顺德、杭州、郑州、芜湖，全部实现信息化管理，实行“一票到底”的管理模式。管理遍布全国的100多个仓库，以基于Internet的信息系统进行高效的信息互动管理。建立了顺德、南京、西安、北京、上海等10个物流中心，因为美的给予安得的是物流整体费用，所以这个成本一旦签订后就不可更改，所以安得必须对每地的仓库资源、运输资源、配送资源相当了解，这样才能取得利润。

由于跟随美的，使安得在68个城市设立了业务网点，就是由于这些网点，安得让众多的需要将物流外包的企业选择了自己。

美的的物流流程如下。

（1）安得可以提供企业在全国各地整体仓储情况、在途情况，能够使企业总部随时掌握自己的物流状况，安得通过ALIS系统提供详细的24小时在线报告。

（2）安得可以将不同客户的货物拼装运输，这样大量节省了运输成本。

（3）在区域物流中心，安得可以自如地调配仓储资源，如使6月、7月、8月的空调、同2月、5月、10月的彩电、5～10月的海螺型材充分调配。安得可以大规模投资进行仓库的更新改造，将货架、叉车、托盘等工具提高使用率，因为这样可以带来现实的收益。

（4）美的每个区域配送中心管理不同的部门，如空调事业部、家电事业部、橱具事业部，对于它们的物流以市场为参照，对于每次的运输或配送报价都要由事业部来审核，所以安得充分地利用社会资源，寻找最低、最合理的价格，并使其运输体系向社会公开。

安得物流成立之初，反对的人不少，其中有专家，有同行，也包括美的集团内部高层人员。因为他们认为美的擅长的是做家电，物流属于非核心业务。安得物流也曾经犯过急功近利的错误，想“空手套狼”，但终于没有误入歧途，而是在网络建设和信息系统管理方面夯实了安得物流前进的基础。

以上安得与海尔的物流状况只是中国企业物流比较典型的缩影。

3. 伊莱克斯第三方物流

与美的的第三方物流属于自拥资产有所不同，以伊莱克斯为代表的企业选择的第三方物流属于非自拥资产，它们将物流完全外包给第三方物流企业，第三方物流服务商为它们提供整个或部分供应链的物流服务，以获取一定的利润。

大多数业内人士都认为，现在还很难说自建物流系统、第三方物流或其他物流方式到底谁优谁劣。自建物流体系给企业节约了成本，带来了市场竞争力。但是，企业自建物流系统也存在很多问题，最突出的就是企业要花费大量的人力、物力和财力，相对来说，企业自身核心职能的发挥就要受到一定的削弱；而且，单个企业建立的物流系统很难达到一定的规模。而取得规模效益，正是第三方物流的优势所在。

通过对中国物流企业的分析，中国物流的收益85%来自基础服务，运输占53%，

仓储占32%，增值服务和物流信息服务与支持物流的财务服务收益只占15%。而货物拆拼箱、贴条码标签、零部件配套、修理、售后服务，对于大多数企业来说是不得不做的事情。

11.2.4　现代物流系统实例——迈向社会化的海尔现代物流

随着经济全球化和知识经济时代的到来，带来了全球化的竞争，同时也带来了全球化的资源空间。在高科技迅速发展、市场竞争日趋激烈、顾客需求不断变化的今天，企业间的竞争已转变成供应链间的竞争、物流的竞争、速度的竞争。海尔现代物流在经历了企业多年的业务流程再造后，已着眼于在国际化开放的系统中为全球客户提供增值服务。

海尔现代物流先后经历了物流重组、供应链管理和物流产业化三个阶段，并以骄人的成绩被授予首家"中国物流示范基地"的美誉。

1. 物流重组阶段

在物流重组阶段，海尔现代物流整合了集团内分散在23个产品事业部的采购、原材料仓储配送、成品仓储配送的职能，并率先提出了3个JIT的管理，即JIT采购、JIT原材料配送、JIT成品分拨物流。

JIT采购：海尔物流整合第一步就是整合采购，将集团的采购活动全部集中，在全球范围内采购质优价廉的零部件，海尔每年要采购26万种物料，供货商有2000多家。海尔通过整合采购，加强采购管理，全球集合竞价，使成本每年环比降低6%。

JIT原材料配送：海尔实施"物流革命"的核心是"围绕订单进行仓库革命"，即一切以订单为核心，没有订单的生产就是为库存生产，也就是为亏损而生产。所以海尔物流建立了两个国际化物流中心，革了传统仓库的命，减少了20万平方米（m^2）的平面仓库。同时不断推进看板拉动料件配送，着手建立快速响应订单的生产组织系统。

JIT成品分拨物流：在采购整合后，海尔整合全球配送网络，将产品实时按要求配送到用户手中，并逐步通过与国家邮政局、中运集团等专业物流公司的强强联手和配送速度的不断提高，来建立全国最大的分拨物流体系。

3个JIT的速度使海尔物流在瞬息万变的市场上，赢得了基于速度的竞争优势。

2. 供应链管理阶段

在供应链管理阶段，海尔物流创新性地提出了"一流三网"的管理模式。海尔特色物流管理的"一流三网"充分体现了现代物流的特征："一流"是以订单信息流为中心；"三网"分别是全球供应链资源网络、全球配送资源网络和计算机信息网络。"三网"同步流动，为订单信息流的增值提供支持。

（1）以订单信息流为中心，实现JIT过站式物流。

在海尔，仓库不再是储存物资的水库，而是一条流动的河，河中流动的是按单采购来生产必需的物资，这样，从根本上消除了呆滞物资，消灭了库存。

目前，海尔集团每个月平均接到 6 万多个销售订单，这些订单的定制产品品种达 7000 多个，需要采购的物料品种达 26 万余种。在这种复杂的情况下，海尔物流整合以来，呆滞物资降低了 90%，仓库面积减少了 88%，库存资金减少了 63%。海尔建立了两个国际化物流中心，改存储物资的仓库为过站式配送中心，从最基本的物流容器单元化、标准化、集装化、通用化到物料搬运机械化，逐步深入到工位的五定送料管理、日清管理系统的全面改革，看板拉动式管理实现了柔性生产，每条生产线每天可以生产几十个国家上百种规格的产品，实现了 JIT 过站式物流。

（2）全球供应链资源网的整合使海尔获得了快速满足用户需求的能力。

海尔通过整合内部资源优化外部资源，建立起强大的全球供应链网络，供应商由原来的 2200 多家优化至 721 家，而目前世界五百强企业中有 59 家已成为海尔的合作伙伴。海尔实行并行工程，更有一批国际化大公司已经以其高科技和新技术参与到海尔产品的前端设计中，不但保证了海尔产品技术的领先性，增加了产品的技术含量，同时开发的速度也大大加快。另外，海尔还引进爱默生等国际化供应商在当地投资建厂，为政府实现招商引资 40 多亿元。全球供应链资源网的整合使海尔获得了快速满足用户需求的能力。

（3）整合全球配送网络，形成全国最大的分拨物流体系。

海尔整合全球配送网络，现在海尔物流配送网络已从城市扩展到农村，从沿海扩展到内地，从国内扩展到国际，国内可调配车辆 16000 辆。它在全国建有 42 个配送中心，每天向 1550 个专卖店与 9000 多个网点同时全面开展 50000 多台产品与备件配送，形成了完善的成品分拨物流体系、备件配送体系与返回物流体系。

（4）计算机网络连接新经济速度。

海尔在内部实施了 ERP 信息系统，建立了企业内部的信息高速公路，将用户信息同步转化为企业内部的信息，实现以信息替代库存，零资金占用。在企业外部，CRM 与 BBP 平台搭建起企业与用户、企业与供应商沟通的桥梁。所有的供应商均在网上接收订单、网上查询计划与库存、网上招标、与招商银行合作网上支付，大大加快了订单响应速度。目前海尔第三方物流采用信息化集成程度最高的 LES（物流执行系统），成功地将运输管理、仓库管理和订单管理系统高度一体化整合，从而提高了对客户的响应速度和及时配送。计算机网络搭建了海尔集团内部的信息高速公路，能将电子商务平台上获得的信息迅速转化为企业内部的信息，以信息代替库存，达到零营运资本的目的。

3. 物流产业化阶段

目前海尔物流在拥有了 3 个 JIT 的速度、一流三网的资源和信息化平台的支持后，在不断完善内部业务运作的同时，大力拓展社会化物流业务，目标是以客户为中心，建立起高效的供应链体系。海尔的社会化物流业务分三部分，即社会化第三方采购、社会化第三方物流和第四方物流咨询。

（1）社会化第三方采购——叫买又叫卖。

海尔物流搭建起全球供应链资源网络，拥有庞大的国际化供应商信息库、先进的

SCM（软件配置管理）经验，构建起能够快速满足质量、成本、交货期的全方位供应关系，可以帮客户优化采购渠道，实现全新的电子化采购，使客户由策略采购转向采购决策电子化。海尔社会化第三方采购叫“买”又叫“卖”的模式，成为同行业及众多媒体追捧的焦点。

（2）社会化第三方物流——为客户提供增值。

海尔第三方物流通过全球配送网络、先进的SAP/LES（可视的灵活的管理系统）和海尔集团物料管理运作的经验能力，来提高对客户的响应速度和及时配送。海尔第三方物流将致力于向其他行业和单位提供全程物流服务，解决成本、响应速度的问题，以客户为中心提供全方位的物流增值服务。目前海尔已为40多家跨国公司提供物流服务。

（3）第四方物流——进军咨询领域。

海尔在不断拓展第三方物流业务的同时，开始涉足第四方服务咨询业，海尔物流通过自身的物流业务流程再造与发展，在开放的系统中拥有了巨大的资源，在企业物流管理、供应链管理、流程再造方面积累了宝贵的经验，可以为客户提供社会化产业拉动资源，可以帮助客户规划、实施和执行供应链的程序，并先后为制造业、航空业等提供物流增值服务。

海尔目前已逐步从原先的企业物流迈向社会化物流，随着海尔社会化物流业务的不断拓展，海尔将把物流作为企业的第三利润源泉。

11.3 现代物流的发展趋势及其特点

11.3.1 现代物流的发展趋势

1. 我国物流业发展存在的问题

我国物流业虽然起步比较早，但发展却很不理想，特别是一些大中型的第三方物流企业，在从传统储运向服务转化的问题上进展迟缓，运输网络不健全，大部分还基本停留在处理传统的储存和运输服务的水平上，跟不上客观形势的需要，适应不了现代物流信息网络，极大地影响了物流业的发展。我国物流业与国外发达国家相比，无论是从规模还是从技术水平上都存在较大差距。当前，我国物流业主要存在以下问题。

（1）物流管理分散，物流整体效益较差。我国物流行业管理多年来一直沿袭计划经济体制的模式，使原本是一个系统资源的物流业的管理权限被分别划归若干个部门。例如，铁路、公路、水运、航空等运输资源，分别直属铁道部、交通部、航空总局等统辖。物流管理和资源的分散化，物流企业的低效运作，使物流本应具有的整体功能被大大削弱，阻碍了物流业发展，难以形成社会性的物流配送体系。这种条块管理体制，形成了自上而下的纵向隶属和管理格局，严重制约着在全社会范围内，经济合理地对物流进行整体统筹和规划，妨碍着物流的社会化进程，发挥不了物流的整体效益。

(2) 物流企业基础设施不配套，自动化网络化程度低。我国传统物流企业在基础设施建设上投入不足，自动化信息程度低，在仓储、运输、配送各个环节仍然以手工作业为主，没有自动化信息网络，不能优化调度、有效配置，对客户不能提供查询、跟踪等服务。在物流过程中，多数企业难以做到在预定时间送货，并经常出现断货、对客户的响应不及时等问题，从而造成物流组织效率低下，管理水平低，配送成本高，客户满意度差，盈利能力低，严重影响了行业发展。

(3) 物流企业规模小，整体物流规划不够理想。目前，我国物流企业规模较小，物流管理又比较分散，物流部门条块分割的现象比较严重，每个部门都自成体系，缺乏整体物流规划。加上大多数物流企业运营方式单一，综合性物流公司很少，使货物仓储、货物运输、货物配送无效作业环节增加，物流速度的降低和物流成本的上升，造成物流环节上的浪费，管理成本加大，因而导致了我国物流业整体效益不佳，竞争力不强。

(4) 物流的专业化程度不高，影响物流效益。当前我国物流运输、仓储的现代化水平还不高，物流中心和配送中心的建设以及集装箱运输的发展还比较缓慢，物流企业"大而全""小而全"的现象比较普遍，产、供、销一体化，专业化操作程度较低，直接导致了物流作业过程的效率低下、成本过高，从而很难为合资企业或外资企业提供综合性的物流服务，也很难使社会物流与企业物流一体化。

(5) 物流专业人才缺乏，制约了物流业的发展。当前我国在物流人才的教育和培养上比较缓慢，市场上符合要求的物流人才较少，而且层次较低，物流专业人才缺乏。据统计，在我国高等院校中开设物流专业和课程的只有10多所，占全部高校数量的2%左右；硕士、博士生层次教育刚刚开始。由于物流教育和培训的缺乏，能够切实为企业提供有效方案的中高级物流人才较少，制约了物流业的发展。

2. 我国物流业发展趋势

(1) 专业化趋向。加入世界贸易组织以后我国市场竞争进一步加剧，必然促使企业更加关注其核心资源和核心竞争力的培养，而将企业内部物流交由专业物流公司经营。但目前我国第三方物流的市场比重不大，据中国物流与采购联合会和美智管理顾问公司联合进行的一次调查，被调查企业中使用第三方物流的只占22.2%，而美国这些类型的企业中使用第三方物流的占58%。因此，我国第三方物流潜力很大，有待发展。预计今后几年，我国第三方物流服务的比重将会逐渐增大。

(2) 规模化、集团化趋向。发达国家的一些物流公司通过重组、资本扩张、兼并、流程再造等形式，已经形成了跨国综合物流企业。这些物流公司，拥有雄厚的资金、先进的技术和设备、先进的管理理念与经验、全球性的服务网络。而我国的物流企业大多规模小、实力弱、能力低，在与国际大型物流公司的市场竞争中处于不利地位。因此，国内的中小型物流企业，有一部分将利用拥有国内网络及设施、人力资本成本低等本土优势，与国内外大型物流企业建立战略合作伙伴关系；一部分将可能被大型

物流公司收购、兼并；还有的将进行战略性重组和改造，向综合物流发展，为大型跨国物流企业配套，成为供应链的重要组成部分。

（3）多元化趋向。随着我国改革开放的深入，以及我国加入世界贸易组织（WTO）后在商品分销、公路运输、铁路运输、仓储、货运代理、邮递服务等领域的逐步开放，市场主体将出现多元化的局面。一是外资物流企业，这些企业主要服务于外资企业，从事跨国公司在中国的生产、销售和采购等方面的物流活动。二是以多元化股权结构为特征的民营物流企业，这是目前物流市场最具活力的力量。三是国有经济中传统的运输、货代、仓储、批发企业，现在仍是物流市场的主力军。在今后相当长的一段时间内，我国物流市场将呈现一个国有、集体、个体、中资、外资等各种所有制物流企业相互依存、同台竞争、相互促进的局面。

（4）国际化趋向。由于世界制造业和 OEM（定点生产）中心在向我国转移，以及经济一体化进程的加快，未来我国与世界各国之间的物资、原材料、零部件与制成品的进出口运输，无论是数量还是质量都会发生较大变化。为适应这一变化，要求我国必须在物流技术、装备、标准、管理、人才方面与世界对接。因此，我国物流业在国际化方面将会发展较快。

（5）传统的运输与仓储企业加快向第三方物流转变。由于国外物流企业纷纷来到中国，尤其是中国香港、台湾地区的中小物流企业进入内地物流市场的速度加快，给国内传统的运输与仓储企业造成很大压力。因此，今后将有更多传统的运输与仓储企业加快向第三方物流转变，利用自己的优势，扩大客户群，提升市场竞争力，与国外和境外的物流公司合作或开展竞争。

（6）物流配送仍将是热点。一是物流配送受到政府的高度重视。自 20 世纪 80 年代中后期，各级政府部门采取措施积极推动物流配送的发展，近年来对物流配送的发展更加重视。二是随着连锁经营的发展，要求配送快速响应、准时送达，推动了物流配送的发展。三是前几年像海尔这样的大型生产企业介入现代物流，新建和改造了一些物流配送中心，这种势头还将持续。四是国外和国内的一些大型物流企业，都在规划建立自己的配送中心，以提高企业的物流能力。

（7）物流需求将首先从部分行业释放。目前我国物流市场供应远远大于需求，但这种局面随着部分行业对物流服务需求的增长，对其他行业起到示范作用，而会逐渐得到改善。在生产和流通领域，首先对物流有较大需求的是医药、烟草、家电、服装、汽车、日化、饮料等行业。物流需求除了向自建、合建的物流公司释放外，今后将会更多地向专业物流公司释放，特别是外商独资与中外合资企业，将首先释放物流需求。据相关媒体主持的跨国公司物流服务需求调查报告统计，来华跨国公司物流外包比例高达 90%。

（8）物流服务更加深入。加入 WTO 后，更多的外国企业进入中国，中国与世界经济的联系越来越紧密，同时物流市场的竞争将更加激烈。未来的市场竞争，将主要是服务水平和质量的竞争。单纯的运输、仓储服务将逐渐转向全程服务，服务的对象将细分，延伸服务受到青睐。

（9）物流信息化建设步伐加快。现代物流是以信息技术为支撑的，没有信息化就没有现代物流的发展。在我国大力发展信息化的新形势下，物流的信息化应该走在其他行业前面。目前，物流业的信息化主要还是打基础，但同时将有新的变化和进展：中国物流与采购联合会将研究建立物流与采购业统计和信息体系；一些物流软件开发企业的产品经过几年来的测试、试验，将进入物流应用阶段。

3. 发达国家现代物流发展趋势

（1）物流技术高速发展，物流管理水平不断提高，国外物流企业的技术装备已达到相当高的水平。

目前国外物流企业已经形成以信息技术为核心，以信息技术、运输技术、配送技术、装卸搬运技术、自动化仓储技术、库存控制技术、包装技术等专业技术为支撑的现代化物流装备技术格局。其发展趋势表现为信息化、自动化、智能化和集成化。其中，高新技术在物流运输业的应用与发展表现尤为突出。

（2）专业物流形成规模，共同配送成为主导。

国外专业物流企业是伴随制造商经营取向的变革应运而生的。由于制造厂商为迎合消费者日益精化、个性化的产品需求，而采取多样、少量的生产方式，因而高频度、小批量的配送需求也随之产生。目前，在美国、日本和欧洲等经济发达国家和地区，专业物流服务已形成规模。

共同配送是经长期的发展和探索优化出的一种追求合理化配送的配送形式，也是美国、日本等一些发达国家采用较广泛、影响面较大的一种先进的物流方式，它对提高物流效率、降低物流成本具有重要意义。

（3）物流企业向集约化、协同化、全球化方向发展。

国外物流企业向集约化、协同化方向发展，主要表现在两个方面：一是大力建设物流园区，二是物流企业兼并与合作。

物流园区是多种物流设施和不同类型的物流企业在空间上集中布局的场所，是具有一定规模和综合服务功能的物流集结点。物流园区的建设有利于实现物流企业的专业化和规模化，发挥它们的整体优势和互补优势。

国际物流市场专家们认为，世界上各行业企业间的国际联合与并购，必然带动国际物流业加速向全球化方向发展，而物流业全球化的发展走势，又必然推动和促进各国物流企业的联合和并购活动。新组成的物流联合企业、跨国公司将充分发挥互联网的优势，及时、准确地掌握全球物流动态信息，调动自己在世界各地的物流网点，构筑起公司全球一体化的物流网络，节省时间和费用，将空载率压缩到最低限度，战胜对手，为货主提供优质服务。除了并购之外，另一种集约化方式是物流企业之间的合作并建立战略联盟。

(4) 电子物流需求强劲，快递业发展迅猛。

基于互联网络的电子商务的迅速发展，促使了电子物流的兴起。

企业通过互联网加强了企业内部、企业与供应商、企业与消费者、企业与政府部门的联系沟通、相互协调、相互合作。消费者可以直接在网上获取有关产品或服务信息，实现网上购物。这种网上的“直通方式”使企业能迅速、准确、全面地了解需求信息，实现基于客户订货的生产模式和物流服务。此外，电子物流可以在线跟踪发出的货物，联机实现投递路线的规划、物流调度以及货品检查等。可以说电子物流已成为21世纪国外物流发展的大趋势。一方面，电子物流的兴起，刺激了传统邮政快递业的需求和发展；另一方面，新兴的快递业发展迅猛，触角伸向全球各地。

(5) 绿色物流将成为新增长点。

物流虽然促进了经济的发展，但是物流发展的同时，也会给城市环境带来负面的影响。为此，21世纪对物流提出了新的要求，即绿色物流。

绿色物流主要包含两个方面，一是对物流系统污染进行控制，即在物流系统和物流活动的规划与决策中尽量采用对环境污染小的方案，如采用排污量小的货车车型、近距离配送、夜间运货（以减少交通阻塞、节省燃料和降低排放）等。发达国家政府倡导绿色物流的对策是在污染发生源、交通量、交通流3个方面制定相关政策。二是建立工业和生活废料处理的物流系统。

(6) 物流专业人才需求增长，教育培训体系日趋完善。

在物流人才需求的推动下，一些经济发达国家形成了较为合理的物流人才教育培训体系。如在美国，已建立了多层次的物流专业教育，包括研究生、本科生和职业教育等。许多著名的高等院校中都设置物流管理专业，并为工商管理及相关专业的学生开设物流课程。除去正规教育外，在美国物流管理委员会的组织和倡导下，还建立了美国物流业的职业资格认证制度，所有物流从业人员必须接受职业教育，经过考试获得上述工程师资格后，才能从事有关的物流工作。

11.3.2　现代物流的特点

现代物流起源于国外，其中美国和日本的发展最引人注目，并且体现出各自不同的特色和发展历程。现代物流的特点主要有以下几点。

1. 现代物流是电子商务物流环境下“五化”的综合

随着互联网的日益普及，电子商务的应用呈现迅猛增长之势。电子商务的推广，加快了世界经济一体化的进程，使国际物流在整个商务活动中占有举足轻重的地位。电子商务带来对物流的巨大需求，推动了物流的进一步发展，而物流也在促进电子商务的发展，因此可以说二者互相依存，共同发展。实践表明，凡是电子商务业务蓬勃发展的企业，必是物流技术发达、物流服务比较到位的企业；相反，由于缺乏及时配送等物流服务，导致许多电子商务企业处境艰难，甚至倒闭破产。

电子商务对现代物流业的发展产生了重大影响，在电子商务环境下物流的新特点主要表现在以下几方面。

1）信息化

电子商务时代，物流信息化是电子商务的必然要求。物流信息化表现为物流信息的商品化、物流信息收集的数据库化和代码化、物流信息处理的电子化和计算机化、物流信息传递的标准化和实时化、物流信息存储的数字化等。因此，条码技术（Bar Code）、数据库技术、电子订货系统（EOS）、电子数据交换（EDI）、快速反应（QR）及有效的客户反应（ECR）、企业资源计划（ERP）等技术与观念在物流中将会得到普遍应用。信息化是一切的基础，没有物流的信息化，任何先进的技术设备都不可能应用于物流领域，信息技术及计算机技术在物流中的应用将会彻底改变世界物流的面貌。

2）自动化

自动化的基础是信息化，自动化的核心是机电一体化，自动化的外在表现是无人化，自动化的效果是省力化，它可以扩大物流作业能力，提高劳动生产率，减少物流作业的差错等。

3）网络化

物流领域网络化的基础也是信息化，这里指的网络化有两层含义：一是物流配送系统的计算机通信网络，包括物流配送中心与供应商或制造商的联系要通过计算机网络，另外与下游顾客之间的联系也要通过计算机网络通信。比如物流配送中心向供应商提出订单的过程，就可以使用计算机通信方式，借助于增值网（Value Added Network，VAN）上的电子订货系统和电子数据交换技术来自动实现，物流配送中心通过计算机网络收集下游客户的订货的过程也可以自动完成。二是组织的网络化，即所谓的企业内部网（Intranet）。比如，我国台湾地区的计算机业在20世纪90年代创造出了“全球运筹式产销模式”，这种模式的基本特点是按照客户订单组织生产，生产采取分散形式，即将全世界的计算机资源都利用起来，采取外包的形式将一台计算机的所有零部件、元器件、芯片外包给世界各地的制造商去生产，然后通过全球的物流网络将这些零部件、元器件和芯片发往同一个物流配送中心进行组装，由该物流配送中心将组装的计算机迅速发给订户。这一过程需要有高效的物流网络支持，当然物流网络的基础是信息、计算机网络。

物流的网络化是物流信息化的必然，是电子商务环境下物流活动的主要特征之一。当今世界随着全球网络资源的可用性及网络技术的普及，为物流的网络化提供了良好的外部环境，物流网络化不可阻挡。

4）智能化

智能化是物流自动化、信息化的一种高层次应用，物流作业过程中大量的运筹和决策，如库存水平的确定、运输（搬运）路径的选择、自动导向车的运行轨迹和作业控制、自动分拣机的运行、物流配送中心经营管理的决策支持等问题，都需要借助于

大量的知识才能解决。在物流自动化的进程中，物流智能化是不可回避的技术难题，专家系统、机器人等相关技术在国际上已经有比较成熟的研究成果。为了提高物流现代化的水平，物流的智能化已成为电子商务环境下物流发展的新趋势。

5）柔性化

柔性化是为实现“以顾客为中心”的理念而在生产领域提出的，但要真正做到柔性化，即真正地能根据消费者需求的变化来灵活调节生产工艺，没有配套的柔性化的物流系统是不可能达到目的的。20 世纪 90 年代，国际生产领域纷纷推出柔性制造系统（FMS）、计算机集成制造系统（CIMS）、制造资源系统（MRP）、企业资源计划（ERP）以及供应链管理的概念和技术，这些概念和技术的实质是要将生产、流通进行集成，根据需求端的需求组织生产，安排物流活动。因此，柔性化的物流正是适应生产、流通与消费的需求而发展起来的一种新型物流模式。这就要求物流配送中心根据消费需求“多品种、小批量、多批次、短周期”的特色，灵活组织和实施物流作业。

2. 现代物流是货物流、信息流、资金流和人才流“四流”的统一

现代物流条件下，商品运输由单一的传统运输方式变成多种运输方式的最佳组合，提高了运输效率，缩短了中间储存的中转时间，加速了商品流动，大大降低了运输成本，加快了商品使用价值的实现。以现代电子网络为平台的信息流，极大地加快了物流信息的传递速度，为客户赢得了最宝贵的时间，使货物运输环节、方式科学化和最佳化。以快节奏的商流和先进的信息为基础的现代物流，能够有效地减少流动资金的占压，加速资金周转，充分发挥资本的增值作用。

货物流、信息流和资金流的统一动作离不开高素质物流人才的筹划与实施。现代物流是一项跨行业、跨部门、跨地区甚至跨越国界的系统工程，因此，现代物流亟须掌握现代知识的复合型人才。

3. 现代物流是标准化、全球化的发展趋势

长期以来，物流业发展一直受到标准化建设滞后的困扰。物流非标准化装备、设施和行为相当普遍。如运输工具、包装容器、托盘、集装箱、仓库等物流设施和装备还没有形成有利于物流活动的标准化体系，在信息技术方面，信息无法达到一次输入全程共享，条码不能做到全程通用等。业内权威人士认为，我国的物流企业如果能采用国际标准，其运行成本还可以降低 40% 以上。相对于其他标准来说，物流标准是一个全新的概念，政府应该给予足够重视与支持。成立物流标准化专业委员会，在对国外物流标准调研的基础上对我国物流业发展做出正确分析，建立一套适应物流发展和物流业务活动并与国际接轨的物流技术标准、作业标准、物流设备标准、计量单位标准、物流术语标准等标准体系，给我国的物流企业的软硬件设施建设和改造提供统一遵循的依据，提高了我国现代物流业整体服务质量和服务效率。

物流标准化即首先在物流用语、计量标准、技术标准、数据传输标准、物流作业和服务标准等方面做好基础工作；同时加强标准化工作协调和组织工作，对已经颁布的各种与物流活动相关的国际标准、国家标准、行业标准进行深入研究，对已经落后于经济技术发展水平的标准尽快淘汰，并代之以新型标准；对托盘、集装箱、各种物流搬运和装卸设施、物流中心、条码等通用性较强的物流设施和装备的标准进行全面梳理，并进行适当的修订和完善，以使各种相关的技术标准协调一致，提高物流产业中货物和相关信息流转效率。

现代物流的全球化是物流企业竞争的趋势。由于电子商务的出现，加速了全球经济的一体化，致使物流企业的发展达到了多国化。它从许多不同的国家收集所需要的资源，再加工后向各国出口，如我国台湾的计算机业。

全球化战略的趋势，使物流企业和生产企业更紧密地联系在一起，形成了社会化大分工。生产厂集中精力制造产品、降低成本、创造价值；物流企业则集中精力从事物流服务。物流企业的满足需求系统比原来更进一步了。例如，在配送中心里，对进口商品的代理报关业务、暂时储存、搬运和配送，必要的流通加工，从商品进口到送交消费者手中的服务实现一条龙。

现代物流发展的标准化、全球化，是现代物流企业竞争的趋势，也是现代物流的主要特点之一。

11.4 供应链与物流管理

市场竞争实质上已不是单个企业之间的较量，而是供应链与供应链之间的竞争。供应链运作的表象是物流、信息流、资金流（即人们通常所说的“三流”），由于物流与信息流、资金流存在本质上的区别，在实际运作中一般可以借助信息网络和中间机构（如银行）实现信息的交换和资金的流动，但物流往往更多地表现为商品实体在时间和空间上的移动，受自身性质的约束，其实施的成本和难度相对很高，成为供应链快速、有效运行的主要障碍。特别是在电子商务高速发展、客户个性化需求日趋明显的形势下，物流瓶颈越来越突出。

现在，理论界和实际物流管理人员都越来越认识到物流管理的重要性。专家学者对物流管理的研究更加深入，Scott J. Mason（斯利特 J.）梅特等（2003）建立模拟模型证实了通过供应链的仓储和运输功能的集成可以提高供应链的客户服务水平，降低总成本。实践中物流活动已经从被动、从属的职能活动上升到企业经营三大战略（生产战略、物流战略、营销战略）之一。然而，至今人们更多是从单个企业的角度来分析，如物料管理、采购物流、分销物流等，而较少从供应链整体出发，站在全局的角度来规划整个供应链的物流活动。根据“木桶原理”，供应链上任何一个成员物流效率的降低都会降低整个供应链的竞争力，因而供应链物流管理是一个非常重要的研究领域。

11.4.1 供应链管理与物流管理的概念

“供应链管理”一词，最早是由一些世界级的管理顾问在20世纪80年代初期提出的，此后，随着经济和技术的快速发展，供应链管理从理论和实践上都发生了深刻变革。最初，供应链管理被认为是一种关于加快物品和信息在供应通道中流动的运作管理活动，这种活动可以优化业务环节，并能使企业和供应链中的伙伴的活动保持同步，以在供应链中实现降低成本，提高生产率的目的。然而这只是供应链管理概念所涵盖的一部分。目前，比较主流的观点是立足于管理思想和方法集成的角度，认为供应链管理是执行供应链中从供应到最终用户的物流的计划和控制等职能。根据我国《国家物流标准术语》的定义，供应链管理是指利用计算机网络技术全面规划供应链中的商流、物流、信息流、资金流，并进行计划、组织、协调与控制。

物流管理是指在社会再生产过程中，根据物质资料实体流动的规律，应用管理的基本原理和科学方法，对物流活动进行计划、组织、指挥、协调、控制和监督，使各项物流活动实现最佳的协调与配合，以降低物流成本，提高物流效率和经济效益。现代物流管理是建立在系统论、信息论和控制论基础上的，有狭义和广义两个方面的含义：狭义的物流管理是指物资的采购、运输、配送、储备等活动，是企业之间的一种物资流通活动；广义的物流管理包括了生产过程中的物料转化过程，即现在人们通常所说的供应链管理。

供应链管理与物流管理的关系可从以下3个方面来理解。

1. 从管理目标的角度

从管理目标上来看，现代物流管理是指为了满足顾客需要所发生的从生产地到销售地的产品、服务和信息的流动过程，以及为使保管能有效、低成本进行而从事的计划、实施和控制行为。而供应链管理则是在提供产品、服务和信息的过程中，从对终点用户到原始供应商之间关键商业流程进行集成，从而为客户和其他所有流程参与者增值。由此可见，物流管理与供应链管理在为顾客服务的目标上是一致的。尽管二者的管理目标是一致的，但这并不能代表二者的工作性质也是相同的。供应链工作的性质突出了处理和协调供应商、制造商、分销商、零售商，直到最终用户间存在的各种关系；而物流工作的性质则重点表现的是具有一定物流生产技能的物流工作者，运用物流设施、物流机械等劳动手段，作用于物流对象的生产活动。

2. 从管理内容的角度

从管理内容上来看，物流管理的内容包括物流活动以及与物流活动直接相关的其他活动，它包括从原材料的供应到产品的销售的全部物流活动。而供应链管理所涉及的内容要庞杂得多。供应链管理是通过前馈的信息流和反馈的物料流及信息流，将供应商、制造商、分销商、零售商，直到最终用户连成一个整体的模式。供应链管理既包括商流、信息流、资金流、增值流的管理，也包括物流的管理。由此可见，物流管理属于供应链管理的一部分。与此同时，物流管理与供应链管理二者之间还存在着大量的不同内容。比如物流中还包括城市物流、区域物流和国际物流等，而这些在供应链管理中显然是不作为研究对象的。当然，供应链研究中涉及的产品设计与制造管理、生产集成化计划的跟踪与控制以及企业之间的资金流管理等，物流管理也同样不作为研究对象。即使将管理的范围限定在企业管理上，物流管理和供应链管理的内容也存在着明显的不同。供应链管理是企业的生产和营销组织方式；而物流管理则为企业的生产和营销提供完成实物流的服务活动，物流服务所表现的第二个特征在任何时候、任何场合、任何状态下都是不会改变的。

3. 从管理手段的角度

从管理手段上来看，供应链管理是基于互联网的供应链交互的信息管理，这是以电子商务为基础的运作方式。商流、信息流、资金流在电子工具和网络通信技术的支持下，可以通过网上传输轻松实现。而物流，即物质资料的空间位移，具体的运输、储存、装卸、配送等活动是不可能直接通过网上传输的方式来完成的。虽然，现代物流是离不开物流管理信息的，也要使用互联网技术，但是互联网显然不构成物流管理的必需手段。也就是说，物流在非互联网技术条件下，也一样能够运行。供应链作为一个有机的网络化组织，在统一的战略指导下能提高效率和增强整体竞争力。物流管理将供应链管理下的物流进行科学的组织计划，使物流活动在供应链各环节之间快速形成物流关系和确定物流方向，通过因特网技术将物流关系的相关信息同时传递给供应链各个环节，并在物流实施过程中，对其进行适时协调与控制，为供应链各环节提供实时信息，实现物流运作的低成本、高效率的增值过程管理。其中，物流计划的科学性是物流成功的第一步，也是关键的一步；物流的实施过程管理是对物流运作的实时控制以及对物流计划的实时调整，是对物流活动进程的掌握，有利于供应链各环节了解物品物流动向，协调相应各部门的计划；适时的协调与控制是对已进行的物流进行分析总结，总结成功的经验和寻求存在问题的原因，为改进物流的管理提供经验与借鉴，同时也是第三方物流企业进行经营核算管理的环节。

第一，快捷性。通过快捷的交通运输以及科学的物流事前管理和事中管理来实现快捷的物流。在供应链管理中，快捷的物流是供应链的基本要求，是保证高效的供应链的基础。

第二，信息共享。和传统的纵向一体化物流模型相比，供应链一体化的物流信息的流量大大增加，需求信息和反馈信息传递不是逐级传递，而是网络式传递，企业通过因特网可以很快掌握供应链上不同环节的供求信息和市场信息，达到信息共享和协调一致。共享信息的增加和先进技术的应用，使供应链上任何节点的企业都能及时地掌握到市场的需求信息和整个供应链上的运行情况，每个环节的物流信息都能透明地与其他环节进行交流与共享，从而避免了需求信息的失真现象。同时，通过消除不增加价值的过程和时间，使供应链的物流系统进一步降低成本，为实现供应链的敏捷性、

精细化运作提供了基础性保障。

第三，多样性。在供应链管理中，物流的多样性体现在物流形式的多样性和物流物品的多样性。物流形式的多样性主要是指物流运输方式、托盘等的多样性。

第四，人性化。物流是根据用户的要求，以多样化的产品、可靠的质量来实现对客户的亲和式服务。在供应链管理中，物流既需要科学的方法进行管理，同时又要实时适应客户需求变化，体现人性化需求的特点。现代市场环境的变化，要求企业加速资金周转。快速传递与反馈市场信息，不断沟通生产与消费的联系，提供低成本的优质产品，生产出满足顾客需求的产品，提高用户满意度。因此，只有建立敏捷而高效的供应链物流系统才能达到提高企业竞争力的要求。供应链管理将成为21世纪企业的核心竞争力，而物流管理又将成为供应链管理的核心能力的主要构成部分。

11.4.2 供应链物流组织

1. 组织结构

供应链物流组织作为供应链的一部分，其结构受供应链自身结构的约束和影响，也存在组织长度与宽度的问题。

（1）供应链物流组织的长度，是指构成供应链的链节企业层级，类似地，供应链物流组织长度是指构成供应链物流组织的横向企业层级，即水平结构。后者更侧重于强调物流相关企业在组织中的地位与作用，如制造商的物流部门、仓储服务提供商、运输服务提供商等。同一物流服务提供商可能处于供应链物流组织的不同层级。供应链物流组织的长度受到众多因素的影响，包括供应链自身的长度、供应链成员企业的经营策略（如外包）、物流服务提供商的实力（部分物流服务提供商可提供门到门服务）、国家政策法规等。

（2）供应链物流组织的宽度，是指供应链物流组织每一层级所出现的企业数量，即垂直结构。其分析与供应链物流组织长度的分析类似。

2. 组织管理

（1）集成化。由于一般情况下供应链成员都具有独立的法人资格，相互之间不存在行政上的隶属关系，过高程度的松散势必会对物流组织结构产生不良的影响，因此，在供应链物流组织内必须利用集成思想协调管理。供应链物流集成包括企业内部物流集成和企业间物流集成两部分。把跨越单个企业内部物流功能边界的集成称为内部物流集成，外部物流集成是指跨越企业边界的物流活动的集成。

（2）规范化。包括供应链成员企业内部物流业务流程和企业之间的相互协作流程的规范，涉及规章制度的制定、业务流程的标准化、成员间的协调和约束机制的建立等内容。

（3）专业化。专业化程度越高，分工就越细，从而增加供应链物流组织成员的数量，增大组织的管理跨度。如实行业务外包、产品零部件的分工等。

成员企业间在物流领域的互动（Interaction）体现在战略层、战术层和作业层三个层次上。

鉴于供应链物流组织的复杂性，影响供应链物流组织绩效的因素颇多，主要有以下几个。

（1）组织特征。结构和技术是供应链物流组织特征的主要构成因素，合理的组织结构和先进技术手段的应用能有效地提高组织绩效。结构指不同成员企业之间的关系及成员企业自身构成。“科学技术是第一生产力”，各种科学技术在现代物流管理中的作用越来越大，应用的范围越来越广。

（2）成员特征。有效组织的关键是构成组织的各个成员企业，每个成员的运作能力最终决定了整个组织的最终效果。成员特征指成员企业的经营战略、管理水平、企业文化、技术水平等要素。

（3）环境特征。环境特征一般指不可控因素，包括经济环境、文化和社会环境、政治和法律环境以及竞争环境。

11.4.3 供应链物流战略

供应链物流组织成员企业多、跨越幅度大，所处的市场竞争环境复杂多变，因而供应链物流战略在供应链管理战略中有着举足轻重的意义和作用。供应链管理的战略思想就是要通过成员间的有效合作，建立低成本、高效率、响应性好、敏捷度高的经营机制，从而获得竞争优势。这种战略思想的实现需要供应链物流系统从供应链战略的高度去规划与运筹，并把供应链管理战略通过物流战略的贯彻实施得以落实。

供应链物流战略从涉及设施、信息系统的基础性战略到实现客户服务的全局性战略共分为四个层次，各个层次又有不同的战略规划内容。在制定其战略时，要充分认识各成员企业在供应链中所起的作用，认定各成员企业的劣势和核心优势，确定整个供应链所处的竞争环境，并制定多个可供选择的战略方案，最后综合比较选择其中的最优战略。

无论其结果好坏，战略决策对供应链物流组织成员企业都具有长远影响，它决定了整个供应链的竞争力，进而会影响到各成员企业的经营绩效。

在制定供应链物流战略过程中，需要注意以下问题。

（1）目标性。80/20 法则说明整个供应链超过 80% 的销售额来源于不到 20% 的产品和客户。因此，在制定供应链物流战略时，要对客户细分，对不同类型的客户确定相应的客户服务水平，如订货周期、运输方式、库存水平等；同时，根据销售情况，对产品分组或分类，针对每一类别的产品，可以采取不同的策略。

（2）简化业务流程。订单录入、订单执行及交货作业处理在物流活动中占很大比例，因而需要通过技术和管理使整个供应链的物流流程更有效率和效果。特别是成员企业间的接口部位，通过集成能剔除和减少多余工作流，提高物流效益和效率。

（3）减少不确定性因素。供应链物流组织包括多个成员，各成员内部及组织外部环境的波动和变化都会增加整个供应链的不确定性，而“牛鞭效应”又会进一步放大这种波动。因此，各个成员企业通过改善合作关系，使用现代管理手段和技术来实现准确预测、信息共享，从而减少不确定性因素带来的负面影响。

本章小结

到了20世纪80年代，经济全球化格局已基本形成，物流费用在产品成本中的比重也随之大大提高，降低物流费用对提高产品的竞争力的作用增大，因此，生产者大力谋求降低物流费用，从而使现代物流成为普遍关心的产业。同时，计算机网络和信息技术也发展到足以支持物流全过程的优化和整合的程度。市场与技术相结合，促成了现代物流的高速发展。因此，现代物流产业与传统物流产业的根本区别就在于其全过程是经过全程优化的，各环节之间也是无缝衔接的。这就大大地降低了物流费用，缩短了物流时间。这也就是当代物流产业迅速发展的主要原因。

本章介绍了现代物流的基本内涵及其模式，讲述了现代物流发展趋势及其特点，对供应链物流组织和战略进行了分析。通过本章的学习，读者能够掌握现代物流管理的基本概念，熟悉现代物流模式，了解物流规划框架，了解物流管理领域的新进展。

12 案　例

12.1 沃尔玛的全球采购秘密

12.1.1 案情介绍

在2002年2月1日之前，沃尔玛并没有自己从海外直接采购商品，而是由代理商代为采购。沃尔玛要求刚刚加盟的沃尔玛全球副总裁兼全球采购办公室总裁崔仁辅利用半年时间做好准备，在2002年2月1日这一天接过支撑2000亿美元营业额的全球采购业务。结果，他不但在紧张的时间里在全世界成立了20多个负责采购的分公司，如期完成了全世界同步作业的任务，而且使全球采购业务在一年之后增长了20%，超过了整个沃尔玛营业额12%的增长率。那么沃尔玛全球采购业务的秘密何在？

1. 全球采购的组织

在沃尔玛，全球采购是指某个国家的沃尔玛店铺通过全球采购网络从其他国家的供应商进口商品，而从该国供应商进货则由该国沃尔玛公司的采购部门负责采购。举个例子，沃尔玛在中国的店铺从中国供应商进货，是沃尔玛中国公司的采购部门的工作，这是本地采购；沃尔玛在其他国家的店铺从中国供应商采购货品，就要通过崔仁辅领导的全球采购网络进行，这才是全球采购。这样的全球采购要求在组织形式上做出与之相适应的安排。

企业活动的全球布局，当今比较成熟的组织形式有两种：一是按地理布局，二是按业务类别布局。区域事业部制有助于公司充分利用该区域的经济、文化、法制、市场等外部环境的机会，不利之处在于各业务在同一区域要实现深耕细作需要付出很大的成本。而业务事业部的利弊则刚好相反。

崔仁辅的全球采购网络首先由大中华及北亚区、东南亚及印度次大陆区、美洲区、欧洲中东及非洲区四个区域所组成。其次在每个区域内按照不同国家设立国别分公司，其下再设立卫星分公司。国别分公司是具体采购操作的中坚单位，拥有工厂认证、质量检验、商品采集、运输以及人事、行政管理等关系采购业务的全面功能。卫星分公司则根据商品采集量的多少来决定拥有其中哪一项或几项功能。

2. 全球采购的流程

在沃尔玛的全球采购的流程中，其全球采购网络就像是一个独立的公司，在沃尔玛的全球店铺买家和全球供应商之间架起买卖之间的桥梁。

“我们的全球采购办公室并不买任何东西。”崔仁辅解释说，全球采购网络相当于一个“内部服务公司”，为沃尔玛在各个零售市场上的店铺买家服务——只要买家提出对商品的需求，全球采购网络就尽可能在全球范围搜索到最好的供应商和最适当的商品。全球采购网络为店铺买家服务还体现在主动向买家推荐新商品。沃尔玛全球采购的流程分为重复采购和新产品采购两种。所谓新产品，就是买家没有进口过的产品。对于这类产品，沃尔玛没有现成的供应商，这就需要全球采购网络的业务人员通过参加展会、介绍等途径找到新的供应商和产品。由于沃尔玛的知名度很高，许多厂商也会毛遂自荐，把他们的新产品提供给全球采购网络。然后，全球采购网络就会把这些信息提供给买家。

3. 供应商伙伴关系

在全球采购中，全球采购网络不仅要服务好国外的买家，还要做好供应商的选择和建立伙伴关系。“不管是哪个国家的厂商，我们挑选供应商的标准都是一样的。”崔仁辅介绍说，第一个标准是物美价廉，产品价格要有竞争力，质量要好，要能够准时交货。

第二个标准是供应商要遵纪守法。“沃尔玛非常重视社会责任，所以我们希望供应商能够像我们一样守法，我们要确定他们按照法律的要求向工人提供加班费、福利等应有的保障。”

第三个标准是供应商要达到一定规模。“我们有一个原则，就是我们的采购不要超过任何一个供应商50%的生意。”崔仁辅解释说，“虽然从同一个供应商采购的量越大，关于价格的谈判能力就越强，但是供应商对采购商过分信赖也不完全是好事。如果供应商能够持续管理和经营，那还可以；如果供应商在管理和经营上出现波动，那就不仅仅是采购商货源短缺的问题。一旦采购商终止向该供应商采购，该供应商就会面临倒闭的危险，由此也会产生较大的社会问题。“这是我们不愿意看到的。”

12.1.2 案例分析评价

全球采购是在全球背景下资源配置进行优化组合的趋势下整合出来的。跨国公司进行资源配置，它们的销售体系、采购体系、供应体系都形成了全球化供应的格局。沃尔玛神话般的成功历史的根源其实是那句朴实但难于实现的标语——天天平价，始终如一。而这一口号的实现最主要原因是其严格控制了供应链每一环节的成本，从而可以以最低价格出售商品，争取到尽可能多的消费者。沃尔玛的借鉴意义，最主要是学习其供应链管理方式。

对于全球采购沃尔玛实施得非常成功，进行全球采购，必须成功获得全面的、可靠的、及时的信息。例如现有供应商、对供应商的能力和绩效评估的报告、可预测的市场容量以及潜在的新的供应商的资料、内部客户的要求等。

在全世界范围内选择优秀的供应商和优秀的产品，使走进沃尔玛的顾客可以满意而归，全球采购网络收集来自世界各地的优秀供应商以及产品的信息，在全球店铺买家和供应商之间架起一座桥梁，避免了买家自己寻找货源的成本。同时，全球采购网络还在供应商的选择和建立伙伴关系上进行努力，这种合作模式是建立在双赢前提下的战略合作伙伴关系，利于双方的发展。对大型企业而言，它们通过采取全球采购，可以在降低总成本的同时提高客户满意度。

12.2 宝洁公司的库存管理变革

12.2.1 案情介绍

宝洁公司（R&G）创始于1837年，是向杂货零售商和批发商供货的最大的制造商之一，并且在品牌消费品制造商如何进行市场定位的策略设计方面是一个领先者。在1993年，宝洁公司的300亿美元的销售额在美国与世界其他国家各占一半。公司的产品系列包括了许多种类的产品，公司组织成立了五大产品部：保健/美容、食品/饮料、纸类、肥皂、特殊产品（如化学品）。

在180多年的经营过程中，宝洁公司已经在积极和成功地进行高质量消费品的“世界级”的开发和营销方面建立了声誉。在公司发展的历史中，宝洁公司强调给消费者提供能带来良好的价值的出色的品牌产品，并且将公司定位于：为忠于品牌的消费者提供根据价值定价的产品的基础上构造公司的未来。

在20世纪90年代，宝洁公司对渠道进行了改革。它希望开发与渠道中的合作伙伴更加合作和相互互利的关系，用合作来代替谈判。它的目的是提高渠道的效率和服务水平。为此，它有两个项目：第一个项目集中于通过连续补充计划（CRP）来提高供应物流和降低渠道库存，第二个项目是通过订货和开票系统的修改来改善对渠道客户的总订货周期和服务质量。

CRP的实施对各个零售商来说解决了他们最大的问题。不断扩大地顾客需求和有限的仓库容量的矛盾，使零售商不得不通过零担运输的方式来满足需求。零担运输无疑增加了零售商的物流成本，这就会导致价格的上涨。而价格对零售商来说是争取顾客的有力武器。宝洁的这种做法解决了零售商的后顾之忧，使零售商只需要关心它的前台运作。这种做法虽然在短期由于投入太大不会看见很大的收益，但是从长远的角度来看，CRP实施不但降低了宝洁的制造成本，同时也消除了信息放大作用而导致的大的库存成本，同时还可以扩大宝洁产品的市场份额。总之，CRP的实施达到了双赢的局面。宝洁公司还参与了杂货业渠道的改革，开发有效消费者反应（ECR）方法。

订货、发货和账单系统（OSB）是宝洁分销渠道改革的另一项目。原有的系统是宝洁公司在20世纪60年代期间开发的，虽然经过了多次的升级，但是仍然缺乏效率，也没有什么效果。OSB 系统支持宝洁公司在为渠道成员提供服务方面的所有活动，包括定价、订货、发货、开票以及单独的信用系统。OSB 系统还集成了许多原先不能在职能部门和产品部门之间一起运行的相互分离的系统，使宝洁公司能够提高协调性和总体的服务水平。OSB 的目的在于理解业务是如何运作的，然后将现有的流程自动化，使其具有足够的灵活性来满足不同部门和职能的各种不同的需要。其系统消减了现有流程的大量的复杂性问题，消除手工处理的步骤，但不是对现有的流程进行重新设计。新的系统解决了客户的发票扣除额大的问题，也改善了订单发货的质量，但是现行的定价和促销策略和过程问题也造成了扣除额。要彻底地解决定价和促销的问题，就必须修改 OSB 系统的前端。

在新的订货流程中，宝洁将产品定价和产品规格整合在同一个数据库中。用于简化定价的数据库被设计成可以直接通过电子化的方式将数据提供到客户自己的系统中，这种做法导致了发票扣减的大大减少。这种新的订货流程使订货质量有了显著的提高，从 1992—1994 年，发票出错的概率降低了 50% 多，同期，有利于宝洁的发票的争议问题增加了 300% 多。

在 1985 年，宝洁公司与一个中等规模的零售连锁企业进行了补货的渠道的新方法试验。这一试验涉及采用电子数据交换每天将仓库和每个商店的产品发货数据从零售商发给宝洁公司。然后宝洁公司利用发货信息而不是根据零售商产生的订单来确定向零售商的仓库发运的产品的数量。产品订货由宝洁公司计算，目前在于提供充足的安全库存，同时将物流总成本最小化，并消除零售商仓库中多余的库存。

这一初始试验的结果在降低库存和提高服务水平以及为零售商节约劳动力等方面，给人留下了深刻的印象。

新的订货流程的第二次试验是在一个超级市场进行的，在这个阶段，宝洁公司建议零售商将尿布产品储存在连锁超市的配送仓库，零售商向宝洁公司提供有关仓库从各个商店每天所接到的订单数据，并允许宝洁公司根据仓库每天的发货数据来确定仓库所需要的补货数量。通过这样的操作，消除了昂贵的零担运输，并减少了零售商店的缺货。公司和零售商通过降低成本和增加销售都会获得收益。总的来说，较低的成本促使较低的价格，通过更高产品可获得性提供更好的服务，将导致销售额的增加。

第二次试验证实，通过减少渠道成本和增加销售量，物流创新在为零售商和制造商提供共同收益方面存在潜力。

与主要超级市场之间的 CRP 的成功实施使其他零售商对这一新的流程产生了兴趣。到 1990 年，大多数超级市场已经全面实施了 CRP。这些较早采用 CRP 的杂货零售商，在降低库存和缺货水平方面都取得了高度成功。

CRP 的成功不能离开 EDI。EDI 体现了宝洁公司提高订货过程战略的一个重要的组成部分，并且对于 CRP 的实施是不可缺少的。但是 EDI 本身不能被认为在提高效率和订货质量方面的工作中是特别重要的，就其本身而言，EDI 并不是一个解决方案，然而，当流程和系统重组平行实施时，EDI 能够成为一个强力的工具。

在宝洁公司，EDI 的一个重要作用在于为 CRP 的运行提供了一个基本的平台。CRP 曾被表述为双向的 EDI，与双方公司的系统有着紧密的联系。当然，CRP 不仅需要系统变革，而且在 CRP 中，每个组织的系统之间的相互连接程度，要比在没有 CRP 客户的 EDI 中紧密得多。两个公司的系统之间由 EDI 促使的连接，导致了公司之间的大量数据无误差的自动交换。CRP 大大增加了渠道公司共享的数据量，这使得 EDI 成为有效运行不可或缺的技术。尽管早期的第 CRP 试验是用传真和电话来发送数据，但是宝洁公司的几位经理表示，没有 EDI 的 CRP 是不可行的。

EDI 通过降低交易成本为公司提供经济效益，即使在没有投入 CRP 的情况下，这也促使了 EDI 的采用。

在上述的应用中，生产家庭用品的宝洁公司开始将信息系统作上、下游整合，希望通过正确和快速的信息传递、分析和整合，达到对市场的需求作快速反应并降低库存等目的。同时，这种企业间的信息共享系统可以给企业带来如下好处：①缩短需求响应时间；②减少需求预测偏差；③提高送货准确性和改善客户服务；④降低存货水平，缩短订货提前期；⑤节约交易成本；⑥降低采购成本，促进供应商管理；⑦减少生产周期；⑧增强企业竞争优势，提高顾客的满意度。

1987 年，宝洁公司通过了改写整个订货、发货和账单系统的决议。它支持宝洁公司为渠道成员提供服务方面的所有活动，包括定价、订货、开票和单独的信用系统。OSB 项目集成了许多原先不能在职能部门和产品之间一起运行的相互分离的系统，使宝洁公司能够提高协调性和总体服务水平。

通过对总订货流程的重新设计，宝洁公司在减少成本和提高质量方面产生了巨大的收益。除了减少发票扣除额以外，重新设计过的业务流程使宝洁公司能够降低整个订货流程中的成本。其尿布产品经理认为：随着宝洁公司协力合作，更好地利用从 CRP 订货数据中获得的有关需求的改善信息，宝洁公司将实现进一步的成本节约。通过与供应商之间的更加有效的谈判，以及更好地利用实际需求数据进行计划和安排，在生产中还可以实现额外的成本节约。

从上面的分析中我们可以看出，在新的业务流程中，新的信息技术影响了各个环节，发挥了巨大的作用。最重要的，新的信息技术支撑着整个环节的运转。

宝洁公司是处于渠道核心环节的企业，它要将与自己业务有关（直接和间接）的上下游企业纳入一条环环相扣的渠道中，使多个企业能在一个整体的信息系统管理下实现协作经营和协调运作，把这些企业的分散计划纳入整个渠道的计划中，实现资源和信息共享，增强了整个渠道在市场中的整体优势，同时也使每个企业均可实现以最小的个别成本和转换成本来获得成本优势。

我们从渠道管理涉及的主要领域来谈信息技术在其中的作用。

渠道管理涉及的主要领域有：产品（服务）设计、生产、市场营销（销售）、客户服务、物流供应等。它是以同步化、集成化生产计划为指导，通过采用各种不同信息技术来提高这些领域的运作绩效。而信息系统的建立是需要大量信息技术来支撑的，在宝洁的整个运作流程中，新的信息技术的支撑作用是有目共睹的。它对渠道的支撑可分为以下两个层面。

第一个层面是由标识代码技术、自动识别与数据采集技术、电子数据交换技术、互联网技术等基础信息技术构成。当中要特别提到电子数据交换（EDI）。EDI 技术是指不同的企业之间为了提高经营活动的效率在标准化的基础上通过计算机网络进行数据传输和交换的方法。EDI 是实施快速响应（QR）、高效消费者响应（ECR）、高效补货等方法必不可少的技术。目前，几乎所有的渠道管理的运作方法都离不开 EDI 技术的支持。EDI 的主要功能表现在电子数据传输和交换、传输数据的存证、文书数据标准格式的转换、安全保密、提供信息查询、提供技术咨询服务、提供信息增值服务等。

第二个层面是基于信息技术而开发的支持企业生产。

在具体集成和应用这些系统时，不应仅仅将它们视为一种技术解决方案，而应深刻理解它们所折射的管理思想。宝洁公司深刻把握了这一点，更通过和 IBM（国际商业机器）的合作，在更广泛的范围推广了它的应用。

高效率的消费者反应（ECR），内容是生产者、批发商、零售商通力合作，及时对消费信息作出反应，为消费者提供高价值的商品或服务。

CRP 是 ECR 的一个重要组成要素。到 1995 年年底，这些客户的总 CRP 需求将增加到宝洁销售额的 35%。CRP 能够为客户提供一个在为零售商降低库存水平和缺货的同时，管理增加了的库存存储单元的解决方案。CRP 计划对宝洁及其分销商的另一个重要的收益是增加了销售额。

整个订货流程的重新设计根植于“简化，标准化然后机械化”的哲理，减少大量人工操作。对于那些利用新的定价数据库来核实或确认采购订单信息的零售商来说，这导致发票扣减的减少，大大提高了宝洁公司的总订单质量。从 1992—1994 年发票出错的概率降低了 50% 多，同一时期内，以有利于宝洁公司的方式解决的发票争议问题的比例增加了 300% 多。订货流程的重新设计在减少成本和提高质量方面产生了巨大的收益。

定价方法的根本性调整改变了以前由于价格不稳定所带来的信息放大作用，消除了零售商提前购买的动机，从本质上提供不变的采购成本以及伴随一些灵活的折扣或提供用来开展零售商店促销的基金。不采用这种定价结构，想要提高渠道的物流效率几乎是不会有什么收益的，CRP 的实施也是不可能的。价值定价法的实施使宝洁公司的价格变动次数从 1992 年的每天 55 次减少到 1994 年年初的每天少于 1 次。新的定价方法虽然销售额要低一些，但利润要强一些，而且将公司更好地定位在：为忠于品牌的消费者提供根据价值定价的产品的基础上构造公司的未来。

CRP、OSB 和价值定向法的共同实施实现了有效率的库存补充，使整条链上的信息流及时、准确、无纸化，并能产生与消费相匹配的平滑、连续的产品流，并使以前盲目的促销更趋于理性、有效。

宝洁公司应当更专注核心业务，宝洁将CRP出售给IBM公司的子公司——集成系统解决公司，一方面，是可以使零售商以同样的形式与供应商相互合作，增加了制造商采用CRP的可能性，在行业中创造了一种强大的标准化动力；另一方面，将合适的工作交给擅长的人，可以使整个CRP服务在运行和维护上更专业化，更具效率，更具有说服力。在这个方面，IBM无疑在信息系统方面堪称行业翘楚，由IBM运营的CRP对更广泛的使用群体而言，其可靠性是不言而喻的。这样的举动，将导致整个行业的进步和生产运营成本的大大降低，而且，系统的安全性、稳定性也有了稳步的提高，为这个流程的高速运转提供了可靠的保障。因而宝洁也能集中主要精力用于品牌的发展和服务的提高，增强其核心竞争力。

另外，完善ECR战略。ECR战略通过有效率的库存分类、库存补充、促销和产品引进，能够实现销售空间和库存的最优化、订货流程中时间与成本的最优化、促销的总系统效率的最大化、新产品开发效率的最大化。在供应商、分销商、零售商店、消费者之间传递及时、准确、无纸化的信息流，达到与消费者匹配的平滑、连续的产品流，使渠道中的所有成员的成本下降。

12.2.2 案例分析评价

在21世纪的今天，企业间的竞争不仅仅局限于企业之间，已经升级为供应链与供应链之间的竞争，因此企业在经营过程中不仅要以自己的利益最大化为原则，也要兼顾供应链上的利润，使所有成员都能够赢利。在20世纪70年代，促销活动带来的一系列的信息扭曲、库存不断增加，供应链效率低下。宝洁公司充分认识到问题的原因，并进行大胆的改革，与渠道中的合作伙伴互惠互利，用合作代替谈判，从而有效率地满足了消费者的需要。

宝洁公司之所以能够发起这场渠道改革，不可不提的是消费者对其产品的强有力的需求和忠诚。宝洁公司定位于为忠于品牌的消费者提供根据价值定价的产品的基础上构造企业的未来，而宝洁也确实通过实行根据价值定价建立起品牌顾客忠诚度，不断创新销售渠道。必要的话，它可以越过中间商，直接面对零售商和顾客。和长期合作的零售商建立稳定的战略合作伙伴关系，从供应链的角度，采用更新的供货和库存管理，使整个供应链上的库存降到最低和信息扭曲最小。

对绝大部分公司来说，分销体系中的大量库存都是个令人头疼的问题，因为它占用了巨大的流动资金。对于宝洁公司（P&G）来说，这意味着38亿美元的成本。

小修小补不足以为库存问题提供突破性的解决方法，为此，宝洁公司在咨询公司BiosGroup的帮助下，找到了更为激进的方法，打造了一个灵活性和适应性更高、以顾客为中心的供应网络。

有段时间，有两个数字让宝洁公司的高层寝食难安：一个是库存数据，在宝洁的分销体系中，有价值38亿美元的库存；另一个是脱销量，在零售店或折扣店中最重要的2000种商品中，任何时刻都有11%的商品脱销。宝洁的产品在其中占有相当的比重。有时没找到所需商品的客户会推迟购买，但很多客户会买别的品牌或干脆什么都不买。

令人不解的是，系统中的大量库存并未降低脱销量。事实上，货架上脱销的商品常常堆积在仓库中。虽然库存系统表明有货，但库存管理人员却无法找到佳洁士牙膏或Charmin纸巾的包装箱。库存堆积如山，而顾客却经常买不到宝洁的产品。

虽然尽了很大努力，公司尝试过的对策都无法永久地改变这一矛盾，于是，宝洁的经理们开始探索更激进的、突破性的解决方法。宝洁定下了目标：在不恶化脱销问题的前提下，减少10亿美元库存。

这是在三年前的故事。去年，宝洁公司的库存成本下降了，并预期之后会进一步下降6亿美元。不仅如此，宝洁在通往动态生产、规划和供应系统的道路上更近了一步，离成为具有适应性的企业的目标也越来越近了。如果说宝洁过去采取的是“批量”流程，生产周期很长并造成库存堆积，新的宝洁则更趋向于根据需求来生产。

几年前，宝洁的经理人花三天时间拜访了好几个公司，接触研究人员和咨询顾问，寻求供应链管理中最近的创新。其中一个公司是BiosGroup，这是一家利用新科技解决复杂商业问题的咨询及软件开发公司。刘易斯（John Lewis）是当时宝洁的物流副总裁，他很欣赏BiosGroup的合伙创始人、理论生物学家考夫曼（Stuart Kauffman）所著的《宇宙为家》一书。在此书中，考夫曼研究了类混沌状态的生物领域中的“自组织”的潜在原则，并探讨了如何将这些原则应用在其他的领域（从进化论的观点来说，自组织是指一个系统在遗传、变异和优胜劣汰机制的作用下，组织结构和运行模式不断地自我完善，从而不断提高其对于环境的适应能力的过程）。

BiosGroup将供应链看作复杂的适应性系统，并在这方面进行了领先的探索。他们的一个专长领域是创建计算机模型，证明企业如何模仿自然界的自组织，分析各种刺激源如何影响这些模型，并提出战略手段提高企业的效率。

12.3 武汉中商集团供配货中心的管理

12.3.1 案情介绍

1998年3月，上市股份制企业武汉中商集团以“第一个吃螃蟹”的勇气组建了湖北省商界第一个大型供配货中心，构建了与其连锁经营相配套的物流、商流、信息流、资金流，将分散的经营转化为规模经营。由此，1998年武汉中商集团实现了22亿元的总销售额，位居湖北省同行业第一。

1. 以小带大逐步延伸

翻开中商集团近两年的财务报表，家电一直占据销售的重要地位，1996年销售额是2.5亿元，1997年增加到3亿元。其中，1996年海尔产品销售7000万元，位居全国同行第一；科龙系列销售5000万元，位居湖北省同行第一。近几年，商家的家电经营越来越萎缩，而中商的家电却越做越大，越来越红火。

随着买方市场的出现，家电市场竞争日益激烈，利润却越来越薄，且占用资金大。但配供中心总经理严规方认为，家电不是不赚钱，只不过看你如何去赚钱。通过集中进货，上量返利，争取了厂家更多的优惠政策。按该集团家电4亿元的年销售额计算，若扣点为3%，则实现毛利1200万元，若增加1个点则为1600万元，利润相当可观。同时，通过统一配送可大大减少库存商品资金积压和沉淀。

由于认识到供配货中心是商业连锁的灵魂，他们采取以小带大、逐步延伸的策略，扩大统配范围，首批扩大统配范围的产品主要是家电、电讯和日化，商品除了科龙、海尔、长虹、容声、康佳家电外，还有部分宝洁、雕牌等知名百货类品牌。后来，根据市场反馈信息，供配货中心又开发引进了海信空调、荣事达、上菱、菲利浦等知名品牌，统配范围逐步扩大，而且上述产品1998年起，年销售额均过千万元。据了解，他们的统配商品将扩大到部分高毛利的食品。随着连锁经营的进一步发展和软件设施到位，统配商品比例将进一步扩大。

2. 1∶78 独特的资本运作

运用最少量的核心资本去控制最大量的优秀资产流向，是现代企业家们孜孜以求的至高境界。中商集团供配货中心在没有贷款一分钱的情况下以500万元的流动资金完成了3.9亿元商品的总购进，这在中国商业发展史上也称得上是一个奇迹。

供配货中心成立之初最缺的是资金，当时只有500万元。500万元是何概念，相当于中南商业大楼全年流动资金的1/6，连1000台29英寸（ft）的长虹彩电都购置不了。而再若分销到中商集团六大卖场，每家不过100万元。按集团公司现有的销售规模，供配货中心的流动资金不得小于1亿元，庞大的资金怎么筹集？到银行贷款，要背上巨大的利息包袱，同时又会给集团增加较大的负债压力。若按以前的按部就班地搞代销，商品在价格上必然没有优势，体现不出集中进货、降低运作成本的长处。怎么办？不能墨守成规，必须探索新的经营之路，在价格上争取优势，去争夺无限的市场。他们想到集团商誉巨大的无形资金，办理银行承兑或承兑转让，将资本的物质形态转化为流动形态，进行商品经营和资本经营，利用承兑周期，加快资金周转速度，使资本在高速运转中实现最大限度的增值。

1998年5月，供配货中心分别与海尔、长虹、康佳等几个大品牌签订了6000万元、2000万元、2000万元的巨额承兑汇票合同。这是需要一定勇气的。当时五大卖场三个品牌的销售额均在2000万元左右，合同一签，仅海尔一个品牌一个月就得销2000万元，能行吗？时间一到，就得拿钱说话，可商品没卖掉，就会形成积压，供配货中心又无资金周转，同时还累及集团致使企业信誉遭受巨大损害。同时三个品牌都占据了1亿元的资金，其他商品也得采购，资金何来？此意味着加快商品销售速度，以换取更多的流动资金，去采购其他品牌的货源。据总经理乐荣军回忆，当初他们的神经整天绷得紧紧的，因为以前他们从没有担当过如此大的资金风险。

货组织回来就得卖，卖靠什么？靠强大的分销渠道和促销活动；供配货中心推出品牌专营制，成立长虹系列、康佳系列、海尔系列、冰箱冷柜系列、空调洗衣机系列、小家电系列等品牌经营小组，各经营公司经理亲自挂帅，走南闯北、四面出击建立了一支广阔的销售渠道。在供应商的直接配合下，使6000万元的海尔商品提前3个月全部销完，供配货中心利用距离承兑期承付的期限，马上用6000万元的资金采购其他畅销品牌……资金就是这样实现了快速的周转。如今供配货中心销售网络不仅遍及武汉市的部分大中型商场、专卖店、批发市场，而且还辐射到湖北省其他中等城市和外省。

3. 物流链上的“调节器”

中商供配货中心直接降低进货成本和费用成本，实践证明六大卖场连锁通过供配货中心正发挥较强的整体优势，占领了较大的市场份额。

根据批量作价的交换原则，进货批量与进货价格成反比，谁的批量大谁享受的价格就低。在现代化的大规模生产条件下，厂家宁愿把商品以低价格卖给大客户，以扩大市场占有率，也不愿以牺牲市场份额为代价而以高价把商品卖给零售小户。供配货中心正以较大的市场垄断性，以扩大销售规模获得更多的利益。

销售量的大增，使中商配供中心获取了厂家在政策上的更多优惠，扣点大大提高，同时保证了供配货中心100万元的费用支出，更主要的是各零售店也获得了更高的毛利率。

供配货中心进、销、调、存“一条龙”，商品流转过程中，减少了成本费用；供配中心取代了分散进货制，取代了家家设立仓库、店店储运的分散多元化物流格局，为实现“零库存”提供了条件。库存结构分散、库存总量偏大是中国零售企业更为头疼的问题。过去没有供配货中心的管理与监控，各零售店盲目进货，库存结构往往不尽合理，加上经营不善，库存资金积压较大。供配货中心成立后，实行一套库存，一套资金后，加强了对零售店资金、进销的监督，使库存更为合理。

如今，中商集团的各零售店不再租赁仓库，一是减少了租赁费用，另外没有库存压力；二是自己可以集中精力抓销售。供配货中心实行统配后，各门店不必再向银行借贷而直接由供配货中心配送，减少了集团公司的贷款压力，也有利于资金的平衡协调，对资金比较紧张的零售店提供了更多的资金支持。当然这种“贷方”是不收取任何利息的，供配货中心还“借给”各门店3000万元，同时也利于集团资金财务中心对资金的有效监控和管理。

供配货中心成立之后，统配商品的广告宣传统一由集团广告公司制作和对外发布，各零售店对此广告资源共享，避免了过去同一内容的广告几大零售店同时重复刊登的现象。

12.3.2 案例分析评价

连锁经营的电器商业企业的管理模式主要有两种：一种是集权式管理模式，统一采购、统一营销、统一配送、统一结算，也就是集团总部负责商品采购、仓储配送，营销方案的策划以及财务管理，是利润中心，各零售店负责销售方案的实施，是成本中心，总部通过考核各零售店的成本和销售量来考核各零售店。另一种是分权式管理模式，各零售店或分公司独立负责自己经销商品的采购、营销、配送、结算，是利润中心，集团总部负责整个集团的人事管理和战略管理，是控制中心，通过考核各零售店的利润指标给予相应的奖罚来管理各零售店。

集权式管理模式的优点有 4 个：一是统一采购，形成规模化采购，降低所采购商品的价格，同时降低采购的运输成本，从而降低了采购成本；二是统一营销，便于提高营销策划水平，可以规模化做广告，降低单位广告成本，统一企业形象，提高企业知名度；三是统一配送，规模化配送，集中库存，统一送货，降低了单位配送成本；四是统一结算，便于集团财务管理，提高资金的回收速度。总之，集权式管理模式，可形成规模经营，实现规模经济，便于总部对零售店的管理。但它的缺点有两个：一是不利于发挥零售店人员的积极性和主观能动性；二是不利于零售店管理人员将注意力集中到销售上来，他们可能只盯着如何与总部关于其成本预算的讨价还价上。分权式管理模式的优点和缺点正好与集权式管理模式的缺点和优点相对应。

12.4 麦德龙——限定目标群的供应链管理

12.4.1 案情介绍

供应链管理的重要性众所周知，但有时候，企业即便已经在这方面投入了巨大的资本和精力，仍然会在市场压力与供应商之间搞得焦头烂额。虽然低价策略是企业竞争中通用的撒手锏，但相同的策略在实际操作中的效果却千差万别，有的企业成功扩张，而大多数企业却黯然出局。为什么会产生如此大的差异呢？已经成功进入中国，并极力拓展市场的麦德龙显然深有体会，只有清楚地限定你的客户群，才能高效率地利用标准化供应链管理流程降低成本，赢得生存和发展空间。

麦德龙公司于1964 年创立，以其崭新的理念和管理方式在德国及欧洲其他 19 个国家迅速成长并活跃于全世界。它是《财富》500 强企业之一。1995 年，麦德龙公司携自己成功的管理模式和先进的信息管理系统落户上海，并迅速向外扩展。至 2000 年，麦德龙已相继在上海、无锡、宁波、南京、福州、东莞等地开设分店。在一连串的扩张行动中，麦德龙最引人注目的成功秘诀，恐怕就是坚持仓储店的路线，划定自己的目标顾客群了。

1. 电脑结合人脑下单

电子化商品管理系统是管理物流的关键，有哪些存货、进了多少、放在哪里、卖了多少，只有熟知这些信息，才能对整个经营进行操控，进而控制成本。这是供应链管理的目标之一。因此，有效的物流跟踪与库存控制，是整个供应链在最优化状态下运行的基本保证。据了解，在麦德龙，电脑控制系统掌握了商品进销存的全部动态，将存货控制在最合理的范围。当商品数量低于安全库存，电脑就能自动产生订单，向供货单位发出订货通知，从而保证商品的持续供应和低成本经营。

早在20世纪70年代，麦德龙的最高领导人之一Conradi（康拉迪）先生就将信息管理的概念带进麦德龙的物流管理。麦德龙有自己的软件开发公司（MGI），它从一开始就建立了适合其管理体制的商品管理系统及信息管理系统，因而可以随时对进销存的动态有清晰的了解，并及时发现问题，作出快速反应，避免损失的发生，从而能在降低库存的同时提高顾客满意度。

当然，采购预测是影响整个供应链的关键环节，预测的准确性将影响到其他各个环节的效率，对成本高低产生直接影响。麦德龙有专门的监督人员检查整个系统，检查订货数量和交货数量是否相符。一般的订货程序电脑可根据顾客的需求信息提出采购预测，管理者再根据电脑的预测并参考其他的因素（如季节的变化、促销计划、社会上的大型活动以及整个供应链各个环节的负荷能力等），结合经验做出最后订单决定。

2. 建立标准化操作

麦德龙的经营秘诀就是所有麦德龙的分店都实行统一的标准，这样可以将成功的运作模式复制到每个商场，包括商场的外观和内部布置及操作规则，所有商场实施标准化、规则化管理。这些规则包括购买、销售、组织等各个方面。就像工厂的机械化操作一样，每个人都知道自己要做什么，应该怎么做，规则非常明确。从与供应商议价开始，直到下单、接货、上架、销售、收银整个流程，都是由一系列很完善的规则来控制。而在中国，这种供应链管理的标准化掌控正是企业缺少的。

据悉，麦德龙的标准化原则以降低成本为最终目标，整个店铺的设计不豪华但很有效率。作为仓储式的配销中心，麦德龙采用的是门店和仓储合一的方式，不但节省了店面投入成本，而且在时间上能做到快速补货。另外，其工业大货架将销售和存货合为一体的设施，使空间上的垂直补货成为可能，适合麦德龙这种大量销售、物流速度快的商业模式，有助于实现低成本高效运作。

3. 限定客户降低成本

麦德龙整个供应链的运作，都是由顾客的需求来拉动的，因而，它总是站在客户的角度去思考，提供更加完善的商品和服务。比如针对中小型零售商、酒店、餐饮业、工厂、企事业单位、政府和团体等，其供应链管理的特色之一就是对顾客实行不收费的会员制管理，并建立了顾客信息管理系统。

麦德龙认为，如果公司不限定客户，让所有人都来，运营成本就要增加，管理难度也将加大。例如，货架上的商品陈列可以一件一件地放，也可以一箱一箱地放。但如果在货架上摆一箱可口可乐，一件一件地放，要放24次，如果一箱一箱地放，一次就够了，而且还可从接货处直接用机器将货品摆上货架。麦德龙针对的是选择那些愿意一箱一箱购买的客户，而不是那些希望一件一件零买的客户。这样可以减少操作成本，进而减少人员成本。

接着，限定了客户群，就可以分析他们的需求，增加他们喜欢的商品，减少他们不需要的商品，从而优化商品的品种。比如，其他零售超市可能需要40万种商品去满足他们的顾客需求，而麦德龙只需要15万种，前者需要的品种是后者的双倍。麦德龙只关注目标客户，知道他们需要什么，因此可以做到有效控制品种数目。否则，公司就需要更多的投入、更多的供应商、更多的洽谈……这就是成本。从技术的角度来讲，限制客户范围可以提高经营效率。

12.4.2 案例分析评价

麦德龙的仓储店与会员制相结合的经营策略在零售业界可谓特色鲜明、独树一帜。这一与自身企业定位相匹配的差异化策略也使麦德龙在全球零售业界占据了牢固的地位，取得了辉煌的业绩。

麦德龙的差异化经营策略只专注于有限的目标群体，虽然丧失了部分客户群，但是却可以高效率地利用标准化供应链管理流程降低成本，赢得了生存和发展空间。

利用电子化商品管理系统有效地跟踪物流与控制库存，可以精确有效地控制运作成本，保证整个供应链在最优化状态下运行。麦德龙的电脑控制系统掌握了商品进销存的全部动态，将存货控制在最合理的范围。当商品数量低于安全库存时，电脑就能自动发出订货通知，从而保证了商品的持续供应和低成本经营。

麦德龙在所有的分店都建立了标准化操作，迅速复制成功的运作模式，有效地确保了分店的管理质量与经营水平。这种供应链管理的标准化掌控在中国值得借鉴。

限定客户群体可以有效地加深服务的深度，对VIP客户甚至可以实施一对一的关系营销，不仅降低营销成本，而且可以最大限度地稳定顾客群，吸纳他们加入供应链的合作，通过深度的信息交流提高供应链预测、计划与补货的精度，从而提高供应链的经营效率。

12.5 港口后方物流园区规划——港口物流显身手

12.5.1 案情介绍

某港口集装箱港区建设处于起步阶段，拟建设长约5km（千米）的南北向大堤将岛屿和陆地连接，规划在大堤的西侧，布置大型集装箱码头 13 个，吞吐能力 1000 万标准箱。大堤东侧水深较浅，适合填海造陆，可以形成大片陆地，如图 12－1 所示。

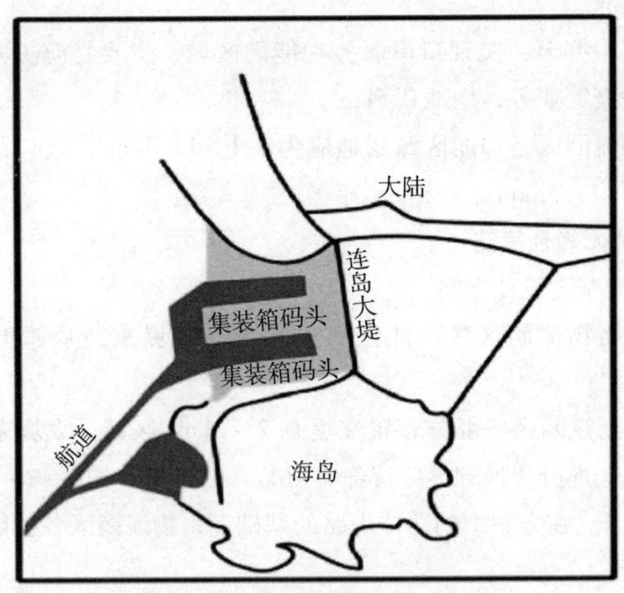

图 12－1 某港口集装箱港区规划

1. 港口物流区域功能设置

（1）港口前方用地。

可分为港口前方堆场、港口拆装箱库以及其他港口用地。港口前方用地需要 6.25km^2，连岛大堤西侧集装箱港区规划土地面积在 6.58km^2（平方千米）左右。

（2）海铁联运区。

海铁联运区按照处理 100 万标准箱能力考虑，应设置有铁路装卸线、站台、铁路集装箱堆场、拆装箱库场、调度场、停车场等。用地 0.52km^2，道路及其他各方面用地按总面积的 40% 计，海铁联运区需要 0.87km^2，应该布置 1km^2 左右。

（3）危险品作业区。

公路运输危险品区按照处理 30 万标准箱的能力考虑，仓库面积大约需要 0.1km^2，加上停车场、消防设施、隔离带等其他用地以及道路占地，则危险品作业区需要用地 0.4km^2。

（4）物流服务区。

设堆场和仓库、拆装箱及拼箱作业场地、集装箱卡车运输场地、洗箱、修箱作业场地、物流加工厂房等，用地 2～3km^2。

（5）保税区。

面积不宜小于 2km^2，应该再有 3～4km^2 的发展余地。

（6）综合配套服务区。

主要提供行政服务、金融通讯服务、人力资源服务、公共设施服务、生活服务。用地 0.2 ~ 0.4km^2。

（7）口岸服务区。

是口岸单位集中办公，实现口岸服务功能的区域，主要是海关办理通关服务、商品检验、动植物检疫等业务，用地 0.5km^2。

综上所述，物流园区各功能区域用地应为 6.1 ~ 11.3km^2，港口前方用地和物流园区总用地为 12.35 ~ 17.55km^2。

2. 物流园区总体规划思路

1）相关区域的布置设计方案

（1）方案 1：将物流园区各功能区布置在连岛大堤东，紧邻集装箱码头，如图 12－2 所示。

（2）方案 2：物流园区一部分布置在堤东 2 ~ 3km^2 区域，大堤东其余部分布置临港工业，将园区其余部分置换到港区背部 5 ~ 6km^2 的地区，如图 12－3 所示。

推荐采用方案 1。在方案 1 的总体思路的基础上，物流园区各功能区布置思路，如图 12－4 所示。

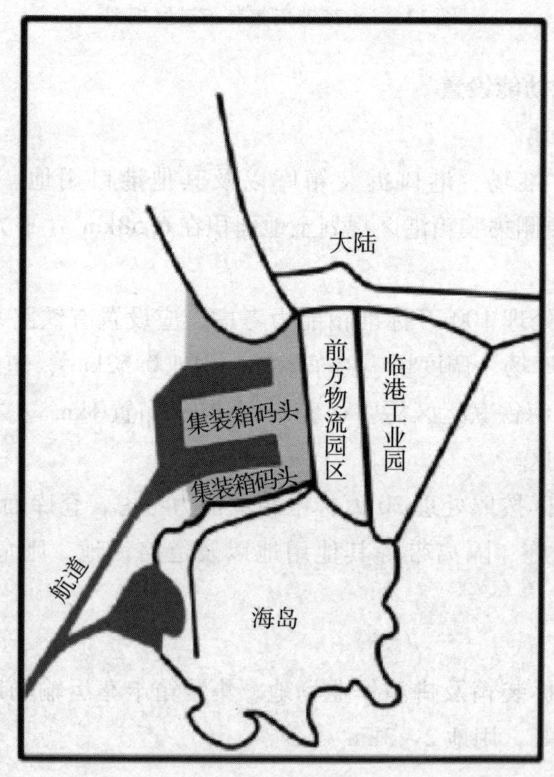

图 12－2 规划方案 1

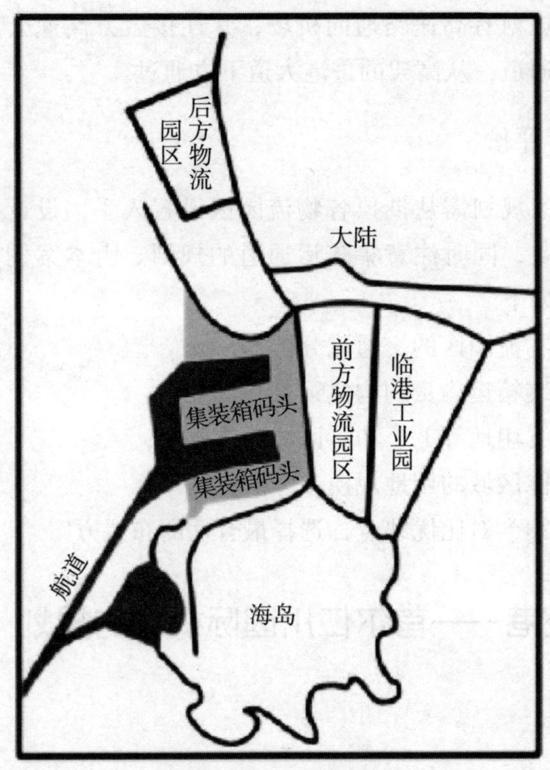

图 12－3 规划方案 2

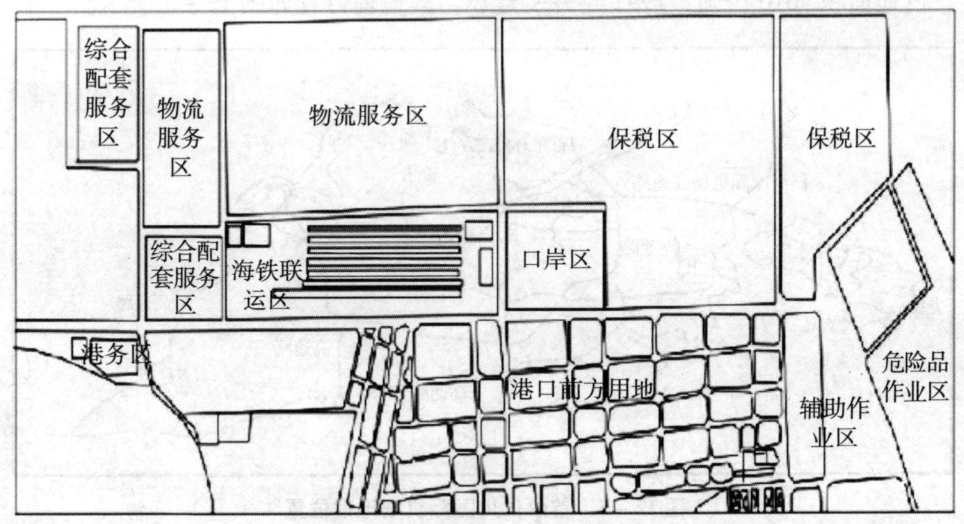

图 12－4 物流园区各功能区域布置

2）集疏运通道规划

进港大道向北连接的两条高速公路，可通往城市中心城区，西向通过规划的跨海大桥连接相邻城市。在港区交通量较大时，应将进港大道连岛大堤一段全部高架，保证港区和物流园区之间道路的通畅。

集装箱港区向东规划有高速路通向机场，并连接后方高速公路。在区和物流园区之间布置若干条专用通道，从高架的进港大道下方通过。

12.5.2 案例分析评价

港口后方物流园区规划需从港口各物流园区设置入手，设计相关区域的布置，形成不同的总体规划思路，同时注意集疏运通道的规划。由本案例可知，对港口后方物流园区的规划的步骤如下。

（1）进行港区和物流园区的交通流分析；

（2）预测港口集装箱运输量的构成；

（3）确定港口前方用地等七个功能区域的作业量；

（4）给出每个功能区域的用地规模参考值；

（5）设计多个方案，对比优缺点，选择最合适的布置方案。

12.6 多功能空港——首尔仁川国际机场的规划

12.6.1 案情介绍

首尔仁川国际机场是一座多功能现代化国际空港，位于首尔以西52千米处的永宗岛上，占地面积5610公顷，1992年开工建设。其地理位置如图12－5所示。

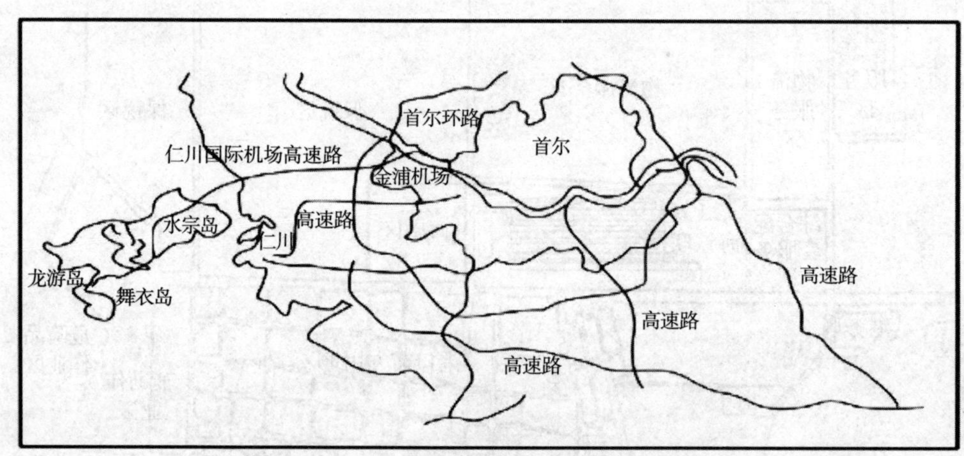

图12－5 首尔仁川国际机场地理位置

该机场一期工程已完成，旅客运量为2700万人次/年，货运量为170万吨/年，飞机起降17万架次/年。

全部工程预计于2020年完工，届时将达到旅客运输量为1亿人次/年，货运量700万吨/年，飞机起降53万架次/年，其规模和客运量将在亚洲位居前列，与其他部分机场比较如表12－1所示。

表 12－1　　仁川国际机场与其他部分机场比较

分类	面积（百万平方米）	旅客流量（百万人次）
仁川国际机场 1 期	13.9	27
关西国际机场	5.1	25
香港国际机场	12.5	35
浦东国际机场	9.5	20

首尔对位于市内的金浦机场的功能进行了调整，将其原来的国际国内两用改为国内专用，而新建的仁川国际机场则为国际专用机场。

1. 机场规划布局

机场地区划分为三大区域：①西部偏南为机场区，内设客、货运航站楼、跑道、机场配套设施综合体、交通中心等设施；②机场区的西、南侧为国际商务区，分别设两处国际商务中心；③机场区东侧为机场后援基地，设有自由贸易区和机场城市广场（包括居住区）等。

机场高速公路将各功能区相互连接，形成统一的整体。国际机场专用铁路线在机场地区横贯东西，直抵航站楼（见图 12－6）。

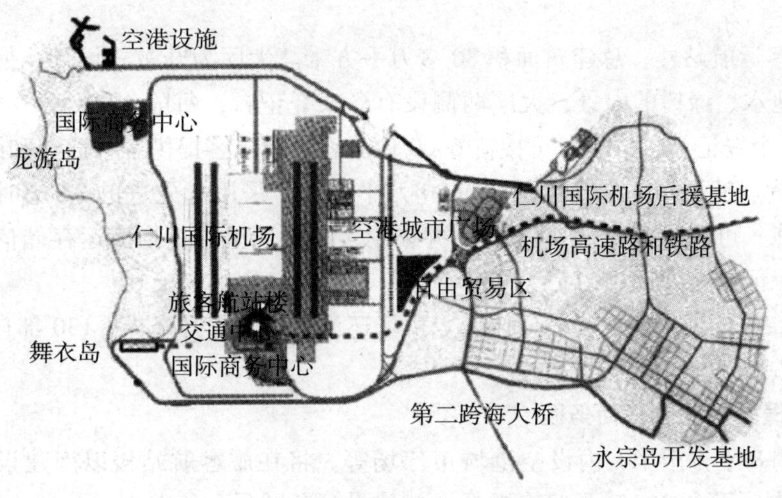

图 12－6　仁川国际机场及周边地区发展规划

机场后援基地东侧为永宗岛开发基地。未来的机场后援基地和永宗岛开发基地将发展成为机场综合城市，总面积约 18 平方千米，提供居住、物流、商业、通信等设施。

将机场地区西侧与永宗岛相连的龙游岛及龙游岛以南的舞衣岛，作为空港城综合功能的延伸，规划建设国际旅游综合设施，发展有特色的旅游休闲项目，包括疗养区、海上世界、游乐园等，凭借仁川国际机场的优势吸引国外游客。

2. 对外交通联系

在仁川岛与永宗岛之间建设了永宗大桥，全长4.4千米，解决了机场与市内的公路、铁路交通联系问题。目前在永宗岛与仁川以南的松岛新城市（规划中的高科技信息产业城市）之间，拟建设第二跨海大桥。

（1）高速公路。

机场高速公路总长40.2千米，双向6~8车道，经永宗大桥进入首尔市区，并与通往韩国其他地区的主要道路相连。

（2）铁路。

全长61.5千米的复线，将连通首尔火车站、金浦机场，并与通往首尔市中心的地铁相通。

（3）轮渡。

旅客可从仁川乘汽车渡轮到永宗岛码头，从该码头经滨海道路直达机场。

3. 机场设施规划布局

（1）跑道。仁川国际机场将建设4条与南北盛行风向平行的跑道。

（2）停机坪。设有44个登机门，16个停机坪，可同时停放60架宽机身飞机。

（3）空中交通管制塔。塔高100.4米，配有现代化的空中交通管制通信系统。

（4）交通中心。是集停车场及其他设施于一体的交通综合体，可高效调度进港车辆。

（5）客运航站楼。总建筑面积80多万平方米。大厅为开敞式设计，使用观光升降梯，配有池水、绿树的内景，大厅两侧设有岛式登记台，每隔40米设一个岛，共设7个岛、252个登记台，每小时可接待6400位旅客，为旅客提供各种商业和服务设施。

（6）货运航站楼。总建筑面积约80万平方米。采用了先进的24小时无间断运行系统和设施，可同时接待24架飞机，并采用实时处理单件货物搬运存储信息数据的信息系统，保证快速处理货物。

（7）除上述设施外，为方便旅客，机场还设有104部升降梯、130部自动扶梯、46条移动步道。

4. 后援基地及国际商务区

面积约8平方千米，内设空港城市广场等。将在旅客航站楼以南建设一个占地约16公顷的国际商务中心，还将在机场西侧建设第二国际商务中心。

5. 机场环境

最具环保特色的绿色机场。机场配备有专门的遥控系统，可自动跟踪监测环境质量状况。仁川国际机场的建设十分重视景观美化，努力将机场形象融入到永宗岛的自然景色中。

12.6.2 案例分析评价

仁川机场在设计和运作上几近完善，尤其在表现时代象征的高科技、高效率同时，对生态环境的充分关照以及人性化的精心处理，向人们传递出机场设计的全新理念。最大程度地解决了环境保护问题，并被誉为“21 世纪绿色机场设计的开端”。

从本案例中，我们可以学习到以下几点。

（1）机场地区可划分为三大区域：机场区、商务区和机场后援基地；

（2）机场布局中，对外交通联系必须四通八达；

（3）机场布局必须考虑环境因素，重点注意处理噪声问题；

（4）机场的规划还需重视景观美化，努力将机场形象融入周边自然景色中，并且要注意保护生态和自然环境。

参考文献

[1] 理查德·缪瑟．系统布置设计［M］．柳惠庆，等，译．北京：机械工业出版社，1988.

[2] 理查德·缪瑟，纳特·哈格纳斯．搬运系统分析［M］．陈启申，等，译．北京：机械工业出版社，1987.

[3] 理查德·缪瑟，李·海尔斯．系统化工业设施规划［M］．文镇养，等，译．北京：机械工业出版社，1991.

[4] 理查德·B. 蔡斯，尼古拉斯·J. 阿奎拉诺，F. 罗伯特·雅各布斯．生产与运作管理［M］．宋国防，等，译．北京：机械工业出版社，1999.

[5] 萨尔文迪·G. 现代管理工程手册［M］．上海机械工程学会《现代管理工程手册》组，译．北京：机械工业出版社，1987.

[6] 王家善．设施规划与设计［M］．北京：机械工业出版社，1995.

[7] 张晓萍，颜永年，吴耀华，等．现代生产物流及仿真［M］．北京：清华大学出版社，1998.

[8] 吴清一．物流学［M］．北京：北京科技大学出版社，1990.

[9] 王加林，张蕾丽．物流系统工程［M］．北京：中国物资出版社，1987.

[10] 杨永德，齐二石．工业工程学［M］．天津：天津科学技术出版社，1994.

[11] 齐二石．物流工程［M］．北京：中国科学技术出版社，2001.

[12] 程国全，柴继峰，王转，等．物流设施规划与设计［M］．北京：中国物资出版社，2003.

[13] 马士华，林勇，陈志祥．供应链管理［M］．北京：机械工业出版社，2000.

[14] 蒋贵善，王东华，俞明南，等．生产与运作管理［M］．大连：大连理工大学出版社，2001.

[15] 单泪源．现代物流管理［M］．长沙：湖南大学出版社，2003.

[16] 徐克林．物流工程与管理［M］．上海：上海交通大学出版社，2003.

[17] 肖胜萍，萧鹏．现代物流管理［M］．北京：中国纺织出版社，2002.

[18]《运筹学》教材编写组．运筹学［M］．北京：清华大学出版社，2000.

[19] 谭跃进，陈英武，易进先．系统工程原理［M］．长沙：国防科技大学出版社，2003.

［20］赵景华．计算机辅助设施布置系统［J］．北京科技大学学报，1995（2）．

［21］尚冬侠．鞍钢物流运输的现状及发展［J］．中国矿业，2003（5）．

［22］潘珩．动态规划方法在企业生产物流控制中的应用研究［J］．物流技术，2004（4）．

［23］张何之，郑斐峰．浅议自动化仓库技术［J］．中国储运，2002（5）：47－49.

［24］黄福华，袁世军．现代企业物流运作管理案例选评［M］．长沙：湖南科学技术出版社，2003.

［25］刘志学．现代物流手册［M］．北京：中国物资出版社，2001.

［26］宋伟刚．物流工程及其应用［M］．北京：机械工业出版社，2003.

［27］朱耀祥，朱立强．设施规划与物流［M］．北京：机械工业出版社，2004.

［28］MEYERS FRED E. Plant layout and material handling［M］. New Jersey：Regents/Prentice Hall，1993.

［29］FRANCIS R L，WHITE JA. Facility layout and location：An analytical approach［M］. New York：Prentice Hall，1974.

［30］闫磊．供应链环境下的库存控制研究［D］．成都：西南交通大学，2004.

［31］黄春．基于供应链管理的库存控制方法研究［D］．合肥：合肥工业大学，2009.

［32］廖明华．基于供应链环境下的库存控制研究［D］．武汉：武汉理工大学，2006.

［33］姜大立．现代物流装备［M］．北京：首都经济贸易大学出版社，2004.

［34］程国全．现代物流网络与设施［M］．北京：首都经济贸易大学出版社，2004.

［35］宋伟刚．物流工程及其应用［M］．北京：机械工业出版社，2003.

［36］孔会芳．基于灰色系统理论的企业物流成本预测模型及应用研究［D］．南宁：广西大学，2009.

［37］王小忠．物流量预测方法研究［D］．武汉：武汉理工大学，2005.

［38］李苏剑．企业物流管理理论与案例［M］．北京：机械工业出版社，2007.

［39］徐茜，黄祖庆．我国物流信息化标准体系研究［J］．中国标准化，2011（11）：74－77.

［40］中国物流与采购联合会，中国物流学会．中国物流发展报告（2016—2017）［M］．北京：中国财富出版社，2017.

［41］马向国，刘同娟，蒋芸芬，等．Flexsim 现代物流系统仿真应用［M］．北京：中国发展出版社，2016.

［42］李勇，屈亚琴，黄仁存，等．供应链环境下的区域物流网络库存需求预测模型［J］．统计与决策，2011（11）：43－46.

［43］邹安全，冯东湖，黄曦，等．肉制品企业物流监控系统安全评价［J］．企业工程，2010，13（3）：95－98，110.

［44］彭振鹏，邹安全，杨芳，等．模糊综合评价法在物流企业人力资本测评中的应用研究［J］．物流技术，2009，28（5）：46－48.

［45］邹安全，刘志学，刘迎，等．钢铁企业物流流程再造模式设计及评价［J］．物流技术，2006（9）：74－78.

［46］刘志学，张宝洲，邹安全，等．城市物流战略规划环境分析方法及其应用［J］．系统工程，2005（3）：47－51.

［47］曾峥．论广东省属本科高校区域布局结构的优化［J］．韶关学院学报，2010，31（5）：1－5.

［48］邹安全．现代物流信息技术与应用［M］．武汉：华中科技大学出版社，2017.

［49］邹安全，刘军，杨望成，等．集成化视角下钢铁物流流程优化与应用［M］．北京：中国财富出版社，2017.